JN207414

近世日本の国際関係と言説

荒野泰典 編

溪水社

近世日本の国際関係と言説——目次

第二部 一九〜二〇世紀の変革と言説

近世日本の国際関係と言説

総　説――本書の刊行に向けて――

荒野　泰典

『近世日本の国際関係と言説』の刊行にあたり、以下の順序で所感を述べて総説としたい。まず、現在の私の研究上の立場を確認し、次に、四つのキーワード、「近世日本」・「国際関係」・「日本型小帝国」・「「鎖国・開国」言説」について私見を述べ、その上で、本書に収録した拙論と寄稿された、あわせて一七本の論文の概要を紹介しつつ、本書の表題やキーワードとの関係性にも触れることにする。

一　現在の私の研究上の立場と四つのキーワード
――「近世日本」・「国際関係」・「日本型小帝国」・「鎖国・開国」言説――

私の研究上の立場

私は一九七八年に近世日本の国際関係について「四つの口」論を提示し[(1)]、次いで八三年に、「鎖国」に替えて「海禁・華夷秩序」という対概念で、近世日本の国際関係を脱構築する（根本から組み立てなおす）ことを提言した[(2)]。それ以来、私は「鎖国」を前提に組み立てられてきた近世日本と東アジアの「対外関係」の見直しを続けてきたが、その作業は、近世日本の国際関係の実態を従来とは違う視点から掘り起こすとともに、それらの史実を歴史叙述に載せるための理論的な裏づけを必要とした。

実態の掘り起こしとしては、欧米中心史観の表象の一つ「南蛮貿易」観[3]や「単一民族」観などを脱構築するための枠組みとしての「倭寇的状況・諸民族雑居」論[4]、島原・天草の乱や「日本人の海外渡航禁止」説などの見直し[5]、近世の政治・社会・経済・文化などと国際関係の連関の検証[6]、「四つの口」での貿易構造の変化とその歴史的な意義づけ[7]、いわゆる「開国」の再検討（「開港」が「開国」になった経緯[8]）などがその主なものである。これらの作業を進めるうちに私は、近世の国際関係が近・現代のそれに匹敵するほどの内容（構造と論理）を備えていることについての確信を深め、この分野の呼称を、従来の「海外交渉」・「対外関係」に替えて、「国際関係」とすることを提唱した[9]。同じ頃、近世の日本国家の実態は「帝国」と呼ぶのがふさわしいという豊見山和行・平川新の提言に触発されて、近世日本の国家形態を、「海禁・華夷秩序」を編成原理とする「日本型小帝国」と規定した[10]。今後の私の課題の一つは、これらの仮設（説）をもとに、一六世紀半ばから一九世紀末までの日本の国際関係の通史を書くことではないかと考え始めている。

二つめの理論的な整理は、近世の国際関係を研究するうちに、おのずから皮膚感覚のように身についた近世日本の国際関係のイメージを言語化する試みでもあった。まず、倭寇的状況論と並行して、「海禁」・「華夷秩序」概念の理論的整理とアジアの視点からのキリスト教の再評価を行い[11]、さらに一九九〇年代前半からは、「鎖国」・「開国」・「海禁」などの歴史用語の由来や意味内容の変遷、日本社会への定着とその歴史的意味などの検討を始めた[12]。理由は二つあった。一つは、日本の「鎖国」と中国・朝鮮の「海禁」は違う、あるいは中国の「華夷秩序」には実態があるが日本のそれにはないなどという類型的な議論に私は納得できず、その理由を自分なりに突き詰めて考えざるをえなかったこと。もう一つは、「鎖国」ではない（国を閉ざしてはいない）という史実をいくら積み上げても、

「鎖国」という言い方・表現はなくならず、それは近世史研究のみならず、前後の時代の中世史や近代史において、より強固に「鎖国」観が維持されているように見えたからである。その頃には、管見の限りでは、まだ「鎖国」、あるいは「開国」という言葉そのものの歴史についての研究はほとんどなかった。

「鎖国」の語源が、エンゲルベルト・ケンペル（一六五一―一七一六）の『日本誌』（一七二七年刊のオランダ語版がほどなく日本に輸入）の付録の論文のうちの、日本の「鎖国」の是非を論じた論文を、元長崎通詞志筑忠雄（一七六〇―一八〇六）が翻訳して『鎖国論』（一八〇一年）と名づけたことに始まるということは、戦前から定説になっていた[13]。さらに、私がこの問題に取り組みはじめた一九九〇年初め頃までには、以下の三点がすでに指摘されていた。

（1）まず、ケンペル『日本誌』でヨーロッパに紹介された元禄時代の日本の実像、特に「鎖国」による平和のもとで繁栄を享受する優れた資質を持つ日本国民というイメージと、その「鎖国肯定論」が啓蒙主義時代のヨーロッパ思想界に影響を与えたこと[14]。

（2）その一方で、『鎖国論』の日本社会への浸透は着実だが緩慢であり[15]、「鎖国」という言葉が日本社会で一般化するのは米国ペリー艦隊による「開港」以後であること[16]。

（3）「海禁」については、田中健夫が、幕府の正史『徳川実紀』（「大猷院殿御実記付録巻三」）にその用例があることを明示し、かつ、「鎖国」という言葉が「玉虫色」である（人によってどのような意味にもなる）という問題点と、その対策として、後に述べる言説論的な検討の必要性を指摘していたこと[17]。

これらの仕事を導きの糸としながら手探りで進めてきた作業が、いわゆる「鎖国」という「言説」の研究であることを私が自覚したのは、今世紀に入って大島明秀の研究[18]に出会ってからのことだった。この作業を初めて一〇年以上も経ってからのことで、まずは、自らの勉強不足を恥じる他はない。

さて、大島の仕事に啓発された私は「言説」について学び始め、上述の「鎖国」に関する長年の素朴な疑問がほぼ氷解するのを感じた。その疑問とは、既述の、史実としては（実際には）「鎖国」（国を鎖《とざ》）していなかったことが明らかなのにもかかわらず、「鎖国」という言葉はなくならないばかりか、その延命のための様々なアイデアが提案されるなどして、[19]いまだに命脈を保っているのはなぜか、さらに、それが端的に示している、「鎖国」という言葉とそれが体現している歴史観の根強さはどこから来るのかということであった。例えば、私の提案した「四つの口」論は、ほどなく高校の日本史の教科書などにも採用されたが、「鎖国下の四つの口」などという形容矛盾としか言いようのない表現で記述されて、多くの場合その矛盾も意識されない、あるいはその問題に正面から向き合おうとされないという類いのことである。[20]

同じ頃に、文科省の学習指導要領から「鎖国」が削除されたが、「開国」は残された。そのため教科書の叙述の上では、「鎖国」という表現はない、つまり「鎖国」（国を鎖《とざ》）したという記述はないのにもかかわらず、米国ペリー艦隊によって突然「開国」した（国を開いた）という奇妙なことになっている。現行の日本史の教科書の記述は、近世の国際関係については一貫性を欠き、破綻していると言わざるをえない。

その一方で、近世をはさむ前後の時代、すなわち、中世と近代の研究者は、これまで述べてきたような近世での議論とはほとんど関係なく、依然として近世＝「鎖国」という前提で自らが研究する時代を意義づけ、それが各時代の研究者のアイデンティティの一つとなっているように私には見える。中世史の場合は、私が研究を始めた七〇年代には、「明るい中世」・「暗い近世」（あるいは、開放的な中世と閉鎖的な近世）という言説がまだまかり通っていた。中世の「明るさ」・「自由」はもう一つの側面、すなわち、絶え間ない戦争や飢餓などという過酷な現実と裏表の関係にあり、それを克服するために近世という時代が生み出されたことは、藤木久志の一連の研究[21]ですでに明らかであるにもかかわらず、である。

近代史研究においても、近世の「鎖国」が米国ペリー艦隊によって「開国」されて日本の近代が始まるという言説（開国言説）が根強く、その思いこみは近世の国際関係の実態とは関係ないように私には見える。文科省の指導要領から「鎖国」が削除されたのちも、教科書の構成はあい変らずペリー来航＝「開国」から近代が始まることになっている。「開国」を前提とすると、それ以前は「鎖国」でなければならない。そこには近世＝「鎖国」＝閉鎖・停滞、近代＝「開国」＝解放・進歩・発展という固定観念がうずくまっており、近代の一〇〇年が間断のない戦争と侵略に明け暮れ、沖縄の悲惨・原爆二発・シベリア抑留などで幕を閉じたという史実を顧みる余地はなさそうに見える。ましてや、近世の平和による社会・経済・文化の発展と成熟が近代の母体となったという史実においておや、と言わざるをえない。

これらのことから、「鎖国」のしぶとさは、近世の国際関係の実態にではなく、現代においても研究者だけでなく社会的にも幅ひろく支持されている「開国」言説の根強さによるのではないかという疑念を私は抱くようになった。教科書検定の判断の基準は、説が対立する場合には、レスリングの試合などのように、どちらが優勢かで判断されるようだ。「鎖国」という表現はあまたの史実から成立しない、それに対して「開国」についてはまだ支持するものが多いという判断によって、「開国」は残されたのではないか。こうして私は「開国」についても、「鎖国」などと同様に、言説論的な検討の必要性を強く感じるようになった。

しかしその話題に移る前に、そもそも「言説」とは何か、ということについて説明する必要があるだろう。

言説とは何か——歴史学の方法論として考える——

私が理解しえたかぎりで、ということをお断りしなければならないが、ここで「言説」の意味や視点・方法などについて説明しておきたい。「言説」というのは、discours（仏）・discourse（英）の翻訳語（和製漢語）で、その辞書的な意味は物事や考えを言葉で説明すること、すなわち「演説」や「論述」などである。それが、ミシェル・フーコ Michel FOUCAULT（一九二六―八四）によって、単なる言語表現ではなく、制度や権力と結びつき、現実を反映するとともに、現実を創造する言語表現であり、かつ制度的権力のネットワークであると捉えなおされて、哲学や社会学、文学・歴史学などにおける分析の道具として盛んに使われるようになった。立教大学に赴任した八〇年代の後半ごろ、教授会などでこの言葉がしきりに飛び交っていたことを想い出す。それを要約すれば、言葉は単にそれ自体として存在しているのではなく、ある歴史的な文脈や階級関係・社会関係、価値観などを身にまとって存在しており、その言葉を言うだけで、それにこめられたイメージの連鎖を共有している人たちの中で、あるイメージや価値判断などが生じる、それらの総体を「言説」と呼ぶということになるようだ。[22]

例えば、先に触れた和辻『鎖国』が、「鎖国」の内容については一言も触れないまま、可能性と輝きに満ちた（と和辻が考えた）「南蛮貿易」時代（私見では「倭寇的状況」の最盛期）を熱く語りながら、秀吉の登場、いわゆる「鎖国」時代到来の直前で唐突に叙述を終え、「日本の悲劇」という副題をつける奇妙さ。そのようなレトリックも、「鎖国」というだけで国民のほとんどが、国際的孤立・閉鎖性・停滞・圧政・進歩なき国民などの言葉で表現される「イメージの連鎖を共有」していたということが前提としてあれば、理解できないわけではない。戦国時代までの豊かな可能性が近世の「鎖国」によって圧殺された、その結果が軍国主義時代とみじめな敗戦であり、「日本の悲劇」であるということらしい。そこには、「近世」にすべての責任をかぶせて、彼の生きた時代（近・現代）の責任を問う（あるいは、自省する）姿勢は見当たらない。[23]

既述のように、史実（歴史的実態）としては、近世日本は「鎖国」（国を鎖《とざ》）していたわけではなく、当時の国民がそう考えていたわけでもない。したがって、近世日本＝「鎖国」という歴史認識（言説）そのものは史実ではない。しかしこの言説が、後述するように、近代に入ってから「制度や権力と結びつき、……制度的権力のネットワーク」として機能してきたこと自体は、まぎれもない史実である。明治維新政府は、「鎖国」という旧幕府の「失政」

による「遅れ」を取り戻すという言説を口実に、「国民」を近代化と国権拡張に駆り立て、「国民」の中のエリートやその予備軍たちも、それを自らの価値として内在化することで彼らの時代を生き抜こうとしていた。その、健気であり痛ましくもある姿を、お雇い外国人エルイン・フォン・ベルツ（一八四九―一九一三）が書き留めている。[24]

以上のことから、この種の問題に関して私たちがなすべきことは、以下の三つである。

（1）国際関係をはじめとする近世日本の実態とその構造・論理・思想などを引き続き明らかにすること（史実の究明）。そのためには、次に述べる手順で、「史実」と「言説」を腑分け（大島の表現による）する必要がある。

（2）その言説をいつ・誰が・どのような理由で（何を根拠に）語り始めたのか、例えば、誰が「鎖国」と断定し、かつ、いつどのような経緯で日本人が自ら「鎖国」と考えるようになったのかを明らかにする。いわゆる「開国」についても、同じ作業が必要となる。

（3）さらにその経緯をも、もう一つの史実として、その歴史的意義とともに歴史叙述に残すこと。いいかえれば、「鎖国・開国」言説を歴史叙述に組みこむ。最近、ＴＰＰに関して、「四回目の開国」などという陳腐な言説が保守系の一部の国会議員の間で飛び交ったりもした（さすがに時代錯誤も甚だしく、一瞬にしてマスコミ報道から消えたと記憶しているが）。このような言説の存在とそれが歴史的にも重要な役割を果たしてきたという現実は、もう一つの史実として歴史叙述に残す必要がある。

ここに述べた手順は、国際関係にかぎらず、およそ歴史研究のすべてに通じることから、私は、史実（実態）と言説を二本柱としつつ、両者の関係性もふくめて研究し叙述することを心がけるようになった。[25]文科省の学習指導要領（日本史）から「鎖国」が削除されたのはそんな折だったが、それに付随して起きるであろうことが、さらに私に言説研究の必要性を痛感させた。それには、現在日本の歴史教育にまつわる次のような事情が関わっている。ある出来事や事象が史実ではないことが明らかになる（あるいはそのように教科書検定で判断される）と、それらはたちまち教科書の記述から姿を消すという問題である。[26] いわゆる「慶安の触書」（一六四九年）が実在しなかったことが論証され、教科書から削除されたことはまだ記憶に新しい。そして、いったん削除されると、その言葉は教科書から姿を消す。それとともに、それを近世の百姓（農村）支配の表象（特徴を代表するもの）として語ってきた史実も、たんなるまちがいとして顧みられないか、その誤りの理由なども深く詮索されることなく過ぎてしまうことになる。それと同じことが「鎖国」についても起き、この言葉とともに、近代以来一〇〇年あまりそのように語ってきた歴史と、その歴史が体現していた近・現代日本人の心性までも忘れ去られてしまう。

後述するように、「鎖国」という言葉は近・現代という時代とそこに生きた国民の在り方や心性・アイデンティティと密接に関わっており、言説論はその関係性を読み解くための方法である。しかし現状のままでは、「鎖国」という言説に関わりのあった情報群もほどなく跡形もなく消えてしまう。例えば、「表日本」・「裏日本」という言説のように。これらの言葉は、私たち団塊の世代までにはごくありふれた言説だった。[27] しかし今の若者たち、例えばまだ私が現役の頃のゼミの学生たちや現在三〇歳前後の世代（私の三人の子供たち）もその言葉自体を知らず、聴いたこともないと言う。ある時期から、中・高の学校の社会や日本史などの授業では、教えていないらしい。現在の教育現場では、かつてのどこかの国のように、生徒たちに教科書に墨を塗らせたのと同じようなこと（理由を説明せず、ただ結論に従わせるだけ）が、いまだに行われていると言わざるをえない。

歴史学も無謬ではありえない。しかしその誤謬をまるでなかったかのように抹消して済ませるのではなく、誤った事実やその原因なども明らかにし、語り伝えて行くことも、史実を正しく教えることと同じく歴史に携わる者の役割ではないだろうか。そのことを通じて、「歴史に人あり」ということ、つまり歴史学もまた人がつくりだすものであり、人の営みに他ならないことを明示すること、それは歴史学（と歴史教育）に人間を取り戻すための有効な方法であると私は考えるようになった。[28]

以下、「近世日本」・「国際関係」・「日本型小帝国」・「鎖国・開国」言説、という四つのキーワードについて私見を述べておきたい。

「日本近世」から「近世日本」へ

まず、「近世日本」という表記について。かつて「近世」という時期区分は日本独自の封建制、いわゆる幕藩体制の構造的特質＝「兵農分離」・「石高制」・「鎖国」などの表象とされた時期があり[29]、私には「日本近世」という表現はその時期の名残と見える。つまり、日本史の中の近世ということであり、同時代の世界との関連性についての意識や配慮は希薄で、その前提としていわゆる「鎖国」観がある。しかし現在においては、近世の日本国家が世界史的な連関のなかで生まれ、その時代を通じて国際関係を維持していたこと、つまり「鎖国」ではなかったことは明らかである。また、時期区分についても、中世と近代の間、すなわちほぼ一六世紀から一九世紀の間に近世という時期が設定されうることは、世界史レヴェルでもほぼ認められるようになっている。これらのことを踏まえ、本書では日本独自の時期区分としての近世ではなく、世界史的な時期区分としての近世における日本、すなわち地球的な世界と近世という時代を共有していた日本の歴史的な諸相という意味で、「近世日本」とする[30]。

「対外関係・交渉」から「国際関係」へ

既述のように、今世紀の初め頃から私は、近世史についても従来の「対外交渉」・「対外関係」などの用語に替えて、国際関係という言葉を使用してきた。近・現代において一般化している「国際関係」という言葉は、前近代においてはふさわしくない、あるいは近現代とは異なっている、未成熟であるなどという、今となってはさほど根拠があるとは思えない前提が、従来の「対外交渉」・「対外関係」という呼称にはこめられているように感じられる。

その前提には、欧米社会のそれを基準として、それ以外を劣ったもの、未成熟なものとするある種の偏見、あるいはナイーヴな独断があるように私には思える[31]。

しかし近世以前の地球的世界には、独自の構造と論理をもつ複数の世界が存在しており、それぞれの世界においては、複数の国家、もしくはそれに近い組織体による国際体系（世界システム、あるいは国際関係）が存在した[32]。欧米系のそれもその中の一つであり、東アジアなど他の「世界」の国際体系が、欧米系のそれより劣っているとはかならずしも言えない。欧米系のそれを唯一の国際体系とし、それを基準にそれ以外の世界の国際体系を劣ったものとする近代欧米主義的な立場に、私はとうてい同意できない。現在の地球で起きている様々な紛争や相次ぐテロなどの問題に有効な解決策を見いだせないでいる現在の国際社会は、現状に対する深刻な危機意識と、過去に長く平和を維持した経験を持つ各地域（世界）の国際システムの構造と論理に学ぶ謙虚さとを持つべきではないだろうか。

中嶋嶺雄によれば、現代の国際関係は「たんに国家間の諸関係のみではなく広く国際社会全体の諸関係を包括する概念」であり、「様々なレヴェルでの国際的な接触」、例えば「諸個人や諸集団の国境を越えた関係」も含まれる。そのような国際関係は、政治・経済・文化などのいくつかの分野の組み合わせから成っており、それらの諸断面が交錯する「場」の諸問題を解明するのが国際関係論である、という[33]。中嶋は近世日本を「鎖国」と考えているようだが、彼の定義はほとんどそのまま近世の国際関係にも当てはまる。すなわち、近世の国際関係の「場」が持つ固有の論理や歴史を明らかにするのが、近世国際関係史、あるいは関係論という研究領域の目的である。従って近世国際関係論は、従来の対外関係史や外交・貿易史にとどまらず、社会史・文化史など関連する諸分野をも組みこんで、近世の国際関係という枠組み、あるいは「場」の立場から総合する研究領域である[34]。

「国際関係」を、単なる「国家と国家との間の交流」と狭く定義すると[35]、例えば、近世の日本国家（幕府・松前藩・和人集団）と蝦夷地のアイヌとの関係は「国際関係」ではないことになる。しかしそれは、同時代の徳川政権から現在の日本政府までに至る「国際関係」についての立場を容認することでもあり[36]、私は同意できない。一八世紀末からの欧米勢力の「通商」要求に対して、徳川政権は、それまでの国際関係を「通信」（朝鮮・琉球）と「通商」（唐〔中国〕・オランダ）と定式化し、それ以外に新たな関係を認める必然性はないとして欧米勢力（ロシア・オランダ等）の要求を拒絶した[37]。しかしこの定式には、蝦夷地のアイヌとの関係、すなわち「撫育」の関係は入っていない。その理由は、徳川政権にとって蝦夷地は「無主の地」であって、潜在的な日本の領土（Japan proper）である、すなわち「他国の領土となったことがない」地域＝「固有の領土」ということらしい[38]。その立場においては、蝦夷地がアイヌなど先住民の生活圏であり、彼らがかつては和人勢力と対等、あるいはそれ以上の力関係で、互いに協定を結ぶ主体的な勢力でもあったという史実[39]は、なかば意図的に無視されている。

実は、同様の事例が米合衆国政府の先住民（いわゆる、インディアン）に対する処遇にも見られる。それは、北海道アイヌに関する旧土人保護法（一八九九年）のモデルとなった米国のドーズ法（一八八七年）、さらにその歴史的前提である一八七一年の米国議会の「インディアンとの条約に関する条例」である[40]。この条例で彼らも、「アメリカ合衆国領域内のインデアン民族、すなわち諸種族は、合衆国と条約を結ぶべき独立した民族、種族、すなわち政権powerとして承認も、認識もしない」とされ、その後に上記のドーズ法が出された。

私が試みている作業は、まず、東アジアにも伝統的な国際関係が存在し機能していたことを確認した上で、その構造と論理を洗い出すこと、第二に、国際関係における個人、あるいは私的集団（歴史的には「倭寇」や「抜荷」〔密貿易〕集団、「国家」を形成するまでに至っていない民族〔先住民〕、現在ではNPOなど）の歴史的な地位と役割を保証すること。それによって、国際関係における国家の役割を相対化するとともに、国際関係の内容をより豊かで実情に即したものにすること、あるいはそのような叙述を試みることである。東アジアの諸国家が伝統的に採ってきた「海禁」政策それ自体が、国家権力の客体とみなされがちな「人臣」（国王以外の存在）が、「国際関係」において欠かせないもう一人のactor（「芝居」における役割分担者、関係者、構成員、主体[41]）、あるいは国家権力のライヴァルであることを端的に示している。ここで提案する「国際関係」の定義を、国家主権者以外の存在も国際関係の構成員として組みこむための作業仮説と私は位置づけたい。国家成立以後「人臣」の動向が、直接・間接に狭義の国際関係（国家同士の関係）を規定しなかった時代はなかったはずだからである。私が提示する「国際関係」の定義は、「人臣に外交なし」という古代以来の国家意識を克服できない日本政府やマスコミ、さらに学界などの旧態依然とした国際感覚に対する根底的な批判でもある。この立場は、次の「帝国」の議論とも密接に関わる。

「日本型小帝国」と「海禁」言説――「幕藩制国家」を国際関係からみる――

豊見山の「帝国」という議論に接した時、私はすぐにそれに関わるいくつかの史料を思い起こし、同時にその提案を受け入れる気持ちになっていた。それは次に紹介する、実はよく知られた二つの史料だった。

一つ目は、一六一〇年に徳川家康の意を受けて、本多正純が福建総督宛てに送った（とされる）書簡の冒頭、徳川政権の自己紹介（自己認識）の部分である（以心崇伝「異国日記[42]」）。

方今吾日本国主源家康、一統闔国、撫育諸島、左右文武、経緯綱常、遵往古之遺法、鑑旧時之烱戒、邦富民殷而積九年之蓄、風移俗易而追三代之跡、其化之所及、朝鮮、安南、交趾、占城、暹羅、呂宋、西洋、柬埔寨等蛮夷之君長酋師、各無不上書輸宝、由是益慕中華而求和平之意、無忘于懐、

〔大意〕最近「日本国主源家康」が日本を統一し、秩序を回復して九年が経ち①、その「化」（影響・徳）は「朝鮮・安南《アンナン》・交趾《コウチ》・占城《チャンパ》・暹羅《シャム》・呂宋《ルソン》・西洋・柬埔寨《カンボジャ》等の蛮夷の君長《くんちょう》・酋師《しゅうすい》」に及び②、いずれも書を奉り、宝を運んでくる、これによりますます「中華」との「和平」を求める気持ちが募る③。

この部分は、①徳川家康は、日本を統一して平和を実現し、②その「化」（徳）を慕って、朝鮮から東南アジアにいたる地域の諸国から朝貢使節が訪れる（書を奉り、宝を運んでくる）、③このためにますます「中華」との和平を求める気持ちが強くなっている、と述べている。①②は日本が、明と同様に周辺諸国から「朝貢」を受ける国（帝国）であること、③が、明とともにシナ海域（東および東南アジア）の秩序と平和を担う存在として、「和平」（講和）を実現したいとする。[43]

以上三点を併せて、明と並び立ち、ともに東アジアの平和と秩序を守る国家＝「帝国」という日本側の自意識を見ることができる。それは朝鮮侵略戦争の講和の際に、明皇帝の「冊封」を拒否した豊臣秀吉の自意識とも通底する。秀吉は、明の冊封に甘んじて（臣下の礼をとって）までして国交を回復するという選択肢は持たず、後継者家康もその姿勢を共有していた。客観的に見れば、秀吉の朝鮮侵略戦争においては明・朝鮮側が明らかに優勢で、日本側の失敗（敗戦）に終わる可能性が高かった。しかしそれを、朝鮮とは「通信使」（朝鮮側の名目は「回答兼刷還」）の来日による「講和」（一六〇七年）、琉球は島津氏による武力征服の成功（一六〇九年）によって、徳川政権の武家政権としての「国体」（国家権力としての国内外に対する対面）を保った（と、すくなくとも国内的にはみなされた）。それによって、徳川政権は豊臣政権を受け継ぐ政権として認知され、それが政権安定に果たした貢献は大きかった。[44]

このような日本人の自意識は、同時代に日本を訪れたヨーロッパ人たちの日本観にも反映している。彼らは、当時の日本を「帝国」kijzerrijk、将軍を「皇帝」kijzerと認識していた。[45] それが、豊見山の「帝国」論によって私が喚起されたもう一つの史料たちであり、それを代表するのが、次に紹介する一七世紀後半と一九世紀前半の日本についての、エンゲルベルト・ケンペル（一六五一―一七一六）とフランツ・フォン・シーボルト（一七九六―一八六六）

の報告である。ともにドイツ人だが、オランダ東インド会社とオランダ王国に奉職して、元禄時代（ケンペル）と文化文政期（シーボルト）の日本に滞在し、それぞれの時代の日本について詳しい記録を残した。(46)

彼らの日本の国際関係についての記述の特徴は、まず、それらの関係を中国とオランダ①と、その他の琉球列島・朝鮮・蝦夷列島②に分けており、その既述から、分類の基準は主権の有無で、欧米型の国際関係の基準（国家主権・勢力均衡・国際法）に則《のっと》ったものであることが解る。その上で彼らは異口同音に、①の関係については、「日本人との交流や共同生活の途は完全に断ち切られ」ているとして、「完全な鎖国状態」とする。つまり、彼らの「日本＝鎖国」の根拠はここにあり、その論理を受け入れればあながちまちがいとも言えないことになる。(47)

しかしその一方で、②の関係についても、両者はともに、「本来は日本国の領土ではないが、日本の守護の下に統治されている多くの辺地がある」として、琉球列島、朝鮮、蝦夷列島をあげ（ケンペル『日本誌』上巻、一六九―一七二頁）、シーボルトもこれらの「近隣諸国」を「保護国」、または「植民地」（シーボルト『日本』第四巻一七一―七四頁）と報告している。つまり、彼らが「帝国」と呼ぶ、日本とその「保護国」（朝鮮・琉球）・「植民地」（蝦夷地）は、（欧米諸国が構成する）「世界」から「孤立」して「一個の世界」（シーボルト、『日本』前掲箇所）を構成しており、それを東アジア地域でみれば、一七世紀前半の中華世界から政治的に自立した後、約二世紀経って経済的にも自立したことになる。同時代の蘭学者たちも日本を当時の地球上の六帝国の一つと考えるようになっていた。(48)「海禁」が幕府の国際関係の統制策として幕府の正史『徳川実紀』（「大猷院殿御実紀附録巻三」）に登場し、それが平和の維持に有効であると合理化（説明）されるのも、同時期のことである。(49)「海禁」言説の定着と言ってよいだろう。

しかし次に述べるように、ケンペルの時代から約一世紀後のシーボルトの時代には、欧米諸国の日本とアジアに対する姿勢が大きく変わっていた。彼は言う、「今や全世界で貿易の自由と国民の交通が叫ばれている時代」であり、それゆえ、「国民経済学に抵触する」日蘭貿易のシステムは、「完全に改革されなければならない」と。しかも、そのヨーロッパの「叫び」は、日本よりもむしろ、唯一日本貿易を享受している(と欧米勢力に観られていた)オランダに、まず向けられた(50)。ヨーロッパの国際世論をかわしながら、新しい体制のもとでもオランダが日本における従来の権益を保持しようとすれば、「改革」のイニシアティヴはオランダがとらなければならない、というのがシーボルトの結論だった。彼の提言で実現したオランダ国王の徳川将軍への「開国勧告」(一八四四年・弘化元)のため使者派遣は、その「改革」の第一歩だった(51)。

シーボルトの立ち位置《スタンス》は、『鎖国論』(一八〇一年)の訳者志筑忠雄のそれによく似ている。志筑は、次のように述べる(『鎖国論』凡例)。

通商の事今猶我長崎に於て唐・和蘭陀の交易あれハ、皇国といへとも絶て外国通商なきにハあらねとも、此等ハ欧羅巴の眼より見れハ、通商といふにも足らす。

志筑は、「皇国」(日本)が「鎖国」しているとは考えていなかったが、ロシア使節ラクスマンの通商要求(一七九二年)が欧米諸国の世界進出の一環であることも理解していた。それに対処するために、まず「上下相和」して来るべき国難に備えなければならないとする。志筑『鎖国論』は、そのための警世の書でもあった。その欧米の通商要求を支えた論理はどのようなものだったのかを、次に見よう。

「鎖国・開国」言説の形成と定着——欧米と日本の位相——

ヨーロッパでは日本を「鎖国」とする見方は変わらなかったが、その評価は一八世紀の間に大きく変化した。志筑の訳業『鎖国論』のもとになったケンペルの論文は、彼が滞在した時期(一六九〇—九二)に見聞した日本の平和と繁栄、それを享受する国と国民の実態を踏まえた鎖国肯定論であった。日本の「皇帝」（将軍）や中国の皇帝は啓蒙君主になぞらえられ、ヨーロッパの思想界（百科全書派からエマニュエル・カント〔一七二四—一八〇四〕などまで）に影響を与えた、[52]ちょうど一九世紀末に浮世絵が印象派にインスピレーションを与えたように。

しかし産業革命を経た一八世紀末のヨーロッパでは、ケンペル流の鎖国肯定論は否定され、東アジアの啓蒙君主は専制君主に、平和は沈滞に、自足して暮らす国民は進歩のない人民に、整備された制度は圧政に、という風に評価が逆転し、結局のところ「鎖国」によって「文明開化の道」を閉ざされ、国は貧しくなって野蛮化せざるをえず、したがって「鎖国」は得策ではないと断定されることになる。[53]こうして、解放された「国民」相互の自由な往来によって発展するヨーロッパと、「鎖国」してそれからとり残される日本・アジアという図式とともに、「鎖国」・「開国」という正（プラス）・負（マイナス）の評価（あるいは価値）を負わされた二つの言葉（言説）が対偶関係で結びつけられる形で、「鎖国・開国」言説が形成された。この言説においては、「開国」があるべき姿、「鎖国」はその逆とされ、「開国」は要求する側（欧米諸国）だけでなく、たとえ強制的にであっても、結果として「開国」させられる側の国民にとっても利益になる、とされた。欧米諸国がアジアなど他の地域に対して「開国」を強要する道義的根拠（正当性）を付与したのもこの言説であり、ペリーはその論理で日本に「開国」を強要し、[54]「開港」後の日本も、刀を返すようにして、同じまなざしを朝鮮・琉球・清などに向けることになる。[55]

一方、一九世紀初頭の日本で生まれた「鎖国」という言葉が一般に流布するのは、米国ペリー艦隊による「開港」（日米和親条約締結：一八五四）を契機としている。同じ頃 open country の訳語として生まれた「開国」とともに、「処士横議」の風潮の中で「鎖国」・「開国」の是非がおおっぴらに議論され、これら二つの言葉が社会に浸透していくにつれて、「海禁」という言葉は忘れられていく。「処士横議」そのものが、徳川政権の「武威」に対する信頼／畏怖からの国民諸階層の解放を意味しており、ペリー来航をモチーフとして刊行された黒船瓦版の数と種類の多様さは、それが産み出すエネルギーの巨大さと影響の範囲の広さを物語る。[56]そのありさまは、福島原発事故（二〇一一年）によって崩れ去った「原発安全」神話（言説）に酷似するが、この事件が現代の「黒船」になりうるか否かは、私たち国民の意識にかかっている。

さて、「鎖国」・「開国」という二つの言葉が一般に流布してから、一九世紀末の近代化の「成功」を契機に「鎖国・開国」言説として国民諸階層に定着し、近・現代日本人ナショナルアイデンティティとなるまでの歴史的経緯は、本書所収の拙論「現在日本の国境問題を近世国際関係論から考える」に譲りたい。

二　近世日本の国際関係と言説

以下、本論集の一八本の論文の概要と論集の表題との関係性について簡単に説明しておきたい。

本論集の編集委員会がスタートして刊行にいたるまでの大まかな経緯は編集委員会代表秋山伸一の「あとがき」に譲ろう。編集委員会から、荒野ゼミの歴代参加者に、「国際関係」・「共生」・「アイデンティティ」という三本柱で寄稿を呼びかけたところ、一六本の論文が寄せられ、それに私の一本を加えた一七本の論文で本書は構成されている。寄せられた一六の論文はおおまかに近世前・中期と近世後期・近代前期の二つの時期に分けて二部構成とし、各部内ではそれぞれの論文をほぼ年代順に配列し、私の論文を最後尾に置いた。以下、その順番で各論の概略を述べる。

秀吉の朝鮮侵略に見るポルトガルの参戦

申　東珪

豊臣秀吉の朝鮮侵略について、まず、秀吉の「中国征服」の意図について、おもにポルトガル系イエズス会宣教師ルイス・フロイスの記録（『日本史』一五四九―九三）によって、戦国時代の日本の国内矛盾と秀吉の野望を指摘した後、ポルトガル（マカオ）に対する日・明双方の援助要請に触れ、最後に明軍に配属されたマカオからの傭兵「海鬼」を、画像とともに紹介する。ポルトガルの「参戦」、特に「海鬼」の存在は興味深く、さらに深めて欲しい。なお、秀吉の意図などについては、村井章介の意義づけや私の国際関係論的な議論などを参照してほしい。

東インド会社の苦い敗北――鄭成功による台湾征服（一六六一～一六六二）――

カリオティ　パトリツィア

オランダ東インド会社が、一六六二年に鄭成功によって台湾を追われ、東シナ海交易の拠点を失ったことは、一七一五年の正徳新例とともに、同会社の日本貿易の長期低迷の引き金となった。本論は、オランダ東インド会社が、鄭成功の大陸での敗北（一六六一年）から、同勢力によって台湾を追われるまでを、台湾長官やバタヴィア・鄭氏側の動向、さらに双方の交渉などを織り交ぜて描き、台湾喪失が同会社の基盤の「非常な脆弱さ」によることを指摘する。なお、オリジナルは英文で、読者の便宜にも配慮して、元荒野オランダ語ゼミのメンバー渡辺真由美（元外務省勤務）による翻訳を掲載した（オリジナルは巻末に掲載）。

台湾漢人アイデンティティーの形成と媽祖信仰

赤井孝史

現在の台湾の民族構成は、一九四九年以後に蔣介石に従って台湾に渡った漢人、明代以後に移住した漢人、それ以前からの先住民（かつて高砂族などと呼ばれた）の三層から成る。本稿は、明代以後に多様な出身地から移住した漢人が、本来は航海の守護神である媽祖に、水利や農業などの要素を加えながら、その信仰（媽祖霊験譚など）を軸に「祖籍分類意識」（出身地による排他性）を克服して、台湾漢人としてのアイデンティティを育くんで行く過程を描いて興味深い。さらに、同様の視点から、先住民のアイデンティティについての研究も期待したい。

「郡方毎日記」にみる近世対馬の突き取り捕鯨

及川将基

捕鯨史研究にはそれなりの歴史と伝統があるものの、その成果は分野史にとどまり、日本史（あるいは人類史）に不可欠のテーマとして織りこむ努力はあまりなされてこなかった。本稿は、対馬藩の「郡方日記」を素材に、一七世紀前半の対馬へ突き取り式捕鯨が導入され、同藩の再生産過程に組みこまれるまでを実証的に明らかにした。なかでも、時代が戦国から近世に転換する中で、海賊衆など「海の領主」が漁業・流通の担い手として選んだ生業の一つが捕鯨（鯨組）とする視点は斬新で、上記の成果とともに、さらなる展開が期待される。

糸割符再考——糸割符増銀と生糸現物配分について——

西垣昌欣

糸割符については、基本史料がすくないためもあって、前期の「原糸」（現物）・再興後の「題糸」（増銀（利潤））配分など、様々な言説がつきまとっている。本論は、新たに発見、あるいは紹介された史料を紹介・再吟味しつつ、糸割符の実像に迫ろうとしている。まず従来の糸割符増銀の議論を整理して、増銀システムの早期確立という議論には慎重であるべきとし、綿密な史料読みと分析により、再興糸割符においても生糸の現物配分を確認する。その上で、糸割符については廃止前・再興後の双方について、さらなる史料発掘と実態追及の必要性を強調する。

近世海域アジア世界とオランダ東インド会社の日本貿易　島田竜登

本論は、オランダ東インド会社の活動を、日本関係もふくめた海域アジアという視点から叙述する。海域アジアとは、日本・朝鮮から東シナ海とインド洋世界から成る広大な海域であり、同会社のビジネス活動はバタヴィアを扇の要として、その全域に展開していた。同会社の活動の謎の一つは、一七世紀に日本貿易で高い利益を上げた同会社が、利益率が下がった一八世紀にも日本から撤退しなかったことである。その理由が、この海域内での貿易活動のため日本銅が不可欠なためであったことが、島田の仕事で初めて明確にされた。

近世初期対外関係の伝承とその利用——松浦静山の収集史料を中心に——　吉村雅美

本論は、近世初期からの異国船経験を持つ平戸藩の対外意識が、一八・九世紀の交からの「外圧」に対応して変容する様相を叙述する。素材は第九代藩主松浦清（静山、在任一七七五—一八〇六）のもとで編纂された家譜『家世伝』（一七八四—一八二八）の異国船関係記事で、同書に引用された『谷村友山覚書』（友山は平戸町役人：一六八六—一七一七）の関連記事との比較を通じて、友山時代には見られたオランダ人との「共通項」（人間としての共感）が、『家世伝』では削られる一方で、外国船の禁制や「国禁」という文脈が強調されるところに時代との変化を見る。

第二部　一九〜二〇世紀の変革と言説

「蘭学」を腑分けする　大島明秀

著者は「鎖国」言説研究の先駆者だが、本論文はその手法をいわゆる「蘭学」の研究に適用したものである。その導入から定着までの経緯を、実態と言説の二つの切り口から「腑分け」（切り分け）しながら、一七世紀の導入（腑分け＝取捨選択）、一八世紀の「西夷視」のもとでの受容（キリスト教関連以外の蘭語・本草・博物など）、一九世紀の

「権威化」の下での浸透（暦学・医学・兵学等）を経て、明治以後の、他のアジア諸国に先駆けて近代化した日本の歴史的根拠としての「蘭学」、すなわち「オリエンタリズム」の表象として研究され、現在に至るとする。

橋本佐保

「よしの冊子」諸写本の比較

『よしの冊子《そうし》』は、松平定信の小姓水野為永（一七五一―一八二四）が寛政改革のために収集した「風聞書」（情報集）とされてきた。著者は、その諸写本の比較検討を通じて、その原本は、一七八五年から九四年頃まで、定信が幕政に臨むにあたって収集させた情報集で、「世間の評判」を「実否善悪をえらハ《ば》す《ず》ことごとくかきとめたもの」であることを確定した。著者は、それを「風聞内容」よりも「実情把握」」に重点を置いたと述べるが、「実情」とは何か、定信は「どういった情報を知ろうとしたのか」など、さらなる探求に期待したい。

矢森小映子

一九世紀における藩認識と国家認識・対外認識——三河田原藩家老渡辺崋山を事例に——

従来一九世紀の「外圧」を背景に藩を越えた「日本」という国家認識が高揚するという言説が流布してきた。矢森は、その言説を、渡辺崋山の事例を通して再検討し、①崋山は、日本という国家意識を高揚させながら、藩意識も捨てておらず、藩か国家かという二項対立（の言説）を越える方向性を模索し、②崋山の「小藩」・「小国」意識の歴史的意義にも注目している。②の視点は、日本の支配者が中世以来伝統的に「小国」であることに自らの国の存在価値を見出してきたこと、それが崋山にも脈々と受け継がれていたことを想起させ、興味深い。

田中葉子

ペリー来航時の贈答のかわら版にみる対外認識

米国ペリー艦隊の来航を題材にしたかわら版は、膨大な量にのぼる。著者は、これらのかわら版から様々な歴史情報を読みとる努力を続けてきた。本論文は、そのうち日米双方の贈答品について報じたかわら版を詳細に分析し、幕府・武士だけでなくかわら版の作り手、つまり江戸市民も「日本上位の感覚」を共有し、ペリー一行を徳川将軍に貢物を捧げる使者（朝貢使節）としていると結論する。それは「天下の人」（国民）の徳川将軍への期待の大きさ、と同時にそれが裏切られた時に何が起きるかを容易に想起させる。

後期幕領期におけるアイヌ同化政策と在地の動向　　濱口裕介

本論は、後期幕領期におけるアイヌ同化政策と近代の植民地政策との関連という視点ではなく、幕藩制国家における「国民」化という視点から、その実態に踏みこんだものである。その結果、①幕府の、アイヌの改俗・村の創出などによる蝦夷地内国化の方針が、不徹底で現地の混乱を招き、②現地のアイヌや和人（場所の支配人・番人等）にとって、改俗は従来の身分秩序の破壊であり、アイヌだけでなく和人の抵抗も招いた、とする。以上から、場所請負制という支配体制そのものが改俗政策の推進を阻んだ、という意味深い結論を導き出している。

嘉永・安政期における幕府火薬製造の変遷――水車動力の導入を中心に――　　福田舞子

周知のように、一八世紀末からの欧米列強の「外圧」に対応して海岸防備が課題となり、そのために西洋式の砲術、軍事技術・制度などが導入された。本論は、軍事の基礎である火薬製造の問題を、軍制の近代化過程のなかに位置づけたもので、特に、ペリー来航前後の嘉永・安政期の幕府の火薬製造政策の変遷を実証的に明らかにした。幕府は江戸近郊の米搗き水車に火薬製造を命じるが、火災・爆発の頻発によって進まず、製造開始は文久二年（一八六二）だった。当時の日本の技術レヴェルを、リアルに見つめる視点の有効さを示す仕事である。

漂流民救助と送還の近代化　　上白石実

本論は、近世の漂流民送還体制が近代的な遭難救助体制に再編される過程を、海難救助における費用負担の問題を中心に検討し、その点についての和親条約の不備が、日英通商航海条約（一八九四年）において修正されるまでの経緯を、丹念に追跡したものである。かつて私は近世日本の漂流民送還体制の形成とその問題点について整理した（一九八四年、のち12注⑵書所収）が、著者の仕事は、その際に残した課題としてあげた三つの課題としたうちの一つ、近世の漂流民送還体制が近代の海難救助体制に再編される過程を丹念に検討したものでもある。

「女大学」言説の変遷とその評価――「女大学」研究をめぐって――　　安田千恵美

本論は、近世日本でおもに流布したのは、「女大学」などの女訓書ではなく、「女今川」などの女子用往来物であったという史実から出発する。「女大学」言説が、福沢諭吉の「旧弊な道徳」という位置づけ（『女大学評論』・『新女大学』（一八九九年））に始まり、大正・昭和期での定着、敗戦・戦後の「沈黙」を経て、七〇年代に「歴史用語」（研究対象）として定着するまでを追う。著者は、そこに通底する、男社会が作った教訓を受動するのみの女性という偏見（言説）を克服するために、まず「往来物」で自ら学ぶ近世女性の実像を鮮明化することの必要性を力説する。

ソメイヨシノをめぐる言説とその実像　　秋山伸一

現在の日本では、「桜前線」の北上（桜の開花）が、春に欠かせない話題《トピック》となっている。その桜の品種はソメイヨシノで、一九世紀前半に江戸近隣の染井《そめい》（現豊島区駒込）の植木屋によって売り広められ、現在は全国の植栽の八〇%までになっている。本論は、クローン植物であるこの植物の誕生から現在までの経緯を、植物図鑑などの関連書物・雑誌・販売カタログなどから明らかにした。韓国鎮海《チムヘ》や米国ワシントンのポトマック河畔などの桜並木などの伝播、「山桜」（本居宣長）から「ソメイヨシノ」への変化など、国際関係や言説論の視点からも興味深い。

現在日本の国境問題を近世国際関係論から考える

荒野泰典

現在日本は、近世の「四つの口」（長崎・対馬・薩摩・松前）の内、三つの「口」（対馬――朝鮮、薩摩――琉球〔尖閣〕・松前〔蝦夷地・北海道・千島〕）で、隣接する諸国との国境問題を抱えている。その解決をことさら難しくしているのが、関係諸国が主張する「固有の領土」言説とそれを背後から操る米国の「あいまい政策」（Offshore Balancing）であることを指摘する。その上で、日本がとるべき道は、自らの主体性の確保と係争地域の意思の尊重であり、そのためにも、近世日本の国際関係の在り方（平和維持システム）に学ぶことは多いとする。

以上、一八本の論文たちは、それぞれに国際関係か言説、あるいは二つの論点を踏まえたものになっている。従来はあまり歴史研究の対象になってこなかったテーマもふくまれているが、いずれも歴史研究の豊かな鉱脈であり、歴史学の可能性を広げるものであることを示している。

最後に、歴史は本来の意味の「言説」（語ること・話すこと）を離れてはありえないし、歴史それ自体が巨大な言説の集合体である。私たちの日々の生活や営みもまた不断に言説を生み出していることも、あらためて確認したい。それを踏まえ、史実と言説を丹念に切り分けながら、両者の関係性について慎重かつ周到に思いを巡らすことが、今後の歴史学には求められている。それを本論集の当面の結論、ということにしておきたい。

注

（1）荒野泰典「幕藩制国家と外交」『歴史学研究　別冊』、一九七八年。

（2）荒野「日本の鎖国と対外意識」『歴史学研究　別冊』、一九八三年。後、同『近世日本と東アジア』（東京大学出版会、一九八八年）に、表題の「鎖国」にカギカッコ（「」）を付して再録。

（3）その代表例として、和辻哲郎『鎖国―日本の悲劇―』（筑摩書房、一九五〇年）を挙げておこう。本書は、「鎖国」を表題としながら、書かれているのは豊臣秀吉の登場までで、いわゆる近世の国際関係についての記述はない。「南蛮貿易」に対する称賛の言葉の後、秀吉の登場で本書は突然終わる。近世の国際関係について一言も語らずに「日本の悲劇」とはどういうことかと、私は唖然としたが、そのこと自体が、和辻の時代にあっては、「鎖国」についてはわざわざ説明するまでもなく、国民の間に明確なイメージと意義づけ、その真反対の事象としての南蛮貿易観が日本国民に共有されていた、あるいは共有することを意図したことを示している。和辻のこの作品は、「鎖国」言説の在り方を端的に示す見本と言ってよいだろう（後述）。

（4）荒野「日本型華夷秩序の形成」朝尾直弘他編『日本の社会史　第1巻』（岩波書店、一九八七年）所収。

（5）荒野「江戸幕府と東アジア」同編著『日本の時代史14　江戸幕府と東アジア』（吉川弘文館、二〇〇三年）所収。

（6）荒野「通史」『日本の対外関係』五巻（吉川弘文館、二〇一三年）所収、荒野「通史」『日本の対外関係』六巻（吉川弘文館、二〇一〇年）所収、荒野「通史」『日本の対外関係』七巻（吉川弘文館、二〇一二年）所収。

（7）荒野、前掲注（2）書。

（8）荒野「「開国」とは何だったのか―「鎖国」との関連で考える―」『開国史研究』第一〇号、二〇一〇年。なお、前掲注（6）書、七巻。

（9）荒野「世界のなかの近世日本―近世国際関係論の構築に向けて―」『国際社会の中の近世日本』（国立歴史民俗博物館、二〇〇七年）所収。同「民族と国家」『日本の対外関係1　東アジア世界の成立』（吉川弘文館、二〇一〇年）所収。その意図は、当時のいわゆる対外関係が高度な内容を持っていたというだけでなく、当時の日本が享受していた平和と繁栄は、ケンペルなどが言うように、「鎖国」（国際的孤立）によって偶然に与えられたものではなく、徳川政権が自らの主体的にもとづいて国際関係を管理・統制・運営するシステムを築き上げ、それを維持したからであるということを明確にするためでもあった。

（10）豊見山和行『琉球王国の外交と王権』（吉川弘文館、二〇〇四年）。平川新『日本の歴史一二　江戸時代／十九世紀　開国への道』（小学館、二〇〇八年）。これらの仕事によって私は、「帝国」という観点に気づかされ、近世の琉球王国や蝦夷地のアイヌが、自律性を保ちながら徳川政権の「支配」を受け入れている、そのあり方を表現するのにふさわしいと直感した。なお、当初私は石母田正の表現を借りて、近世日本を「東夷の小帝国」としたが（荒野前掲注（6）書、六巻）、近世日本においては「東夷」という認識は克服されているという村井章介の指摘を受けて、「東アジアの小帝国」、もしくは「日本型小帝国」に替えている（荒野前掲注（6）書、五巻・七巻）。村井の指摘は、古代・中世と近世の時代差を的確に突いており、近世という時代の性格を考える際のキーワードの一つである。

ちなみに豊見山は、近世までの琉球王国の存在形態が伝統的に「日中両属」とされてきたのに対して、琉球王国の主体性を中心に据えて、日中両国に対する二重朝貢体制とすることを提唱し、この時期の王府の自意識の核心を、「唐と大和のウトゥイエ〔交際〕を飼いならす〔調整する〕」という表現に見出している（同「敗者の戦略としての琉球外交―「唐・大和の御取合」を飼い慣らす―」『史苑』第七〇号、立教大学史学会、二〇一〇年）。実は「服属」と一面的にとらえられがちな「朝貢」という行為・儀礼においても、朝貢する側の主体性とそれを受ける側の道義的責任もふくまれていると考えるべきである（荒野「東アジアの華夷秩序と通商関係」『講座世界史Ⅰ　世界史とは何か』〔東京大学出版会、一九九五年〕所収）。上記の表現は、中世の琉球王府の自立意識が、薩摩の軍事占領後にも脈々と受け継がれて近代を迎え、さらに現代にも生きていることを示している。それと同様な関係性が封建的主従制の主・従の関係にも存在した（朝尾直弘「天下人と京都」『天下人の時代』〔平凡社、二〇〇三年〕所収）。私が提唱する「国際関係」は、そのような、日本人はもちろん、地球的世界の多様な人々のそれぞれの生活や歴史に根差したアイデンティティの受け皿でありたい。

なお「帝国」概念について私は、吉村忠興（同「「帝国」という概念について」『史学雑誌』一〇八編三号、一九九七年）に多くを学んだが、同論文の存在は本論集の寄稿者の一人濱口裕介の示教により、コピー提供も受けた。

（11）荒野「国際認識と他民族観―「海禁・華夷秩序」論覚書―」『現代を生きる歴史科学2　過去への照射』（大月書店、一九八七年）所収。

（12）荒野「海禁と鎖国」荒野・石井正敏・村井章介編著『アジアのなかの日本史Ⅱ』（東京大学出版会、一九九二年）所収。同「「鎖国」の誕生―海禁と鎖国の間で―」『新しい歴史教育二　日本史研究に学ぶ』（大月書店、一九九三年）所収。同「東アジアのなかの日本の開国」『近代日本の軌跡Ⅰ　明治維新』（吉川弘文館、一九九四年）所収。同「東アジアへの視点を欠いた鎖国論」『徹底批判　国民の歴史』（大月書店、二〇〇〇年）所収。同「「開国」とは何だったのか」（前掲注（8）論文）。

（13）板沢武雄「鎖国及び「鎖国論」について」明治文化研究会編『明治文化研究論叢』（一元社、一九三四年）所収、後『日蘭文化交渉史の研究』（吉川弘文館、一九五九年）に再録。

（14）・（15）小堀桂一郎『鎖国の思想―ケンペルの世界史的使命―』（中公新書、一九七四年）。小堀以後、ヨーゼフ・クライナー「ケンペルとヨーロッパの日本観」（他図版解説『ドイツ人の見た元禄時代　ケンペル展』図録、ドイツ日本研究所、一九九〇年）などの仕事によって、この種の知見はより詳細になっている。

（16）R．トビ著・速水他訳『近世日本の国家形成と外交』（創文社、一九九〇年）。なお原著は、State and Diplomacy in Early Modern Japan : Asia in the Development of the Tokugawa Bakuhu. Princeton University Press,1984。なお、この史実は、私も大島明秀（後掲注（18）参照）も確認している。このことは、米国ペリー艦隊による「開港」の日本人に対する政治的・心理的影響の大きさを物語る（荒野前掲注（6）書、七巻）。

（17）田中健夫『中世対外関係史』（東京大学出版会、一九七五年）。田中は、本書で、「江戸幕府の鎖国体制は、中国を中心に形成された東アジアの国際秩序の日本的表現」とし、この体制の形成については、従来の「おおむねヨーロッパ諸国との関係に限られていた」研究の他に、「東アジアの諸国の動きを中心にした国際関係史の面からの考察」も必要、としている（「東アジア国際社会における鎖国の意義」）。なお、「鎖国について」（『歴史と地理』二五五号、山川出版社、一九七六年、後同『対外関係と文化交流』〈思文閣出版、一九八二年〉に再録）では、「鎖国」という言葉が「まさに玉虫色」で「いう人、きく人の立場で、どのようにでも変化し、またどのような概念をも包摂してしま」う、「便利ではあるがまことに厄介であり、こまったこと」とし、その問題の克服のためには、以下の三つの作業が必要としている。

①「鎖国」という言葉の由来から歴史的名辞として固定されるまでの経緯を明らかにする、

②この言葉の意味・内容の時代による変遷とその実態を把握する、

③「鎖国」の問題を東アジアの国際関係の中でとらえる。

初めの二点は、「言説」という言葉は使われてはいないが、まさに「鎖国」という言葉の言説論的な検討の必要性を説いたごく早い例である。田中には「倭寇」についての言説論をふくんだ浩瀚な研究があり、そこで提示された倭寇観は私の「倭寇的状況論」のルーツである（同『倭寇』〈教育社新書、一九八二年〉・『東アジア通航圏と国際認識』〈吉川弘文館、一九九七年〉）。

（18）大島明秀の仕事は、ほどなく『「鎖国」という言説―ケンペル著志筑忠雄訳『鎖国論』の受容史―』（ミネルバ書房、二〇〇九年）にまとめられた。本書は、志筑忠雄『鎖国論』（一八〇一年）の書誌学的な調査に基づいて、「鎖国」言説の流布と定着の過程を日本からヨーロッパ、近世から現代まで丹念に追跡した労作で、その作業を通じて、この言説が日本人を縛るようになった経緯と今もなお私たちを縛っている現実、さらにそれからの解放の必要性を明快に示した。「開国」概念の誕生から定着までの過程は、上白石実「鎖国と開国」（前掲注（6）書、七巻所収）が明らかにしているが、それ以前に大島には、「開国」言説についても先駆的な仕事がある（同「開国」概念の検討―言説論の視座から―」『國文研究』第五五号、熊本県立大学日本語日本文学会、二〇一〇年）。

（19）その中でもっとも大きな影響を与えたのは、朝尾直弘による幕藩制国家の三大特質の一つとしての「鎖国」という論点の整理だろう（同「近世の政治と経済（1）」『日本史研究入門』Ⅲ〔東京大学出版会、一九六九年〕所収。同「鎖国制の成立」『講座日本史』四、〔東京大学出版会、一九七〇年〕所収）。朝尾の整理の特徴は、①近世の国際関係を東アジアという「場」に置いて考えるべきこと（日本とヨーロッパは、直接ではなくこの場を通じて出会った、その歴史的意義）の提唱、②「鎖国」を幕藩体制の三大特質の一つとしての位置づけ、③国内政治と対外関係の構造的な関連の指摘、の三点にまとめられる。以上のうち①は、田中の提言の③に当たる。

私と同世代のこの分野の研究者にとって、朝尾の「鎖国」の位置づけは大きな励みになった。一九七七年から歴史学研究会の近世史部会が四年連続で東アジア地域との関係（琉球・対馬・蝦夷地）をとりあげ、これを契機に近世日本の対外関係史研究が東アジアとの関係を重要な柱とし、近世史研究は幕藩体制論から国家論に転換して、現在に至る。しかし田中の批判のように、朝尾の整理のうちの③（国内政治と対外関係の構造的関連）は、もともと国を鎖すという意味しかない「鎖国」という言葉に、対外関係の構造的関連（あるいは編成）という要素を加え、学術用語としての整合性を欠くことになった。田中が、「鎖国」という「玉虫色」の言葉に替えて、東アジアの国際社会の伝統に根ざし、かつ明確に内容も規定されている「海禁」という言葉を提案したことの意義は大きい（田中前掲注（17）論文「鎖国について」、一九七六年）。私は一九八三年に田中の意見を受け入れて、海禁・華夷秩序論に転換したが、その後の検討で、幕府をはじめ支配層が、当時の体制を、東アジアの国際社会においても正当性を持ち、かつ、長く平和を支えてきた実績のある制度＝「海禁」と認識していたことをあらためて確認し、これを「海禁の思想」と呼ぶことにした（荒野「海禁と鎖国」前掲注（12）書、同「「鎖国」の誕生」前掲注（12）書）。いずれにしても、この問題は、絶対主義時代までのヨーロッパ諸国が保持していた国王大権としての「外交・貿易」という理念にも通じ、そこまで踏みこんで議論すべきテーマと私は考えている。

（20）例えば、佐々木潤之介は、私が提示してきた「四つの口」論や漂流民送還体制、さらに国内経済と国際的分業の変化により貿易の内容や構造が変化したという史実も、彼の「鎖国」論に織りこみずみと断言する（同『江戸時代論』〔吉川弘文館、二〇〇五年〕）。それは「鎖国」論者の多くに共通する姿勢であり、田中が批判する「鎖国」の歯止めのない拡張解釈に他ならない。なお、その問題とは別に、佐々木に対するオマージュは、私なりに持っているつもりである（荒野「佐々木潤之介『江戸時代論』が残したメッセージ」『経済』一三〇号、新日本出版社、二〇〇六年）。

（21）藤木久志は『豊臣平和令と戦国社会』（東洋大学出版会、一九八五年）以来一貫して村や民衆の視点から、以下に挙げる、戦国時代の村と戦場を見つめた多くの作品を生み出している。同『戦国の作法』（平凡社、一九八七年）、同『雑兵たちの戦場―中世の傭兵と奴隷狩り―』（朝日新聞社、一九九五年）、同『戦国の村を行く』（朝日新聞社、一九九七年）、同『村と領主の戦国世界』（東京出版会、一九九七年）、同『飢餓と戦争の戦国を行く』（朝日新聞社、二〇〇一年）。そこに描かれた現実こそが、近世の平和と秩序の社会を生み出す原動力だったことが納得できる。ケンペルがいわゆる『鎖国論』の結論部分で、いわゆる元禄時代の日本の人・社会・経済・平和などを列挙した後で、いわゆる「鎖国」肯定論を展開する歴史的背景がこれである（典拠は本論文注（46）書）。

（22）この説明は、私が「民族と国家」（前掲注（9）書）のなかで、初めて「言説という方法」について書く際に参照したウィキペディアの説明をなぞったものである。この時参考文献として紹介されていた以下の文献、中山元『フーコー入門』（ちくま新書、一九九六年）、同『思考の用語辞典』（筑摩書房、二〇〇〇年）、ミシェル・フーコ著・中島雄二郎訳『知の考古学』（河出書房新社、二〇〇六年、新装版）、同著・渡辺一民他訳『言葉と物』（新潮社、一九七四年）などを参照したが、上記のもの以上に解りやすい説明に出会わなかった。ただし、現在のところ理由は不明だが、上記の説明はウィキペディアから削除され、やや簡略な、読んでもよく解らない説明に差し替えられている。近い将来、自分の言葉で語るべく、私なりの努力を続けたい。

（23）例えば、山口啓二の卒業論文『松平定信と海防』（東京帝国大学卒業論文、一九四四年、後、『山口啓二著作集　第一巻』〔校倉書房、二〇〇九年〕）は、定信の海防政策とその歴史的環境について、現代の研究レヴェルに勝るとも劣らない精緻さで叙述した後の「あとがき」は、あたかも幕末開港と敗戦による軍閥政治と戦争からの解放を予見するような書きぶりで、和辻の「敗戦」＝「悲劇」観とは正反対の受け止め方をしているように見える。この違いが何によるのか、いずれ検討したいと考えている。

（24）東京大学医学部の「お雇い教師」として来日したエルウィン・ベルツ（一八四九―一九一三）は、日本の歴史について彼に質問されたある日本人（学生と思われる）が、きっぱりと「われわれには歴史はありません、われわれの歴史は今からやっと始まるのです」と断言したと書き残している（トク・ベルツ編、菅沼竜太郎訳『ベルツの日記』上〔第二編明治九年十月二十五日条、〔岩波文庫、一九七九年〕、四七頁）。よく知られた記事だが、日本の近代化は、近世に培われた社会・経済・文化・精神などに育まれた近代的な要素と、この若者に見られるような心性をも原動力として達成されたのではないだろうか。

(25) 例えば、島原・天草の乱（一六三七―三八）の歴史的性格については、百姓一揆とキリシタン一揆とで論争されてきた伝統がある。しかし乱そのものは、百姓一揆・キリシタン一揆はもちろんのこと、様々な要素・顔を持つ鵺《ぬえ》（あるいは多面体）のような事件であり、その中ではっきり指摘できるのは、一揆側が領主の苛政を訴えて立ち上がったのに対し、領主側はその行動を、当初から、キリシタン一揆と決めつけて対応したことである。乱の当初から双方の立場・言い分は対立しており、彼らはそれぞれの名分をかけて、特に一揆側は死に物狂いで戦ったのであり、その結果勝利者（幕藩権力）側の言説（キリシタン邪教・殲滅観）が幕末維新期まで日本社会を覆うことになった（荒野、前掲注（5）論文）。言説論という視点・方法をとることで、この乱の実相と言説の関係性がよりリアル、かつ立体的に見えてくるはずである。

(26) 史実至上主義の問題点については、荒野「民族と国家」（前掲注（9）書）を参照されたい。

(27) 史実至上主義と並んで、「差別語」のように一見不都合な言葉を抹消する、いわゆる言葉狩りの問題がある。いわゆる「表日本」・「裏日本」という言説も、近代に生まれ、最近姿を消した言説の一つである。すこし年配の方なら、一九八〇年代前半に放映された、吉永小百合主演のＮＨＫのＴＶドラマ「夢千代日記」をご記憶の方も多いだろう。なお、日本の「裏・表」がいつ頃、どのようにしてこの社会に定着したかについては、阿部恒久『「裏日本」はいかにつくられたか』（日本経済評論社、一九九七年）・古厩忠夫『裏日本―近代日本を問いなおす―』（岩波書店、一九九七年）などを参照。これらの仕事も、日本史における「言説」研究の先駆けなのではなかろうか。

(28) 荒野「言説学事始め―研究史の深化のために」『岩波講座日本歴史　月報』二〇、岩波書店、二〇一五年。

(29) 朝尾直弘の、兵農分離・石高制・鎖国を幕藩制の三大特質とする理論的整理がその代表的なものである（前掲注（19）書・論文等参照）。

(30) 私の最初の論文集の表題を「近世日本と東アジア」とした理由も、この点にある。

(31) 例えば、法学者（行政法）織田万（一八六八―一九四五）は、清国の国際関係に関する法制度（管理・統制の体制）について詳細な記述をしておきながら、清国には「外交」と呼びうるようなものはない、と断言する（『清国行政法　臨時台湾旧慣調査会第一部報告』、臨時台湾旧慣調査会、一九〇五―一五）。しかしその断定は、清国が展開していた国際関係の体系を、彼がある種の先入観に妨げられてそれ（外交、あるいは国際関係）と認識できなかったことを示しているにすぎないのではなかろうか。この場合に問われるべきは、織田の「外交」観・「国際関係」観であり、彼の同時代の日本人のみならず、彼らがそのまま受容した欧米世界の東アジア、さらにはアジア全体に対するまなざしの問題点でもある。

（32）有賀貞他編『講座国際政治①国際政治の理論』（東京大学出版会、一九八九年）。歴史学研究会編『講座世界史一 世界史とは何か—多元的世界の接触の転機—』（東京大学出版会、一九九五年）所収の論文等を参照されたい。

（33）中嶋嶺雄『国際関係論—同時代への羅針盤—』（中央公論社（新書）、一九九二年）。なお百瀬宏も、もともと国と国との関係を意味するinternational relationの和製漢語である「国際関係」が、はたして「国と国との関係」に限られるのかと問い、国際関係を形成している要因（行為体actor）は国家だけではないとする。さらに、古代史家の石母田正の、日本の古代国家の成立と構造の歴史的特徴の一つは、「国際関係」と切り離して考えることはできないという指摘（石母田『日本の古代国家』〈岩波書店、一九七一年〉）を受けながら、「国際関係という概念を広義にとって、古代国家までをもふくむものとすれば」、近代以後のそれではないが「基本的な機能の上ではそれと相通じる国際関係がそこに存在したことは確かであろう」とする（百瀬『国際関係学』〈東京大学出版会、一九九五年〉）。私の意図は、同様の立場から、地球レヴェルの同時代の国際関係のあり方の内、とりあえず、近世日本と東アジアの国際関係の実態、すなわち構造と論理を明らかにすることである（荒野「東アジアの華夷秩序と通商関係」前掲注（10）書所収など）。

（34）荒野「世界のなかの近世日本」前掲注（9）書。

（35）例えば、恩師の一人田中健夫も、「国際関係」を「自らを国家と意識した集団相互の関係」と定義している（同「漢字文化圏のなかの武家政権」『前近代の国際交流と外交文書』〈吉川弘文館、一九九六年〉所収）。しかし、そう単純に割り切れないのが、現在の国際社会の実情である。「自ら国家と意識」した、あるいはそうであろうとした集団が、国家として認められず、周辺地域の国家や同地域の既存の国家と紛争を起こす例は、枚挙にいとまない。「国際関係」の定義そのものの再検討が迫られている。

（36）現在の日本政府の立場については、とりあえずは、荒野「現在日本の国境問題を近世国際関係論から考える」（本書所収）を参照されたい。

（37）これを私は、一九九二年以来「海禁・華夷秩序」体制の「祖法化」と規定してきた（荒野「海禁と鎖国」前掲注（12）論文）。幕府の主張は、まさにその体制の祖述であり、長く続いた平和がその正当性の感覚を支えていた。田中がすでに指摘しいているように、この時期の幕府の正式な見解は「鎖国」ではなく、「海禁」であり、それを私は「海禁の思想」と呼んでいる（荒野「「鎖国」の誕生」前掲注（12）論文）。その一方で、この時の幕府の定式化を、「鎖国の祖法化」とする意見もある（藤田覚『日本の時代史一七 近代の胎動』〈吉川弘文館、二〇〇三年〉、横山伊徳「一八—一九世紀転換期の日本と世界」『日本史講座』七〈東京大学出版会、二〇〇五年）所収、など）。しかし既述のように、一九世紀初めの段階での幕府の正式見解は「海禁」であり、日本人が自らの体制について「鎖国」という言葉で論じるようになるのは、ペリー艦隊による「開港」以後である（後述）。「鎖国祖法論」は、このような史実を無視していることをはじめ、近世の国際関係の在り方を無前提に「鎖国」とするだけで、「鎖国」という言葉の言説論的な分析を欠いていることなど、説得力がない。

（38）この事例で補足説明の必要があるのは、長く私自身が宿題としてきた、幕府の主張には「通信」・「通商」だけで、アイヌ（蝦夷地）との関係が入っていないことについてである。その理由は、幕府が蝦夷地を「無主の地」（その人間集団を代表する政治権力の存在しない地域）とみなして、アイヌとの関係を「国際関係」の範疇に入れていないことによる。それは現在の日本政府がもともとアイヌなど先住民の生活圏であった蝦夷地＝北海道などを「固有の領土」主張する根拠でもある。しかし、いわゆる「国際関係」の国家権力による独占（例えば、「人臣に外交なし」などの言説）の問題点を浮き彫りにしつつ、その障壁を乗り越えてより現実に即した国際関係の在り方を構想するためにも、アイヌなどの先住民も重要なactorとして位置づける必要があり、現在の国際社会（例えば国連など）もその方向に動きつつある（百瀬前掲注（33）書）。その立場から私は、徳川政権は彼らを「撫育」の対象と位置づけていることを踏まえて、「通信」・「通商」に「撫育」を加え、近世日本の「華夷秩序」を構成する三つのカテゴリーとして定式化した。

ちなみに、近世の蝦夷地や台湾のような地域を、当時は「無主」と呼んだが、それはその地域を統治・支配する政治権力（主《あるじ》）が存在しないという意味で、人が住んでいないという意味ではない。従って、ロシアとの間で蝦夷地域（北海道のみでなく、樺太・千島もふくむアイヌ等先住民の生活圏）の領有が問題になった時に、アイヌに対する「撫育」の有無が問題とされたのは、双方の影響力がどの程度およんでいたかを図る尺度とされたからである（及川将基「「撫育」の論理と松前藩―非分禁止を中心に―」『立教　日本史論集』第七号、一九九八年）。しかし、それがこの地域を生活圏とするアイヌなど先住民の主体性に対する配慮を欠いたものであったことは言うまでもない。その問題は、現在においてますます旧来の国家主権に固執する国際関係の定義がその正当性を問われている、深刻かつ本質的な問題であるように私には思える。

（39）蝦夷地の蠣崎氏（後の松前氏）は、天文二〇年（一五五一）に、渡島半島西部セタナイ（瀬田内）のアイヌ首長ハシタインを「西夷」（西部アイヌ）の「尹《おさ》」として、上ノ国の天の川の郡内で、東部シリウチ（知内）の首長チコモタインを「東夷」（東部アイヌ）の「尹」として、「夷狄の商舶往来の法度」を結んだことはよく知られている（榎森進『アイヌ民族の歴史』（草風館、二〇〇七年）他、類書を参照）。これによって、一世紀ほど続いたアイヌと和人（日本人）勢力との戦争状態に終止符が打たれ、近世の「和人地」（日本人の居住地域で、松前藩の直接の領地）の原型（原和人地）が創出され、アイヌとの交易が城下町松前に限定されたと考えられている。その有り様は、北米大陸に入植した当時の英・蘭等の白人勢力（西インド会社等）との関係、さらに後に合衆国政府がその史実を否定した経緯と酷似している（後掲注（40））。

（40）『米国条約集 TREATIES AND OTHER INTERNATIONAL ACTS OF THE UNITED STATES OF AMERICA』（米国政府出版局、一九三一年、簡略版SHORT PRINT）。その「編集方針PLAN OF EDITION」は、この条約集に収録する範囲the scopeとして国際的な条例International acts　効力を有した協定Agreements which have been in force 等二一点を挙げ、その四番目に、インデアン諸種族との条約Treaties with Indian Tribes はこの条約集には収録しないとする。一八七一年三月三日の米国政府の条例 the act によって、「今後はアメリカ合衆国領域内のインデアン民族、すなわち諸種族は、合衆国と条約を結ぶべき独立した民族、種族、すなわち政権powerとして承認も、認識もしない」と規定されたことを踏まえ、それまでに四〇〇以上結ばれた条約の歴史的重要さは認めつつも、今やほとんど歴史に過ぎずnow largely historic　地名や政府に対する賠償請求の根拠になっている程度なので、「どのようにアレンジしようともin any form of arrangement」この条約集に収録するのは「断じて望ましくないIt would be highly undesirable」とされる。もちろん、インデアン条約は別に編集されるので、そちらを参照されたいとの断り書きもある。しかし私は、historicという言葉遣いに、かつて訪れた米国ハワイ州の捕鯨博物館の展示の締めくくりの説明文「捕鯨の黄金時代の終焉」the end of the "Golden Era of Whaling"と同じものを感じる。

捕鯨を、米国の歴史において最も重要かつ刺激的な時代の一つone of the most important and exiting era in American's historyと位置づけつつ、それが四つの理由（暴風による船の減少、石油の発見、南北戦争による船の不足、捕鯨自体による鯨の減少）によって、捕鯨時代の終わりを余儀なくされたと締めくくる。しかし、現在米国主導で展開されている捕鯨禁止運動に見られる自然保護などの主張はまったく見ることはできない。なお、この資料は、調査に同行した及川将基の提供による。

改めてつけくわえる必要もないかもしれないが、この条例後、日本の旧土人保護法（一八九九）のお手本になったドーズ法（一八八七年）が成立し、本格的かつ体制的な先住民からの土地収奪が始まった。政治的な主体として認め（承認も認識もし）ないことの政治的（歴史的）効果と、そう規定した当時の「合衆国」の構成員たちの、あからさまな恣意性（あるいは、欲望）や不実さ・非情さは隠しようもない。なお、この規定が現在の米国でどのように扱われているかということについて、私はまだ確認していないが、今後の課題としておきたい。

ちなみに、米国の独立戦争からその後しばらくの間の、いわゆる大陸会議期the Continental Congress Period（一七七四年、一七七五—八九年）に、合衆国政府はオランダ・フランスとも条約を結んだが、フランスとの条約は政府the Government of Franceとの間のものなので収録するが、オランダとの契約は、アムステルダムの銀行家や商人bankers or merchants of Amsterdamが相手であり、INTERNATIONAL ACTS（国際条約）ではないので、収録しないとされている。現在のNew Yorkは、当初はオランダ西インド会社の領地で、ニュー・アムステルダムNiew Amsterdamと呼ばれていた。なお、一七世紀前半に台湾をめぐって起きた日本の朱印船とオランダ東インド会社との紛争（台湾事件：一六二七—三二年）の解決にあたって、オランダとの関係が政治的（外交）関係をふくむ「通信」関係から、民間レヴェルの貿易のみの「通商」関係に降格されたが、その際の幕府の判断の根拠も、オランダ側の主体が、政府ではなく商人が構成する会社（東インド会社）ということだった（加藤榮一『幕藩制国家の形成と外国貿易』〈校倉書房、一九九三年〉）。先の戦争後、「植民地」朝鮮が国家主権を保持していなかったという理由で、その政府や国民の意志に配慮することなく戦後処理が行われたことが、現在の朝鮮半島、および東アジアの国際問題のスタートであったことは、深刻に思い起こす必要があるのではないか。

（41）私がそのことに気づいたのは、卒業論文で一七世紀後半から一八世紀前半に長崎周辺で発生した「抜荷」（密貿易）をとりあげた時であった。しかし当時の私の力量不足で、長崎市民や抜荷犯たちの活動が、幕府の長崎貿易政策を動かし、特に新井白石の正徳新例（一七一五年）によって特権都市としての長崎の地位を獲得するまでの経緯を明確にできず、試行錯誤の挙句に、卒論「幕藩制中期における都市・長崎の構造と特質—鎖国体制下の長崎の位置づけについて—」（東京大学文学部国史学科、一九七五年）は失敗作に終わった（一応提出はしたが）。この論文を、大幅に増補改訂し、「近世中期の長崎貿易体制と抜荷」と改題して、尾藤正英編『日本近世史論叢』上（吉川弘文館、一九八四年）に寄稿するまでには、一〇年近い時間を必要とした（後に、拙著『近世日本と東アジア』に再録）。

（42）「異国日記」の史料批判は、藤井譲二「一七世紀の日本—武家の国家の形成—」『岩波講座日本通史』一二（岩波書店、一九九四年）による。

（43）徳川家康以来の徳川政権の明との国交回復政策が目指していたのは、明との国交回復によって、明の日本に対する海禁政策（「国民」の日中間の私的な往来禁止）を解除させ、一六世紀半ば以来発生した倭寇的状況において既成事実となっている「倭寇的勢力」（華人密貿易集団・日本人・ヨーロッパ人など）によって担われている日中間のシナ海交易を合法化して、当時の日本において欠かせなくなっていた商品（白糸〈中国産高級生糸〉・絹織物など）を合法的かつ安定して確保し、かつ、それによって日本を「倭寇の巣窟」という言説から脱却させ、東アジア国際社会において日本政権としての正当性を確保することにあった（荒野、前掲注（6）書、五巻）。しかし、それが実現するのは、明清交代（一六四四年）を経て、清の覇権が確立し、日本に対する海禁が解除され（展開令、一六八四年）、さらに新井白石の正徳新例（一七一五年）を経て、両国の間で「通商」の関係とすることについての暗黙の合意が成立してからのことである（荒野、前掲注（6）論文、五巻・六巻）。

(44) 荒野、前掲注（6）論文、五巻。

(45) 荒野「二人の皇帝―欧米人の見た天皇と将軍―」田中健夫編『前近代の日本と東アジア』（吉川弘文館、一九九五年）所収。

(46) ケンペル『日本誌』からの引用は、エンゲルベルト・ケンペル著・今井正訳『日本誌―日本の歴史と紀行―』上下（霞ケ関出版、一九七三年）、フォン・シーボルト『日本』からの引用は、岩生成一監修・中井晶夫訳、P・F・フォン・シーボルト『日本：日本とその隣国、保護国―蝦夷・南千島列島・樺太・朝鮮・琉球諸島―の記録。日本とヨーロッパの文書および自己の観察による』全六巻・図録三巻（雄松堂、一九七七―七九年）による。

(47) ただし、ケンペル・シーボルトはともに、日本人の「出国」禁止を「鎖国」の根拠の一つとしている。これはいわゆる「鎖国令」と呼ばれてきた寛永一二年（一六三五）老中の長崎奉行宛「条々」（業務指令書）の第一条「異国江日本之船遣之儀堅停止」を、「日本人の海外渡航禁止」と誤読したもので、実際は、「長崎」から「異国」（東南アジア方面）への「日本之船」の渡航を禁止したものである。現実には「奉書船」の停止を命じたもので、すべての日本人のすべての海外への渡航を禁止したものではない（荒野「江戸幕府と東アジア」前掲注（5）書）。上記の法令を、すべての日本人のすべての海外への渡航禁止と誤読したまま、他の「三つの口」（対馬・薩摩・松前）では日常的に「日本人」が「海外」へ渡航していた史実との矛盾にも、長く気づかれなかった。「鎖国」言説と、「国家主権」言説にとらわれてもう一つの「活動体」actorを視野に入れることができない、ヨーロッパ＝東アジア型「国際関係」言説の麻酔効果あるいは思考停止である。

(48) 例えば、大槻玄沢『環海異聞』（一八〇七年）・高野長英『わすれがたみ』（一八三九年）など（荒野「近世の対外観」『岩波講座日本通史』第一三巻（岩波書店、一九九四年）所収）。この事例を「帝国」論に発展させる契機をつかめないままでいる時に、私は、豊見山・平川の仕事に出会ったのだった。

(49) 田中、前掲注（17）論文「鎖国について」、一九七六年。荒野「海禁と鎖国」前掲注（12）論文・同前掲注（6）書、六巻。

(50) 横山伊徳「日本の開港とオランダの外交―オランダ外務省文書試論―」『アジアのなかの日本史Ⅰ　アジアと日本』（東京大学出版会、一九九二年）。

(51) 荒野「東アジアのなかの日本の開国」前掲注（12）書。松方冬子『オランダ風説書と近世日本』（東京大学出版会、二〇〇七年）。

（52）小堀、前掲注（14）書。
（53）典拠は、ドイツ語版ケンペル『日本誌』の編集者クリスチャン・ウィルヘルム・ドーム（一七五一―一八二〇）の「後書」で、ケンペルの「鎖国肯定論」を批判した部分である（前掲注（46）書）。なお、『日本誌』には、ヨハン・カスパル・ショイヒツァー（一七〇二―二七）による英訳本The History of Japan（一七二七年）と、ドームの編集によるドイツ語版Geschichte und Beschreibung von Japan（一七七七―七九年）がある。ドームは法学者Jurist・プロイセンの外交官・政治家・歴史学者で、啓蒙思想家。なお、志筑忠雄の訳出は、英語版のオランダ語訳De Beschryvingvan Japan（一七三三年）による。
（54）ペリーの遠征に首席通訳官として随行した宣教師S・W・ウイリアムズは、ペリーの日本官憲に対する度重なる恫喝や横暴な態度、詐欺に等しい要求ぶりに対して激しい嫌悪感を示している。その彼も、日本が「開港に踏みきって、鎖国主義を放棄した暁には、計りしれぬ実益がもたらされるであろうし、民衆はその利益に潤う」、「国家の基盤もそれによって、いっそう強固なものとなる」（傍線筆者）と「開港」の意義自体は認めている（S・W・ウイリアムス『ペリー日本遠征随行記』新異国叢書八、（雄松堂出版、一九七〇年））。欧米世界における「鎖国・開国」言説の根深さが知られる。なお、傍線部分は、後にジョセフ・ヒコが「開国」のメリットを説いた文章にも、まったく同じ論調が見える。
（55）荒野「海禁と鎖国」前掲注（12）書。なお、大島は「オリエンタリズム」を、同様の意識構造の表象として使用しており、興味深い（同「『蘭学』を腑分けする」本書所収）。
（56）田中葉子「ペリー来航時の贈答のかわら版にみる対外意識」、本書所収。

第一部　一七～一八世紀の地域社会とアイデンティティ

秀吉の朝鮮侵略に見るポルトガルの参戦

申東珪

はじめに

豊臣秀吉の七年間にわたる残酷な朝鮮侵略戦争（壬辰倭乱・丁酉再乱）は単純な海外侵略戦争ではなかった。これは戦国時代を経て中世から近世統一国家への移行期に内在された日本国内の政治・社会的な矛盾の爆発でありながらも、秀吉自らの「日輪の子」[1]という神格化を伴い同時に進行された大陸征服という空しい野望の結果でもあった。

さらにこの侵略戦争は一六世紀東アジア世界で行われた最大の戦争でこの戦争に参加した日本・朝鮮・明の兵士たちは七〇万人以上にのぼり、戦争の規模や戦争が残した傷跡、またこの戦争が世界に及ぼした影響を考えれば、近代以前には類例のない大規模な国際戦争であった。参戦国の規模を見れば、まず日本・朝鮮・中国をはじめ、間接的な関わりではあるが琉球・暹羅・インドなどの東南アジア国家[2]、またスペイン・ポルトガルをはじめイタリアのようなヨーロッパの国家なども戦争に直接的・間接的に関与していた。もちろん、近年に入りこの戦争の国際的な側面についての研究が活発に行われており、韓国と日本の両国首脳が合意したなかで二〇〇二年に発足した「韓日歴史共同研究委員会」の二回にわたった研究テーマでも壬辰倭乱（文禄・慶長の役）が採択され、韓日間の学術的研究においても一連の成果をあげている[3]。本稿と関連して日本では以前から活発な研究が行われていたが、韓国でもヨーロッパ勢力の東アジア進出に対する分析と共にこの戦争が東アジア国際秩序をどのように変化させていったのかについての研究[4]、秀吉の大陸征服計画を通した日本の対外政策や対外関係に関する研究[5]などから分かるように、その研究の領域も視野を広げつつある。

一方、秀吉の侵略戦争に対する様々な研究が行われてはいるものの、国際戦争としてスペインとポルトガルなどヨーロッパ国家との関連性に対しては、まだ研究の余地が多く残されていると思われる。もちろん、ヨーロッパの東アジア進出と国際情勢及び国際秩序の変化に関する研究[6]、また壬辰倭乱に対する各国の歴史認識[7]をはじめ、鳥銃と関連した武器体制の変化[8]、ポルトガル宣教師ルイス・フロイスの『日本史』に対する翻訳研究[9]などが進められていることは確かなことではあるものの、侵略戦争に見える西洋との歴史的な関連性をより明確に究明しなければならない部分もいくつか残されている。したがって本稿では秀吉の侵略戦争においてヨーロッパがいかに関係していたのかを究明するため、まずポルトガルを考察の対象にしてポルトガル宣教師に対する日本側の中国征服表明に関する問題、ポルトガル宣教師らに対する秀吉の援助要請の問題、明軍に所属していたポルトガルの「海鬼」という傭兵の問題などを素材にして以下の点において検討してみたい。

第一に、大陸征服ないし大陸侵略の最初のきっかけは秀吉から始まるという見解があるが、日本ではポルトガル宣教師ルイス・フロイス『日本史』に収録された記事を根拠に、すでに織田信長がその旨を表明していたという主張もあるので、この問題に対する検討と合わせ、これを歴史的にどのように理解すべきであるのか考えてみたい。第二は、当時日本に進出していたポルトガルが秀吉の侵略戦争に対していかなる意図を持っており、また秀吉はどのようにポルトガルを自らの戦争に利用しようとしていたのかを考察する。第三は明の援軍に含まれていたポルトガル所属のいわゆる「海鬼」はいかなる存在であり、海鬼が明の援軍として参加していた理由は何かを究明する。また、ポルトガルが朝鮮を舞台にした壬辰倭乱という国際戦争に跨って、明と日本の両側に関与していた本質的な理由は何であったのかを考察することも本稿の重要な課題である。

一　ポルトガルに対する中国征服表明の意味

ヨーロッパ勢力のなかでポルトガルが東アジア世界に姿を見せ始めたことはセケイラが五隻の艦隊を率いてマラッカ港に到着した永正六年（一五〇九）であると知られているが、これは東南アジアのみではなく、アジアでの新しい時代の開幕と同時にヨーロッパによるアジア植民地侵奪の序章でもあった[10]。ただし、一六世紀のアジア海域では倭寇の頻繁な略奪によって明の海禁政策が実施されており、さらに明はポルトガルを朝貢国として認めておらず、船舶の入港さえも不可能な状況だったので、ポルトガルとの密貿易が横行していた。このようなことはポルトガルと日本との関係の始まりという歴史的な背景としても把握できることであるが、その代表的な事例が倭寇の船舶にポルトガル人が乗船して天文一二年（一五四三）種子島に漂着した事件である。この漂着事件は日本とポルトガル関係のきっかけになった事件としても有名であるが、同時に鳥銃（火縄銃）が日本に伝えられ、戦国統一の契機を作り出した画期的な出来事でもある。以後、ポルトガルは嘉靖三六年（一五五七［明宗一二年・弘治三年］）から海賊鎮圧に協力した代価として中国からはマカオ居住の黙認を受け、日本との仲介貿易で大きな利益を収めるようになり[11]、徐々に日本への往来も頻繁になった。

以後、ポルトガルは日本への貿易進出と共に東アジアでの布教活動にも力点をおいていたので、数多くの宣教師らが当時日本で活動することになり、彼ら宣教師を通して東アジアの情報がヨーロッパ世界にも知らされるようになった。最も代表的なものがルイス・フロイスの『日本史』であるが、ここには日本の国内事情だけでなく、東アジアの情勢変動をはじめ、秀吉の朝鮮侵略に関する詳細な状況などが収録されており、壬辰倭乱史の研究に欠く事のできない貴重な史料である。特に、本稿のテーマと関連しても大変貴重な内容が記されているが、それは日本の大陸侵略に関する情報である。一六世紀後半の日本側の大陸侵略を述べる際、ほぼ秀吉の朝鮮侵略だけを挙げているが、『日本史』によればすでに秀吉以前に大陸侵略に関する事例がみられる。すなわち、天正九年（一五八二）一一月五日にフロイスがイエズス会の総長に送った報告書がそれで、ここから織田信長の中国征服に関する意図を伺うことができる。以下、検討してみよう。

［史料二］

ⓐ（信長）自らが単に地上の死すべき人間としてではなく、あたかも神的生命を有し、不滅の主であるかのように万人から礼拝されることを希望した。……神々の社には、通常、日本では神体と称する石がある。それは神像の心と実体を意味するが、安土にはそれがなく、信長は、予自らが神体である、と言っていた。……信長はかねて数年にわたって交戦中の毛利との戦争にも速く決着をつけ、その領土を征服しようと望み、身分も低く血統も賎しいが、悪賢く、戦争に熟達していた羽柴筑前なる人物を、かの地に派遣していた。……羽柴は二万あまりの兵力しか有していなかったので、信長に書を送って援助を乞い、とりわけ信長が自身が出陣することなく、別に二万ないし三万の兵があれば、十三カ国すべてを占領し、毛利の首級を献じ得よう、と述べた。ⓑ信長は事実行われたように都に赴くことを決め、同所から堺に前進し、毛利を平定し、日本六十六カ国の絶対君主となった暁には、一大艦隊を編成してシナを武力で征服し、諸国を自分らの子息たちに分ち与える考えであった。(12)

まず、［史料二］の傍線ⓐの部分の記述によれば、信長は自らが人間としてではなく生ける神体として、あたかも神的な不滅の主であるように万人に崇拝されることを欲しており、なおかつ普通日本の社には神体があるけれど、安土にはそれがなく、信長自らが神体であると強調していたことが分かる。これは当時混乱を極めていた戦国時代に「武威」を根本にしながらも自分を神格化した統治イデオロギーの適用と見なすことができるだろうが、後には秀吉も同様な神格化を示していた[13]。それはともあれ最も興味を引く部分は、傍線ⓑの部分で信長が毛利氏に対する征服戦争を終結させ、日本を統一して絶対君主になるならば、中国を征服するために大艦隊を準備するはずであり、征服した後にはその地域を息子などに分けるつもりであるということである。このことに関してはすでに同じ部分を引用して「信長にとってフロイスの記録が事実ならば、豊臣秀吉に先立ち信長が日本を統一した後に次の目標として中国征服を構想していたのであり、その征服後に諸国を分割するという計画は秀吉の三国国割構想と類似している[14]」という言及がなされている。筋の通った見解であると思われるが、本稿では関連部分全体を幅広く引用して他の側面から検討してみる。すなわち、傍線ⓑ部分を見れば、信長が中国征服の意志を表明したように見えるが、その信憑性は少々疑わしい。さらに当時信長の当面の目標は傍線Ⓑに見えるように、毛利氏を平定した後日本を統一することであったので、中国を侵略する余裕は全くなく、ひいては中国に対する情報の蓄積も不充分な状態であった。

これに関連して堀新は右の資料をふまえた上で疑わしい部分が多くはあるものの、「信長が大陸侵攻を意識し始めていたとしても、大きな矛盾はない」ことであり、「フロイスがなんの根拠もなく大陸侵攻計画をでっち上げる必要性はなかった」、また「フロイスの証言の細部には誤りがあったとしても晩年の信長には大陸侵攻計画があったことを事実と見なして良いと思われる」と述べている[15]。しかし堀新も彼の研究において言及したように、フロイスの証言は日本国内の同時代の史料では裏付けができないことであり、信長の中国征服を事実として認める主張に対しては、次のような点において疑問が生じる。

第一に、前述した信長の中国征服に関する認識というものは、中世日本人の世界観とも言える「三国世界観」としての認識、すなわち世界は天竺（インド）・震旦（中国）・本朝（日本）の三つの地域として構成されているという認識から発想されたものであって、実際に中国征服の野望を表したものではない。なお信長が三国世界観を抱いていたことはすでに以前の論考においても述べたものであるが、[16] 信長にとって三国世界観は自らの雄大な抱負を表すための、また当面の課題であった「天下統一」の決意を強調するための一種の道具であったのである。また当時は戦国状況を完全に掌握することができなかった状況の軍事力で明を征服するということは途方もないことであったのだろう。つまり信長が「三国世界観」に含まれた中国を征服するという［史料一］の傍線ⓑの記述は、戦国時代という混乱した時期に現実的に成し遂げられないことに対する抱負を強烈にあらわすことによって自らの権威と「武威」を強化させていく一つの手段だったのではなかろうか。

第二に、堀新が主張した通りに信長の「大陸侵攻計画」を想定する際、ここで言う計画という概念はある具体性を持って実現性を持たなければ成立することができないので、単純にフロイスの『日本史』に記述された信長の「発言」ないしフロイスの「伝言」だけではその実体を断定することが出来ないということである。「大陸侵攻計画」が実際存在したとするならば、侵攻をどのように実現させようとしたのかについて具体的な証拠があるべきであろうが、その実体はない。

二　ポルトガル宣教師への援助要請

広く知られた事実であろうが、日本に到着した最初のキリスト教宣教師はポルトガル王ジョアン三世の指示でインドを経由して天文一八年（一五四九）に薩摩の坊津に上陸したフランシスコ・ザビエルであるが、彼は同年九月に薩摩の守護大名島津貴久に会って布教の許可を得ていた。以後、秀吉が天正一五年（一五八七）七月二四日に下したいわゆる「伴天連追放令」という布教禁止の指示が下されるまで多数の宣教師らが日本で活動していた。五野井隆史の研究によれば、ザビエル以後一六〇〇名以上の宣教事業の従事者が活動していた思われるが、本章で検討するガスパル・コエリョとルイス・フロイスもそのなかの一人である。

一方、秀吉は天正一四年（一五八六）三月一六日（グレゴリオ暦五月四日）に大坂城で準管区長コエリョに会っていたが、この場で宣教師らに中国征服の意志を表明していたとされる。これに関連した史料は通訳として同席していたフロイスの『日本史』に収録されているが、前後関係を明確に考察するために多少長い文章であるが検討してみることにする。

［史料二］

彼は（その時）通訳をしていたルイス・フロイス師に着目し、彼と信長時代の五畿内での昔話をゆるゆる始めた。また彼は、（伴天連らが）ひたすらにその教えを伝え広めようと望んで、（母国から遠く隔てたこの）日本に滞在している心ばえを賞讃し、それを何度か繰り返した。それから（以下のように）語った。ⓐ「予も（伴天連らが一つのことに専心している）ように、すでに（最高の）地位に達し、日本全国を帰服せしめたうえは、もはや領国も金も銀もこれ以上獲得しようとは思えぬし、その他何ものも欲しくない。ただ予の名声と権勢を死後に伝えしめることを望むのみである。日本国内を無事安穏に統治したく、それが実現したうえは、この（日本）国を弟の美濃殿（羽柴秀長）に譲り、予自らは専心して朝鮮とシナを征服することに従事したい。ⓑそれゆえその準備として大軍を渡海させるために（目下）二千隻の船舶を建造するために木材を伐採せしめている。また、予としては伴天連らに対して、十分に艤装した二隻の大型ナウを斡旋してもらいたい（と願う）外、援助を求めるつもりはない。ⓒそしてそれらのナウは無償で貰う考えは毛頭なく、代価は言うまでもなく、（それらの）船に必要なものは一切支払うであろう。（提供されるポルトガルの）航海士たちは練達の人々である（べきで）、彼らには俸禄と銀をとらせるであろう。また万一予がこの事業（の間）に死ぬことがあろうとも、予はなんらの悔いるところはないであろう。なぜならば先に申し述べたように、予は後世に名を残し、日本の統治者にして古来いまだかつて企て及ばなかったことをあえてせんと（欲する）のみであるからだ。ⓓそしてもしこの計画が成功し、シナ人が予に屈し、服従を表明するに至るも、予はシナ人を支配する以外には彼らになにも求めず、予自身シナには居住せず、彼ら領土を奪うつもりはない。（シナを征服した）その暁には、その地のいたるところに（キリシタンの）教会を建てさせ、シナ人はことごとくキリシタンになるように命ずるであろう。そのうえで予は日本に帰るつもりである」と。さらに彼は語り続ぎ、ⓔ「（将来）日本人の半ば、もしくは大部分の者がキリシタンになろう」と言った。ついで関白は副管区長（コエリョ）師が、通訳を務めたルイス・フロイス師を通じて答えたことを注意深く聞いた。[17]

まず、右の［史料二］の傍線ⓐによれば、秀吉による戦国統一の事実と共に彼が願うことは死後において名声と権勢を残すことであって、日本を弟に譲った後に朝鮮と中国を征服する志があったということを確認することができる。ただ、秀吉の中国征服に対する侵略的な意図はすでにその以前にも表明されていた。天正一三年（一五八五）九月三日に家臣一柳末安に「日本国は言うまでもなくて、唐国までもそのようにしろと指示を下した」ということで、これが最初の事例とみられる。[18]ともあれ、中国征服を推進するための軍事準備として傍線ⓑでは当時においてすでに二〇〇〇隻の船舶を建造させていたこと、[19]宣教師コエリョとフロイスなどにポルトガルの大型船舶二隻の援助を要請していたことなどが確認される。また、このような要請はただの船舶だけの援助要請ではなかった。そこにはポルトガル航海士までも含んでおり、秀吉は艦船援助に対する代価とポルトガル航海士などに対する給料も必ず支払うことを約束していたことが傍線Ⓒの部分から確認できる。これは当然のことであろうが、ポルトガル人が誰よりも自分たちの船舶の運用に関して熟練していたからであり、海上における戦闘技術においてもポルトガル人が優れていたためであろう。その上、当時ポルトガル船舶は海上における戦闘や海賊行為などに対応するための一種の私掠船的な性格を持っていた。したがって船員などは万が一の場合には戦闘兵としての役割をしており、また船舶は軍艦と同じように強力な火砲で武装していたので、秀吉が戦力強化のためにポルトガルの船舶を要請したということは当然なことであろう。

しかし中国征服のための秀吉への協力はむしろコエリョとフロイスのポルトガル側が提案したという記録もあるので、より綿密に検討しなければならない。それはコエリョとフロイスなどと共に同席していた宣教師グネッキ・ソルディ・オルガンティノの次のような記録を見れば、確認できる。

[史料三]

ⓐ準管区長パードレとルイス・フロイス、それに私（オルガンチノ）は、その他何人と共に関白殿を訪問に行った。そして我々三人のパードレが、何人かのキリスト教徒領主（即ち関白殿の書記官、総司令官で最良のキリスト教でくある右近殿フスト）、その時関白殿のお気に入りの人物。及びその他の者と共に関白殿の部屋にはいった。まず、はじめ準管区長パードレがはいり、次に私がはいろうとしたが、パードレ・ルイス・フロイスがとてもすばやく先に行ってしまい、準管区長パードレの側に忽ちのうちに座を占めてしまった。この為、私は列に従って、話をするのに大変困難な状況に置かれざるを得なかった。同パードレ（準管区長）との会見が執り行われ、最後に、ルイス・フロイスがそれまでの好意に謝意を表しはじめた。そして、その後直ぐに次のように述べた。ⓑ「（関白殿が）下に渡り、更には中国へ征服に赴こうと決心しているのなら、ここに居るパードレ・ガスパル・コエリョに依頼なさる様に。彼はこの件につき、多くの援助をする事ができましょう。というのは、彼はほとんど下全体を指揮下に置いているからであります。更に、一・二隻の船をお望みならば、こ

れら全てをこのパードレは与える事ができ、またポルトガル人によってその船を操縦させる事ができるでありましょう」と。ⓒ私や周に居た全ての者には、この様な事は会にとっても、キリスト教界にとっても極めて不都合かつ危険極まりない事であると思われたので、すぐにパードレ・ルイス・フロイスが話すのをとめさせようと努めた。しかし、右近殿フストの切願にもかかわらず彼はその話をし、執拗にその話を続けた為、それを防げ、中止させる事ができなかった。[20]

まず、［史料三］の傍線ⓐの部分から秀吉との接見の際にコエリョ、フロイス、オルガンティノ、そしてキリシタン大名高山右近とその他の何人かの人物が同席していたことが確認できる。ところが、この席でフロイスは傍線ⓑで分かるように、秀吉が中国征服に対する決心を固め、軍事的な援助としてポルトガル船舶一〜二隻が必要になる場合があればコエリョがこのような援助要請に応じる能力があることはもちろん、この船舶を操縦するポルトガル船員までも支援することができると提案していた。もちろん、これはあくまでフロイスが述べた言説であるが、フロイスは当時通訳の役割も担当していたので、このような意図は準管区長であったコエリョの意図でもあっただろう。

このような事実はイエズス会の東インド巡察使であり、三回にわたり日本を来訪していたアレクサンドル・ヴァリニャーノがローマ総会長に送った書簡を通して確認できる。

［史料四］

（秀吉が）日本を平定した後でシナに渡るつもりである、と関白殿が述べたのに対し、同パードレは、いつかはそれを実行され、彼は望みを達するであろうと考えて、この点でも自分が援助を与えることができるということを示すために、「関白殿がシナに渡りたい時には、二艘のポルトガル船を提供しよう、またインディア副王に交渉して援軍を送らせよう」と彼は語った。[21]

すなわち、［史料四］の傍線部分によれば、コエリョは秀吉が中国征服に関する話をすると、むしろ軍事援助としてポルトガル船二隻の提供を提案し、ここに止まらずひいてはインド副王に軍事援助を要請すると提議していたのである。つまり［史料二］で秀吉がポルトガルに援助の名目で船舶二隻を要請したこととは正反対にポルトガル側がかえって援助を提案していた。柳田利夫の研究によれば、中国征服に際して誰がポルトガルの援助を提案したのかについての明確な判断は難しいということが知られているが、[22]ポルトガル側に援助する意思があったことだけは事実であろう。もちろん［史料三］の傍線ⓒを見れば、その場に同席していた宣教師オルガンティノはイエズス会やキリスト教団の側面から見るならば、秀吉の中国征服への援助に対するコエリョとフロイスの意図や発言はきわめて危険なことであると判断していた。それにもかかわらず、ポルトガル宣教師らが中国征服に対する援助を肯定的な立場から支援しようとしたことはなぜだろうか。それは前述した［史料二］の傍線ⓓとⓔから分かる。すなわち、秀吉には中国を征服した後に領土を奪う計画はなく、むしろ中国に教会を建設して中国人を皆キリスト教の信者にすると大言壮語しており（傍線ⓓ）、ひいては日本人の半分ないし大部分の人々をすべてキリスト教の信者にするつもりであると述べていたからである（傍線ⓔ）。秀吉の中国征服がポルトガルの東アジアでの布教活動や日本と中国への布教にだいぶ有利な局面をもたらすきっかけになる可能性があったので、援助において肯定的な立場を取っていたのである。実際に前述した天正一四年（一五八六）三月一六日に秀吉とポルトガル宣教師らの面会の後、直ちに日本布教に対する許可を得ており、[23]イエズス会の東インド巡察使として日本を来訪したヴァリニャーノは、「日本人の手によって高麗国や、場合によっては支那に聖福音の門戸が開かれてゆくことにより、また偶像崇拝や仏僧の破滅によって道が平坦になり、私らの教えが日本人の間で深い尊敬と信頼を得ていることにより、この布教の仕事の重要性と成果は増大しているのである[24]」と言っており、結果的には侵略戦争を開始することによって生じる中国布教への期待感を表していた。

ただし、［史料二］の傍線ⓓとⓔの内容はフロイス単独の記述で彼が日本での布教活動に対する自らの業績と中国布教に対する希望を表明するために、あたかも秀吉がキリスト教に対して好意的な認識を持っていたかのように記述しているという側面を看過してはならないが、当時日本での布教と共に中国布教を希望していたポルトガル宣教師の立場としては最優先の選択であったとも評価できる。ここには布教活動を通した貿易進出というポルトガルの対外攻略的な側面も念頭に置かなければならないと思われるが、結局このようなポルトガルの布教政策は、天正一五年（一五八七）秀吉のキリスト教に対する禁教と南蛮貿易の禁制を土台にした「伴天連追放令」によって次第に衰退を迎えざるをえなかった。

三　明軍所属のポルトガル傭兵「海鬼」の参戦

ポルトガルが秀吉の朝鮮侵略のための軍事援助要請に肯定的な態度を表明したということは前述した通りであるが、これとは反対にポルトガルは通称「海鬼」という特殊潜水兵を明の援軍として参戦させ、日本軍と戦わせる矛盾した行動を取っていた。すなわち、ポルトガルは明と日本両側に直接的・間接的な軍事援助という相反する外交術を広げていたのである。なぜ、このように矛盾した行動を取らなければならなかったのかについて考察するため、まず「海鬼」に関連した資料を検討してみたい。まず、最も早く「海鬼」を記録していることは申炅の『再造藩邦志』であるが、宣祖二六年（一五九三）二月条を見ると次のような記述がある。

［史料五］

劉綖字子紳。号省吾。江西南昌府洪都県人。ⓐ領川蜀兵五千人。其中有海鬼数十名。其種出南番。面色深黒如鬼。能潜行海底。ⓑ又有長人。形體幾二丈。不堪騎馬。乗車而来。又以獼猴服弓矢騎馬前導。亦能入賊中解馬韁許国忠領南兵砲手一千。首頭戴白韜巾。身被半臂衣。如我国羅將衣者。色用赤白靑黄。善用火箭大砲槍刀之技。皆勝於倭。陸続渡江而来。(25)

［史料五］は明の援軍として派兵された副総兵であった劉綎について言及した部分である。ここには傍線ⓐの部分に見えるように劉綎が四川の兵士五千を率いてきた際に「海鬼」数十名が含まれていた。その「海鬼」の出身は南蛮であり、顔色が鬼のようで非常に黒く、よく海底に潜行する特技があったことが分かる。すなわち、鬼のような姿で潜水にすぐれていた者がまさに「海鬼」ということで、その名称の由来と共に明の援軍を派遣した初期段階から活動していたことが確認される。明の劉綎の部下に「海鬼」があったということは、宣祖三一年（一五九八）八月二七日義兵将であった趙慶男の『乱中雑録』にも関連する記事が見えるが次の通りである。(26)

［史料六］

ⓐ提督劉綎親率数万兵。自全州到任実。軍卒先到南原。散出四方。輸入材木于黒城龍頭山。排造将館。及軍幕結柵鑿濠。翌日劉綎至龍頭寨留鎮。前後軍摠四万七千余名。中有牛之介三名。長闊十倍於人。ⓑ海鬼四名。肥黒眼赤。髪如細毛。楚猿四首。騎馬制引。如人體類大猫。駱駝生獐三牲雑物。無不持来。(27)

右の史料も明の劉綎の活動と軍師についての説明であるが、傍線ⓐの部分から劉綎が自ら数万の兵士を率いて全州から任実という所に到着しており、傍線ⓑの部分からは彼の軍師の中に「海鬼」四人がいたが、体は太く黒色で目が赤く、髪の毛が細い羊毛のようであるとしている。だが、ここで注目したいことは宣祖二六年（一五九三）二月の［史料五］の時点では劉綎の手下の中には海鬼が数十名がいたが、戦争の終結の段階である宣祖三一年（一五九八）年八月の時点では僅かに四名のみであるという点だ。現段階では明の援軍に所属していた「海鬼」の正確な人数をはじめ、彼らがいかなる戦闘に参加していたのかについて明確にする資料を確認できないが、「海鬼」の兵力損失があったことが推測できる。

一方、当時朝鮮の朝廷でも「海鬼」に関する情報が報告されていたが、『宣祖実録』には次のように記録されている。

[史料七]

上幸彭遊撃[信古]処設酌。上曰、大人在京乎南下乎。遊撃曰、過一月後欲爲南下矣。ⓐ且曰、帯來異面神兵、使之進見。上曰、何地之人、而何技能爲耶。遊撃曰、自湖廣極南波浪國人也。渡三海方抵湖廣也、距朝鮮十五萬餘里也。其人善鳥銃及諸武藝。[ⓑ一名海鬼。黄瞳漆面、四支手足、一身皆黒。鬚髪卷巻短曲、如黒羊毛、而頂則禿脱、一匹黄絹、盤結如蟠桃狀、而着之頭上。ⓒ能潛於海下、可伐賊船、且數日能在水底、解食水族。中原人亦罕見也]上曰、小邦僻在海外、何嘗見此神兵。今因大人見之、莫非皇恩。尤爲感激。兇賊殲滅、指日可待矣。酒撤、遂相揖而出。(28)

[史料七]は宣祖三一年(一五九八)五月二六日に宣祖が明軍の遊撃である彭信古の処所に行幸して彼に対面し、波浪国の人について尋ねた記述であるが、ここで言う波浪国(29)とは当て字でポルトガルを意味する。ところが興味深いことは傍線ⓐ、つまり宣祖が神兵について「どこの人で、何の技術を持っているのか」と聞くと、遊撃信古が「神兵は湖広の南端にある波浪国(ポルトガル)の人で、三つの海を渡れば着きます。朝鮮とは約一五万里離れており、その人は鳥銃をよく射って様々な武芸を持っています」と答えた部分である。湖広は湖北省と湖南省をさし、明代には広東と広西を含んでいた。すなわち神兵という湖広の南端に住んでいる波浪国の人とは、ポルトガルが当時掌握していたマカオの人を意味し、彼らが鳥銃と多様な武芸にも熟練していたことが分かる。

前述した通り、マカオはポルトガルが倭寇を撃退させた代価として明政府が嘉靖三六年(一五五七)以来ポルトガルの居住を黙認してたところであってポルトガルの勢力圏であり、さらに当時のポルトガルは鳥銃にもすぐれた技術を持っていたので、ポルトガル軍に所属していた神兵たちは一種の傭兵として相当な戦闘力を持っていた集団であったことが推測される。ともあれ彼ら神兵たちは二日後、再び彭信古と共に宣祖に拝謁しており、彭信古はその場で彼らの武芸を試演させたので、宣祖から銀子一両を下賜された[30]。

一方、もっとも興味を引くことは［史料七］の傍線ⓑの部分の神兵に関する細註である。すなわち、「神兵は別名「海鬼」とも呼ばれており、黄色い瞳で顔色が黒く、手足も黒く全身が黒い。顎鬚と髪の毛が縮れ毛で黒い羊毛のようであり、脳天ははげで頭の上には一匹の黄色い絹を蟠桃のようにとぐろ巻きにしている」という説明だ。この記述を念頭に置くと彼らがポルトガル人ではなく、恐らくポルトガルがアフリカを経て東アジア世界に進出する道中にあった植民地ないし支配する地域内に住んでいたアフリカ人、またはインド及びイスラム系統の民族である可能性もあるが[31]、結局のところ彼らはポルトガルに従い、やむを得なく参戦するしかなかった人々であったと考えられる

また、傍線ⓒから神兵の特徴として「よく海の下に潜って賊船を攻撃することができ、また数日間水中にいながら水中の動物を捕食する方法を知っている」という表現をみれば、彼らは日本軍船を攻撃する特殊潜水兵の役割を担っており、このような理由で前述した［史料五］の傍線部分と共に「海鬼」と呼ばれていたことが分かる。換言すれば、「海鬼」はポルトガル所属であったが、明政府が彼らを援軍として戦闘に参戦させたことは、彼らの特殊な戦闘能力を利用するためであった。

実際に「海鬼」に関する記述は当時のさまざまな記録に見える。『宣祖実録』の宣祖三一年（一五九八）九月五日条の全羅道観察使黄愼の馳啓には、日本軍陣に往来する朴餘慶の報告が含まれているが、そこには「倭賊が中国軍はどのぐらいいるのかと餘慶に尋ねていたので、餘慶は中国の水軍と陸軍が総四〇万名で、「海鬼」と「達者」もまた来ていると答えたら、直ちに倭賊皆顔色が変わり、荷物と雑物を尽く船に載せた[32]」という内容がある。すなわ

ち、「海鬼」が戦闘においてある程度戦果をあげていたので、日本軍もだいぶ恐れていたことが伺える。その他にもいくつかの記録があるが、もっとも代表的なものが李瀷の『星湖僿説』や『燃藜室記述』など百科事典的な性格の著書に収録されている。以下検討してみたい。

［史料八］

人皆謂、朝鮮軍兵劣弱難用。然白沙本国人隷劉提督標下者言、随提督東征西伐所歴多美以、其所見、獚易與毎海鬼差強倭子最強。海鬼者蛮兵也。順天之戦得首最多、是鮮人、化為漢軍者等。(33)

［史料九］

初綖領蜀兵出来。其軍有海鬼者也。南番面色深黒如漆、能潜行海底。而其貌如鬼故名。有長人者、形体絶大幾二丈、不堪騎馬乗車。而行以此觀之天壤之間、無物不有。(34)

［史料八］の『星湖僿説』と［史料九］の『燃藜室記述』は壬辰倭乱以後の後代に作成されたものであるが、［史料八］の『星湖僿説』は壬辰倭乱期に作成された「海鬼」に関する記録とは若干の差がある。すなわち、［史料八］は「海鬼」を紹介したものではなく、壬辰倭乱に参戦した兵士などを比較しながら、「獚子は相手にしやすく、「海鬼」は若干強く、倭兵がもっとも強い。「海鬼」は南蛮の兵士であるが、より強いのは漢軍としての朝鮮兵である」ことを強調するために「海鬼」の例を挙げたものである。［史料九］の『燃藜室記述』は「海鬼」について「顔色が漆色のようにとても黒く、よく海底を潜行しているが、その姿が鬼のようなので「海鬼」という名が付いた」と、前述した史料と大体同じことが記述されている。

ところで、なぜポルトガルの傭兵としての「海鬼」たちは壬辰倭乱に参戦しただろうか。一五世紀の大航海時代以来、世界各地へ進出してきたポルトガルは前述した通りに、嘉靖三六年（一五五七）にマカオを確保した後、そこを拠点として東アジアの世界、特に中国と日本への貿易進出及びキリスト教の布教を目的としていたため、また中国の妨害を事前に防ぐために何らかの形で明の対外戦争に応える必要があった。だからこのような状況のもとでポルトガルは自分たちの支配下に置かれていた「海鬼」という傭兵を明の援軍として派兵したのである。このような行動は秀吉が朝鮮侵略を表明した際、ポルトガル宣教師たちが軍事援助に肯定的な立場を表明したことと一脈相通することであった。

一方、「海鬼」と関連した記録としてだいぶ後代のものではあるが、豊山金氏《プンサンキムシ》の来歴が記載された『世伝書画帖』は特記すべきであろう。この『世伝書画帖』は豊山金氏の五美洞《オミドン》にある門中で保管していた史料だが、二〇〇〇年韓国国学振興院に寄託されており、哲宗元年（一八五〇）頃に金重休《キムジュンヒュ》が作成したものである。画帳のなかには豊山金氏の家系の人物を素材にした伝記的な性格の絵などが多数含まれており、この絵なども また哲宗元年（一八五〇）頃に作成されたという[35]。そのなかには宣祖三二年（一五九九）四月に明の総司令官である邢玠将軍所属の一四二〇〇〇余名の援軍が撤収する姿を描いた「天朝将士餞別図」という四幅の絵が含まれているが、「邢軍門」という二番目の絵に「海鬼」の姿が描かれている（［図1・2］参照[36]）。この「海鬼」は、前述した［史料六］『乱中雑録』の傍線ⓑの部分で、「「海鬼」四人がいたが、体は太く黒色で目が赤く、髪の毛が細い羊毛のようであり、楚猿という猿が四匹いたが、馬をのることが人のようで体は大きな猫のようである」と記述されていたように、［図1］の拡大図である［図2］の左側の下段部分には、赤黄色の髪の毛で顔色が黒い「海鬼」四人が画かれている。そのなかの一人は車に乗っており、その右側の部分には「猿兵三百」と書かれた旗の下で猿のような援兵がいる。また、『世伝書画帖』には明の援軍の撤収状況も記録されているが、「仏郎国の「海鬼」四名は肌色が漆色のようであり、髪の毛の色は黄赤色で、あたかも絨毯の毛のように散らばっており、潜水にたけていて敵船に穴をあける者[37]」であると「海鬼」を説明している。つまり「海鬼」の姿と彼らの役割が潜水して敵船を破壊する特殊な任務であったことを再度確認することができる。

もちろん、この絵は前述した通り一八五〇年代に描かれたものの、この絵の原本は明国兵部尚書邢玠の要請を受けて朝鮮の画家金守雲が描いたものを、さらに軍門の世話に苦労していた尚衣院直長の金大賢《キムデヒョン》に記念として与えた(38)ということなので、少なくとも事実関係はある程度反映したものといえよう。ともあれ壬辰倭乱の際に明の援軍としてポルトガル所属の「海鬼」が参戦したということとは本章で検討したように口伝、もしくは伝説的な物語ではなく、明らかな歴史的史実であり、壬辰倭乱史の研究においては省くことのできない重要な素材であると同時に、秀吉の侵略戦争がヨーロッパ勢力も関わっていた国際戦争であったことのもう一つの重要な証拠でもあるだろう(39)。

〔図１〕「天朝将士餞別図」の第二幅「邢軍門」

〔図２〕「天朝将士餞別図」の第二幅「邢軍門」の拡大図

おわりに

以上、本稿では豊臣秀吉の朝鮮侵略戦争がヨーロッパ世界と東アジア諸国家が参戦した国際的な大戦争であったことを念頭に置き、特にポルトガルとの関係を中心にいくつかの点において考察してみたが、それを整理してみると次のようになる。

第一に、織田信長がポルトガル宣教師に大陸征服ないし大陸侵略の意図を表明した問題として、研究者たちの間にはこれを歴史的な事実として認めているが、これには再度考える必要があるということである。このような主張は信長が毛利氏に対する征服を終え、後に日本を統一して絶対君主になれば、中国を征服するために大艦隊を準備するというポルトガル宣教師フロイスの『日本史』の記述を根拠にしている。だが、これは本稿でも検討したように実際中国を征服するということではなく、当時毛利氏をはじめとするその他の勢力を未だに掌握することができなかったので、今後日本を統一しようとする信長の一種の決意的な表明であったと見なすべきであろう。また、信長の発言は当時世界が「天竺（インド）・震旦（中国）・本朝（日本）」で構成されていたという「三国世界観」のなかで中国を征服するという実現不可能な野望と抱負を強調して自らの権威を日本国内で強化させて行くための一つの大言壮語であったという点も看過してはならない。なぜなら、当時戦国時代という混乱期を完全に統一することができなかったばかりか、統一したとしても当時彼の軍事力で明を征服することができるとも思われないからである。

第二に、秀吉が朝鮮と中国を征服するためにポルトガル宣教師に軍船二隻の援助を要請したことについての問題である。しかしこれと関連して本稿で検討したように、むしろポルトガル宣教師側が秀吉の侵略戦争に際して軍事的援助を提案したという記述もあるということを念頭に置かねばならない。ここでより重要な問題は秀吉が援助要請をしたにせよ、ポルトガル宣教師らが援助を提案したにせよ、ポルトガルはあくまでも秀吉に対する軍事的な援助を肯定的な立場で判断していたという点は確かなことである。このようなポルトガルの動きは、秀吉が中国を征服した後、中国に教会を建設して全ての中国人をキリスト教信者にするとコエリョとフロイスをはじめとするポルトガル宣教師たちに大言壮語していたので、秀吉の中国征服が自分たちの東アジアでの布教活動に有利な局面をもたらすことができるという期待感によるものであった。もちろん、ポルトガルの軍事援助の問題は軍船二隻というわずかなレベルであり、ポルトガルが壬辰倭乱に及ぼした影響がどのぐらいであるのかについてのより詳細な論証が必要になるが、この戦争が多様な国際関係のなかで東西両洋にわたる国際戦争であることだけは確かなことであろう。

第三に、壬辰倭乱の際に明の援軍に含まれていたポルトガル所属のいわゆる「海鬼」の役割と、「海鬼」を明の援軍に派兵させたポルトガルの意図に関する問題である。まず、彼ら「海鬼」とはポルトガルが掌握していた地域の被支配民であると思われ、さらに彼らはポルトガルの傭兵として日本の軍船を沈没させる特殊潜水兵の役割をしており、鳥銃と武芸に熟練していたことが多くの史料からも十分に理解できる。一方、彼らを派兵させたポルトガルの意図であるが、それはマカオにおける長期的な拠点を確保し、中国及び東アジアへの布教と貿易の橋頭堡を構築するための目的があったと思われる。すなわち、嘉靖三六年（一五五七）からのマカオの居住以後、マカオは中国のみではなく、東アジア世界及び日本への進出のための核心的な拠点になっていたので、明政府に援軍を派兵させることでマカオにおけるより強い先占権を確保しておきたかったのである。

第四に、壬辰倭乱において直接的・間接的に関係したポルトガルの相反する行為についての評価の問題で、上の第二と第三の問題と深く関わる論点である。すなわち、ポルトガルは秀吉の侵略戦争に対して肯定的な立場から軍事的援助を表明する一方、明に対しては「海鬼」のような傭兵を派兵させて朝鮮で明の援軍と共に日本軍を攻撃するという相反した政策を取っていた。それはまさにポルトガルの海外進出の基本的な目標である貿易と布教の目的を同時に達成するための一種の苦肉策であったと評価できる。換言すれば、ポルトガルは秀吉の侵略戦争を利用してより効率的な中国での布教活動のために軍事的援助を肯定的に表明する一方、これとは反対に明に「海鬼」を参戦させることによってマカオという東アジア貿易の拠点と宣教の橋頭堡を確かに掌握しようとしたのである。

注

＊本稿は「豊臣秀吉의《の》 조선침략과《朝鮮侵略と》 포르투갈《ポルトガル》 관계에《関係に》 대한《関する》 고찰《考察》」『史叢』七八、高麗大学校歴史研究所、二〇一三年を一部修正したものである。

（1）秀吉の神格化及び「太陽受胎説」に関しては、北島万次『豊臣秀吉の朝鮮侵略』（吉川弘文館、一九九五年）九－一〇頁。堀新「동아시아《東アジア》 국제관계로《国際関係から》 본《見た》 임진왜란《壬辰倭乱》」『韓日国際学術会議：壬辰倭乱과《と》 동아시아《東アジア》 世界의《の》 変動』（韓日文化交流基金／東北亜歴史財団主催、二〇〇九年）所収、八〇－八四頁。同論文は、韓日文化交流基金／東北亜歴史財団『임진왜란과《壬辰倭乱と》 동아시아《東アジア》 세계의《世界の》 변동《変動》』（京仁文化社、二〇一〇年）所収。

（2）李鉉淙「壬辰倭乱時琉球・東南亜国人の来援」『日本学報』二、韓国日本学会、一九七四年、六八－七〇頁。

（3）韓日関係史研究論集編纂委員会『임진왜란과《壬辰倭乱と》 한일관계《韓日関係》』（京仁文化社、二〇〇五年）、同『동아시아《東アジア》 세계와《世界と》 임진왜란《壬辰倭乱》』（京仁文化社、二〇一〇年）。

（4）한명기「임진왜란과《壬辰倭乱と》 동아시아《東アジア》 질서《秩序》」韓日関係史研究論集編纂委員会『임진왜란과《壬辰倭乱と》 한일관계《韓日関係》』、前掲書。

（5）尹裕淑「16세기《世紀》 후반《後半》 일본의《日本の》 対外政策과《と》 対外認識－秀吉의《の》 대륙정복계획을《大陸征服計画を》 중심으로《中心に》」『文化史学』二三、韓国文化史学会、二〇〇五年。

（6）박철《朴哲》「서구인이《西欧人が》 본《見た》 임진왜란《壬辰倭乱》」『새롭게《改めて》 다시《再見》 보는《する》 임진왜란《壬辰倭乱》』（국립진주박물관《国立晋州博物館》、一九九九年）所収。이완범《李完範》「임진왜란의《壬辰倭乱の》 국제정치학《国際政治学》」『정신문화연구《精神文化研究》』二五－四、한국학중앙연구원《韓国学中央研究院》、二〇〇二年。池享『天下統一と朝鮮侵略』（吉川弘文館、二〇〇三年）。정두희《鄭杜熙》・이경순《李璟珣》編『임진왜란《壬辰倭乱》 동아시아의《東アジアの》 삼국전쟁《三国戦争》』（휴머니스트출판그룹《ヒューマニスト出版グループ》、二〇〇七年）。中野等『文禄・慶長の役』（吉川弘文館、二〇〇八年）。韓日文化交流基金／東北亜歴史財団編、前掲書、二〇一〇年。閔徳基「임진왜란의《壬辰倭乱の》「전후처리《戦後処理》」와《と》 동아시아《東アジア》 국제질서《国際秩序》 변동《変動》」『韓日関係史研究』三六、韓日関係史学会、二〇一〇年。하우봉《河宇鳳》「동아시아《東アジア》 전쟁으로서의《戦争としての》 임진왜란《壬辰倭乱》」『韓日関係史研究』三九、韓日関係史学会、二〇一一年。

（7）金文子「壬辰倭乱에《に》 대한《対する》 일본의《日本の》 시각변천《視角変遷》」『歴史批評』四六、歴史批評社、一九九九年。최관《崔官》「일본에서는《日本では》 임진왜란을《壬辰倭乱を》 어떻게《どのように》

인식하여《認識して》 왔는가《来たのか》」『亜細亜文化研究』一五、경원대학교아시아문화연구소《暻園大学校アジア文化研究所》、二〇〇八年。

(8) 洞富雄『鉄砲:伝来とその影響』（思文閣出版、一九九一年）。宇田川武久『東アジア兵器交流史研究』（吉川弘文館、一九九三年）。박재광《朴哲晄》「壬辰倭乱期 朝・日 양국의《両国の》 武器体系에 관한《に関する》 一考察」『韓日関係史研究』九四、韓日関係史学会、一九九六年。노성환《魯成煥》「조총을《鳥銃を》 통해《通して》 본《見た》 한일관계《韓日関係》」『東北亜文化研究』二〇、東北アジア文化学会、二〇〇九年。노영구《盧永九》「16~17세기《世紀》 鳥銃의《の》 도입과《導入と》 조선의《朝鮮の》 軍事的 변화《変化》」『韓国文化』五八、서울대학교《ソウル大学校》규장각한국학연구원《奎章閣韓国学研究院》、二〇一二年。

(9) 루이스 프로이스《ルイスフロイス》著［강병구《姜炳求》訳］『포르투갈《ポルトガル》 신부가《神父が》 본《見た》 임진왜란《壬辰倭乱》 초기의《初期の》 한국《韓国》:「일본사《日本史》」내《の》 16세기《世紀》 한국에 관한《韓国に関する》 최초의《最初の》 세부적인《細部的な》 기술《記述》』（주한포르투갈문화원《駐韓ポルトガル文化院》、一九九九年）。루이스 프로이스《ルイスフロイス》著［장원철《張源哲》訳］『임진왜란과《壬辰倭乱と》 도요토미 히데요시《豊臣秀吉》』（도서출판부키《図書出版ブキ》、二〇〇三年）。루이스 프로이스《ルイスフロイス》著［정성화《鄭城和》訳］『임진난의《壬辰乱の》 기록《記録》 루이스 프로이스가《ルイスフロイスが》 본《見た》 임진왜란《壬辰倭乱》』（살림출판사《サルリン出版社》、二〇〇八年）。

(10) 的場節子「南蛮人日本初渡来に関する再検討」『国史学』一六二、国史学会、一九九七年。五野井隆史『大航海時代と日本』（渡辺出版、二〇〇三）、二二一－二二六頁。

(11) 申東珪「전근대《前近代》 서유럽《西ヨーロッパ》 세계의《世界の》 진출로《進出から》 본《見た》 근세《近世》 일본의《日本の》 국제관계《国際関係》 변화에《変化に》 대한《対する》 고찰《考察》」『日本学研究』二七、壇国大学校日本学研究所、二〇〇九年、一二一－一二二頁。

(12) 松田毅一・川崎桃太訳『フロイス日本史（五）』（中央公論社、一九七八年）、一三四－一三八頁。

(13) 北島万次『豊臣秀吉の対外認識と朝鮮侵略』（校倉書房、一九九〇年）、一〇〇－一〇一頁。

(14) 尹裕淑、前掲書、六四頁。

(15) 堀新、前掲書、七五－七六頁。

(16) 申東珪「일본의《日本の》 중세적《中世的》 世界観에서《から》 근세적《近世的》 世界観으로의《への》 변화와《変化と》 조선의《朝鮮の》 전통적《伝統的》 世界観 변화에《変化に》 대한《関する》 비교《比較》 고찰《考察》」『韓日関係史研究』三五、韓日関係史学会、二〇一〇年、一七－二九頁。一方、「三国世界観」に関しては以下の研究を参照して頂きたい。荒野泰典「近世の対外観」『岩波講座日本通史（一三）』（岩波書店、一九九四年）所収、二一四頁。同「天竺の行方―三国世界観の解体と天竺」『中世史講座一一―中世における地域・民族の交流』（学生社、一九九六年）所収。荒野泰典等編著『江戸幕府と東アジア』（吉川弘文館、二〇〇三年）、一七二－一七七頁。杉本直治郎「三国世界観における天竺」『読書春秋』七－一二、春秋会、一九五六年。応地利明『絵地図の世界像』（岩波書店、一九九六）、一二一－一五七頁。

(17) 松田毅一・川崎桃太訳『フロイス日本史（一）』（中央公論社、一九七七年）、二〇四－二〇五頁。引用文のなかの［ ］の表記は原文に基づいたものである。以下、括弧（ ）のなかの記述は引用文の通りであって元の翻訳者の記述である。

(18)岩沢愿彦「秀吉の唐入りに関する文書」『日本歴史』一六三、日本歴史学会、一九六二年、七三－七四頁。北島万次、前掲書(一九九五年)、一四頁。

(19)フロイスは秀吉が朝鮮侵略用の艦船などを準備するために日本に加えられた圧政は普通でない程度で深刻であったと評価している(松田毅一・川崎桃太訳『フロイス日本史(二)』[中央公論社、一九七七]、一六二頁)。

(20)松田毅一訳『高山右近の生涯―日本初期基督教史』(エンデルレ書店、一九四八年)、二〇一－二〇二頁。柳田利夫「文禄・慶長の役とキリシタン宣教師」『史学』五二－一、三田史学会、一九八二年、二七頁。

(21)高瀬弘一郎『イエズス会と日本(一)』大航海時代叢書六(岩波書店、一九八一年)、八一頁、一五九〇年一〇月一四日付アレクサンドル・ヴァリニャーノのイエズス会総会長宛の書簡)。

(22)柳田利夫、前掲書、一九頁。

(23)松田毅一・川崎桃太訳、前掲書、二一九－二二九頁。

(24)アレシャンドゥロ・ヴァリニャーノ著[松田毅等訳]『日本巡察記』東洋文庫二二九(平凡社、一九七三年)、一七九－八〇頁。

(25)申炅『再造藩邦志』巻二(一五九三年二月条)(民族文化推進会編『大東野乗』九[民族文化推進会、一九七七年])。

(26)一六一四年頃に編纂された李晬光の『芝峰類説』にも明の劉綎を言及しながら、「海鬼」という名称の由来と姿について次の通りに記述している。「劉提督劉綎。乃四川総兵。万歴癸巳。領蜀兵出来。其軍有海鬼者出南蕃。面色深黒如漆。能潜行海底而其貌如鬼故名。有長人者形体絶大幾二丈。不堪騎馬乗車以行。疑即長狄巨無霸之遺種也。以此観之。天壤之間。何物不有。春秋時。長狄僑如」(李晬光『芝峰類説』巻一、災異部、人異[南晩星『芝峰類説』(上)、乙酉文化史、一九九四年])。

(27)趙慶男『乱中雑録』巻三、戊戌年(一五九八)八月二七日条(民族文化推進会編『大東野乗』六、民族文化推進会、一九七三年)。

(28)『宣祖実録』巻一〇〇、宣祖三一年五月庚戌(一五九八年五月二六日)。

(29)朝鮮では一般的にポルトガルを「葡萄牙」、または「仏郎機」とも呼んでおり、『五洲衍文長箋散稿』によれば、「波爾鄒哈爾国」とも表記されている(『五洲衍文長箋散稿』、経史篇一、楽、声音為楽弁證説[民族文化推進会編『五洲衍文長箋散稿』、民族文化推進会、一九七七年])。

(30)『宣祖実録』巻一〇〇、宣祖三一年五月戊戌(一五九八年五月二八日)。

(31)これに関連して招諭使金誠一の召募有司として、義兵長金沔の召募従事官として活躍した鄭慶雲の壬辰倭乱の体験記録である『孤臺日録』の一五九八年秋七月九日付の記録には、「聞提督劉綎領軍到全州。㺚子及海鬼亦來。海鬼乃交趾南夷人也。水沒十餘日不死云」（鄭慶雲『孤臺日録』巻三、秋七月九日壬辰条）という内容が見える。すなわち、海鬼が現在ベトナム地域である交趾人であり、水での生活に熟練していた人々であるとしているが、当時交趾人々が［史料七］に見えるように蟠桃（道教の神話に出る桃）、つまり一種のターバンのようなものをしていたかどうかについては確認する必要がある。

(32)『宣祖実録』巻一〇四、宣祖三一年五月戊戌条（一五九八年九月五日）。「賊中交通人朴餘慶進告、倭賊問餘慶以唐兵多少、餘慶盛稱天兵水陸幷四十萬、海鬼・㺚子、亦多數出來云云、則倭賊皆變色、卜駄雜物、盡爲載船」。なお、ここで言う「㺚者」はモンゴル族の一部を指しており、「タタル」の音訳で韃靼と同じ意味である。

(33) 李瀷『星湖僿説』巻一七、人事門、朝鮮兵（民族文化推進会編『星湖僿説』六［民族文化推進会、一九七七年］、二六八頁）。『星湖僿説』巻二三、経史門、「劉綎東征」（民族文化推進会編『星湖僿説』九［民族文化推進会、一九七七年］、一〇八－一〇九頁）にも類似した記事が収録されている。

(34) 李肯翊『燃藜室記述』巻一七、宣朝朝故事本末（民族文化推進会編『燃藜室記述』四［民族文化推進会、一九六七年］、二五〇頁）。

(35) 裵永東「안동《安東》 오미마을《五美村》 풍산《豊山》 김씨《金氏》『世伝書画帖』으로 본《から見た》 문중《門中》과 조상《先祖》에 대한《に対する》 의식《儀式》」『韓国民俗学』四二、韓国民俗学会、二〇〇五年、一九五－一九八頁。김미영《金美栄》『世伝書画帖』（民俗院、二〇一二年）、一〇－一三頁。

(36)『世伝書画帖』、前掲書、四四・二六一頁。この本には『世伝書画帖』の影印本が含まれており、本稿ではこれを参照した。また、『世伝書画帖』は所蔵処である韓国国学振興院の「国学振興院マルチメディアDB」からもインターネットで閲覧できるが（http://multi.koreastudy.or.kr/［二〇一四年九月一五日検索］）、解像度があまりも低いので、記録の内容は確認できない状況である。

(37)『世伝書画帖』、前掲書、二五四頁。「仏郎国海鬼四名、肉色如漆、髪種黄赤如氈乱毛、能沉水鑿賊船者」。

(38) 裵永東、前掲書、二〇五頁。朴廷惠「그림으로《絵に》 기록한《記録した》 가문의《家門の》 역사《歴史》：『풍산김씨《豊山金氏》 세전서화첩《世伝書画帖》』 연구《研究》」、『世伝書画帖』、前掲書）所収、一二五－一二六頁。

(39) ポルトガルの「海鬼」が壬辰倭乱に参戦していたことを縁にして、現在駐韓ポルトガル大使館では『世伝書画帖』と主に関連している豊山金氏の子孫たちに毎年年賀状を送っている（김미영《金美栄》、前掲書、四五頁）。

東インド会社の苦い敗北

―鄭成功による台湾征服―（一六六一～一六六二）

パトリツィア・カリオティ
翻訳　渡辺　真由美

侵略への恐れ

フォルモサ（Formosa 台湾、以下同）のオランダ人は、早くも一六四六年には中国本土で起きている深刻な事態の成り行きが、満州族の勝利に帰した場合に、鄭成功が台湾島の彼らの拠点を攻撃するのではないかと恐れはじめていた。[1] この恐れは、まず第一に、鄭成功〈Zheng Chenggong〉にそそのかされたと信じられている一六五二年に起きた郭懐一〈Guo Huaiyi〉の反乱、さらに鄭成功が行った攻撃的な商業政策により、次第に大きくなっていった。[2] 南京での彼の敗北（一六五九年）[3] の報せが伝わると、オランダ長官 フレデリック・コイエット〈Frederk Coyett〉（一六五六～一六六二）は鄭の艦隊による侵略がさし迫っていると確信した。

フレデリック・コイエットは長年オランダ東インド会社で働いていた。コイエットは一六四五年にバタヴィアに到着し、二年後には出島（長崎）に移り、さらに台湾に転じ、一六五六年にそこで長官となった。つまり、彼は極東での会社の事業にかなりの経験を積んでいたのである。[4] 台湾での作戦の指揮官に任命された時から、彼は拠点が攻撃された場合の際立った脆さについて、バタヴィアのマーツアイケル総督〈General Maetsuycker〉の司令部の上司たちに繰り返し警告してきた。一六五三年に起きた中国人反乱の後に、ゼーラント要塞の前面にプロヴィンス要塞が追加されたが、それをもってしても、さまざまな観点から、防御力は非常に心許無いものであった。事実、島におけるオランダの軍隊は二つの要塞だけを維持するのがやっとであり、全島あるいはオランダ居留地でさえ守るには不十分で、敵の侵略を防ぐための沿岸警備隊を組織することすらできなかった(5)。

しかしながら、コイエットの外交活動によって一六五七年に貿易が解禁されると、鄭成功と連合会社との問題続きの関係は雪解けの段階に入ったようであり、台湾のオランダの拠点における貿易活動は、かつてなかったほどの健全な利益を計上した(6)。しかしこれらの事実は、バタヴィア当局に鄭成功の侵略の危険性を過小評価させた。利益の増加は明らかに、鄭氏の船隊との貿易の再開の結果であった。そして、実際のところ侵略の恐れには全くと言っていいほど具体的な根拠に欠け、島の中国人社会の間に広まった単なる噂にすぎなかった。このため、バタヴィアの会社の代表者たちは、コイエットが表した過剰な偏見について明らかに疑義を抱いた(7)。

台湾長官には、攻撃が差し迫っていると信ずるに足る完璧な理由があった。南京での敗北と、厦門と金門の拠点への補給を途絶させるためにとられた厳しい措置は、鄭成功とその組織の立場を維持できないようにした。台湾は満州族の猛攻からの安全な避難場所であるだけでなく、何よりも、鄭成功の軍隊に支給する食糧と物資の確実な供給源であった。さらに、島の理想的な地理的位置は、鄭成功が海上貿易活動を行い、安全で有利な地点から本土を急襲できるものであった(8)。

一六六〇年三月六日、地域の中国人社会の中の有力な数名の者がコイエットの役所に現れ、鄭氏の船隊の到来がさし迫っていると警告すると、彼は即座に一連の警戒と防衛のための措置をとった(9)。コイエットはゼーラントとプロヴィンスの軍事要塞を、追加の防御施設で補強しようとした。彼は糧食を蓄え、穀物の輸出を制限した。彼は中国人社会を厳しい管理下に置き、遠方に住む中国人居住者を要塞の周囲に集めた。一部の例外を除いて、彼は中国人がオランダ居留地に入ることを禁じ、中国船を封鎖した。(10) 最後に、オランダ人長官は、法的に疑わしい長々しい尋問によって、中国人から彼らの持っているすべての情報を得ようと試みた。進んで提供されたものであろうと、脅しによったものであろうと、答えはすべて同じ結論を示していた、すなわち、鄭成功はフォルモサを征服するため大がかりな軍事遠征を計画していると。(11) このため、コイエットはバタヴィアの上司たちに援軍を求める緊急の要請を送った。しかし彼らの回答は、要請されたもの、そして実際に必要なものにははるかに及ばなかった。

バタヴィアからの客

連合会社の包括的政策の文脈において、台湾の植民地の戦略的重要性は高く位置づけられていた。何にもまして、その地理的な位置が、マカオとマニラの間を往復していたスペインとポルトガル商人を妨害し、苦しめるために、さらに、バタヴィアと出島を結ぶ橋頭保として理想的だったからである。しかし、コイエットからみれば、スペインとポルトガルの貿易を不安定にするという総合的な戦略において、マカオの征服が極東において東インド会社の最優先の課題であることは明らかであった。(12) 事実連合会社は、その重要な拠点をポルトガルから奪い、それによってスペインを極東の市場から締め出すという長年の計画を、決して放棄しなかった。さらに、マカオにはスペインの要塞に供給している大砲・火器の鋳造のための優れた鋳鉄工場があった。そしてこれが、オランダの欲望をそそるもう一つの利点だった。極東に登場した最初の年より、連合会社はゴアに兵器の積み荷を輸送するポルトガル商船を妨害する努力をすこしも惜しまなかった。(13) そのため、コイエットは、バタヴィアの上司たちは、台湾の前哨地の強化よりこの目標により関心を持っている、と確信していた。[14]

しかし、フォルモサの長官が表明した意見を受け入れる妥当な理由は確かにあるものの、人員および船舶の不足により、会社が島における地位を防衛するのは困難だったことも考慮されなければならない。さらに東インド会社は、他の拠点や貿易を危険におとしいれることなく、全兵力を台湾に集中することはできなかった。最後により重要なことは、これまでの実績から判断すると、その貿易拠点は期待を満たすものではなかった。大陸側の協力者は、小さなものですら設立されておらず、島へのすべてのオランダの海上輸送品は、ほぼ完全に鄭氏に依存していた。

フォルモサの長官からの緊急要請にこたえて、一六六〇年七月一六日にヤン・ファン・デル・ラーン〈Jan van der Laan〉が、一二隻のガレオン船と乗組員六〇〇名の艦隊の指揮者として台湾へ行くことを命ぜられた。彼は侵略の危険がないことが明らかになるまでその防衛を強化し、それが明らかになった段階でマカオ攻撃に進むこととされていた。[15]

フレデリック・コイエットの辛辣なコメントは次のようである。[16]

> この見地においてのみ、すなわちこの計画の推進のためだけに、バタヴィアの上役たちがフォルモサの救援のために、艦隊を来させることを決定したことは確実である。こうして一六六〇年七月一六日にヤン・ファン・デル・ラーンなる者が、フォルモサ評議会の長官あての次のような命令を帯び、一二隻のガレオン船と乗組員六〇〇人の艦隊の指揮官に命じられた：
>
> 「もし、このようなかなり大規模な陸・海の遠征軍をタイオワンに送ることを命じられていなかったら、人員不足を理由に、今シーズン中にこのような企てに乗り出さないことを正当化する根拠はいくらでもあっただろう。もし、かの地ですべてが平和であることが判明したなら、軍隊はマカオを急襲するために使用さ

れなければならない。しかし、国姓爺によるフォルモサ侵略の脅威がかくも不確実であるらしいことを考慮するならば、われわれの軍が進軍を命じられることはありそうもなく、おそらくマカオに関する我々の計画は延期する必要があるだろう。評議会の意見に沿い、閣下は、一つの事業は他の事業と同じように重要であり、われわれはマカオを攻略する現在の機会を失うことは望んでいないということを肝に銘じつつ、この事案に疑いもなく最も厳粛な考察を加えられるであろう。とは言いながら、事の如何によっては、より喫緊の事案が優先されるべきである。」

ファン・デル・ラーンは、九月末に台湾に到着した。

内部の論争

最初から二人の男の間には、自信の無さと互いへの嫌悪感から強い緊張関係があった。マカオへの進軍を熱望していたヤン・ファン・デル・ラーンはすぐさま不信感を表明し、コイエットが彼に示した事実に、偏った皮相的な解釈をして、台湾の前哨地点への攻撃は無いと結論づけた。しかし、彼はフォルモサの長官の指揮下にあったため、長官が彼の任務を継続する許可を与えるまで待たなければならなかった。それにもかかわらず、その許可は下りなかった、コイエットは、彼が実際に呼び寄せることができる兵力の倍の、一二隻の船と六〇〇人の人員を手放したくはなかった。他方、彼は艦隊を拠点にいつまでも留め置くことはできなかった。幾度もの熱い議論の後、追加のより信頼できる情報を集めるために、最終的な決定は翌年の二月（一六六一年）まで延期された。フォルモサに対する鄭成功の真意を確認するため、新しい貿易協定を結ぶという口実で代表を厦門に送ることが合意された[17]。この代表団は、一六六〇年一〇月三一日に厦門に向け出発した。

この件についてGentiliが、次のような興味深いことを書き残している[18]。

（前略）この時、厦門（Amoy：Xiamen）の港にフォルモサ島の首都であるタイオワン（Taiwan）から来た五隻のオランダ船が出現した。このオランダの遠征隊は、この辺りの海域の王と商業協定を結ぶという使命を帯びていた。しかし、国姓爺（Cue-sing）は彼の計画の中に、中国の穀倉地帯であるこの島を征服するという目標を掲げていた。そのために彼はある手段を講じた。

この計画は厦門ではすでによく知られていた（中略）。国姓爺は宣教師たちが彼の計画を暴露することを恐れ、誰も（特に宣教師たちが）大使の宿泊所、すなわち上記のオランダ船に近付かないために必要と考えた厳しい措置を採った。

オランダ代表者たちと不信を招きかねない情報提供者たちとの直接の接触を避けるためのあらゆる予防措置をとった後、鄭成功は完璧な外交官として振る舞い、彼の訪問者を最大級の礼儀を持って迎え、台湾との貿易協定の再締結を以前にもまして強く望んでいることを示した。彼はそのような関係の断絶はすべて彼と満州族との抗争によるものであったが、できるだけ早く彼の船を再びフォルモサに派遣したいと述べた。そして彼は、受け取った書簡[19]の返事として、台湾の長官に宛てた次の書簡[20]を手渡した。

（前略）閣下はホラントに対する私の善意に未だに疑いをお持ちである。というのは閣下が、私が閣下の国に対して攻撃的行動をとる準備をしているとお考えだからだ。しかし、これは明らかに、悪意を持つ人々に耳を傾けられた結果である（中略）。

それに私は戦争の準備に忙しく、その準備が完了したなら、私のひそかな意図が西に向かうことであっても、東に攻撃を仕掛けるつもりだと報せるのが私の習いである。そもそも誰にも囁いたことすらもない私の考えを知り、意図を申し立てることがどうしてできるのであろうか。閣下はどんな噂にも耳を傾け、信じられる、私が貿易交流を断絶したということすらも。あなたがたはまったく公正ではない。海上にジャンク船がほとんどいないのは、商人たちが閣下の国に支払うことを強制されている、輸入および輸出に対するやっかいな税金のためである。これは貿易の深刻な障碍であり、利益より実損を生む結果となっている（中略）。

私は閣下が不和や嫉妬といった感情を捨て、以前のようなわれわれの友情を再開するため、公平な判断を下されると信じている。

タルタール人（満州族）がふたたび平穏になれば、私はただちに商船に航行を再開するよう命令を下す。閣下が、商人たちの利益のため、彼らの為になるあらゆることを行って感謝され、それによって船舶の数が非常に増大するということを信じて。

鄭成功の公式書簡は、いつもどおりの外交的態度で、東インド会社に対する彼の平和的で友好的な考えを証明していた。しかし、フレデリック・コイエットはこれを信用せず、遠征艦隊の出発に再度反対した。だが、他の者たちは、敵に欺かれた経験が少ないこともあり、ファン・デル・ラーンの味方になって長官に反対し、司令官に有利になる文書をバタヴィア当局へ送るためにしたためた。実際のところ書簡は署名されず、送られもしなかったが、結局、コイエットはヤン・ファン・デル・ラーンとその部下たちがバタヴィアへ出航することに同意させられた。

他方、増援部隊はフォルモサにとどまり、マカオへの進軍は取りやめられた。オランダの要塞は今や一二〇〇名の兵力と四隻の船、ヘクター号〈the Hector〉、ス・フラーフェランデ号〈's Gravelande〉、フィンク号〈Vink〉そしてマリア号〈Maria〉をあてにすることができた。[21]

敵の出現

台湾への移動が唯一の実行可能な解決策だったが、鄭成功は将官たちからの強い反対にあった。彼らにとっては、その島は未開拓で荒れ果てており、原始的な部族が住んでいるように思えた。[22] それでもなお鄭成功は、通訳の何廷斌〈He Tingbin〉がもたらす情報を利用して、計画に反対する者を安心させ、[23] 進軍の準備を続けた。

昨年（一六五九年）、通訳の何廷斌は台湾の地図を我々に提示した。何万頃（qing）の開墾された耕地や菜園、何千里もの肥沃な土地、何十万両〈liang〉もの租税や徴収金。我々の部下たちはこれらすべてに専門的技術を持っているので、そこで作物を収穫し、船を建造し、道具を生産することができるだろう。

何廷斌は、一六五七年のオランダの使節団に参加した。その際に、オランダ人に知られないよう、鄭成功と親密でひそやかな関係を結び、彼のために台湾から本土へ向け出発する中国商人から税を取りたてることに合意した。これらの商人たちは厦門に到着すればさらに課税されることとなっていた。一六五九年、彼は会社の職員たちに正体を暴露され、台湾を離れざるを得なくなり、その結果彼は厦門に移り、鄭氏のために働くことを申し出た。[24] 一六六一年三月、ヤン・ファン・デル・ラーンのフォルモサからの出発に続き、鄭成功は彼の軍事遠征を進めるべく命令を下した(25)。それは理想的な時機だった、すなわち、冬のモンスーンは途絶え、台湾からバタヴィアへ援軍を求める船を送ることはできなかった。

数百隻の船と二五〇〇〇人の兵士からなる鄭成功の強力な艦隊は一六六一年四月に出航した。

鄭成功は台湾への旅程にぎりぎり必要なだけの食糧を積んで出帆した。多分、厦門では穀物が不足していたのであろう。荒天のため、澎湖諸島〈Pescadores〉に停泊しなければならなかったが、そこでは十分な軍需物資を得ることができなかった。そのため、できるだけ速やかに台湾に到着するよう、危険な状況の中で再び船出せざるを得なかった(26)。攻撃に備えてコイエットは、敵の手中に落ちないよう中国人の食糧および要塞の貯蔵品の没収、さらに多量の穀物の破棄（貯蔵が不可能だったもの）を命じた。このため、鄭氏の軍隊の状況は危機的だった。とはいえ、一〇〇〇名ほどいた島のオランダ人にとっては、控えめに言っても、そのような巨大で強力な艦隊を目にするだけでも恐ろしかっただろう。

鄭氏の艦隊は一六六一年四月三〇日、台湾沿岸沖合に現れた(27)。

戦闘が始まった。しかし、実際には四隻のオランダ船のうち、ヘクター号とス・フラーフェランデ号の二隻のみが戦艦だった。前者は炎上し、後者とフィンク号はどうにか港に帰着したので、乗組員はプロヴィンス要塞の防衛に加わることができた。マリア号は敵軍から逃れ、不利な条件にもかかわらず、五〇日間の危険な帆走の後にバタヴィアの司令部に到着した(28)。

鄭成功は自軍を上陸させることができ、五月一日から二つの要塞を包囲した。五月四日、プロヴィンス要塞が降伏したので、ゼーランド要塞がオランダの居留地を守る唯一の前哨地点として残った(29)。

降伏

上陸すると、鄭成功は自軍の兵士を養うのに十分な食糧を見つけるのにやや苦労したが、プロヴィンス要塞の攻略により、そこに貯蔵されていた穀物を手にいれる道が開け、彼の形勢はかなりよくなった。包囲のニュースがバタヴィアに届くことはないと誤って確信して、彼は最後に残った避難場所から彼らを追い出すのを急がなかった。というのも、攻撃を仕掛ければ自分自身の兵士たちに死傷者が出るだろうからだ。さらに、籠城した者が永遠に持ちこたえることはできない。それにもまして、満州族との何年にもわたる厳しい戦いと、最近の南京での不名誉な敗北の後で、彼の兵士たちは疲れ果て、士気も下がっていた。彼らは郷里を離れて未知の敵の領地に入ることには熱意を示さなかった。そのため、鄭成功は島での彼の地位の組織化と強化に専心し、それと同時に、オランダ人に降伏するよう圧力をかけた(30)。

コイエット長官にあてた一六六一年五月二四日の書簡で、鄭成功は次のように述べている。

たかが数百人しかいないあなた方オランダ人が、どうやってこれほど数の差のある相手と戦えるのか。あなた方は正気を失っているようだ。

私、ポンポアン(31)は、すべてが生き、恙ないままで、死ぬことがないことが天の意志であると、宣言する。よって、私は人々が命を落とすべきではないと確信する。これこそが私があなた方にこのように多くの書簡を送った理由である。あなた方は妻や子供たちの大切さを考え、そして財産も破壊されないようよく考えるべきである。

（中略）私はあなた方が、私の言葉を真剣に考慮するよう要求する。まず第一に、私の砲弾が壁に当たり始める前にあなたが要塞を去るなら、（中略）私はあなたがた全員の命を助けよう。もし、何らかの要求があるならそれを認めよう（中略）。私は真実を述べているのであり、あなたを騙すことはない。

第二に、私の砲弾が壁を撃ち始めた後に、あなたが白旗を上げ、長官と何人かの従者たちが（中略）出てきて和平を懇願するなら、あなたが私の言葉を信じられるように、私はただちに停戦を命じよう。あなたの司令官たちが妻や子供たちを連れて私の元に来るなら、すべての大砲を船に戻すよう命令を下すだろう（中略）。

さらにもうひとつ。和平が合意されたなら、あなたのすべての兵士は直ちに要塞を去らなければならない。そして、敷地とその中のすべての居住区域を管理するため私の兵士が要塞を占領する。私はあなた方の所有物が少しも損なわれないようにしよう。

最後に、この地域で交易するため遠路はるばる来たあなたがたオランダ人の義務は、この要塞を守ることであると了解している。その行動を非難したり断罪したりはしないばかりか、容認しさえする。すなわち、あなた方は今までなしてきた行動に対し恐れを抱く必要はない。

もし、私が何かを言い、約束をしたなら、全世界が私を信頼し、何人も私が約束を守ることについて疑いを持たないでよい[32]。」

コイエットは次の日、降伏をきっぱり断る回答をした[33]。

（前略）昨日夕暮れ時にあなたの書簡を落手した（中略）。我々は内容を完全に理解した。だが、我々は今月10日に送った回答と同じことを答えることしかできない。その御加護と支援に固い信頼を寄せている全能と正義の神のため、私たちの国の名声のため、そして連合東インド会社の経営陣のため、私たちの命を賭してもこの城を守り続けなければならない。

包囲された者の唯一の希望は外部からの支援だった。マリア号は中国の軍艦に捕えられることなく逃げおおせた。包囲されたオランダ人の悲観的な予想とは反対に、バタヴィアでは台湾への遠征の準備がすでに整えられていたが、まったく違う目的のためであった。ヤン・ファン・デル・ラーンの悪意に満ちた報告に影響された当局は、フレデリック・コイエットを台湾の他の上級役員たちと共に職務から追放し、ヘルマヌス・クレンク〈Hermanus Clenk〉を新しい長官に任命した。六月二一日、彼は新しい職務に就くため、フォルモサに向けてバタヴィアを出帆した(34)（中略）。その二日後、多くの災難の後にマリア号はバタヴィアの港に到着し、東インド会社はようやく本当の状況を知った。彼らは包囲された者たちの救援のため、ただちにヤコブ・カウ〈Jacob Caeuw〉を司令官とする艦隊を艤装し、艦隊は七月五日に出航した。カウはその前の命令を無効にし、コイエットとその他の役人を再び職務につかせる公文書を携えていた(35)。

鄭成功が驚いたことには、救援軍は八月一二日に台湾に到着した。彼は報せがどのようにしてオランダの司令部に届いたのかまったくわからなかった。彼はただちに予防策をとり、囚人の多くを処刑した。続く数カ月、カウの船隊は妨害と巡回行動でオランダの抵抗を助けた。包囲は続いた。

一一月六日、コイエットは、厦門と金門の鄭成功の拠点を共に攻撃し、フォルモサに進軍しようと申し出た清〈Qing〉の急送文書を受け取った(36)。二六日、フォルモサ評議会は、喜んで申し出を受けるというメッセージをヤコブ・カウに託した。カウは最も戦闘装備の良い船舶数隻を率いて、表面上は満州族と合流するために出航した。しかし結局、カウは戦列を離れ、自分の船をシャムに向かわせた。その他の船が台湾に帰着すると、コイエットと彼の仲間は清からの支援の希望がまったく潰えたことを知った。彼らの失望は大きかった。包囲は七カ月も続いていたからだ(37)。

一二月半ば、何人かのオランダ人兵士が要塞を裏切り、鄭成功に攻撃しやすい個所を暴露した。一月二五日、鄭成功は激しい攻撃を仕掛け、長官と評議会は和平に応じざるをえない状況に陥った。条件が合意された(38)。一六六二年二月一日、ゼーラント要塞は降伏した。フォルモサのオランダの居留地は降伏した(39)。ヴィットリオ・リッチは述べている。

このようにして国姓爺(Cuesing)はその土地を猛攻し、入り江に隔てられ、主要な要塞から一リーグ離れた対岸の赤嵌(Chican)と呼ばれる小さな砦を、なんなく占領した。そして驚くべき大胆さで海を渡り、市街を征服し、要塞を降伏させた。これはまるまる一〇カ月続き、その間には陸での小競り合い、海での戦闘があったが、常に中国側が多くの勝利を勝ち取った。オランダに憤慨した一二名の兵士が要塞から逃走し、要塞の最も主要で重要な場所であり、最も多くの損害を与えうる歩哨小屋、すなわち小塔をまず最初に奪取することによって、それ(要塞)をすみやかに国姓爺(Cuesing)に差し出すことを申し出た。その後、(中略)、彼らは一六六二年二月一二日(一六六二年二月一日)惨めに降伏した。すべてのオランダ人は、合意された通り、会社の所有物すべて(高価で多量の品物)を要塞に残し、個人の所有物全部を持って出帆し、ジャカルタに向かった(40)。

注

（1）C.E.S., *'t Verwaerloosde Formosa*, in Campbell (ed.), *Formosa under the Dutch*, 1987, p. 386. これは C.E.S― Coyett et Socii―という筆名でフレデリック・コイエットによって執筆され、一六七五年にアムステルダムで出版された著作で重要な一次史料である。オランダが降伏した後、コイエットはフォルモサ（Formosa台湾）の拠点を失ったかどで東インド会社の幹部によって死刑を宣告されたが、後に、この刑罰は生涯追放に変更された。一〇年間の追放の後、コイエットの名誉は回復され、連合会社に再雇用された（しかし、コイエットは再び極東には行かなかっただろう）。追放中にコイエットは彼の著作"Neglected Formosa"（『閑却されたるフォルモサ』）を著し、その中で台湾島での彼の経験のすべてを語り、オランダの敗北と鄭成功の勝利をもたらしたできごとを詳細にわたって説明している。コイエットの意見によれば、多くの場合、オランダの過ちはフォルモサにおけるオランダ拠点に対する連合会社の無関心な政策に起因する。コイエットは自身の判断を擁護し、行動を正当化しようと試みているものの、この本は詳細な情報を含んでいて極めて興味深い。一六七五年版はライデン大学図書館にも架蔵されており、一九九一年には新版が出版された：G.C. Molewijk, *'t Verwaerloosde Formosa*, Zutphen, 1991。コイエットの著作には英訳版が二つある。ひとつは私たちがしばしば引用するCampbellのものであり、もうひとつはInez de Bauclair によるものである。（*Neglected Formosa*, San Francisco, 1975）

（2）一六五二年九月七日の夕べ、中国人は贅沢な晩餐を用意して連合会社の主だったメンバーを招待した。これは反乱の機会だった。しかし、何人かの裕福な中国商人たちは反乱軍を裏切った（彼らは特権を失いたくなかったのだ）。フォルモサ（Formosa 台湾）長官 ニコラース・フェルブルク〈Nicolaes Verburch〉（1650-53） は通報を受け、反乱はわずか二週間の戦闘の後に鎮圧された。その結果中国人定住者のうち四〇〇〇人の男、五〇〇〇人の女が死亡するか捕虜となった。オランダ人の死者はわずか二人だった。郭懐一［オランダの史料ではGoqua Faij-it（Fayet）として知られている］が率いたこの反乱はしばしば鄭成功と関連づけられる。その可能性はかなり高いと考えられる。というのも、この事件に巻き込まれたオランダ人士官たちは、鄭成功が何らかの役割を演じていると確かに感じていた。この反乱の後、オランダ人はゼーラント要塞の反対側の赤坎（Chikan）にもう一つの要塞の建設を始めて島の防衛を強化した：プロヴィンス要塞である（一六五三年）。C.E.S., *'t Verwaerloosde Formosa*, p. 388. 他方、鄭成功は島の中国人居住者の大量虐殺に対してフォルモサ（Formosa 台湾）の貿易封鎖で対抗した。

（3）ドミニコ会の修道士 ヴィットリオ・リッチ〈Vittorio Ricci〉は凄惨な南京の戦闘を次のように記している。「「国姓爺（Cuesing、Koxinga:Zheng Chenggong）」の軍隊は第一の城壁の内側に一五日間居た。九月が近づいたある朝の日の出前に、驚いたことに彼らは帝国の無数のタルタール人（Tartar）の馬（彼らは四〇万頭と言っている）に囲まれていることに気づいた。そして、その他の兵士たちが城壁の内側から現れ、国姓爺の軍隊に襲いかかり、彼と数人のみがその怒濤から生きて逃れた。彼は半裸で、最初は急いで馬で逃げ、次は全力で泳いで逃げた。残りのすべてのものは、首都に入った者を刀にかけた恐ろしいタルタール人の手によって切り刻まれ死亡した。彼は国姓爺が要塞化した拠点を急いで通りすぎたが、一人も生存者はいなかった。彼は軍隊を破壊したが、他の者は水上にあった国姓爺の戦艦を攻撃し、ほぼ艦隊全部を燃やした。激しい流れと潮の干満、さらに北風が燃える船とともにあり、外洋にあった数隻のみが残った。国姓爺は小艇で船に漕ぎつけた。彼の力で長い期間と莫大な経費をかけて築き上げたものが短時間に失われた。兵士、水兵、馬、武器、糧食、人員そしてほぼすべての船である。彼は屈辱を受け、頭部に重傷を負い（逃げる途中で激しく転倒した）、最も哀れな格好で一人で厦門に帰って来た。後になって何人かが彼のあとを追ったが、多くの口から心をえぐられるようなその日の悲劇の様子を聞くことになり、彼を喜ばせるどころか苦しめた。」

マニラの聖トマス大学の図書館史料にはヴィットリオ・リッチの手書き文書のコピーが三つある。1. P. Riccio O.P., *(Hecos de) La Orden Predicatores en el Imperio de China,* APSR [Archives of Province of the Most Holy Rosary]: fls. 1-30 (mns. 17th Century); 2. *(Hecos de) La Orden Predicatores en el Imperio de China,* APSR: fls. 81-213 (mns. 17th Century); 3. *(Hecos de) La Orden Predicatores en el Imperio de China,* APSR: fls. 1-393 (mns. 19th Century).

アヴィラ古文書館（ARSR）にも一七世紀版の不完全なコピーと一九世紀版の完全なコピーがある。私は一九世紀版手書き文書を使用した。*Hecos*…, ff. 315-320. José Eugenio Borao Mateo, Spaniards in Taiwan, Vol. II: 1642-1682, Taipei: SMC Publishing Inc., 2002, p. 595. も参照ありたい。さらに、Patrizia Carioti著 "The Zheng Regime vs.the Manchu Empire: The Significance of Vittorio Ricci's O.P.' *(Hecos de) La Orden de Predicadores en el Imperio de China'* (1676)", Macau Ricci Institute (ed), *Acta Pekinesia, Western* Historical Sources for the Kangxi Reign , Maccau Ricci Institute Studies, Vol. 7,Macao P.R. of China, 2013, pp.273-339, も参照ありたい。

（4）Molewijk, *'t Verwaerloosde Formosa*, pp. 27-28.

（5）C.E.S., *'t Verwaerloosde Formosa*, op. cit., p. 388.

（6）鄭成功の歴史家楊英〈Yang Ying〉は、次のように報告している。

（一六五七年　Yongli 一一年六月）『閣下（鄭成功）が思明州（厦門）に住んでいた頃、フォルモサの「赤毛の野蛮人」の代表

Kuiyi（コイエット）が、閣下に要求を行うため通訳の何廷斌（He Tingbin）（Pingqua）を思明に派遣した。オランダ人は中国の港で貿易する許可と引き換えに年貢をおさめることを要請した。彼は外国からの貴重な品々を持参した。閣下は許可を与えた。先立つ数年間、われわれの船が（フォルモサに）到着すると、「赤毛の野蛮人」はしばしば問題を起こした。このため、閣下は東から西まですべての港、湾、すべての警察署と野蛮国の管理センターに対し、台湾島とのすべての接触、貿易を断つようにとの命令を下した。貿易封鎖は二年間続いた。物資は品薄となり高価になった（°°°）』閣下は彼らに貿易許可を与えた。」楊英Yang Ying. 従征實録*Congzheng shilu*［台灣文獻叢刊*Taiwan wenxian congkan*, 32］（Taipei 1958）, p. 113. を参照。楊英の「実録」は、われわれが持つ最も貴重な根本史料のひとつである。一六四九年から一六六二年の間に書かれ、鄭成功、彼の組織、彼の決定、彼の私的生活について重要な情報を与えてくれる。楊英は鄭成功にきわめて近く、厦門から台湾までの彼のすべての行動と活動に忠実に従った。

台湾で彼は不幸にも病気になった。この理由により楊英の日記は一六六二年で途絶えている。しかし、楊英は病気から回復し、後に一六八〇年に死去した。楊英の「実録」は、引用したものを除いて、いくつかの版があり、その中でも、われわれが言及するのは陳碧笙Chen Bisheng によるもので、多くの情報と極めて有用な説明的な註がある。陳碧笙Chen Bisheng, 先王實錄校注*Xianwang shilu jiaozhu*（Fuzhou, 1981）。なお、以下も参照ありたい。Fu Lo-shu, *A Documentary Chronicle of Sino-Western Relations*（1644-1820）, Taipei, 1966, pp. 21-22. C.E.S., *'t Verwaerloosde Formosa*, p. 389.

（7）J.L. Blussé - N.C. Everts - W.E. Milde - Ts'ao Yung-ho (eds), *De Dagregisters van het Kasteel Zeelandia*, Taiwan, IV: 1655-1662, Den Haag: Instituut voor Nederlandse Geschiedenis, 2000, pp. 137-249.

（8）鄭氏の船は時と場合により、軍船とも商船ともなった。鄭氏の海上組織が管理していた海上貿易網は中国、日本、マカオ（Aomen澳門）、台湾、フィリピン、インドネシアおよび東南アジア一般、そして南インド沿岸まで及んでいた。清（Qing）は自分達の事業の商業的側面がいかに鄭成功にとって都合がよいかを知った。早くも一六五二年に、彼らは寧坡（Ningbo）、温州（Wenzhou）および台州（Taizhou）のセンターの撤去を強要する掃討令（clearance order）を公布した。しかし、交渉が最終的に決裂するとこれらの措置は更に厳しく、先鋭的になった。

一六五六年八月六日、最初の航行禁止令が出された（驚くべきではないが、その年の五月の済度（Jidu）の艦隊の敗北直後に出された）。Fu Lo-shu, *A Documentary Chronicle*…, pp. 20-21. を参照。南京における鄭氏の敗北のあと、満州政権は妨害を始め、経済的手段で鄭成功の拠点に対する清の支配を強化した。同じく一六六〇年に、清は福建（Fujian）沖の88の小島からの撤退を命じた。更に、13の港に的前哨基地を、海岸にそって一定間隔に砦や見張り塔を置き、沿岸地方の根本的な管理を強化した。目的は、鄭氏の拠点と本土とのあらゆる想定可能な接触を遮断し、自身を防衛し、反乱を起こす能力を失わせて、鄭氏を孤立させることだった。Wong Young-tsu, "Security and Warfare on the China Coast: The Taiwan Question in the 17th Century", Monumenta Serica, XXXV, 1981-83, pp. 111-196, part. p. 144. 参照。さらに次の著作も参照。Cheng K'o-ch'eng, "Cheng Ch'eng-kung Maritime Expansion and Early Ch'ing Coastal Prohibition", in E.B.Vermeer (ed.), *Development and Decline of Fukien Province in the 17th and 18th Centuries* [Sinica Leidensia, XXII] (Leiden and New York and København-Köln, 1990), pp. 237-244.

（9）C.E.S., *'t Verwaerloosde Formosa*, p. 392.

（10）C.E.S., *'t Verwaerloosde Formosa*, p. 393.

（11）C.E.S., *'t Verwaerloosde Formosa*, pp. 394-395.

（12）Patrizia Carioti, "Portuguese Strategies of Expansion: Macao and Hirado Compared", in Evert Groenendijk - Cynthia Viallé - Leonard Blussé (eds.), *Canton and Nagasaki Compared, 1730-1830. Dutch, Chinese, Japanese Relations*, Leiden: Institute for the History of European Expansion, 2009, pp 209-223; Patrizia Carioti, "The 1622 Dutch Attempt to Conquer Macao in the International Context of Early Seventeenth Century East Asia, *Revista de Cultura (Review of Culture)*, International Edition, n.15, 2005, pp. 123-137.

（13）当時、マカオで作られた銃は高品質のため有名だった。この最高の品質は中国とポルトガルの技術者の技術的能力と知識の融合から生まれたようである。このため、マカオの最上級の資格を有する技術者の何人かは、マカオと同じ優秀なレベルの鋳造所をゴアに設立するため、ゴアに招かれた。しかし、この試みは失敗した。C.R. Boxer, "Portuguese Military Expedition in Aid of the Mings against the Manchus, 1621-1647", *Tien Hsia Monthly*, VII/1, agosto 1955, pp. 24-31 (1-13), part. pp. 4-6）.

（14）C.E.S., *'t Verwaerloosde Formosa*, pp. 383-412, passim.

（15）C.E.S., *'t Verwaerloosde Formosa*, p. 400.

（16）C.E.S., *'t Verwaerloosde Formosa*, p. 400.

（17）C.E.S., *'t Verwaerloosde Formosa*, pp. 400-404.

（18）Tommaso Maria Gentili, *Memorie di un missionario domenicano in Cina* (vols. 3), Roma, 1887-88, I, p. 292.　ローマ教皇の名代としての職務で、ドミニコ会の神父　Tommaso Maria Gentili（d.1888）は長期間マニラにもおり、そこで前任の宣教師たちが書いた多

数の文書、年表、書簡、手稿文書を自由に読むことができた。このようにしてGentiliはVittorio Ricci（1629-1675）の自筆文書を含むいくつかの貴重な一次史料に接することができた。これらの重要な一次史料を引用しながらGentili は実に興味深いメモワールを書いているが、その中でVittorio Ricciと彼の伝道に関連する出来事を詳述している。Vittorio Ricciに関する興味深い伝記的な章を参照ありたい。 T.M.Gentili, *Memorie di un missionario domenicano in Cina*, II, pp. 72-73.

（19）鄭成功にあてたフレデリック・コイエットの書簡写し 31st October 1660: *Algemeen Rijksarchief Den Haag* (L'Aia), V.O.C. 1232: ff. 621-622.

（20）C.E.S., *'t Verwaerloosde Formosa*, pp. 404-406.

（21）C.E.S., *'t Verwaerloosde Formosa*,, pp. 407-410, passim.

（22）一六六一年二月の最初の数日、鄭成功は彼の将軍たちを集め、台湾への戦略的退却がなぜ必要かを知らせた。Yang Ying, *Congzheng shil*u, cit., pp. 184-185.

（23）Yang Ying, *Congzheng shil*u, pp. 184-185.

（24）C.E.S., *'t Verwaerloosde Formosa*, pp. 389-390, 462-463, 475, Fu Lo-shu, A Documentary Chronicle…, p. 436, n. 113.

（25）Zhang Tan張菼- Nan Qi南棲 (eds.), *Zheng Chenggong jishi biannian*鄭成功紀事編年［*Taiwan yanjiu congkan*台灣研究叢刊、n. 79］, Taipei, 1965, pp. 133-134.

（26）Wong Young-tsu, “Security and Warfare on the China Coast…”, p.145.

（27）Philip Meij, *'T naervolgende, sijnde 't geene per memorie onthouden van 't gepasseerde in 't geweldigh overvallen des Chinesen mandorijns Cocxinja op Formosa en geduijrende ons gevanckenis.*,（ここに記すのはメモワールに記載されていない中国高級官吏　国姓爺による激しいフォルモサ（Formosa 台湾）攻撃とわれわれの捕らわれの間に起こった出来事）*Daghregister van Philip Meij*, Anno 1661, K.A. 1128: ff. 848-851. *De Dagregisters van het' Kaastel Zeelandia* が出版されるずっと以前に多くの未公刊文書および資料に当たることを親切に許して下さった Prof. Leonard Blussé van Oud Ablas と Prof. Tsao Yung-ho に感謝する。ゼーラント要塞の包囲から降伏までの九ケ月については、大部分が未公刊のオランダ史料に多くの詳細な情報がある。ハーグ市にあるオランダ東インド会社の古文書館には公式書簡、個人的書簡、日記、編年史、さらにオランダの貿易、連合会社の政策等についての文書や記録が保存されている。J.L. Blussé - N.C. Everts - W.E. Milde - Ts'ao Yung-ho (eds), *De Dagregisters van het Kasteel Zeelandia, Taiwan*, IV: 1655-1662, Den Haag: Instituut voor Nederlandse Geschiedenis, 2000.　も参照ありたい。

(28) Van der Chijs J.A. (ed.), Dagh-Registers gehouden in't Casteel Batavia want passerende daer ter plaetse als over geheel Nederlands-India, 1624-1682 (31 vols.), 's Gravenhage - Batavia, 1887-1931 (see: 22-24 giugno 1661).

(29) これについては鄭成功とJacobus Valentijn ―プロヴィンス要塞の降伏の責任者―との間に交わされた書簡に言及する。*Algemeen Rijksarchief Den Haag*, V.O.C. 1235: ff. 906-909.

(30) 黄玉齋Huang Yuji'鄭成功與台灣*Zheng Chenggong yu Taiwan* (Taipei, 2004) 参照

(31) Jacobus Valentijn は鄭成功が包囲中にフォルモサ長官に宛てた書簡をオランダ語に翻訳した。不幸なことに、中国語原文は、多分、その時すでに失われていた。Valentijnの翻訳文中に鄭成功を意味するPompoan という名前がしばしば出てくる。

(32) *Algemeen Rijksarchief Den Haag*, V.O.C. 1235: ff. 884-894.

(33) *Algemeen Rijksarchief Den Haag*, V.O.C. 1235: ff. 884-894.

(34) C.E.S., *'t Verwaerloosde Formosa*, pp. 435-438.

(35) C.E.S., *'t Verwaerloosde Formosa*, pp 438-442.

(36) C.E.S., *'t Verwaerloosde Formosa*, p.447.

(37) C.E.S., *'t Verwaerloosde Formosa*, passim.

(38) C.E.S., *'t Verwaerloosde Formosa*, pp. 455-456. *Algemeen Rijksarchief Den Haag*, V.O.C. 1238: ff. 519-798.

(39) 運命の皮肉。鄭成功がオランダに対する勝利を祝っていた同じ日に、福州では満州当局が鄭芝龍の死刑執行を宣告した。彼は長い苦悩の後北京で処刑された。

(40) *Hecos*…, ff. 325-327. José Eugenio Borao Mateo (ed.), Spaniards in Taiwan, II: 1642-1682, p. 598. Patrizia Carioti, "The Zheng Regime vs. The Manchu Empire...", pp. 273-339 .

台湾漢人アイデンティティーの形成と媽祖信仰

赤井　孝史

はじめに

媽祖は、航海の安全を守る神である。近年の歴史研究において媽祖が注目されている所以は、この航海神という性格による。宋代の福建・莆田に実在した女性を神格化したとされる媽祖への信仰は、海洋交易を通じて東アジア海域に伝播した。現在もアジア各地に分布する媽祖信仰や媽祖の霊験譚からは、各地域の歴史の中で信仰が変化し、あるいは新たな霊験を創出しながら定着していったことを伺わせる。媽祖の信仰を検証していくことは、この海域で活動した人々の痕跡をたどることができるという点で非常に重要である。荒野泰典が定義した一六世紀半ばに始まる倭寇的状況の時代では、日本においても諸民族雑居という状態であった(1)。その後の東アジアの海禁体制の確立は、権力による諸民族雑居状態の克服をもたらすことになる。媽祖信仰は、民族的に多様な人々が雑居し交流していた日本に一六世紀に伝来したと考えられる。では諸民族雑居が克服された後、日本において受容された媽祖信仰は、どのような展開を遂げたのであろうか。

私貿易を生業とした海洋民との、国境を越えた交易活動が後退した後の日本において、航海安全の神である媽祖の信仰が多様に発展していったとはいい難い。しかし媽祖信仰が日本に全く定着しなかったのではない。藤田明良は、日本の船玉神と媽祖の関係を検討し、媽祖が船玉神として日本各地に受容されたものの、江戸末期の国粋主義高揚とともにその信仰は次第に姿を消していったと述べている。[2] このように媽祖信仰が、アジア各地域において歴史的にどのような変容を遂げたのかを明らかにするには、媽祖信仰を受容したアジア各地域史の特質とともに検討しなければならない。

本稿では台湾をフィールドとして媽祖霊験譚を検討するが、まず台湾を中心としたアジアの海域におけるヒトの移動と媽祖信仰について概観してみたい。明代～清代の五〇〇年を「海」という視点で五つの時期に区分した上田信は、一五七〇年代から鄭芝龍・成功父子の政権（鄭氏政権）の時期を第三期とし、この時期に台湾に本格入植がはじまり、媽祖信仰も持ち込まれたとする。[3] また濱下武志は東アジア・東南アジアの媽祖信仰圏が沿海漁民・海商の移動圏を示すとして注目し、東アジア地域史の中という視点の中に位置づけ、その歴史的重要性を指摘している。[4] つまり、東アジア規模での海洋民の歴史が結果として台湾という地域に移民と媽祖信仰をもたらした。ならばその後の台湾移民社会の発展と変容は、アジア世界の歴史、特に一七世紀後半の「倭寇的状況」[5] 以後のヒトの移動に連動していたといえるだろう。なお周知のように、福建・広東などからの台湾への入植は、台湾に人間が住み始めたことを意味しない。台湾には中国大陸からの移民が入植する以前から、オーストロネシア系先住民がいたからである。

鄭氏政権期から清代にかけて台湾に移住した人々の出身地は、主として福建省の泉州・漳州・広東省の潮州であり、媽祖信仰は台湾海峡を越えて渡来した人々がもたらしたものである。しかし台湾における媽祖信仰は航海神という性格のものばかりではなく、多様化の道をたどっている。李献章によれば、媽祖への祈願は暴風・海盗・貿易・行旅・営業・求子・育児にまで及ぶ。[6] また林美容の指摘によれば、台湾では航海神だけではなく、水利の神や農業神としての性格まで持つにいたっている。[7] この多様な信仰は、台湾的な媽祖信仰の展開と指摘できるのではないだろうか。

台湾においては右のような媽祖信仰の多様性とともに、信仰の範囲が内陸部を含めた台湾島全域に広がっていることにも注目すべきだろう。何故航海神の媽祖が沿岸部以外でも信仰されているのか、信仰が拡大する契機となった歴史的要因は存在するのかという問題は、沿岸部から内陸部へと開発を進めた台湾漢人社会の歴史と無関係ではないと考えられる。清代台湾の漢人社会は、極めて過酷であった。大陸からの移民によって開発が進んだ清代台湾では、祖籍（出身地）を基盤として社会集団を形成したため、祖籍の差異によって自他を分類する祖籍分類意識が強く、水利などの経済的利益をめぐり分類械闘という武力衝突が頻発した。[8] 加えて一八世紀から一九世紀にかけて朱一貴の乱、林爽文の乱、戴潮春の乱などの大規模民乱が起こっている。台湾民衆は、民乱や械闘による生命の危機にさらされていたのである。台湾における媽祖の霊験譚には、海難のような自然による災厄からの救済だけではなく、人為的な災厄といえる戦争被害からも人々を守護するという内容が含まれている。こうした霊験譚の特徴は、清代台湾の社会状況が信仰に影響を与えた結果ではないだろうか。

すでに李献章や朱天順によって、台湾における民乱の平定と媽祖の関係が述べられている。[9] 李献章は清朝の加封という観点から媽祖の助戦伝説を論じ、朱天順は媽祖の霊験譚に封建国家に対する忠と支配階級の善悪の標準に基づく福善禍悪の二要素を見出して、媽祖の動乱鎮圧の霊異伝説は清朝に対する尽忠であると述べる。また戴文鋒はアジア太平洋戦争中の「抱接砲弾」の神蹟（媽祖がアメリカ軍の爆撃を防いだという神蹟）について分析する過程で、清代の媽祖神佑についても多くの事例について言及している。戴は霊験譚に「官方性」と「正義性」を認めた上で、民間の伝説には同様の神佑が内容として踏襲されていく（「情節的承襲性」）、具体的な霊験内容がはっきり示されない（「顕霊方式的模糊性」）、自然現象を天意として捉える（「過程暗示天意性」）、時代によって先頭への助佑内容が変異する（「助戦内容変異性」）という四つの重要な性格を持つと指摘する。[10] 上記のような媽祖霊験譚の性格に留意しながら、清代台湾社会史との関連という観点から媽祖霊験譚について考察していきたい。なお媽祖は歴代王朝の加封によって、史料上では天妃、天后、天上聖母などと記されるが、煩雑さを避けるため媽祖と記述を統一して論を進めることにしたい。

一　清代初期の台湾と媽祖信仰

（一）施琅の台湾攻略と媽祖の霊験譚

台湾に媽祖信仰を伝えたのは、福建・広東などからの移民である。台湾の媽祖信仰は、東アジア海域で活動した海商集団と深い関係がある。媽祖信仰が台湾に伝来した時期は、一六世紀後半から一七世紀頃と推定されるものの断定はできない。台湾への移民は、一六六一年の鄭成功による台湾奪取（当時の台湾はオランダの植民地）を契機とし、清朝の版図に組み入れられた一七世紀末以降に増加する。初期の台湾移民社会のあり様については史料的制約があり、媽祖信仰の形態についても不明な点が多い。しかしながら媽祖の基本的な性格は海神、航海神であり、媽祖が直接的に戦闘を助けるという霊験譚はさほど古く遡らないと思われる。

戦争と媽祖が関係を持っていく理由のひとつに、媽祖廟の軍事拠点としての活用があるだろう。例えば、鄭成功は順治一〇年（一六五三）五月の海澄の戦いの際、「鄭成功就天妃宮築將臺（鄭成功はすぐさま天妃宮に将台を築いた）」[11]とあるように、天妃宮＝媽祖廟に軍事指揮のための本営を構築した例がある。なお同一の史料に「甘輝、黃廷守關帝廟木柵（甘輝、黄廷は関帝廟の木柵を守った）」[12]ともあり、この場合は鄭成功軍が関帝廟を要塞化していることがわかる。したがって媽祖廟だけが軍事施設として活用されたのではない。ただ、媽祖廟が多い福建が度々戦場になった一七世紀後半において、戦時に媽祖廟が本営や野戦陣地に転用された例は少なからずあったのではなかろうか。その理由としては単に構造物を利用するというだけではなく、関帝や媽祖の神威神佑を期待していたという可能性が考えられる。

台湾史において戦争の勝利と媽祖が関連付けられるのは、康熙二二年（一六八三）の施琅による澎湖攻撃が嚆矢といえる。施琅は福建晋江の出身で、当初は鄭成功の配下として戦い、後に清朝に投降した人物である。清朝の鄭氏との戦争で重用され、水師提督、右都督、靖海将軍と栄達した対鄭氏戦争の中心人物である。[13] 施琅は台湾の鄭克塽を攻撃するにあたって、まず台湾中西部海上にある澎湖諸島を攻略した。この時に、媽祖による神佑があったという。一九世紀に編纂された『臺彎志略』には、次のように記されている。

我師征澎湖，恍有神兵導引，後屯兵媽宮澳，靖海侯施琅謁廟，見神衣袍半濕，臉汗未乾，始悟實邀神助．又澳中井泉只可供數百口，是日駐師萬人，泉暴湧不竭．及琅率舟師入鹿耳門，復見神兵前導，海潮驟漲．[14]（以下略）

我が軍が澎湖に遠征すると、判然とはしなかったが神兵の導引があったようであり、その後兵を媽宮澳に駐屯させ、靖海侯施琅が（媽祖）廟に詣でた時、神像の衣袍が半ば濡れており、顔には未だ汗が乾いていないのを見て、初めてまさしく神助を得たのだと悟った。また港湾内の井泉では数百人の飲用に供するのみであるのに、この日万を数える軍勢が駐屯したところ、泉が急に湧きだしてその水は尽きることがなかった。施琅が海軍を率いて鹿耳門に入った時、また神兵が前導するのを目撃し、海の潮位が突然上昇したのである。

この史料をもとに、媽祖の神佑の内容を整理してみよう。まず、施琅の軍が澎湖攻撃するに際して「神兵」が導いたという記述に注目したい。「神兵」の出現は明瞭な姿としてではなく、上陸後に施琅が媽祖廟に参詣した際、媽祖の衣が半ば湿っており、顔には汗がまだ引いていなかったのを見て、「神兵導引」が媽祖の神佑だと悟ったのである。

続いて媽祖が飲み水を与えたという霊験が記されている。施琅が率いてきた数万の軍勢に対して、澎湖にある井泉は十分ではなかった。しかしにわかに泉が湧き出して水不足は解消され、兵は渇きに悩まされずに済んだ。この霊験を顕した神が媽祖だと明記されてはいないが、前後の文脈を考えると媽祖による神佑だと解釈していいだろう。そして、台湾本島攻撃のため施琅の艦隊が鹿耳門に侵攻した際にも神兵が艦隊を導いたと記されている。「復見」とあるように、施琅の軍において再び神兵導引（前導）が目撃されたことが述べられ、それに続いて潮がにわかに満ちて海水面が上昇し、港内への侵攻が可能になったと記されている。以上の三点が媽祖の神佑であると解釈できる。

鹿耳門における潮位上昇という奇跡的な状況を体験したのは、施琅だけではない。黄宗羲の著した『賜姓始末』には、鄭成功がオランダのゼーランジャ城を攻撃した際、「至鹿耳門，則水驟張丈餘（鹿耳門に至ると、すぐさま水位が一丈余り急上昇した）」と鹿耳門において丈余という海水面の上昇があり、鄭成功はこれを天意として感謝したことが記述されている。(15) 媽祖との関連は示されていないものの、一七世紀末に鹿耳門において神佑と思わせる急激な潮位上昇現象が記されていることは注目すべきである。

施琅が受けた神佑を別の史料からも確認してみたい。次の史料は先に引用した史料よりも古く、一七四〇年頃の編纂とされる『澎湖志略』の記述である。

按天后即媽祖，康熙二十三年六月靖海侯施琅奉命征鄭克塽，取澎湖；入廟拜謁，見神衣半濕，始知實默佑之．又師苦無水，琅禱於神，井湧甘泉，數萬師汲之不竭．今其井尚存，名曰大井．及行，恍見神兵導引；至鹿耳門，水漲數倍，戰艦得遥入，賊驚奔潰(16)．

按ずるに、天后とはつまり媽祖のことで、康熙二三年六月靖海侯施琅が命を受けて鄭克塽を征伐に行き、澎湖を奪取した。廟に入って媽祖の神像に拝謁した時に、神像の衣が半ば濡れているのを見て、初めて本当に黙佑があったことを知った。また飲み水が無くて軍が苦しんだ時、施琅が神に祈ると、井戸に甘泉が湧き、数万の軍が汲んでも尽きることがなかった。今もその井戸は存在し、名を大井と言う。進軍を続けると、判然とはしないものの神兵が導くのを見た。鹿耳門に至ると海水が数倍に上昇し、戦艦が侵攻することができ、賊軍は驚いて逃げ惑い壊滅したのである。

先に引用した史料と比較すると、第一にこの史料では施琅が澎湖を奪取した際に神兵が導いたという記述がない。上陸後に施琅が参廟して媽祖に拝謁した際、神衣が半ば湿っている様子を見てはじめて黙佑を知ったと記すのみで、神兵に関する記述がないのである。神兵が登場するのは鹿耳門への侵攻の際であり、澎湖近海でどのような黙佑があったかは、この史料では確認できない。

鹿耳門の神兵導引は、海水面上昇の後、艦隊の侵入を佑助するための霊験として述べられている。後述するが、鹿耳門は水深が浅く港道が狭いという難点があり、侵攻の際には潮位上昇だけではなく、艦隊の進入ルートも課題であったと考えられる。つまり鹿耳門における霊験譚からは、潮位の上昇によって水深の問題を解決するだけで十分ではなく、進入ルートを熟知しなければ侵攻が不可能であるという認識が根底にあったことを知ることができる。先述したように、鹿耳門での急激な海面上昇は鄭成功の台湾攻撃においても見られた現象で、一七世紀末には知られていた。しかし鹿耳門の自然地理に関する知識が周知されるようになると、港内の航路をどのように知ったのかが重要となった。そのため霊験譚に神兵による導引が不可欠になったと考えられる。また鄭成功の鹿耳門攻撃時とは異なり、一八世紀の霊験譚ではこれらが媽祖の霊験として記述されていることも重要である。

第二に、この史料では甘泉が湧き出した経緯について記述が詳しいという特徴がある。該当する記述を要約すると施琅が神に祈ったところ井戸に甘泉が湧き、数万の軍の飲用に耐えたこと、その井戸が「大井」という名であるという内容である。軍が水を得ることが出来たのは、施琅の祈りに「神」が応えたからであったということになる。この史料においても施琅が媽祖に願ったと明記されてはいないが、この史料は媽祖の神佑に関する記述であるため、施琅が祈った「神」とはやはり媽祖だと考えてよいだろう。またこの霊験譚が上陸後に顕されたこととして伝承されていることから、媽祖の神佑が海上に限定されないという意識も読み取ることができる。

ここで注目したいのは、主に海難から海洋民を守る神であった媽祖が、施琅とその兵に飲料水を与えたという点である。この霊験譚は、媽祖に飲み水を乞う「禱神得水」伝説の典型例としても注目される。[17] また水と媽祖の関わりについては後代においても多くの霊験譚が伝承されており、媽祖に水の恵みを祈願するという信仰は特に留意すべき霊験である。

しかしながら施琅に関わる媽祖の霊験譚には別伝もあり、これまでに示した史料を基にして安易に霊験の内容を特定することはできない。例えば康熙五一年（一七一二）の成立とされる『重修臺灣府志』では、澎湖廟内の媽祖神像の異変のみが記され、井泉の湧出に関する記述がない。[18] また媽祖の霊験譚を収めた『天妃顕聖録』では、清軍の将士が「咸謂恍見天妃（皆ぼんやりと天妃を見たと謂った）」と記しており、目撃されたのは神兵ではなく天妃（媽祖）だと伝えている。[19] さらに媽祖神像の異変についても澎湖媽祖廟でのことではなく、福建省甫田県平海（施琅の艦隊の出港地）の人々が同地の天妃宮に参詣して「倶見天妃神像是日衣袍透湿（この日天妃神像の衣袍がびっしょりと濡れているのを共に見た）」と記している。[20] 他にも施琅配下で署左営千総の劉春が「二十一日必得澎湖，七月可得臺彎（二十一日に必ず澎湖を得て、七月には台湾を得ることができるだろう）」という媽祖の夢告を得たことや、[21] 平海の天妃宮前に日照りのため枯渇している小さな井戸があり、施琅が諸神に祈ると泉水が湧溢したという霊験が収められている。[22]『天妃顕聖録』が収める霊験譚は主に福建省平海における霊験であり、しかも施琅本人ではなく配下の将士や平海の人々など周辺にいた人々の伝承を中心としている。前述した媽祖像の異変や泉水の湧出が、澎湖ではなく福建の平海における霊験だとする伝承が同地に伝えられていたことがわかる。このように施琅に関わる霊験譚には、地域や時期によって差異があったことを伺わせる。

とはいえ、澎湖の戦いにおける媽祖の霊験譚が一八世紀半ば以降の台湾志に収められたことに注目しなければならない。そしてその霊験譚において、施琅が媽祖神像の異変を発見し、媽祖に祈って甘泉を得た人物と記されている点を再度指摘しておきたい。

（二）台湾の媽祖廟と施琅

施琅は鄭氏を降した後、鄭氏が支配拠点とした承天府（後の台湾府）の至近に媽祖廟を開いた。征服地である台湾で媽祖廟を開基した施琅にはどのような意図があったのであろうか。施琅の媽祖廟開基に注目して史料を検討してみたい。

天后廟：在西定坊，即寧靖王故居．康熙二十三年，靖海将軍施琅改建為廟(23)

天后廟：西定坊に在り、即ちかつての寧靖王の居所である。康熙二三年、靖海将軍施琅が建て改めて廟とした

台湾府にある天后廟（媽祖廟）は、明皇族である寧靖王・朱術桂の旧宅であった。康熙二三年（一六八四）に施琅が台湾を攻略した際、その旧宅を改築して媽祖廟としたのである。なお朱術桂は、鄭氏降伏を目前にして自害した。明の皇族の旧宅を媽祖廟にしたというところに、施琅の政治的意図を読み取ることができる。明の復興を掲げる鄭成功の下から清朝に投降した施琅としては、媽祖が霊験を顕して自軍に助戦したと強調し、勝利を媽祖の神意であると主張することが必要であったと考えられる。清の勝利を導いた媽祖の廟が明皇族の邸宅に取って代わるという演出は、媽祖が明と鄭氏への加護をやめ清を加護する象徴として行われたのである。

施琅の媽祖廟開基に、媽祖の加護と自身の軍事的成功および清朝支配の正当性を結びつける意図があったとするならば、施琅の軍に霊験を顕した澎湖媽祖廟についても検討しなければならない。澎湖で媽祖が施琅軍を佑助した

という霊験譚も、歴史的な経緯を踏まえて成立したと考えられるからである。以下の史料から澎湖媽祖廟の成り立ちを確認してみたい。

天妃宮　在東西衛澳，澳前有案山，其澳安瀾，可泊百餘艘，係鄭芝龍建，偽藩更新之，今其靈猶加赫濯焉。[24]

天妃宮　東西衛の港湾に在り、港湾の前には案山があって、その港湾は波が穏やかで百余艘が停泊可能である。（廟の）建立には鄭芝龍が係わり、偽藩が旧廟を新しく建て直し、今もその神霊は威厳に満ちあふれているようだ。

この史料によると、天妃宮は東西の軍港にあり、その軍港は百余艘が停泊可能で規模の大きな良港である。この天妃宮は鄭芝龍が建立に関わり、偽藩（鄭氏政権）がそれを新しくしたと伝えている。鄭芝龍が本当に天妃宮の建立に関係していたかどうかは確認できないが、少なくとも鄭氏と深い関係がある廟であるという伝承が存在したことは間違いなかろう。

周知のように、鄭芝龍は台湾に拠点を持っていた海商・顔思齊の後継者であり、鄭成功の父である。明の依頼を受けたオランダとの戦闘に勝ち、そのオランダと組んだ元配下のクイツイックを、さらにヤングロウとの勢力争いに勝利して、一六三〇年代半には東シナ海域の覇権をほぼ掌中にしていた。[25]澎湖の天妃宮が鄭芝龍との関係を伝えるのは、このような状況を背景にしていると考えられる。澎湖の軍事的経済的重要性を考えれば、鄭氏政権がその加護を期待して廟を新しく建て直したのは当然のことであった。

鄭芝龍が建立に関与して、その末裔である鄭氏政権が改築したという天妃宮に鄭氏討伐の司令官である施琅が参詣するという行為は、勝者としての象徴的行動であった。そして廟内の媽祖像が神佑を暗示する姿をしていたことは、施琅の勝利と神意が結びついたことを意味していた。澎湖における霊験譚においても媽祖の加護は、鄭氏を離れて清朝に服した施琅へと移ったことを示すものであった。いうなれば、施琅は媽祖に選ばれた征服者ということになるだろう。こうした媽祖の霊験の解釈は、施琅の権威向上という意味だけではなく、施琅の配下に加わった海洋民の信仰に応えるものであったと考えられる。東シナ海域において軍事的にも経済的にも圧倒的な覇権を保持し続け、遷界令以外に有効な手段を採ることができなかった鄭氏の討伐成功は、清朝にとって国家的な課題の克服を意味した。鄭芝龍という海商集団の領袖を出自とする鄭氏は、倭寇的状況の最後に登場した存在であり[26]、倭寇の最後の後継者であった。清朝が台湾を奪取したという事実は、台湾に拠った海洋民たちが清朝に帰属するということを意味したのである。鄭氏政権は東アジア海洋交易圏の海商・海洋民の象徴に等しい。同政権が信仰する媽祖も清朝に抵抗する者たちを守護する神から、清の覇権を容認し、清朝の覇権の下で海洋民を保護する神として信仰されることになったのである。

前節で検討した澎湖での媽祖の霊験譚は、施琅を中心に展開していた。換言すれば、媽祖の神佑と施琅の勝利の関係がより強調された霊験譚といえる。このような霊験譚の特徴と施琅による寧靖王宅の媽祖廟への改築は、ともに施琅の権威化と関連していると考えられる。施琅は鄭氏が奉じた明朝皇族の居宅を媽祖廟に改築することによって明朝と鄭氏の権威を否定し、代わりに媽祖の権威を示した。それは同時に、媽祖に認められた清朝の覇権と媽祖の神佑を受けて勝利した施琅の権威を、鄭氏治下にあった台湾の人々に示すことも意味した。施琅は台湾を清朝の版図に組み入れることを奏上してそれが認められると、鄭氏討伐の功により台湾において広大な私有地とその開墾権及び墾田からの租税徴収権（大租権）を得た[27]。開墾には開拓民を募る必要がある。当該期の台湾においては、開拓民となる人々は福建などから渡海してきた経験を持つ人々であり、渡海の記憶と密接に結びついた媽祖への信仰を持っていた。施琅がそのような人々を組織し、敵地であった台湾で開拓を進めていくためには、媽祖の神霊権威を背景にすることが不可欠であったと考えられる。

(三) 藍廷珍による朱一貴の乱鎮圧と媽祖の霊験

康熙六〇年(一七二一)に起きた朱一貴の乱は、清朝統治下の台湾が経験した最初の大規模民乱である。朱一貴は福建漳州の出身で、下級役人として台湾に渡ったものの職を辞し、後に無頼の徒や流民を集めて挙兵すると十数日で清朝の支配拠点であった台湾府城を陥落させ、王を称するまでの勢力となった。朱一貴の軍は、台湾全島を席巻したため、清朝は海賊討伐の実績が豊かな南澳総兵・藍廷珍に討伐を命じた。藍廷珍は澎湖を進発して一週間ほどで鹿耳門、安平鎮を奪還し朱一貴軍を壊滅させた。この時の媽祖の神佑をつぎの史料から確認してみよう。

六十年,臺匪竊發,天后顯靈,鹿耳門水驟漲數尺,舟師揚帆並進,七日克復全臺。[28]

(康熙)六〇年、台湾の匪賊が反乱を起こすと、天后が顕霊し、鹿耳門の水位がにわかに数尺上昇したため、水軍は帆を揚げて並進し、七日で台湾全島を奪回した。

史料中の「臺匪」は朱一貴のことを指す。朱一貴の乱が起ると、天后が霊験を顕し鹿耳門の水位が急に数尺上昇した。そのため水軍は併進することが可能となり、七日で台湾全土を回復したと記している。この内容は、施琅の軍が体験した霊験に酷似している。

台湾府を臨む港湾である鹿耳門の攻略は、清軍が台湾島に上陸する上で極めて重要だったと考えられる。しかしながら、同地は極めて攻略困難な要害の地でもあった。後年同地は「臺郡門戶」にして天険と称され[29]、港道は「狹隘」で湾曲しており[30]、ただ一艘の船が通れるのみ、その上「水淺沙膠(水深が浅く、海底の砂がついて動けず座礁する)」[31]といわれ、操船の困難さは出入に際して「必脫尾舵」[32]と船乗り泣かせの難所であった。しかもその沙は鉄のように堅く、「銕板沙」という異名がついたほどである。[33] 小型の漁船ならともかく、大型の軍船による鹿耳門の攻略が非常に困難であったことは想像に難くない。鹿耳門を海上から攻略するには、周辺水位の突然の上昇という奇跡的状況が必要であり、それ故に施琅、藍廷珍ともに媽祖の神佑を得たと主張したのであろう。なお藍廷珍らは鹿耳門侵攻に際して泳ぎの上手い兵士を先鋒部隊に配置し、小舟に乗せて鹿耳門の沙路に航行の目印を表示させた(34)。鹿耳門での神兵導引が伝わっていない理由は、上記の戦術を採用したため不要だったのであろう。

藍廷珍に関係する媽祖の霊験として、つぎの史料についても検討したい。

靈濟井：在小東門外萬壽寺後．康熙六十年，南澳鎮總兵藍廷珍率師克復臺灣駐此，泉大湧出，軍無渇患；作歌勒石以記之，因名「靈濟」(35)．

霊済井：小東門外萬壽寺の後ろに在り。康熙六〇年、南澳鎮総兵藍廷珍が軍を率いて台湾を克復してこの地に駐屯すると、泉が大いに湧き出し、軍は飲用水不足に煩わされることがなかった。歌を作って石に刻んでこの逸話を記したため、「霊済」と名付けられた。

右は、台湾府城小東門外萬壽寺の後にある「靈濟井」の由来について記した史料である。朱一貴討伐後に台湾に駐留した藍廷珍の清軍は、この泉のおかげで飲料水に困ることがなく、泉の湧出が神霊の救済であるということで霊済井の名がついたという。この「靈濟」を施した神の名は記されていないが、藍廷珍が鹿耳門で媽祖の神佑を得ているという史料があることや、澎湖で施琅が受けた神佑と内容が酷似していることに加え、『天妃顯聖録』に藍廷珍が媽祖の霊験として「且凡大師所到、各處井枯、甘泉倏爾騰沸（およそ大軍の行くところ、各所で井戸が涸れていたが、急に勢いよく甘泉が湧き出し）(36)」と述べた箇所があることから、媽祖が藍廷珍に対して顕した霊験として認識されていたと考えられる。

藍廷珍と施琅には類似点が多い。共に福建出身の武人で、台湾を攻撃した司令官であった。鹿耳門の海水面上昇や井泉の湧出といった霊験が類似している理由は、軍事行動や軍事的課題がほぼ同様であったこと、配下の海洋民の媽祖信仰に配慮する必要があったことに起因すると思われる。加えて乱平定後に得た恩賞も酷似している。藍廷珍は朱一貴の乱鎮圧の功を賞され、台湾中部（現在の台中市付近）の開墾権とその墾田からの租税徴収権を獲得した。藍廷珍一族とその末裔が開拓を進めた地は藍興荘と称され、荘内には萬春宮という媽祖廟が建立された。廟宇は一七二〇年頃に藍廷珍の苗裔と思われる藍提憲によって建てられたとされる(37)。

萬春宮の建廟は、藍興荘民の生活と無関係ではない。開墾には豊富な水資源が必要であり、水の恵みを与える水神と見なされた媽祖の加護が希求された結果、荘民の信仰を背景として萬春宮が建廟されたと考えられる。道光四年（一八二四）の碑文によると、萬春宮の廟宇は道光二年（一八二二）に風雨のために壊れ傾いたが、多くの信徒によって再建工事が行われ一年後にその工事が完了したと記されており(38)、荘民の間に信仰が深く根付いていたことを伺わせる。藍興荘での媽祖信仰の浸透は、沿岸部海洋民による航海神としての信仰から内陸部開拓民による農業神としての信仰へと広がる典型例として捉えることができる。

二　林爽文の乱における媽祖霊験譚と台湾海峡の海洋民

（一）清朝の媽祖信仰への認識

乾隆五一年（一七八六）に勃発した林爽文の乱は、一年以上も続いた大規模な反乱であった。林爽文は福建漳州平和県の出身で、台湾の彰化県大里杙に渡り、「抗清復明」を掲げる天地会に属した。天地会が取り締まりの対象となると林爽文は反乱を起こして彰化県を制圧し、また同時に台湾各地の天地会も呼応したため台湾全島規模の反乱に発展した。その結果清朝は大軍を投入して本格的な鎮圧を開始した。この鎮圧作戦で活躍したのが満洲旗人出身の福康安である。彼は自らが体験した媽祖の神佑をつぎのように述べている。

伏思自用兵以來，運送錢糧、鉛藥，失風者甚少。臣自崇武開駕，一晝夜間駛行千里，兵船百餘隻，同抵鹿仔港。渡洋時即聞各船傳說靈異，猶以事屬偶然，未敢形之奏牘。今凱旋駐防兵丁船隻遭風，危而獲安，復著靈應，此皆仰賴我皇上誠敬感孚，天神默佑。（中略）詢據船戸等，僉稱三、四月間，即連風暴日期，風力尚屬平和。若得順風，船更屬十分穩妥等語。所有各起凱旋官兵，遲亦不過四月以前，全數可以撤竣。仰藉聖主洪福，天后默佑，自必一帆徑達，安穩渡洋，用副我皇上軫念勤勞、恩卹弁兵至意。(39)（以下略）

伏して思うに軍を動かして以来、軍金・兵糧、弾薬を運送しているが、海難による損失は甚だ少ない。臣は崇武を出発して一昼夜間疾駆して千里を行き、兵船百余隻は同時に鹿仔港に到着した。渡海の際に各船で霊異について語り伝えられているのを聞いたが、（それらの）出来事は偶然の範疇であり、未だ敢えてこれを奏上していなかった。今防備のため駐留していた兵士の凱旋する船が暴風に遭い、危ないところで難を逃れることができた。また霊応が著しく、これはすべて我が皇帝の誠の敬意、感孚のおかげで、天神が默佑したのである。（中略）船戸らに尋ねたところによれば、一同が言うには三月、四月の間は暴風の日が続くが、風はまだ穏やかである。もし順風が得られれば、船は十分安全であろうなどと語っている。すべての官兵が各々凱旋を開始して、遅れても四月中には全員の撤収を完了できるであろう。聖主の無上の福にすがり、天后が默佑すれば、直ちに到着することは自ずと必至であり、安全に海を渡ることで、我が皇上が勤労を悲しみ偲ばれ、兵卒の誠意を哀れまれることに適うであろう。（以下略）

福康安は、①出兵以来、軍事物資の海上輸送がほぼ順調であったこと、②崇武を出発後、強行軍により兵船百余隻が同時に鹿仔港に到着したこと、③渡海中に各船で伝説や霊異譚が語られたと聞いたこと、④凱旋の兵を乗せた船が風難に遭い、危ういところで難を逃れることができたがこの時にも霊応が示されたという四点を述べている。但し、福康安が各船で語り伝えられた媽祖の霊験に対して懐疑的であったという事にも注目しておきたい。

続いて船戸（海運業者）らの話として、三月と四月は暴風の日が続くが、風はまだ穏やかであるからもし順風を得られれば、船は十分に安全であろうという見解を紹介している。この船戸らが台湾海峡の気象に精通した現地の船戸であることを伺わせる内容である。福康安が台湾海峡に生きる船戸たちの判断に信頼を置いている様子がわかるが、安全に海を渡るために天后＝媽祖の黙佑が必要だと記している点にも注目しなければならない。

福康安が「天后黙佑」を航海安全の条件に記した理由として、軍事物資の海上輸送において度重なる海難事故があったことが考えられる。まず乾隆五二年（一七八七）八月二三日に福建から淡水に送る備用銀・米・火薬・軍装などを載せた船は「忽遇狂風，將桅柁折斷，隨風飄蕩。（たちまち暴風に遭い、帆柱と舵を断ち切られ、風のままに漂流した。）[40]」という海難に遭い、また九月七日には強風と波浪により広東の新安沖で船が座礁して壊れたが、「幸有漁船將該員等救起，並搶出餉銀、火藥、軍械等物，撈獲濕米九十餘石，計沉失米七百二十八石零、大砲一門（幸いにしてその場に漁船がいて船員らを救助したが、兵士の給銀・火薬・兵器などは海中に投げ出されてしまい、湿った米を九〇石余り海中から引き上げたものの海中に沈んだ損失は、計七二八石あまりの米と大砲一門）[41]」という大きな海難事故が起こっている。台湾海峡の航海では、多くの危険が伴っていたことを伺える。

こうした海難事故は、軍事行動中の清朝にとって補給線の確保が困難になるという点で極めて深刻であった。そのため媽祖の加護、神佑を得ることへの強い希求があったものと考えられる。このことはつぎの乾隆帝の諭にも示されている。

現在勦捕臺灣逆匪一切軍糧、火藥等項皆由海洋運送，其派往之將軍大臣及隨征將弁人等遠涉重洋，均須風色順利，方可揚帆徑渡。因思該省向來崇祀天后，最為靈應；此次勦除逆匪，官軍配渡，尤必仰藉神庥，恬波效順。自應特隆昭報，以祈助祐而達歆禋。著交李侍堯即查明附近海口向於何處建有廟宇最稱顯應之處，如稍有傾圮，即另行修葺完整，以肅觀瞻；並將該處應用扁額開明尺寸奏聞，候朕親書，頒發懸掛，用昭虔敬。將此諭令知

之。(42)

今台湾の逆賊を討ち捕らえるための一切の軍糧、火薬などの事はすべて海洋運送によるものであり、派遣されて赴く将軍・大臣及び随って出征する部将や兵士達は遠く外洋を渡るのであるから、均しく風向きが順調になるのを待って、まさに帆を上げ直ちに渡海せよ。思うにこの省では元来天后を敬い祀っており、最も霊応を顕すという。この度逆賊を討ち除き、官軍が渡海するために、とりわけ神の庇護を必ず頼り、(神霊に従って)波濤が平穏であるようにしなければならない。もちろん特に霊験を顕すこと盛んである(廟)を以て、神の助佑を祈って儀式を執り行うべきである。李侍堯に命じて、すぐさま付近の海港へ向かわせどの廟が最も霊験を顕すかを調べさせよ。わずかでも廟に綻びがあれば、改めて修復して完全に整え、厳かな眺めにせよ。併せてその廟で用いている扁額の尺寸を明らかにして奏上させ、それを待って朕が自ら(扁額を)書き、(これを)授与して懸掛し敬虔であると明らかにしよう。まさにこの諭を知らしめよ。

この史料によると林爽文の反乱鎮圧のために必要な軍糧、火薬などの軍事物資は海洋運送に依存しており、また将軍・大臣と随将・武官たちの派遣にも順調な航海とその安全は欠かせない。そのため天后＝媽祖を祀ってその神佑を得なければならないという認識を持っていたことがわかる。重要な点は、台湾を含む福建省において媽祖信仰が盛んであり、同地で媽祖が最も霊応を顕す神であるとされていることを理由として、媽祖に祈願しその加護を得なければならないと述べていることである。乾隆帝から最も霊験を顕す廟を調べるよう命を受けた李侍堯は、閩浙総督の地位にあり、廟の調査地とされた「附近海口」とは福建沿岸の海港を指している。

このように清朝にとって海上輸送路の安全確保のため媽祖に祈願することが極めて重要であると認識されていたのは明らかであるが、同時に台湾海峡を生活の場とする海洋民の媽祖信仰を軽視できないという考えがあったことも読み取ることができる。だからこそ乾隆帝は、最も霊応を顕し福建の海洋民たちに深く信仰されている廟の調査を命じたのである。つまり乾隆帝は軍事動員した海洋民の信仰を考慮して、その安全を祈願する必要があると認めていたことになる。

（二）船戸が語る霊験と福康安

次に福康安が体験、見聞した霊験の内容と、霊験譚に登場する海洋民の媽祖信仰について検討したい。福康安の奏文では、媽祖の顕した霊験の内容が明らかではない。まずは福康安が体験した霊験を確認したい。

『莆田令顯應記』(43)にはつぎのような霊験譚が収められている。福康安が凱旋のため渡海した際、四日間の航海を経て、その晩に廈門の大旦門を望むところまで来た。船戸は「もう夕方だ。まだ入港していないので、停泊して明日の朝に再度出発させてほしい。」といったが、福康安は「すでに廈門を望むところにいるというのに、海上で一夜漂いたいというのか。」と主張して、港に進ませた。すでに黄昏時に近く、たちまち暗くなってきて方向がわからず、船戸は大いに恐れて碇を二丁落としたが、あろうことか船は止まらなかった。そのため船中は恐怖に陥った。しかしまさにそのとき船頭がにわかに喜びの声を上げて「前有火光，媽祖來也（前方に火光がある。媽祖が来たのだ）」といった。大勢が前方を見ると、かすかに「如有人坐小舟中，以火刀擊石，碎火四出（小舟に人が乗って、火刀で石を撃ち、火花を四方に出しているかのよう）」であった。そこで船頭が「速轉舵向火行（速やかに火の進む方向に転舵せよ）」というと、たちまちの撃ちに船は港内に進んだのであった。古来、渡台に際しては、夜に大旦門を進む者はいない。思うに大旦門の辺りには岩礁が多く、夜間の航行では岩礁を避けていくのは難しいからである。福康安は大いに喜んで上陸し、天后宮へ進香に赴き、京師にも媽祖廟を建てることを約束したという内容である。

右の霊験譚が示す媽祖の神佑について確認してみよう。福康安が船頭の進言に従わず闇夜に無理な航行を強いたため、船は遭難の危機に瀕した。その際に媽祖は「火光」を以て進路を示し、船を救うという霊験を顕した。この霊験譚で注目されるのは「火光」である。

媽祖の霊験として、不思議な「火光」や「燈火」が目撃されたという事例は多い。たとえば「洋中風雨晦暝，夜黑如墨，每於檣端現神燈示祐。又有船中忽出熘火，如燈光，升檣而滅者；舟師謂是馬祖火，去必遭覆敗，無不奇驗。（外洋が風雨で暗かったり、夜の闇が墨のように黒かったりすれば、いつも帆柱の先端に神燈が現れて神の佑助を示す。また船中に突然かがり火が出現し、燈光のように帆柱を昇っては消えるようであれば、船乗りはこれを馬祖火といい、この火が去ると必ず転覆し、極めて霊験あらたかである。）」[44]とあり、神佑を示す馬祖（媽祖）火という現象があると述べられている。福康安の搭乗船に出現した「火光」は、この媽祖火である。

また「火光」とともに媽祖の神佑と関連づけられる現象として、異鳥の飛来が挙げられる。『欽定平定臺彎紀略』には、領催（下級の軍官）の蘇楞額らが乗った哨船が遭難した時のこととして「陡起風暴，飄至大洋。正在危險，忽有異鳥飛集船頭，船戶等謂得神佑（たちまち暴風となり、大洋まで吹かれ漂った。まさに危険の只中にあるとき、突然異鳥が舳先に飛び集まると、船頭らは神佑を得たといった）」[45]という記述を載せている。この鳥の姿は「赤喙、赤足，眉作金色（赤いクチバシ、赤い足で、眉は金色である）」[46]という姿であったとされる。

福康安は、こうした清軍の体験した神佑をつぎのように述べている。[47]なお左の史料は原文では一つの文章であるが、検討の便宜上分割し、それぞれa.b.のようにアルファベットを付した。

a.上年自崇武澳開船後，即聞船戶等傳說，有靈異之事等語。向聞海上船隻遭風，其蒙救者，每有飛鳥、紅燈來船，即知萬無一失之語。以今驗之，洵為不爽云，渡後大魚忽有飄

b.領催兵丁等於遇救過船之後，將軍裝搬運甫竟，見原坐哨船下有數丈大魚浮出水面，船隻登時沉沒。是呼吸之頃，數十人之性命得以保全。神之佑助，更為靈異。

a.昨年崇武より出帆して後、すぐに船戸らが伝説や怪異現象が有るなどと語るのを聞いた。さきに海上の船が風難に遭うと、救われる時にはいつも鳥の飛来があり、紅燈が船にやって来ると聞いたが、まさしく万に一つもこれが語られ

ない話はないと知った。今これを調べてみても、誠に少しも違わなかった。

b.領催と兵士らが救助されて（船を）移った後、やっとのことで軍の装備を運搬し終えたとき、もともと乗っていた哨船の下に数丈はあろうかという大魚が水面に浮かび上がっているのが見えると、船はたちまち沈没した。一瞬のことで、数十人の生命が助かったのである。神の佑助であり、ますます不思議な出来事である。

史料a.では、船戸らが伝承していた霊験として鳥の飛来と紅燈が述べられている。どちらも海難から救われる兆候として海洋民の間で語り伝えられてきた内容であることがわかる。紅燈は先述した「火光」や「燈火」、媽祖火と同じ現象を指すと考えられる。異鳥の飛来については媽祖との関連が述べられていないが、紅燈と併記されていることから、海洋民によって媽祖の神佑に関する現象と認識されていたと思われる。

史料b.は遭難した哨船から下級軍官（領催）・兵士ら数十名が装備とともに脱出するまで媽祖が神佑を顕して大魚から守ったという報告について述べたものである。史料中の大魚は単なる大型魚ではなく、船を沈める妖怪を指すと考えられる。

海洋民の間では船を沈める大魚（大魚の姿をした妖怪）と媽祖に関する俗信があり、たとえば「船中例設馬祖棍，凡値大魚水怪欲近船，則以馬祖棍連擊船舷，即遁去。（船中の慣例として馬祖棍を置いており、およそ船に近づこうとする大魚水怪に対しては、馬祖棍で船舷を連続して撃てば、すぐに逃げ去っていく）[48]」とあるように、大魚水怪の撃退のため馬祖棍という道具が常備されていた。「馬祖棍」は媽祖の霊力を宿した棍（棒状の武器）という意味であろう。船頭たちの間では、媽祖は海界を支配する神であり、そのため水怪から船を守るという信仰があったと考えられる。福康安は満洲旗人出身であり、施琅や藍廷珍のような福建出身の軍人ではない。林爽文の乱鎮圧のため福建沿岸地域や台湾に赴き、その地の海洋民から媽祖の霊験を聞きその信仰に接したのである。前節で確認したように、福康安は船戸らが語る霊験譚について偶然性を疑い即座に神佑とは断定していない。史料中に示されている鳥の飛来、燈火、水怪からの守護は、神佑としての蓋然性が高いと福康安が判断した内容であったといえよう。福康安が目撃あるいは伝聞した媽祖の霊験譚は、海洋民が幾度も体験し認知されていたものであった。媽祖信仰が盛んな福建出身の施琅や藍廷珍は、海洋民の媽祖信仰を背景に軍事的成功と神佑を直接結びつけたが、福康安は海洋民からの伝聞である媽祖の霊験譚に対して慎重な姿勢を取っており、自身の武勲と媽祖の神佑を関連づけようという意図が読み取れない。福康安は、施琅や藍廷珍のように反乱鎮圧を契機として台湾で利権を拡張させることを求めておらず、したがって上表した媽祖の霊験は、台湾海峡に生きる海洋民がその信仰によって感得した霊験であると考えてよいだろう。

そして福康安に対して「傳説，有靈異之事」と語った船戸たちの中には、台湾を拠点とする船戸も含まれていた可能性は否定できない。本章第一節で引用した史料にも、帰還を控えた福康安に対して三月、四月の台湾海峡の海洋気象の知識を船戸が披瀝している記述があるように、林爽文の乱鎮圧には多くの海洋民が動員された。「臺灣遠隔重洋，運送兵丁、糧餉等項，俱雇民船應用。（台湾は遠隔にして海の彼方であり、兵員、兵糧、軍資金などの運送はともに民船を雇い用いる）」[49]とあるように、兵員・兵糧などの輸送に関して民間船が活用されていたことがわかる。福康安の周囲には、こうした民船の船頭や船員が少なからずいたのである。

雍正期には、台湾で租税として徴収した米穀の余剰分を福建の兵米に充てるため台湾米の運送が開始され、輸送には民船が用いられた。官許を得て台湾米の輸出を担ったのは主に福建内地の民船だが、わずかに台湾船戸の例もあり、また乾隆期には台湾の小型船による福建への密輸も問題となっていた[50]。このように台湾を拠点とする海洋民の活動が確認できる。清朝は乾隆四九年（一七八四）に鹿仔港を開港し、福建の蚶江との直航を許可した。その結果鹿仔港（鹿港）は、台湾と福建を結ぶ海運の拠点として一層発展した。林爽文の乱に際して、鹿仔港の人々は清軍に協力し、林爽文に加担しなかったが、その要因としては右のような米穀運送にともなう経済的利益の観点に加え、祖籍対立も挙げられる。漳州籍の林爽文に対して鹿仔港は泉州人の街であり、両者は対立関係にあったのである。鹿仔港の人々が清軍側に立ったことにより、清軍は林爽文の本拠地である大里杙に近い鹿仔港を物資や兵員の輸送に利用できた。このことは、清軍勝利の重要な要素になったと考えられる。

林爽文の乱鎮圧後、福康安の発願によって鹿仔港に新たな媽祖廟が建てられたが、これは鹿仔港の海洋民が清軍に協力したことと無関係ではない。福康安の建廟は、鹿仔港の海洋民の媽祖信仰に応え、媽祖に加護を謝する意味があったと考えられる。福康安は媽祖霊験譚に対して懐疑的な一面があったが、媽祖の神佑を希求する配下の海洋民の信仰に応える必要性を十分に理解していたのである。

(三) 海洋民の媽祖信仰

前節で検討した『莆田令顯應記』の内容をもう一度整理してみよう。福康安は船戸らの提案を却下して、航海上の難所を夜間に進むよう命じる。そのために危機に直面するが、「神燈」という媽祖の神佑を得る。しかし福康安は、それが媽祖の神佑だと自ら悟るのではなく、船戸から教えられるのである。神佑に気づく海洋民と神佑を教えられる福康安が対比的に描かれていることに気づかされる。つまり前節で引用した媽祖霊験譚は船戸を中心にして展開しており、福康安は媽祖の霊験を知らない観察者として描かれているのである。このことは林爽文の乱における海上輸送が多数の民間船徴用によって行われており、すなわち海洋民がその担い手であったことと関係している。媽祖の霊験は、兵員や物資輸送に動員された海洋民に顕されたのである。

媽祖の霊験を海洋民の信仰に対して顕された内容として捉え、次の事例を検討したい。

乾隆五二年(一七八七)冬、福建海上で海賊林明灼が十数隻の船を率いて略奪を行い、商船航行の問題となっていたことから、閩浙総督の福康安は閩・浙両省の水軍に林明灼の逮捕を命じた。しかし水軍が未だ進んで海賊逮捕に精励していないことを知ると、特に張均・鄭玉楷という二名の指揮官に五百人の兵を率いさせ、商船一〇隻に乗せて海賊逮捕を督励させた。両名には水軍の怠惰を調べ、密かに報告するように命じた。両名は同日に出撃し、まっさきに大盗・陳開開一名を捕らえて護送してきたので、福康安は大いに悦び、上申して督励した。

張均・鄭玉楷はさらに海上で捜査を続けたが、ある日の午後、船頭が「天候はとても暖かいが、夜には風が出る恐れがあり、いま斗米を望見しているので入港するべきだ。」と述べた。しかしそういう間にもたちまち霧がたちこめ、四方を見通せず、入港することもできなくなった。時刻はすでに暮時であり、転じて外洋に出て、南に針路を定めたが、東へ行ったかと思えばまた西へと向かい、行っては返すという具合で彷徨した。夜が深くなり、風はますます強くなった。およそ三更頃（深夜零時頃）、船頭が天后の座像の前で焼香すると大いに驚いて「媽祖去矣（媽祖が行ってしまった）」といった。たちまち香火が座前の紅布に延焼し、船内の者は皆大いに驚いた。風波はさらに強くなり、たちまちあちこちから浸水し、帆柱が損壊し舵が脱け落ちた。番族の若者が命がけで舵の修理を終えたあと、大きな音が響いたので皆船が破損したのかと驚いたが、船頭は舵が戻った音だと言い、火をともして香を焚くと大喜びで「媽祖來矣（媽祖が来臨された）」といった。張均が「汝何以知之。（お前はどうやってそれを知ったのか）」と問うと、船頭は「來！試視之（来なさい、試しにこれを見なさい）」という。張均が這いながら船中に祀ってある媽祖像のもとへ行って見たところ「神像滿面汗珠流下（神像の顔中から珠の汗が流れていた）」のである。しかし風波はなお大きかったため神前でトうと、「向東去、神當助我（東へ向かって進め、神は必ず我を守る）」という託宣を得たのである。そこで舵工に東へ転舵を命じた。媽祖の神像が汗を流し、神佑が顕現したことを目の当たりにした張均は、終生怠ることなく媽祖を敬ったのである。(51)

右の霊験譚からは、海洋民の媽祖信仰を具体的に知ることができる。船頭は船内に媽祖像を祀っており、嵐の際には焼香して媽祖に祈願し、媽祖の来臨による加護を判断する。また媽祖来臨があったならば卜占を行って航海に関する神託を得ることを役割としていた。媽祖が降臨すると像の顔中から珠の汗を流すと記されている点は、施琅が澎湖媽祖廟で神佑を確認した際の記述と共通し、海洋民の間でこのような像の異変が媽祖の神佑の証として伝承されていたことがわかる。

林爽文の乱や林明灼討伐における媽祖の神佑は、兵員や軍事物資の輸送を目的とした渡海の安全を守るという内容が中心であり、軍事行動への直接的な神佑は記されていない。その理由としては、海洋民が動員された戦闘の状況が異なる点を挙げることができる。施琅や藍廷珍は澎湖や鹿耳門の上陸作戦を行わなければならず、しかも地理的条件から攻撃が困難な港湾への侵攻にあたって神佑が希求される状況にあった。一方、福康安が指揮した林爽文の乱では、上陸拠点として鹿仔港が確保されており、神佑の内容は輸送船団の航海安全に限られたと考えられる。

しかし林明灼討伐の事例は状況が異なり、海賊討伐を目的としていたため上陸作戦はなく、福建沖から広東にかけての洋上における霊験譚である。注目すべきは、海賊逮捕の軍事的行動に対する霊験譚ではなく、商船の航行に対して媽祖が霊験を顕したと記されている点である。これは張均らの任務が閩浙水軍の督励及び勤怠の報告を主としていたこと、張均らが率いた兵士が徴用した商船に乗っていたことと関係があると考えられる。張均らの部隊はそもそも海賊との戦闘が主任務ではないため、海戦に関しての霊験譚は生じえなかったのであろう。つまりこの霊験譚は媽祖が海洋民の信仰に応えて加護を与えたという内容を記しているのであって、清軍＝官軍への助戦という要素は二次的ないしは結果的だというべきである。

なお林爽文の乱では、媽祖以外の神も清軍に助戦している。台湾府城攻防戦を例に挙げてみよう。林爽文の軍を壊滅に追い込み、林爽文を生禽にしたのは確かに福康安の功績であるが、乱の当初支配拠点である台湾府城を林爽文の攻撃から堅守した楊廷理の功績はより重要であった。楊廷理は台湾府城防衛に際して、関帝の神佑があったと述べている。いうまでもなく関帝は三国時代の武将である関羽を神格化した武神であり、林爽文の乱以外でも清朝の軍事行動においても度々霊験を顕している。[52] 関帝が武神であることを考えれば、国家鎮護のために神佑を顕す神としてはむしろふさわしいといえるだろう。

このように一八世紀の民乱における媽祖の神佑は海難の危機からの救済が中心であり、また前述の関帝の神佑でも明らかなように、軍事に神佑を顕す唯一の神でもなかったのである。そして媽祖の霊験譚は、確かに官軍側に媽祖が助戦したと理解できるものの、[53] 直接的に軍事行動を助けているわけではない。霊験譚の伝承者が船戸や各船の船員たちであることからもわかるように、むしろ官軍側に動員された台湾の海峡の海洋民らに対する神佑であった。一方で、海洋民以外の台湾民衆に対しては、戦乱で媽祖の神佑を示す記録には欠けるといわざるをえない。もちろん林爽文の乱に関して記録に残らなかった民間の霊験譚があった可能性は排除できないが、これまでの事例では媽祖は海洋民を守る神として霊験を顕しており、台湾における戦乱からの守り神、守護神というよりも海洋民の守護神というべき存在だとしなければならない。

三　地域の守護神としての媽祖

(一) 城郊守護の神

前章では、台湾で起った反乱と鎮圧のために渡海した清軍と媽祖の神佑を検討した。ここでは台湾で起こった治安問題や武力衝突における媽祖の霊験について考えていきたい。そもそも媽祖が戦争という災厄から民衆守護する神であるという認識はどのようにして生じたのだろうか。その史料を探すと、朝廷から媽祖に与えられた封号が注目される。台湾府天后宮の封号には「護國庇民」、「宏仁普濟」、「福佑群生」[54]といった文言があり、普遍的な表現ながら媽祖が国家と民衆を庇護し、普く救済を施して衆生に恵みを与える利益の大きな神であることが清朝によって追認されていたことがわかる。また鳳山県阿里港（現在の屏東県里港郷）の雙慈宮（天后宮）に建てられた乾隆二二年（一七五七）の『合境平安碑』には、「不特慈帆海島，而且庇護城郊（ただ海島の帆走を愛護するだけでなく、さらに都市と近郊を庇護する）」[55]という文言が見られる。すくなくとも一八世紀半ばには媽祖を地域の守護神視する考え方があったことがわかるのである。

ただし、当該時期の台湾で媽祖の城郊守護が一般的に信仰されていたと断言することはできない。台湾は清代を通じて人口の流入と開発が進展していった地であり、台湾各地の街・村は歴史や住民構成に差があるからである。前述の阿里港は台湾の中でも比較的古くから拓かれた地であり、乾隆年間には都市的、商業的発展を遂げていた。入植から数世代を重ねていた住民もいたはずで、その他の地域に先んじて都市居民としてのアイデンティティーを醸成しうる環境にあったと考えられる。阿里港のような海上交易によって発展していた港湾都市において人々が守護神を希求した結果、海洋民を守護する媽祖の存在が注目されたとも考えられるのである。

実際に媽祖が都市とその近郊の人々に霊験を顕したとする史料を挙げてみよう。咸豊三年（一八五三）八月、澎湖営では匪船三隻を拿捕し、盗匪三〇余人を捕らえて船一隻を沈めた。この匪船からは、同年に福建で反乱を起こしていた小刀会の印布と多数の火器が押収された。逮捕された盗匪たちは、同年五月に台湾府城を攻めた時のことであるとして次のような内容を供述した。

見城上人馬無數，有女兵、有孩子軍，重疊如山。城外天后廟、太子廟顯靈，云賊初至，有白髮老者叩人門戸，催令上城，婦孺皆運磚石，紛紛擊賊。内冗持刀，從巡城各官後，臨時皆入鞘，拔之不能出。有見黃旗立城上，偉然丈夫，俯臨堞間；皆謂開臺王出現云[56]。

城の上に人馬が無数に見え、女兵がおり、子供の軍がいて山のように折り重なっていた。城外の天后廟、太子廟が霊験を顕し、賊軍がまさに到来したことを告げ、白髪の老人で門戸を叩く人がいて、城へ行くように促し、婦人や子供は皆磚石を運び、入り乱れて賊を撃った。潜入していた賊兵は刀を持っており、城を巡回する官兵の後ろに従っていたが、（決起の）その時になっても皆鞘に収まり、刀を抜いて出すことができなかった。黄旗が城の上に立っているのが見え、偉然とした男がいて、城壁の堞（城壁の上に巡らせた凹字の垣）の間から見下ろしている様子が見えた。皆開台聖王が出現したなどと言った。

この史料によると、霊験を顕したとされるのは天后（媽祖）に加え太子廟（哪吒太子）、白髪の老人、開台王である。哪吒太子とは元来は仏教の神で、毘沙門天の息子として仏典に示されている。中国に伝来して独自の信仰を得て民間に広まった。一般的に子供の姿で造像される。白髪の老人は、土地公（福徳正神）を指すと考えられる。土地公はその地の守り神として今も台湾各地で信仰されており、老人の姿で造像される。開台王とは鄭成功のことを指す。鄭成功の出現からは官軍側への助戦というよりも、台湾民衆を守るために霊験を顕したという信仰を看取することができる。

媽祖に関してまず注目したいのは、媽祖と「女兵」とが結びつけられている点である。この史料では女性と子供が匪賊との戦闘に加わっていることが記されており、「女兵」が媽祖と「孩子軍」が哪吒太子と対になるような記述となっている。このように考えると、媽祖に戦時における女性の守護神という要素も見出すこともできるであろう。

そして、媽祖が他の神々と共に霊験を顕している点も重要である。媽祖は城郊の人々にとっての唯一の守護神ではなく、他の神々とともに民衆を守る存在として記述されている。この史料では四神がそれぞれに霊験を顕しており、台湾民衆の信仰が多重的であることを反映している。換言すれば、複数の神々に同時に登場しても、なんら問題がないと考える点に、信仰の本質があると思われる。

ただし諸神の霊験・霊威にはついては「然其威靈顯著、功徳昭然者，惟關帝、天后為最著．（しかしながらその威霊が顕著で功徳が明らかなのは、関帝、天后が最も著しい[57]。）」と関帝とともに媽祖は特別に霊験、功徳が顕著であると認識されていた。関帝と媽祖の霊験が特別にあらたかであるとの認識がいつ頃成立したのかは明確ではない。しかし少なくとも一九世紀半ばにおいて、媽祖は海洋民に限らず、都市とその近郊の人々を守護するために他の神々とともに顕著な霊験を顕すという信仰が存在したことは確認できる。

（二）戴潮春の乱と媽祖の霊験

本節では戴潮春の乱における媽祖の民衆守護について検討したい。戴潮春は彰化県で団練（民兵）を組織し、盗賊の捕縛など治安維持を任されていた人物である。戴潮春は秘密結社である八卦会を吸収したため、その余党は巨大化し治安上の問題を起こしたため、討伐の対象になった。同治元年（一八六二）、戴潮春は官による部下の捕殺をきっかけに反乱を起こした。戴潮春の乱が完全に鎮圧されたのは、同治三年（一八六四）である。

左は戴潮春の乱における北港での戦いに関する史料である。この史料を基に北港で顕された媽祖の霊験を検討したい。

同治元年，戴萬生陷彰化，遂圍嘉義，遣股撲北港．港民議戰議避，莫衷一是；相率禱於天后，卜戰吉，議遂定．乃培土為壘，引溪為濠．事方集，賊大至，居民迎神旂出禦；賊不戰，退．時四月也．自是屢來窺伺，既不得逞，遂破新街，焚掠居民；港人集義勇出救，拔出被難男婦甚多，兼擒賊二人．詢以前此不戰之故，賊稱是日見黑旂下兵馬雲集，雄壮如神，故不敢戰；民始悟天后顯靈保護，共詣廟叩謝，守禦益力，屢與賊戰，均勝；前後斬獲數百級，港民受傷陣亡者僅十餘人，然賊勢衆，新街未能即復，七月，官軍至，獲賊間諜，與義勇分道出擊，大敗賊黨，狂追十餘里，遂復新街[58]（以下略）

同治元年（一八六二）、戴萬生は彰化を陥落させ、ついに嘉義を包囲し、一隊を派遣して北港を攻撃させた。北港の港民は戦うか避難するか議論したが、結論の一致を見なかったため、連れ立って天后に祈ったところ「戦」が吉というトの結果が出て、議論は定まった。そこで土を盛り上げて城壁とし、小川を引き込んで濠とした。敵への備えが終わったちょうどその時、賊が大挙してやってきた。北港居民は神旗を迎えて出陣したが、賊軍は戦わずに退いた。時に四月であった。これ以降、しばしば賊軍は隙をうかがって北港を襲撃したものの成功しなかった。しかしついに北港新街を破り、街を焼き人々を蹂躙した。北港の人々は義勇軍を集めて新街救援に出撃し、難に遭った多数の男女を助け出して、あわせて賊兵二名を捕らえた。そこで以前戦わずに退いた理由を問うと、賊兵は、その日黒い旗の下に兵馬が雲集するのを見たが、その勇壮なことといったら神のようであり、だからあえて戦わなかったのだと述べた。北港の人々は、天后が霊威を顕して自分たちを護ったのだとはじめて悟り、共に廟に詣でてねんごろにお礼をし、ますます防禦に努めたのであった。しばしば賊と戦って、すべて勝利した。戦いを通して斬獲した敵の首級は数百級、北港港民の負傷者・戦死者はわずかに十余人であった。しかし賊の軍勢は多く、未だ新街を恢復できずにいた。七月になり、官軍（清軍）が到着すると、賊の間諜を捕らえ、北港義勇軍と二手に分かれて出撃し、賊軍を大いに破った。十余里にわたって猛追撃し、遂に新街を恢復した。

この史料でまず注目したいのは、北港居民が戴潮春（萬生は字）軍と対決するか避難するかの選択を媽祖の神判に託した点である。降伏するかあるいは戴軍に加わるという選択肢がないところに、北港の人々にとって事態が極めて深刻であったことが見て取れる。これは、北港が主として泉州人たちが居住した街だということと関係しているであろう。戴潮春の祖籍は福建省龍渓県で、同県は漳州府に属する。即ち戴潮春は漳州籍であった。後述するように当該時期の祖籍対立は、一八世紀ほど深刻ではなかったが、戦乱による治安秩序の崩壊が起こると、漳州人と泉州人の対立構図が明確になった。

しかし祖籍対立を理由に抗戦を決するというわけではなく、北港の人々の間でも避難か戦闘かで意見がまとまらなかった。抗戦するには戴潮春の勢力が強大でありすぎたことも一因であろう。これは北港には異なる意見を持つ、少なくとも二つのグループが存在していたことを示している。事態の重大性を勘案したとしても、方針を一本化出来ない内部事情を、当時の北港が抱えていたと考えられるのである。

しかしそれを解決したのが、天后すなわち媽祖への信仰であった。防戦か退避かの意見が解決のために天后廟での卜占を実施し、「戦吉」という結果を得たことにより居民が団結し、防戦準備が可能となったのである。北港居民の結束にとって媽祖が精神的紐帯としての重要な意味を果たしたことが指摘できる。

先述したように、北港居民は「戦」か「避」を巡って対立していた。当然のことながら「戦」は北港に拠って防衛することであり、「避」は北港を脱出して他所へ避難することを指す。媽祖の神託は北港防衛を示唆したことになり、北港居民として結束して防戦することを促したことになる。ここで北港居民がほぼ泉州人でありながら泉州人としての結束ではなく、北港居民としての結束が求められた点に注目しなければならない。つまり戴潮春の乱という危機に際しては、祖籍を紐帯とした結束では防戦意識が高まらず、北港居民としての意識を高揚させる必要があった。その際に精神的紐帯となったのが媽祖だったのである。結果、北港居民としての帰属意識は、媽祖の神佑とその結果としての戦勝を通じてさらに強固になったものと考えられる。いうなれば北港人アイデンティティーの形成に媽祖信仰が不可分に関わっていたのである。

北港での霊験については、詳述された別の記述があるため、次にそれを示して検討したい。左の史料は、『雲林縣采訪冊』に収録されている「附天后顯靈事」の一部である。この史料には、北港に戴潮春軍が侵攻する以前に遡って媽祖の霊験が記されている。

> 先是，正月十五日居民迎神輿至廟廷，簥擔《ママ》忽飛起，直立神桌上，大書『今夜子時速以黒布製旂二面，各長七尺二寸，闊三尺六寸，上書「金精，水精大將軍」字様，立吾廟廷』．左右居民見神示異，敬謹製備，然莫知何用也．及戴萬生反，圍嘉義，居民惶惶，聚議不決，乃相率禱於神；卜避不吉，卜戰吉．於是增壘浚濠，聚民習戰事．方集，而賊至，無所得旂，遂迎神命所立旂為前隊崇禦；賊不戰退，我民亦不敢偪，恐有詐也．[59]

まず正月一五日に北港居民が神輿を迎えて廟廷に至ると、簥（轎ヵ）担ぎがいきなり飛び上がって神桌の上に直立し、「今夜子時に、すみやかに黒布を以て旗を二面作れ、各長さは七尺二寸、幅は三尺六寸、『金精、水精大将軍』の字を上書して、私の廟廷に立てよ。」と大書した。周りの居民は神の示した異変を見て、謹んで旗を作り、備えておいたが何に用いるのかはわからなかった。戴萬生が反乱を起こすに及び、嘉義を包囲すると、居民たちは恐れ慌てて衆議が決せず、皆で神に祈祷したところ、避を卜うと不吉、戦を卜うと吉となった。このため防塁を高くして濠を浚い、民を集めて戦いの鍛錬をした。準備が整い、賊軍が来襲したところで、これまで何も得るところがなかった旗ではあったが、遂に神命を迎え隊列の前に立てて崇め防戦した。賊軍は戦わずに撤退したが、我が居民は敢えて追撃しなかった。敵の計略を恐れたからである。

この史料の示す霊験譚では、媽祖は戴潮春が反乱を起こす以前から北港の危機を予知し、予め黒色の旗を人々に作らせておいたことになっている。つまり媽祖によって、戴潮春蜂起の約三か月前に北港の人々の戦いが助けられることは予定されており、媽祖の思惑を知る由もない北港居民らの卜は勝利への伏線として位置づけられている。しかも媽祖は水徳である清朝を示す黒色の旗を作るよう指示したのであるから、戴軍ではなく清軍の勝利はすでに暗示されており、天意を得られなかった戴潮春の滅亡が予告され、清軍側として戦う北港の勝利を正当化する予定調和的な作意を感じさせる。[60] これは北港で顕された霊験を清朝勝利の歴史に重ね合わせた結果であり、戦後に北港居民が媽祖の神佑をより清軍＝官軍勝利に結びつけ、より必然的な勝利を語ろうとした結果と見てよいのではないか。なるほど「黒旂」に注目すれば、媽祖が清朝側に助戦したという見方も可能であるが、実態としては戴潮春に抵抗した北港という一地域で顕された霊験である。媽祖が護ったのは清軍ではなく、北港であるという点をこの霊験譚の主題とすべきであろう。

北港における媽祖の霊験譚でさらに注目したいのは、戴潮春軍撤退の理由である。上記の史料によると戴潮春軍は戦わずして撤退したが、北港居民たちは当初この不戦勝が神佑によるものだとはわからなかった。先の史料では、のちに捕虜にした二名の兵士の証言から、撤退の理由が黒旗の下に神の如く勇壮な兵士の大軍が集結している様子が目撃されたためであったと知ったと記されていた。これに類似した記述は「附天后顯靈事」にもあるが、同史料では「是日見黒旂下人馬甚眾，長大異常，疑是神兵（この日黒旗の下に人馬が甚だしく集まり、長大な姿が尋常ではなかったので、神兵ではないかと疑った）[61]」と神兵という表現が用いられている。黒旗に書かれた金精大将軍と水精大将軍は、媽祖の眷属とされる千里眼、順風耳のことであり、媽祖の命によって神兵を率いて北港居民に助戦したということを暗示している。先述したように「神兵」は、施琅による澎湖攻撃の際にも出現して軍事行動を佑助した。両者の相違は、施琅の澎湖攻撃の際には海上で神兵が目撃されたのに対し、内陸の北港で居民軍の旗の下に神兵が出現したことが目撃されたと記されている点である。

これまでの媽祖の霊験は、すべて海上での軍事的佑助であった。神兵が現れる場合も、海水面に変化をもたらす場合もあったが、海神である媽祖の本領らしく、海上での霊験であった。しかし北港で顕された霊験は、陸上の戦闘に対して神兵を派遣したという内容であり、陸上に生活する人々に対する神佑であるという点が注目される。つまり北港での霊験は、媽祖の「地域を守護する」という行為に重点がおかれた内容だったのである。

北港での媽祖の霊験譚のもう一つの特徴は、王朝側から顕彰されたという記録がないことである。乱後二〇年ほど経った光緒二〇年（一八九四）編纂の『雲林縣采訪冊』には「所惜當時未有據以實告者，故神之績弗彰（惜しまれるところは当時ありのままに報告することがなく、そのため神の業績が顕彰されなかった)[62]」とあり、北港媽祖の霊験が顕彰されなかった理由を述べている。しかし北港の媽祖霊験譚は伝承されなかったのではなく、「然至今港民感神靈，奉祭祀，(中略)則崇德報功(しかしながら今に至っても港民は神霊に感謝し、祭祀を奉っており、(中略)則ち神徳を崇め神の功に報いている)[63]」と記されるとおり、北港居民が媽祖への信仰を深め、媽祖の神託によって団結を強めたという歴史を肯定的に語り継いだことを推測させる。つまり北港での霊験は清朝によって公に顕彰されることはなく、北港の人々の間で伝承されたのである。さらに注目すべきことに、一九世紀半ばには、旧暦三月二三日の媽祖生誕日を前に、台湾郡城において北港の媽祖像を迎えて城内の廟で祀り、その後城内外を巡歴する習俗が記録されている[64]。北港での媽祖の霊験は、こうした民間習俗によって地域を越えて伝播していった可能性がある。媽祖への信仰が具体的な民衆守護の霊験譚によって補強され、台湾各地と媽祖による地域民衆の守護という霊験がより強固に結び付けられたことは想像に難くない。

しかしながら、戴潮春の乱で媽祖が霊験を顕した地域は北港だけではなく、媽祖による地域守護の霊験譚が北港を源とするとは言い切れない。例えば北港と同じく戴潮春の乱において戦場となった台湾中部の大甲(現台中市大甲区)では、以下のような媽祖の霊験譚が記録されている。同治元年(一八六二)の一一月二六日に鎮瀾宮において「神降乩」すなわち霊媒を通して神託があり、「今夜大難」と知らされた。事実、夜四更に戴軍は南門に潜み、火薬庫に火を放ったため「城垣大震」という事態となったが、たちまち大雨が降り、被害は終息した[65]。鎮瀾宮は祭神として媽祖を祀っており、今日でも鎮瀾宮の媽祖は大甲五三荘の守護神として信仰を集めている[66]。つまり鎮瀾宮で霊媒を通じて神託を伝え人々を救ったのは媽祖であり、少なくとも戴潮春の乱において、媽祖は大甲という地域の守護神として霊験を顕したと理解されていたことを指摘できる。したがって台湾各地で北港での霊験を模した伝説が再生産されたとはいいがたく、台湾各地の媽祖信仰が篤い地域で同時多発的に地域守護の霊験譚を生み出していったのである。

（三）敗者が求めた神佑と地域守護

北港の神佑はいわば勝者の側の霊験譚であり、勝利者としての立場や判断、勝利という結果からの予定調和などが記述に含まれている可能性は否定できない。特に清軍勝利という結果は、媽祖の「官軍」への佑助として理解される。霊験の記録が戴潮春を「賊」と記述することとは、対照的である。北港居民の勝利は、官軍の勝利であり、すなわち清軍の勝利である。自ずと、朝廷の勝利を必然とする表現や朝廷の正当性を主張する表現が選択される。したがって媽祖が民衆とその生活の地を守護するという信仰を検証するには、敗者側の媽祖への祈願も知る必要がある。

当然のことではあるが、敗者は神佑の記録を残すことはできない。敗者は記録を残すことが困難であるということはもちろん、神の助勢を受けて負けたということがあるはずもなく、敗北は神が助勢しなかったからなのである。しかし、神に勝利を願うのは敵味方変わらないはずである。本節ではわずかな事例ながら、敗者の側が媽祖に期待した神佑について検討し、一九世紀の媽祖信仰を考察していく。

同治元年（一八六二）から同治二年（一八六三）にかけて、戴潮春は鹿港周辺で清軍と激戦を展開した。同治二年の記録には、九月一六日に「官軍乗夜繞過北門口，攻中寮十二張犂。適陳鯑帯賊數百往南門口天妃宮參香，在途聞礮聲，率眾赴援，官軍失利而還。（官軍は夜に乗じて北門口を迂回し、中寮十二張犂を攻めた。ちょうど陳鯑が賊兵数百人を連れて南門口の天妃宮に参香に行っており、その途中で砲声を聞いて、兵を率いて救援に赴いたため、官軍は不利となって撤兵した。）[67]」とあり、戴潮春側の陳鯑が兵を連れて南門口の天妃宮に参香していたことを記している。媽祖が官軍＝清軍のみを加護するならば、反乱軍である戴潮春軍の将が廟に参詣することなどありえない。この出来事は、陳鮄が天妃宮＝媽祖廟に参香していたために清軍の夜襲を知ることができたと解釈することができ、短い文章ながら媽祖が反乱軍側の祈願に応えて霊験を顕したと認識された可能性を示す事例である。

つぎの事例を検討しよう。同治元年（一八六二）八月一五日、戴潮春に同調した彰化県阿罩霧（現台中市霧峰区）の林日晟は各領袖たちを集めて「於彰邑之大聖王廟歃血祭旗（彰化の大聖王廟において血を啜って盟を結び犠牲を捧げて）」挙兵した[68]。「彰邑之大聖王廟」とは彰化の開漳聖王廟を指している。林日晟は二万人を超える兵を率いて白沙坑二四荘へ侵攻した。白沙坑は戴潮春軍と清軍が同六月に激戦を行った地で、その際戴潮春側の有力者が戦死しており、林日晟らはその復仇を誓っていた。しかし「白沙坑有福徳祠，其神甚靈；自紅旗起事以來，賊欲來犯，輒先降乩指示莊民，歷驗不爽。（白沙坑には福徳祠があり、その神は甚だ霊験がある。戴潮春が挙兵して以来、賊軍は白沙坑に侵攻しようとしたが、福徳神が降乩して荘民に指示を与え、そのすべてが間違うことがなかった。）」[69]と白沙坑の福徳神が霊験を顕して人々を救ったという伝承が記録されている。福徳神とは土地神のことで、福徳正神、土地公とも称される。「降乩」とは神意を問う占いの一種で、霊媒を通して神占を行うことを指す。

『戴案紀略』には、白髪の老人が白沙坑南部の茄荖腳から三家春に出現し、銅鑼を鳴らして林日晟の侵攻に気づいていなかった住民の危機を救ったこと、また林日晟軍の陣中で毒蛇が大量に現れて犠牲者を出したことを記している[70]。この記述にある白髪の老人とは福徳神の顕現した姿であり、また毒蛇の大量発生という異変も福徳神の霊験だと解釈していいだろう。同史料では、福徳神による白沙坑民と林日晟軍の開戦後の霊験を次のように詳述している。

觀白沙之役，則誠確然有可信者也。當賊相持之時，凡有警，必先乩示；嘗有一次明示「賊排長蛇陣而來；明日，當以蜈蚣陣勝之」；莊民信仰遵行，遂獲勝仗。又、賊遣奸細潛入，匿於廢墳荒壙之中，將於夜間縱火內應；神立降乩，令人擡神輿前導，直詣匿處，盡搜擒之．自是，賊恨神至極，募有能得神像入城者賞五百金．時有奸人貪利，密盜福德神金身置米籃內，上置他物，再以笠覆之，已將瞞脫；乃行至莊腳斥堠之所，忽大風揚塵，笠先吹去，籃索亦斷，籃傾而神像遂見．斥堠者拏而訊之，確是賊探，遂囚之付曾軍門處治。故後賊平，曾上奏其事，賜立匾額．凡此靈應，人所共知．予時舞象，避亂莊中，親見其事，則未可謂神道全非也．又可笑者，賊以福德神之靈顯也，思奉之而不可得，乃異想天開，凡欲出戰亦將南瑤宮之天上聖母裝於神輿，擡之陣頭，妄冀感祐；則其愚，誠有不可及者矣！(71)

白沙の役を観ると、誠に確然として信ずべきものがある。賊を迎えて対峙した時、およそ危機があれば、必ず先んじて乩示した。嘗てある時、「賊の部隊は長蛇陣を組んで来襲する、明日は蜈蚣陣を以てこれに当たればこれに勝つ。」と明示した。荘民は信じてこれに従い、ついに戦いに勝利した。又、賊は工作兵を潜入させ、廃れた墳墓や荒れ果てた墓穴の中に隠れ、夜間に火を放って内応しようとしていた。神はたちどころに降乩し、神輿を担がせて前導して、すぐに工作兵が隠れていた場所に詣でて、すべてを探し出して捕らえた。これにより賊は神を非常に恨み、城内に入って神像を手に入れることができた者には五百金を褒美として与えるとして募ったところ、利を貪る奸人がいて、密かに福徳神像を盗み米籠の中に置き、上に他の物を置いてさらに笠でこれを覆って、（白沙坑の人々を）欺いて脱出しようとした。荘民の斥候がいる場所に行くと、たちまち大風が塵を舞上げ、笠をまず吹き飛ばし、また籠の紐を断ち切ると、籠が傾いて神像が遂に見えた。斥候が捕まえて尋問すると、確かに賊の密偵であったので、遂に捕らえて曾軍の陣に引き渡し、処罰されたのであった。このため賊を平定して後、曾玉明はその事を上奏し、扁額を賜り立てた。およそこの霊応は人の皆知るところである。私は青年の頃、荘に乱を避けていて、自分でこの出来事を見ており、則ち神のおはからいというのは全くの間違いなどと言うべきではない。又笑うべきは、賊は福徳神の霊験が顕著であったことで、これを奉じようとしたが得ることが出来ず、全く道理に合わない考えであるが、南瑤宮の天上聖母を奉じて神輿に据え出陣することを欲し、これを陣頭に担いで神の祐助を感得しようと身勝手に望んだ。その愚かさには、誠に及ぶべくもない。

まず福徳神の霊験について整理してみよう。第一に戦法の指示である。敵が「長蛇陣」で来襲するため、これに対して「蜈蚣陣」を以て勝つという乩を降して勝利に導いている。第二に敵の計略を看破している。荘内に潜んでいた敵兵の潜伏先を告げ、荘民を先導して生け捕りを助けた。この潜伏兵は本体の攻撃に際して内応する使命を帯びていたため、白沙坑は危機を救われたのである。

こうした霊験故に林日晟は白沙坑の福徳神を至極恨み、賞金を出して白沙坑に潜入し福徳神の神像を盗み出す者を募った。これに応じた兵士によって神像が盗み出されるが、覆いにしていた笠が風に吹き飛ばされ、籠紐が切れて神像が露わになってしまい、兵士は捕縛され奪取に失敗したことが記されている。これが第三の霊験である。これらの霊験は、海外散人と号し、この史料を著した呉徳功の体験談として記述されている。呉徳功は清末から日本統治時代の文化人、財界人であり、白沙坑での出来事を述べた内容としては信憑性が高い。

史料の大部分は福徳神の霊験についての記述である。戴潮春の乱において地域守護の霊験を顕した神が媽祖だけではないことを示した史料として重要であるが、ここで注目したいのは、白沙坑福徳神の霊験に直面した「賊」軍の林日晟らが、南瑤宮媽祖像の神輿を軍陣に担いで霊験を得ようとした点である。ここで問題となるのは、林日晟の軍と彰化南瑤宮がどのような関係にあったのかということである。林美容はある一神を信仰する地域的範囲を信仰圏という概念で説明し、南瑤宮の媽祖の分身（會媽）を有する信徒組織（會媽會）の分布から、信徒の範囲は現在の彰化県、台中市、南投県の内陸部漳州人居住地域と客家人居住地域に広がり、沿岸部の泉州人地域が排除されていたと述べ、且つ彰化南瑤宮の媽祖信仰圏は日本統治以前に形成されていたと結論付けている[72]。林日晟の出身地である霧峰郷は現台中市の内陸部にあり、彰化県・南投県と境を接している。南瑤宮の媽祖を奉じた林日晟とその軍を構成した人々は、南瑤宮媽祖信仰圏の信徒であった可能性が高い。南瑤宮媽祖の信仰圏を一つの地域として捉えると、林日晟らは地域的な信徒集団の守護神として南瑤宮の媽祖を陣頭に担いだことになる。

林日晟らのこうした行動は、土地公＝福徳神に守護された白沙坑に対抗することが目的であった。先に記したように、林日晟らは開漳聖王廟で盟を結び挙兵した。これは林日晟らが自らを漳州人だと認識していたことの証左である。開漳聖王とは唐代に漳州を開拓したとされる陳元光という武人を神格化した神で、漳州を祖籍とする人々に信仰されていた。しかし林日晟らの軍に参加した人々は、守護神として南瑤宮の媽祖が最も適当だと判断した。このことは、林日晟らが自らを漳州という祖籍集団ではなく、南瑤宮媽祖の信仰を共有する集団として意識していたことを示している。

一方の白沙坑に関しても「惟白沙坑等莊，粤之潮州府人，與泉人比屋雜處（ただ白沙坑等の荘では、広東の潮州府の人が泉州人と家を並べ雑居している）[73]」という記述があり、潮州人と泉州人という二つの祖籍集団（エスニックグループ）が住民を構成していたことがわかる。したがって、祖籍ではなく土地の神である福徳神が白沙坑の守護神として意識されたのであろう。白沙坑の人々は、エスニックグループへの帰属意識のみでは結束しえない状況にあったと考えられる。

白沙坑の戦いにおいては、白沙坑と林日晟軍はともに祖籍を紐帯として団結した集団としてではなく、信仰と地域を両軸とする集団として対峙していた。もちろん両者にとっての地域は同義ではない。白沙坑二四莊は土地公＝福徳神への信仰を紐帯とした地縁的村落連合であり、林日晟らは彰化南瑶宮媽祖の信仰を紐帯とした地域的信徒のネットワークという表現が適当である。しかし村落連合という「地域」を守る神として霊験を顕す白沙坑福徳神に対して、林日晟らが彰化南瑶宮の媽祖に信仰圏という「地域」の守護神としての神性を見出したことは注目される。

以上二つの事例からは、媽祖の霊験が清軍＝官軍に顕されるという認識ではなく、官軍側であるか反乱軍側であるかを問わず、媽祖を信仰する民衆に顕されるという認識を読み取ることができる。そして白沙坑での事例にみられるように、一九世紀中葉の民乱において、台湾の民衆が信仰圏への帰属意識を基に媽祖に地域の守護神としての神性を求めたことに注目する必要がある。

おわりに

以上、大規模民乱における媽祖の霊験譚を中心として、霊験譚と清代台湾社会との関連について考察した。媽祖が台湾の民乱で顕した霊験は、確かに清軍＝官軍側に対する助戦として顕彰されたが、本質的には人々の信仰に対する媽祖の利益という関係として理解されるべきものであり、台湾民衆の信仰と信仰を生み出した清代台湾の社会を反映していると考えるべきであろう。そして媽祖の霊験への期待が海上から内陸部にまで及ぶのは、台湾に移民した漢人社会の拡大と密接に関係しているからである。一八世紀に記録された施琅や藍廷珍への神佑は王朝側の軍事行動を助けたという内容ではあるが、台湾に生きる海洋民の信仰への配慮や内陸部を含めた開拓の進展とも無関係ではない。沿岸部から内陸部へと漢人社会が拡大するにしたがって、媽祖の利益が海洋民の守護から農業民の守護まで広く期待されるようになったのである。

しかしながら地域を守護する媽祖の霊験譚は、一九世紀の戴潮春の乱において顕著である。一八世紀の林爽文の乱においては海洋民への加護や媽祖信仰の実態を伝える記録は豊かであるが、台湾各地の都市や村落、郷荘といった地域を守ったという伝承に乏しい。これはもちろん史料的制約にもよるが、すでに内陸部の開拓も進み媽祖の加護を求める範囲は広がっているにも関わらず、媽祖の霊験が海洋民守護にとどまっていた理由は何だろうか。一八世紀から一九世紀にかけての台湾社会の変化と祖籍分類意識の変化を考慮に入れて、媽祖による地域守護という信仰を理解する必要があるだろう。

すでに述べたように、大陸からの移民によって人口と社会を拡大させていった台湾では、福建の泉州、漳州、広東の潮州といった祖籍を紐帯として集団化し、これに先住民族を加えた四者によって社会的利益を激しく争い、しばしば分類械闘という武力衝突を起こした。陳其南は、清代全体を台湾に渡来した漢人が「移民社会」から「土着社会」を形成する過程であるとし、また台湾郷村の寺廟は清代中葉以後、郷荘社会を整合させる役割を担い、台湾漢人社会を伝統的・封建的祖籍分類意識から解放させ、新しい社会秩序を構築したと結論づけている。(74)また黄俊傑は、一八六〇年以降、台湾の漢人が台湾をアイデンティティーの対象とする意識を次第に形成していったと分析する。(75)

両者の論に依拠すれば、同治元年（一八六二）の戴潮春の乱における北港の媽祖の神佑は、台湾で土着社会を形成した漢人が、祖籍分類を克服して台湾をアイデンティティーとする意識を持ち始めていた時期における事象である。戴潮春の乱を記録する史料は、当該時期の漳州・泉州の対立意識を伝えており、未だ漳泉の分類解消が達成されていないことを伺わせる。(76)興味深いことに、戴潮春の乱の七六年前に起った林爽文の乱においても北港は戦乱に巻き込まれるが、林爽文の乱では媽祖の神佑譚は語られていない。この時は林爽文軍の計略により一〇八人が犠牲になっており、勝利とは言えないという理由も考えられる。一方で一八世紀後半にはまだ北港居民としての一致したアイデンティティーが十分に醸成されていなかったか、あるいは居民全体の統合原理としての「北港人」という意識は十分に醸成されておらず、祖籍分類の意識が支配的であったと考えられる。林爽文の乱の四年前に当たる乾隆四七年（一七八二）に彰化県で発生した漳州人と泉州人の械闘は諸羅県（林爽文の乱後嘉義県と改称）に波及し、北港に隣接する漳州人居住地の南港は泉州人の襲撃により大きな被害を受けた。(77)一八世紀末においては漳泉分類意識が根強く、大規模な械闘を惹起する要因となっていたことが伺える。しかし戴潮春の乱においては、媽祖は北港を守護するために顕現したのであり、北港が泉州人の居住する地域であるために神佑を顕したわけではない。二つの乱を隔てる七六年の間に、北港における「守護神・媽祖」の誕生（あるいは「発見」）があったと見ることができまいか。

祖籍分類意識の動揺と神佑の関係を、白沙坑の場合でも考えてみよう。白沙坑において霊験を顕したのは福徳神＝土地公であり、土地公はその土地の住人を守る神である。一方の林日晸らは挙兵時には開漳聖王を祀ったものの、白沙坑侵攻後には福徳神の霊験に対抗するため南瑶宮の媽祖の守護を求めた。林日晸らの行動は、自らのアイデンティティーを彰化南瑶宮の信仰圏に求めた結果であったと理解することができる。白沙坑の霊験は、二つエスニックグループが居住する地域において、祖籍の神ではなく、土地公＝福徳神が当該地域を守護したという内容であった。したがって白沙坑と対峙する林日晸らはエスニックグループ＝祖籍集団としてではなく地域的な信仰集団として自らを規定し、彰化南瑤宮媽祖の加護を願う必要があったのである。林日晸らが彰化南瑤宮媽祖の信徒であると意識したこと、そしてその信徒集団は地域的な結合をしており、その地域的結合に林日晸軍の成員が帰属意識を持っていたことに注目したい。林日晸らの行動からは媽祖が信徒を守護・救済するという普遍的な意味での信仰ではなく、彰化南瑤宮信仰圏という地域の信徒を守護・救済する特別な霊験を求める信仰を読み取ることが出来る。

しかし本稿で繰り返し述べたように、戦乱から人々を守る神は媽祖だけではない。では、媽祖とその他の神の何が違うのであろうか。『淡水廳志擬稿』の「臺俗」の項には「閩、粤各有土俗，自寓臺後又別成異俗。各立私廟，如漳有開漳聖王、泉有龍山寺、潮有三山國王之類；獨天妃廟，無市肆無之，幾合閩、粤為一家焉。（閩、澳にはそれぞれ土俗があり、台湾に移住した後もまた別れて異俗を成している。それぞれが私廟を建立し、たとえば漳州には開漳聖王廟があり、泉州には龍山寺があり、潮州には三山国王廟があるという類いであるが、ただ天妃廟だけは商店が必ず建ち並び、閩・澳はほとんど合して仲間となっている。）」とある。『淡水廳志擬稿』は光緒初年頃の成立といわれているので、この記述は、一八七〇年代の台湾の社会を記していると考えられる。この史料によれば、媽祖は漳州・泉州・潮州などの祖籍集団ごとに祀る神ではなく、したがって祖籍に基づく結束の紐帯とはならない神であった。そのため、必然的に祖籍による対立には無関係であった[79]。そのため媽祖廟前は祖籍対立から自由な空間となっていて、あらゆる祖籍の人がともに生活できる場であったことがわかる。

前述した祖籍分類意識の克服と右のような媽祖信仰のあり方を勘案すると、一九世紀末に、媽祖による民衆と地域＝信仰圏の守護という信仰が顕著になった理由は次のように整理できる。漳・泉・粤などの祖籍に分かれてエスニックグループを形成し、相互の対立が激化した時期には、媽祖に戦乱での守護を求める意識は低かったと考えられる。なぜなら右の史料にあるように媽祖は祖籍集団＝エスニックグループへの加護を本質としないため、特定のエスニックグループを守護するために霊験を顕すとは考えられないからである。したがって祖籍対立が激しい時期には祖籍ごとに加護を願う神が異なり、戦乱における媽祖の霊験は本来の海洋民守護から逸脱することがなかった。そのため清朝が台湾海峡の海洋民を戦時動員した場合に、媽祖の霊験譚が史料として残されたと考えることができる。一九世紀の戴潮春の乱において媽祖による信仰圏の守護を記した霊験譚が記録されたのに対し、一八世紀の朱一貴の乱や林爽文の乱において都市や郷荘の住民を守護したという霊験譚に欠ける理由の一つは、強い祖籍分類意識のために多様な人々の守護神としての媽祖信仰が発展しなかったからであろう。また航海神・媽祖による多くの霊験を蓄積していた海洋民に比べて、内陸部開拓地の農業民には農業神・水神としての媽祖の農業神的霊験を蓄積する時間が十分ではなかったことも理由として考えられる。内陸部の農業民が旱害などの生業や生活・生命の危機における媽祖の霊験を数多く蓄積することで、一九世紀末における地域の守護神へと信仰を発展させることが可能となったのではないだろうか。

さらに右の史料は、台湾に移民した漢人が祖籍対立を克服していく過程に、媽祖信仰の拡大が関係していることを示唆している。一九世紀末には台湾を本貫とする意識、いうなれば台湾漢人アイデンティティーの萌芽があったとすると、その形成と媽祖廟の作り出した祖籍対立から自由な空間とは無関係ではないだろう。媽祖が祖籍を超越して信仰を受ける神であるために、媽祖廟には祖籍を超えて人々が集まることができ、それが祖籍対立の克服を促す要因の一つとなった可能性があるからである。媽祖が祖籍にかかわらず信徒を守護する神であったことが、次第に媽祖をして台湾漢人を守護する神とみなす信仰につながっていったのではないだろうか。一九世紀末の台湾漢人アイデンティティーの萌芽と台湾の媽祖信仰の間には、密接な関係があったと考えられる。

最後に、媽祖信仰が台湾で発展した理由について別の角度から考えてみたい。台湾に生きる人々にとって、媽祖は遠祖の渡台を助けた神である。渡台した第一世代は開台祖と称され、血縁集団にとっては最も重要な存在であり、媽祖はその開台祖とともに台湾漢人の記憶に深く刻まれたと考えられる。[80] 一七世紀後半に始まる台湾への漢人移民が社会を発展させる過程において、媽祖は多様な霊験を顕す神として信仰を集めた。その一方で祖霊とともにある神としても人々の信仰心を刺激してきたことが、台湾における媽祖信仰の特質の一つであると考えられる。

注

（1）荒野泰典「日本型華夷秩序の形成」朝尾直弘他編『日本の社会史　第一巻　列島内外の交通と国家』（岩波書店、一九八七年）所収　一八四～二二六頁。諸民族雑居の状況については一九五～二一三頁を参照した。

（2）藤田明良「日本近世における媽祖と船玉信仰」黄自進『近現代日本社会的蛻変』（中央研究院人社中心亜太地区域研究専題中心、二〇〇六年）一七一～二一〇頁

（3）上田信『中国の歴史09海と帝国　明清時代』（講談社、二〇〇五年）四六二～四六七頁

（4）濱下武志は東アジア・東南アジアの媽祖信仰が沿海漁民・海商の移動圏を示すとして注目し、東アジアの地域史という視点で位置づけている。（濱下武志「『鎖国』期日本への圧力―ヒトの移動と東アジア移民圏の成立」永積洋子『「鎖国」を見直す』（山川出版社、一九九九年）八七～九一頁

（5）前掲注（1）参照

(6)李献章『媽祖信仰の研究』(泰山文物社、一九七九年) 四四八頁
(7)林美容『媽祖信仰與台灣社會』(博陽文化事業有限公司、二〇〇六年) 一六〜一八頁および四二九〜四三一頁
(8)分類械闘とは、台湾に渡った人々やその末裔が出身地(祖籍)の別によって区分(分類)され、その祖籍を単位とした集団間で武器(械)を取って闘ったことを指す。祖籍とは他省に移住した人の本籍地のことを指し、類義語として原籍という言葉があるが、本稿では祖籍で統一した。台湾には福建の泉州、漳州、広東の潮州(客家が多い)などからの移民が多く、それぞれの出身地ごとに社会集団を形成して居住地域が分かれていた。一般的には沿岸部地域には泉州人が多く住み、内陸部には漳州人、広東人が居住していた。このような祖籍を基にした社会集団を族群と表記することも多い。族群間では言語や文化の差異が大きく、清代台湾では一概に漢人と称してもその内実は複数のエスニックグループに分かれており、それが械闘に発展する要因となっていた。なお直接的な械闘の契機となるのは経済的利益の対立が多いが、政治的に闘争を使嗾された結果であることも少なくなかった。
(9)前掲注(5)参照。および朱天順『媽祖と中国の民間信仰』(平河出版、一九九六年) 一二九〜一三五頁
(10)戴文鋒「臺灣媽祖『抱接砲彈』神蹟傳説試探」『南大學報 第三九巻第二期 人文與社會類』(國立臺南大學、二〇〇六年) 五六〜五八頁
(11)『福建通志臺灣府』「外記 國朝順治一〇年〜一二年」 九四〇頁
(12)同右
(13)林田芳雄『鄭氏台湾史—鄭成功三代の興亡実紀』(汲古選書、二〇〇三年) 二七〇頁
(14)『臺灣志略』巻一「勝蹟」 四五頁
(15)『鄭成功傳』「鄭亦鄒著鄭成功傳」 二九頁
(16)『澎湖臺灣紀略』「澎湖志略」宮廟 三四頁
(17)前掲注(10)参照
(18)『重修臺灣府志』巻七「澎湖廳」 二六六頁
(19)『天妃顯聖録』「歴朝褒封致祭詔誥」 一二頁
(20)同右
(21)同右

(22) 同右
(23)『重修福建臺灣府志』巻之九「祭祀（附）臺灣府」三〇五頁
(24)『臺灣府志』巻六「廟宇」附澎湖廟宇　一二二頁
(25) 永積洋子「鄭芝龍父子と日本の『鎖国』」永積洋子編『「鎖国」を見直す』（山川出版社、一九九九年）五七〜五九頁
(26) 荒野前掲注（1）論文　一八四頁〜二〇〇頁
(27) 呉聰敏「大租権土地制度の分析」老川慶喜他編『植民地台湾の経済と社会』（日本経済評論社、二〇一一年）一九〜二〇頁
(28)『重修臺灣縣志』巻六「祀宇志」天后廟　一七二頁
(29)『臺灣通史』巻一六「城池志」四六二頁
(30)『臺海使槎錄』巻一「赤嵌筆談」形勢　九頁
(31)『臺灣割據志』一頁
(32)『小琉球漫誌』巻一「泛海紀程」一二頁
(33) 同右
(34)『治臺必告錄』巻一「康熙重定臺灣記」八三頁
(35)『重修臺灣縣志』巻一五「雜紀」古蹟（附宅墓）五三六頁
(36)『天妃顯聖錄』「歷朝褒封致祭詔誥」一三〜一四頁
(37)『臺灣中部碑文集成』乙「萬春宮廟產諭示碑」九一頁。道光四年（一八二四）に建てられたこの碑文には「溯自藍提憲開闢建蓋廟宇以來，計將百載（溯って藍提憲が初めて廟宇を建立して以来、百年を数えようとしている）」とあり、藍廷珍の末裔と思われる藍提憲の建廟であることがわかる。なお萬春宮では、藍廷珍の私廟として建立されたことに始まると伝えている。
(38) 注（37）の史料には、「前年風雨漂刮傾頽，上年衆善士重修完竣（一昨年風雨が吹き荒れて（廟宇が）傾き崩れたが、去年大勢の信徒によって改修が行われ竣工した）」とある。
(39)『臺案彙錄庚集』巻一　六四、兵部「為内閣抄出福康安等奏」移會　一三一頁
(40)『清高宗實錄選輯（三）』四六七頁
(41) 同右
(42)『清高宗實錄選輯（三）』四六八頁

(43)『天妃顯聖録』附録「甫田令顯應記二則」 七一頁
(44)『裨海紀游』「天妃神」 五九頁
(45)『欽定平定臺灣紀略』巻五九 九三五頁
(46)『欽定平定臺灣紀略』巻首「御製詩(三)」 六四頁
(47)同右
(48)前掲注(44)参照
(49)『清高宗實録選輯(三)』 三八五頁
(50)高銘鈴「清代中期における台運体制の実態についての一考察」『九州大学東洋史論集二九』(九州大学東洋史研究会 二〇〇一年)九二頁および九九~一〇〇頁
(51)『天妃顯聖録』附録「甫田令顯應記二則」 七二頁
(52)大田出「清朝のユーラシア世界統合と関聖帝君―軍事行動における霊異伝説の創出をめぐって―」歴史学研究会編『シリーズ歴史学の現在 戦争と平和の中近世史』(青木書店、二〇〇一年)所収 二五五~二五六頁。大田出は乾隆期の台湾が福建や広東からの移住による「漢民族の居住空間の拡大過程」であり、これを新疆やチベットを含めた事例の中で検討し、ユーラシア世界に跨る大領域の形成とその後の統治体制の確立、ゆらぎの中で必要に応じて関聖帝君(関帝)の霊異伝説が創出・宣伝されたとする。
(53)この点については戴文鋒も指摘するところである。戴前掲注榛(10)論文 五六頁。
(54)『重修臺灣府志』巻七「典禮」「祠祀」臺灣府 二六一頁
(55)『臺灣南部碑文集成』甲、記(上)「合境平安碑記」 五四頁
(56)『斯未信齋雜録』「癸丑日記」 八九頁
(57)『雲林縣采訪冊』「榱榔東堡」兵事 附天后顯靈事 五八頁
(58)『雲林縣采訪冊』「榱榔東堡」兵事 土寇 五八頁
(59)前掲注(57)史料 五九頁
(60)戴前掲注(10)論文 五六頁。戴は媽祖の霊験は「官方(政権側)」と「正義」という要素を持っていると指摘している。また朱天順は「忠の精神」という表現を使い、戦乱において媽祖が顕す霊験は清朝に忠を尽くしている事柄であるとしている。(朱

(61) 前掲注(9)書　一三四頁

(62) 前掲注(59)参照

(63) 同右

(64)『斯未信齋雜錄』「壬癸後記」　六九頁。なお今日では、北港の媽祖は旧笨港域内を遶行する。笨港は水害によって南北に分かれ、その一方が現在の北港であるとされている。北港媽祖と同様に大甲においても媽祖遶行が行われている。大甲媽祖の場合は、彰化や新港を経由して大甲まで戻るという長距離の遶行である。

(65)『東瀛紀事』巻上「大甲城守」　二二頁。なお大甲における神佑については、拙稿「戴潮春の乱と大甲の神佑」『園田学園女子大学論文集』第四七号(園田学園女子大学、二〇一三年)を参照いただきたい。

(66) 張珣『媽祖・信仰的追尋(続編)』博陽文化　二〇〇九年　一二五頁

(67)『東瀛紀事』巻上「鹿港防剿始末」　一五頁

(68)『戴案紀略』「同治元年」　二七頁

(69) 同右

(70) 同右

(71)『戴案紀略』「同治元年」　二九頁

(72) 林前掲注(6)書　三八頁～四六頁。なお林美容は、住民が義務的に共同祭祀を行う範囲を祭祀圏として信仰圏とは区別している。

(73)『彰化縣志』巻一一「雜識志」兵燹　三八三頁

(74) 陳其南『臺灣的傳統中國社會』(允晨文化實業股份有限公司、一九八七年)　九一～一八二頁

(75) 黄俊傑『台湾意識と台湾文化―台湾におけるアイデンティティーの歴史的変遷』(臼井進訳、東方書店、二〇〇八年)　四～一一頁

(76) 挙兵時の戴潮春の軍営には漳州人ばかりではなく、葉虎鞭、林大用などの泉州人が参加していた。その一方で葉虎鞭は泉州人であることを理由に泉州人居住区である鹿港攻撃に難色を示したこと(『東瀛紀事』巻上「鹿港防勦始末」一二頁)や、彰化県攻撃に際して部将の一人である鄭玉麟は泉州人の営兵を見れば殺した(『戴施兩案紀略』「戴案紀略　巻上」七頁)ことなどを記し

た史料もある。戴潮春軍の構成を見ると当該時期に漳泉の対立を克服しようとする動きがある一方で、祖籍対立意識が根深く残っていたこともわかる。

(77)『嘉義管内采訪冊』「打貓西堡」街市　四頁　なお同史料には漳泉械闘の時期を「道光四十七年」と記しているが、道光年号は三〇年までであり、乾隆四七年の誤りであると考えられる。

(78)『臺灣紀事』附錄三「淡水廳志擬稿」臺俗　九八頁

(79)李献章も媽祖が祖籍を超えて信仰されたことを指摘している。前掲注(5)参照。

(80)台湾での現地調査において、開南大学卒業生の周怡靜氏のご協力をたまわった。周家では先祖の位牌とともに、遠祖が台湾に渡海した際に携行したという伝承を持つ媽祖像が祀られており、祖霊と媽祖が不可分の関係にある様子を拝見することができた。記して感謝したい。

※本稿で引用した史料は『臺灣文獻叢刊』によっており、句読点等の表記は原文のまま使用した。

「郡方毎日記」にみる近世対馬の突き取り捕鯨

及川　将基

はじめに

数年前に対馬と韓国釜山・博多を結ぶ高速船が鯨にぶつかる事件が世間をにぎわせたことがあった。対馬周辺の海域は豊富な海洋資源に恵まれており漁業が盛んであるが、定置網に鯨がかかる事も度々あるという。ほかの地域でも同様の事故は発生しており、鯨の座礁の頻発と合わせてＩＷＣによる商業捕鯨モラトリアムにより鯨資源が増加した結果であると説明されることもある。(1)その当否はさておき、対馬周辺の海域が鯨の通り道であることをいまさらながら実感させられる。この好環境を利用して、近世から近代にかけて対馬には鯨組・捕鯨会社の居浦・基地がおかれ捕鯨が行われていた事はよく知られている。にもかかわらず、他の地域に比べ対馬捕鯨史の研究は立ち後れていると言わざるを得ない。

対馬研究のなかでの捕鯨研究からみてみよう。最初に対馬の郷土史家で聞き書・史料の収集に尽力した内野対琴の『反故廼裏見』(2)をあげねばなるまい。捕鯨に関しては、鯨組が置かれた地域での聞き書を採録しており、のちの研究の基礎となっている。ついで、『対馬島誌』(3)は、天保期の亀谷組を「関西の捕鯨業者卯右衛門を推して第一となす」と評価し、「本島捕鯨業の創始」として延宝年間の小田善左衛門・服部甚三郎などの上槻ほかでの操業をあげ、元禄年間の平戸の金益組の鹿見での、寛政年間の藩営の伊奈茂江浦での操業をそれぞれあげている。宮本常一は、昭和二五年（一九五〇）と翌年にかけて行った八学連（二六年は九学連）・漁業制度資料調査により発掘した史料を利用し、貞享四年（一六八七）以降の廻での鯨組請浦の変遷や、寛政三年（一七九一）の曲海士の捕鯨、住民と組との交流や藩によるその制限をあきらかにした[4]。在地史料を発掘し紹介した点で宮本の研究の意義は大きい。『新対馬島誌』[5]は、民俗学的分析を成果の中心に据える。亀谷組や近代のイルカ漁について詳しく、伊奈の鯨組と浦との関係を物語風に再構成したり、長州通浦の網を使用した捕鯨法がオロシカ湾のイルカ漁の漁法に影響を与えたと指摘するなど興味深い記述も多い。また、美津島町芦ヶ浦の地福寺の過去帳に捕鯨に関わった人々が記録されている事や、芦ヶ浦の雷浦・廻・伊奈の茂江浦に鯨組の墓が残っている事を紹介した。これらの研究を『長崎県史』[6]などがひきついでいるものの、対馬では一七世紀以降継続的に捕鯨が行われていたが、天保期の亀谷組において最盛期をむかえたというのが、この段階の研究の到達点であった[7]。以下に述べる捕鯨史研究から対馬捕鯨にアプローチする場合も、基礎的な事実認識はこの段階に留まっている傾向がある。

一方、捕鯨史研究では、対馬の捕鯨はどのように位置づけられてきたのか。残念ながら、『新対馬島誌』などに依拠し概観するにとどまるか[8]、ごく一部の二次的な史料（「西海鯨鯢記」「小児の弄び鯨一件の巻」「鯨魚鑬笑録」など）を用いて対馬で捕鯨が行われていたことを示すに過ぎない研究[9]が大半である。このような状況ではあるが、対馬捕鯨について注目すべき指摘や史料発掘を行っている研究がいくつかある。秀村選三は、鯨組の労働組織を分析したが、その材料として対馬藩の「御手鯨組記録」（長崎県立対馬歴史民俗資料館蔵）を利用し、領主の捕鯨経営について論じた[10]。壱岐の郷土史家山口麻太郎筆写の「鯨場中日記」を翻刻し解説を付した柴田恵司の仕事がある[11]。この日記は、平戸の谷村三蔵による寛文一三年（一六七三）五月から延宝二年（一六七四）六月までの記録で、冬組を壱岐で操業した後、対馬に移り春組を操業し一二頭の鯨を捕獲したことを記録する。この時期に対馬での操業の様子を記録した鯨組側の史料はほとんどないため貴重な存在である。指方邦彦は、正徳三年（一七一三）の田嶋与五郎

へ出された対馬藩郡奉行の書付を紹介した。(12)

近年の研究には、対馬の捕鯨を積極的に評価する動きもみられる。中園成生は、突き取り時代の捕鯨について、正保から慶安にかけては五島の有川湾が、こののちは変わって壱岐・対馬の漁場が繁栄とするが、壱岐についてはは具体例をあげるものの、対馬に関する具体的な説明はない。(13)末田智樹は、益冨組の藩を超えた活動を「藩際経営」と呼び、その生産構造のなかで同組の対馬廻での捕鯨を位置づけている。(14)

このように捕鯨史研究において、対馬捕鯨の存在自体は認知されているものの、生月や壱岐を対象とした研究に比べれば周辺的な事項として扱われていると言わざるを得ない。詳細な検討がなされておらず、果たして対馬の捕鯨が真に「周辺的」であるかどうか判断できない状況にある。対馬が西海捕鯨史のなかで正当に位置づけられていないのである。この原因は、捕鯨史研究者が対馬に関心がなかったというよりも、研究が集中している地域に関しては益冨家などの鯨組関連の史料が豊富に残っているために、そうではない対馬は見過ごされてきた事にあるのではないか。

以上みたように、対馬の捕鯨は、捕鯨史・対馬史の両面から断片的に語られることが多く、近世期を通じて対馬の捕鯨がどのように推移したのかがわからない状況である。対馬の人々と鯨の関係を捕鯨史研究の中に位置づけ「近世対馬捕鯨史」を描きなおす必要がある。そして、そのことが西海捕鯨史を書き換える可能性を秘めているのではないか。

近年、対馬藩の記録である「郡方毎日記」（長崎県立対馬歴史民俗資料館所蔵）を利用して対馬の捕鯨史を解明しようとする研究が出てきた事は、その問題に迫る突破口となりうる。郡方（郡奉行所）とは、村の支配・統制を管轄する対馬藩の役所である。(15)「郡方毎日記」は郡方を統括する年寄である「御郡御支配」への諮問とその回答を中心に構成され、寛文一一年（一六七一）から廃藩までの記録が現存する。同史料には、村政全般に関わる記事が見られ、鯨組の活動をはじめとした他国からの漁業者、村のイルカ漁、寄り鯨の処理の様子などの漁業関連の記事もみられる。この記録を利用し、長郷嘉寿は、捕鯨、イルカ漁、寄鯨に着目しつつ、寛文～元禄期を中心に丁寧に追っている。[16]とくに一七世紀の対馬捕鯨について詳述している点が特筆される。対馬歴史民俗資料館でも、対馬の漁業を同史料より抽出した年表を作成しながら概観しているが、そのなかで捕鯨を中心的なトピックとして取り扱う。[17]それに続く研究も出始めている。[18]著者も対馬の対馬鯨場に集まる様々な人々の復元を試み、特に地域社会に与えた影響の大きさについて考察した。[19]

本稿もこうした研究動向の上に、対馬捕鯨の全体像をあきらかにする手始めに、研究の手薄であった一七世紀の対馬捕鯨を検討する。同時期の前半は突き取り式捕鯨が対馬に導入された時期に当たり、また後半は西海地域において網掛け突き取り式捕鯨が導入されていく時期にあたる。この時期を通して、突き取り捕鯨時代の対馬の捕鯨、とくにその伝播の状況に注目して検討したい。

なお、本稿では、書幅に限りがあるためなるべく史料の引用は避け、郡方毎日記を利用する際には（郡・寛文一二年一月一日条）のように、同じく表書札方毎日記は（表・寛文一二年一月一日条）のように表記する。史料原文に関しては、著者も関わった翻刻[20]を参照されたい。

一　一七世紀の対馬の突き取り捕鯨

突き取り捕鯨とは、山見・納屋などの組織を伴い、綱つきの銛を鯨に打ち込んで船と繋ぎ、鯨が弱ってきたところを剣で急所を刺して捕獲する方法をいう。[21]まさしく、この捕獲法により鯨取りが産業化した捕鯨業となる。[22]この捕鯨法は、元亀年間（一五七〇〜七三）に伊勢湾周辺で開始され、慶長一一年（一六〇六）太地地方へ、元和二年（一六一六）には西海に伝わり、一七世紀半ばには深澤義太夫らが経営を拡大し最盛期を迎える[23]。

対馬では寛永一四年（一六三七）一一月一八日に紀伊国より鯨突きが来島している（表・寛永一四年一一月一八日条）。翌々日には「府中浦ニ而鯨ツキノしかた仕ル」（表・寛永一四年一一月二〇日条）というように、鯨突きのデモンストレーションを府中浦で見せている。これが対馬で鯨組の活動が確認できる最初の事例である[24]。残念ながらこれ以前の記録が現存していないため、対馬での捕鯨のはっきりとした始期は不明ながらも、元和年間から寛永年間にかけて捕鯨業の操業が開始されたのは間違いない。

「毎日記」に最初に現れる鯨関係の記事が紀伊の鯨突きであるように、対馬で捕鯨に携わる人々には他国の人が多かった。彼らは、対馬への突き取り捕鯨の展開過程と密接に関わっている。突き取り法が西海地域に導入される過程で、紀伊の人々が果たした役割は大きい[25]。平戸の周辺では、寛永初年頃に的山大島では紀州与兵衛、多久島では紀州藤代の藤松半右衛門が鯨組を操業し、五島では寛永三年（一説には慶長年間）に紀州湯浅の人が突き組を起こした[26]。対馬の場合も紀伊の人々が同様の役割を果たしていたと考えられる。技術の導入などのために積極的に対馬側が彼らを受け入れたのではないか。突き取り法が西海地域に伝わった時点で特徴的なのは、紀伊国の人々が直接「組」を組織して西海で活動していることにある。対馬においても「紀伊国組」（表・寛永一五年三月一日条など）と表現されている通り、当初は紀伊の人々は「組」を組織し捕鯨に従事していたようだ。その後、西海地域において紀伊の人々が「組」として活動することはみられなくなるようだが、対馬においても同様である。末田は、西海地方への捕鯨技術の伝播は寛永から寛文期にかけて紀州地方の鯨組から継続的に行われたとする[27]。技術の移転が一段落し、西海地域の鯨組の成熟がみられたことにより、紀伊組は一定の役目を終えたのであろう。

紀州から突き取り法が伝播してまもなく西海地域では地元の鯨組が各地に勃興する。平戸では寛永三年（一六二六）に平野屋[28]、壱岐では寛永四年（一六二七）に山川久悦[29]などが鯨組をおこす。対馬でも、彼ら西海の鯨組の活動がみられる。先に技術を取得し、組を組織した大村・平戸・壱岐などの人々が、対馬を漁場として選ぶという形である。平戸の伊藤孫作（表・寛文六年二月二三日条）、平戸の（谷村）三蔵（郡・寛文一二年閏六月九日条）、大村組（郡・延宝五年二月一四日条、郡・延宝七年二月五日条）、谷村勘八組（郡・延宝五年四月三日条）、谷村平吉（郡・延宝六年一月二九日条）などの操業が確認できる。彼らは、紀伊の人々とは異なり、その後も対馬捕鯨の重要な担い手であり続ける。大村の田島与五郎（助次郎）（郡・宝永七年一月二六日条など）、壱岐の土肥甚右衛門（郡・享保一九年八月二六日条など）、生月の畳屋（郡・元文三年五月一五日条など）など、その後の西海捕鯨の全盛期を担った組主たちも対馬で操業していたことが確認できる。

対馬に捕鯨業が伝わってほどなくして対馬の組もあらわれる（表・寛永一五年三月一日条）。対馬藩士も資本集めに直接関わっていたようだが（表・寛文五年一二月二八日条、同二九日条）、小田善左衛門、服部二郎九郎、服部甚次郎、服部喜左衛門、福山市右衛門、佐野屋六左衛門といった対馬の町人に絞られていった[30]。彼らは、船問屋（佐野屋など）であったり特権商人（古六十人［服部甚次郎など］、新六十人［間永甚右衛門など］）などであり、中世から近世初頭にかけて対馬と朝鮮・九州などの通航を担うことで成長した存在である。ただし、対馬の町人が鯨組を組織する際に、対馬の「内」だけで鯨組の経営が可能だったわけではない。捕鯨業の操業にはかなりの資金の調達が必要であるが、対馬の組主が資金を調達する際には、平戸や大村の鯨組主が大きな意味を持っている。対馬の組主は、九州のとくに平戸（表・寛文七年一二月一〇日条、郡・天和三年五月二六日条、郡・貞享元年八月二四日条、郡・貞享四年九月二〇日条、郡・貞享五年四月二六日条）・大村（郡・貞享四年九月二〇日条）・長崎（表・寛文五年一二月二八日条、郡・寛文一三年七月三日条、郡・貞享四年九月二〇日条[31]）、はては朝鮮貿易（郡・寛文一三年九月一四日条、郡・天和三年五月二六日条）を資金源としている。「地方」（九州本土）にて「樽切」という形で資金を調達する場合もある（郡・

貞享二年三月二一日条、郡・貞享二年五月一八日条、郡・貞享五年七月二七日条、郡・元禄九年五月九日条）[32]。この資金調達先は、朝鮮貿易のように純粋に資金繰りにかかわるものもあったが、多くの場合、組を仕出すための物・人の手配にも密接に関わってくる。例えば、貞享五年（一六八八）服部甚十郎は、平戸に渡り、小値賀（五島）のものと相談し鹿見組の春組の五ヶ年の約束を行っている（郡・貞享五年五月二六日条）。小値賀の小田家の記録にこの時期に対馬で鯨組を操業した記録が残っているので[33]、この約束は単純に資金や人材の提供にとどまらず、鯨組そのものの操業を含むものであったことを意味する。ほかにも、西海鯨組―居浦―対馬組主の組み合わせが、平戸の（谷村）三蔵―豊崎―組主福山市右衛門（郡・寛文一二年閏六月九日条）、大村組―鹿見―組主小田善左衛門（郡・延宝五年二月一四日条、郡・延宝七年二月五日条）、谷村平吉―茂渡―組主佐野屋六左衛門（郡・延宝六年一月二九日条）といったように確認できる。なかには直接の関係が不明瞭な事例もあるが、同様に請浦の主体である対馬組主が存在し、西海の組はその元で鯨組を操業させたのではないか。この点に関しては、長郷により延宝～貞享期の鯨組は組主が対馬町人であっても平戸・壱岐・大村で仕出されるのが普通であったと指摘されているが[34]、この後もこの構造は継続する[35]。

また、対馬藩が鯨組を許可する際に、対馬の町人を優先していたことも見逃せない。寛文六年（一六六六）に平戸の伊藤孫作から対馬の小田善左衛門へ、「朝鮮に近いところへの他国人の出漁」を理由に請浦が変更されている。しかし、変更の経緯をおえば、対馬の町人への変更という既定路線が先にあり、理由は後から捻り出された節がある（表・寛文六年八月二九日条、同八月三〇日条、同九月一日条）。これ以後、おおむね対馬で西海の鯨組が対馬の組主を置くことなく単独で操業する形態はみられなくなる。延宝二年（一六七四）の大村組の操業について柴田恵司は、「鯨場中日記」の記述から単独で操業が行われているとする[36]。たしかに同史料からは対馬の組主の支配を受けている様子はうかがい知れない。しかし、前年に鰐場の操業は、福山市右衛門に許可されていることが確認できることから（郡・寛文一二年七月九日郡・延宝三年閏四月七日条）、福山を組主とした請浦のなかでの大村組の操業であった可能性が高いと思われる。

また、対馬では一時入国者は、府中の問屋に身元保証を受ける必要があることも[37]、この背景に存在する。鯨組が操業前後に一度厳原にたちよる際に対馬の組主がそれを取り次ぐが（郡・正徳五年二月四日条など）、このことはいわば問屋を介した対馬への入国手続きといえる。対馬町人の組主が果たした役割についても、他国の鯨組の身元を保証する問屋の機能であったのではないか。鯨組と藩との交渉についても、組主が取り次いでいる事もそのあらわれである。このような事情もあり、対馬での鯨組操業は、対馬町人の鯨組主の元で島外の西海の鯨組によって人材・資材が提供される形で行われた[38]。

二　対馬への捕鯨業の展開と海民

ここまで、一七世紀の対馬で捕鯨業に関わってきた人々について取り上げてきたが、捕鯨が西海地域そして対馬に伝わった背景についてもう少し考えてみたい。なぜ、紀州から西海地域に、そして対馬に捕鯨業が短期間に伝わったのだろうか。

捕鯨業がこの時代に起こった理由については、様々な解釈が試みられている。山下渉登は、海の平和の到来によって、稼ぎ場を失った海民・水軍・海賊が新たな生業として捕鯨を選択したという側面について重視する[39]。末田智樹は、平戸の特権商人が貿易とともに捕鯨業に進出し、貿易から撤退を余儀なくされたのちに鯨組主へと転換していったことを説明する。さらに、藩側が鯨組からの運上徴収を重視していた事を、捕鯨業が西海地域に展開した事の一因としてあげている。[40]平戸のイギリス商館を通じておそらく鯨油と思われる油が輸出されている事実から、[41]輸出品としての鯨油を供給するためにこの地域での捕鯨業が発達した可能性も充分考えられる。いずれも妥当な説明であり、西海地域には鯨組を運営していくための資金源や捕鯨技術を受け入れるだけの素地が充分に用意されていた。

くわえて捕鯨業が起こる前提である捕鯨技術と漁場などの情報の共有化、鯨製品の消費する市場の成熟・流通ルートの形成といった諸要素は、広範な地域の人々を結びつけたネットワークの存在を抜きに考えることは出来ない。捕鯨には、紀伊・畿内・瀬戸内海・西海と広範囲にわたる人々が参加しているが、この地域に共通しているのは海民の存在である。紀伊・畿内から瀬戸内海を経て、玄界灘、朝鮮近海、東シナ海にいたる地域で活動を見せる海民は、操船技術に長け、漁業・交易などを生業としていた人々であり、彼らを中心として陸を中心にした歴史では描ききれない「海域世界」[42]が広がっていた。彼らの動向が捕鯨業の誕生に大きな影響を与えたというのは山下の詳述する所だが、ここでは、対馬への「海域世界」のネットワークの広がりに着目して整理してみたい。

海民は、中世期から近世期にかけてこの広範囲な地域を生業の場としていた。特に、紀州の海民は中世から近世にかけて列島の東西に進出している。[43]捕鯨の技術の伝播もこの紀州の海民の動きと関連している事はいうまでもない。西海では、明応二年（一四九三）に紀伊の日高弥吉が壱岐の塩津に来て鯨を捕ったという記録がある。[44]偶発性の高いこの一事を「産業捕鯨」の先駆けと評価することはできないが、紀州海民の西海地域での活動がすでに一五世紀末の段階でみられることに注目したい。突如として捕鯨が一七世紀初頭に紀伊から西海に伝わったのではなく、中世以来の海民のネットワークの延長線上で西海地域への捕鯨技術の伝播もとらえる必要がある。

対馬へも紀州や和泉佐野の海民が中世期から進出しており、[45]そのネットワークが延びていたのは明白である。一五世紀には対馬から朝鮮近海への出漁が行われており、とくに孤草島（現巨文島）では嘉吉元年・世宗二三年（一四四二）に対馬島主宗貞盛が朝鮮王朝の許可を得て、三浦の乱によって中止される永正七年・中宗五年（一五一〇）まで行われている。そのなかには、対馬の人々のほかに他国人も混じっていたというが[46]、西海地域はもとより紀州や佐野の海民が含まれていたのではないか。

もちろん対馬自体も海民を生み出した世界であった。対馬では、朝鮮と九州とを結ぶ海民の活発な活動が存在していた。対馬の組主たちも、こうした海民であった可能性が高い。例えば、小田善左衛門や小田庄右衛門は一名大山善左衛門、大山庄右衛門ともいい、大山地方の領主大山小田氏の列に連なる人物と考えて良いだろう。大山小田氏は、中世期にイルカの捕獲に関わる徴税を宗氏より任されているなど、海の領主として注目される存在である[47]。

日本で統一政権が成立し、明清交代を経て、東アジアの国際関係が再編成される一六世紀半ばから一七世紀後期は、「海域世界」にとっても倭寇的状況[48]の終焉に伴い大きな転換を余儀なくされた時代であった。海民は、海賊停止令を経て[49]、朝鮮侵略に動員されることを通じて統一政権下に再編成された。自力での平和維持が抑止され、特定の「陸」の領主への帰属を余儀なくされたのである。さらにこの地域の国際関係が国家間を軸に再編成されるに及んで、これまでの彼らの活動を支えていたネットワークの分断を余儀なくされた。こうした状況のなかで、海民は漁業・流通を担う方向へ転換していった。かつて藩主に尽くした功績に対する恩賞として領海内の漁業特権を得、一方では水主役として交通・通信の任務を負担するようになったというような事例もその現れである[50]。対馬においても佐野網は秀吉の朝鮮出兵に参加した功労により対馬六二浦の鰯地引網の権利を得たといわれる[51]。のちの曲の海士も対馬全域に漁業権を持つ一方で、宗氏へ海産物上納の役を負った[52]。捕鯨業もこの海民の時代の変化に対応した環境適応のひとつの形であったといえるだろう。

三　対馬藩と捕鯨業

ここまで主に鯨組側の事情に着目したが、産業側の条件だけが満たされていれば、自由に鯨がとれるというわけではない。海上での漁は、多くの場合、領主による許認可が必要であった。くわえて捕鯨は漁場近くでの陸上の拠点（居浦）が欠かせないため[53]、鯨組は、領主や周辺の村々と折り合いをつける必要があった。藩は組に対して運上を納める事を条件に特定の海域（請浦）で特定の浦を居浦として使用して捕鯨を行う事を許可した[54]。村側からみた鯨組の存在については、著者が以前考察した[55]。ここでは、藩政初期を中心に対馬藩と捕鯨の関わりについて検討する。

対馬藩は、近世期を通じて間断なく鯨組を積極的に受け入れ続けた。対馬藩にとって鯨組を対馬で操業させることにはどのような意味があったのだろう。第一にあげられるのは、鯨組が請負の代価として支払う運上金による収入の存在である。対馬藩は寛永期から多額の借財をかさね財政は厳しい状況にあったため[56]、その運上金そのものに期待したのである。運上金は、請浦運上と呼ばれるものと突上運上と呼ばれるものとが適宜組み合わせられた。請浦運上とは、一定期間請浦の許可に対して支払われる運上である。季節ごともしくは年単位である程度まとまった金額（銀五枚〜三五〇枚）が設定される。一方で、突上運上とは、鯨の捕獲頭数に応じて支払うことが定められた運上である。当初は一本捕獲ごとに藩庁へ注進と同時に納められていたようだが、のちにまとめて納入されるようになる。一本当たり銀三〇〇匁であったが、四三〇匁に変更され定着する（郡・寛文一一年四月二八日条）。

第二に、鯨組という他国から来る人々が対馬にもたらす富の存在である。鯨の捕獲や鯨製品の生産・出荷にいたる鯨組の活動は、対馬では居浦で行われた。その生産活動には人手や物質（薪炭・木材など）が必要となり、対馬からも供給された。また、鯨組の操業にあたり一浦につき五〇〇人からの人々が数ヶ月の漁期に対馬で生活する事になる。その衣食住や娯楽などを提供する事自体が、大きな産業だった。例えば、時代は下るが寛延二年（一七四九）の廻浦・鰐浦の酒商売が対馬町人八坂斧右衛門にそれぞれ銀五枚づつで一手に許可されているように（郡・寛延元年閏一〇月三日条）、特定の商人に対し、運上金を納めさせることで、鯨組への物資の供給を独占的に請け負わせた。この点については、鉱山史研究において、藩が得る利益の主眼は米などの消費物資の供給やそれにかかわる口銭類にあったと指摘されているが[57]、それと相似的な構造をもっているといえる。対馬藩は鯨組の操業に必要な物流の一部を統制することで、藩と対馬の人々に利益になるように利用したのである。このように対馬藩は、鯨組の生産活動・消費活動、ふたつの側面で地場産業の振興をはかったのである。

第三に、鯨組を補助的な水主として期待していたことがあげられる。たとえば、寛文一二年（一六七二）三月一一日に服部甚二郎・小田善左衛門・福山市右衛門が藩主着船の際の御用のために鯨船を一艘づつ府内へ廻している（表・寛文一二年三月一一日条）。三月は鯨の漁期に当たり、その最中においてでさえ鯨船が利用されているのである。鯨船の勢子船は速力を重視した船であり[58]、その敏速性を恃み他の用途に使われるケースもみられる。飛船としての利用（表・寛文六年五月一五日条、表・寛文一二年三月一一日条、郡・寛文一三年三月二八日条、郡・延宝六年三月五日条、郡・延宝六年四月二日条ほか）、朝鮮への連絡や藩主の参勤などへの同道（郡・貞享元年四月三日条、郡・元禄四年閏八月七日条）などである。こうした形での鯨船利用は江戸や長崎のような鯨組の操業地以外にもみられ、鯨船だけを利用したケースも多かったと思われる。海民は中近世移行期に、大名権力の水主役を担う事で利権を確保していくが、鯨組の藩への鯨船の提供もこうした役のひとつであったと考えられる。藩にとっては、鯨組の存在は、非常時の水軍力としての備え、情報伝達などの手段であったことが伺える。

対馬藩にとって捕鯨の操業を許可する事は、如上のような利点があったが、だからといって野放図に鯨組の操業を許可していたわけではなかった。鯨組が操業を希望した際に、藩は居浦となる村を中心とした地域社会に対して鯨組が操業しても問題がないかどうかを確認した。さきに地場産業の振興の側面をあげたが、一方で別の産業を破壊したり、地域社会に捕鯨業の存在なしでは存続しがたい構造を作り出してしまうこともありえたからである(59)。また、すでに操業している鯨組との調整も必要になってくる。というのも一頭の鯨を巡って複数の組が争う事態がおきたのである(例えば表・寛文九年三月二一日条)。それを抑止するためにも藩は、鯨組に対して一定の時期に一定の海域に対して独占的に鯨を捕獲する権利を与えた。このため新規参入の希望者が出た場合、藩はすでに操業を行っている組へ、新規参入の組の影響などについて確認を行った上で、参入の可否を判断する(郡・寛文一二年四月二八日条など)。鯨資源の保護の観点からいっても操業する組数が制限されるのは望ましいことでもあった。

ただ、藩財政を考えると可能な限り鯨組を操業させていくことが優先されがちになっていった。ときには、新規参入の組の存在によって、運上金額の増加を引出させるなどの駆け引きをしながら(郡・天和三年三月七日条)、藩はできるだけ多くの運上金を鯨組から引き出そうとした。

おわりに

本稿では「郡方毎日記」をもとに対馬での突き取り捕鯨時代の鯨組の展開について明らかにした。西海地域そして対馬に捕鯨業が伝わり繁栄した背景には「海域世界」の生業転換の動向が大きく関わっていた。対馬では寛永期ころより紀州の組が操業を行い、ついで西海地域の鯨組、対馬の組が操業を行った。寛文七年以降は、基本的に対馬の町人が組主となって鯨組が操業されたが、操業に関わる人・モノ・金の多くは西海の鯨組に依存した体制となっていた。

次いで、藩と捕鯨業の関係を分析した。藩は、運上を収める事を条件に鯨組の操業をほかの組の操業および地域社会の支障とならないかどうかを判断した上で許可した。当初、藩は新たな産業としての捕鯨に期待し積極的に鯨組を誘致したと考えられる。その目的は、第一に藩への運上金による直接的な収入であり、第二に鯨組がもたらす生産活動・消費活動に伴う対馬への利益誘導、第三に水主役の補助的な役割であった。藩は、これらのメリットとデメリットを勘案した上で鯨組の操業の可否を決定したが、藩の財政状況が悪い事もありより多くの資金を確実に提供する組を優先して操業させるようになっていった。外部からの産業の導入が地域社会に抜き差しならない影響を与えていく様は、原発などにみられるようにいまなお問題となっている構造の原型ともいえる。今後、この視点からも対馬捕鯨の検討を進めたい。

最後に対馬における網掛け突き取り法の導入への見通しをのべておく。網掛け突き取り法の捕鯨とは、ある特定の網代に鯨を追い込み網に突入させ速度が鈍った所を銛で突き仕留める捕鯨法である。この技術革新を一契機として近世期の捕鯨が最盛期に達する。(60) 諸説あるが、太地で延宝五年(一六七七)に確立され、時を置かずして西海地域に伝わっている。(61)

宮本常一は、対馬で網組の開始を貞享四年(一六八七)に置く。(62)「廻浦寺崎鯨組仕来覚帳」(漁業制度資料一八二五「下縣郡奴加岳村文書」神奈川大学日本常民文化研究所蔵)によったものと思われるが、廻での小田組の操業開始を示すものの網組である確証はない。「郡方毎日記」中に網組の表現が表れるのは、貞享四年(一六八七)九月二〇日である。服部甚十郎・阿比留半左衛門・間永甚右衛門が、組出しの相談のために大村へ赴き儀太夫・弥次兵衛に相談した所、彼らも網組・突組を一組づつしか操業できていないとする(郡・貞享四年九月二〇日条)。この記録では、対馬で網組が操業されていたかどうかを確認する事は出来ないが、西海地域に網掛け突き取り法が導入された影響を対馬が受けていた事を示唆する。

網組の場合、網代が限定されるため組数が減少していく傾向がある。このことは、西海のほかの鯨組の人的資源や資金をあてにしていた対馬の鯨組主にとっておおきな影響を与えたとみられる。鯨組が一七世紀の後半にかけて非常に不調であることもその影響かも知れない。不漁などにより運上金を支払う事が出来ず、資金繰りに困る組主が度々あらわれる（郡・延宝三年六月二八日条、郡・延宝六年一月二四日条、郡・貞享元年五月一七日条、郡・貞享元年八月二三日条、郡・貞享二年五月一八日条、郡・貞享二年六月六日条、郡・貞享二年六月一七日条、郡・貞享二年八月九日条）。結果的に、操業できなくなるものも多く、運上金未進のために請浦を召し上げられる組が集中するのも貞享期である（服部甚十郎後附組：郡・貞享元年八月二三日条、小田九郎右衛門泉組：郡・貞享二年六月一七日条、福山弥五郎・惣之助鰐場組：郡・貞享二年六月二五日条、阿比留庄左衛門鰐場組：郡・貞享二年七月一二日条）。網組への移行を目論見、藩が「不良債権」の整理を断行した可能性が高い。

明確に網組の操業が確認できるのは、元禄一一年（一六九八）五月一九日のことである。小田庄右衛門が口上書にて、当冬から網組請浦となった対馬の東目での操業を願い出て、許可されている（郡・元禄一一年五月一九日条）。ほかの西海地域で導入された時期からすると貞享期には導入されたと考えてもよいだろう。

注

（1）森下丈二『なぜクジラは座礁するのか？「反捕鯨」の悲劇』（河出書房新社、二〇〇二年）。

（2）内野対琴『反故廼裏見』（中村正夫「対馬漁業聞書（一）〜（三）―内野対琴編、稿本『反故廼裏見』抄」『社会科学論集』一五・一七・一八、九州大学教養部社会科学科、一九七五年・七七年・七八年）所収。

（3）対馬教育会編『対馬島誌』、（対馬教育会、一九二八年［名著出版、一九七八年の復刻版を利用］）、二八一〜三頁。

（4）宮本常一『海の民』宮本常一著作集二〇（未来社、一九七五年）（a）。宮本常一『対馬漁業史』宮本常一著作集二八（未来社、一九八三年）。宮本常一『宮本常一農漁村採訪録』Ⅵ～Ⅺ対馬調査ノート（一）～（六）（周防大島文化交流センター、二〇〇七年、二〇〇九年）。

（5）新対馬島誌編集委員会編『新対馬島誌』（新対馬島誌編集委員会、一九六四年）。

（6）長崎県史編集委員会『長崎県史』藩政編（長崎県、一九七三年）。

（7）ほかに、近代以降の捕鯨については、日野義彦が明治～昭和初期には上対馬町を中心に捕鯨が行われ、島内には肥料工場がつくられたことを明らかにしている（日野義彦「対馬における近代捕鯨について」西南地域史研究会編『西南地域史研究』二［文献出版、一九七八年］所収）。伊奈の総合的な研究のなかで『反故廼裏見』を中心に伊奈での捕鯨をとりあげた研究がある（桧垣巧『対馬伊奈部落の調査研究』、一九七九年）。また、対馬捕鯨の研究に関わる史料については、弘化四年（一八四七）に芦ヶ浦に派遣された鯨奉行佐藤一匡の日記が翻刻されている（佐藤一匡「鯨場日記」『海事史研究』三九［翻刻：安藤良俊］、海事史学会、一九八二年）。

（8）羽原又吉『日本漁業経済史』上・中一・中二・下（岩波書店、一九五二年～五五年）。近藤勲『日本沿岸捕鯨の興亡』（山洋社、二〇〇一年）。

（9）福本和夫『日本捕鯨史話』（法政大学出版局、一九九三年改装版［初版一九六〇年］）など。

（10）秀村選三「徳川期九州に於ける捕鯨業の労働関係（一）」『経済学研究』一八－一、九州帝国大学経済学会、一九五二年。

（11）柴田恵司「延宝初年の突組捕鯨と大村組」『大村史談』四八、大村史談会、一九九七年。

（12）指方邦彦「西海捕鯨と深沢組など鯨組の盛衰について」『大村史談』四二、大村史談会、一九九二年。

（13）中園成生『くじら取りの系譜―概説日本捕鯨史』（長崎新聞社、二〇〇一年［二〇〇六年改訂版］）。

（14）末田智樹『藩際捕鯨業の展開―西海捕鯨と益冨組』（御茶の水書房、二〇〇四年）。なお、益冨組の経営の中での対馬の位置づけを御墨付き文書の検討から行っている（同「西海捕鯨地域における益冨又左右衛門組の拡大過程」神奈川大学国際常民文化研究機構『国際常民文化研究叢書』二［神奈川大学国際常民文化研究機構、二〇一三年］所収）。

（15）長郷嘉寿「寛文～延宝期の村々」豊玉町誌編纂委員会『豊玉町誌』（豊玉町役場、一九九二年）所収。泉澄一『対馬藩の研究』（関西大学出版部、二〇〇二年）（a）。泉澄一『対馬藩藩儒雨森芳洲の基礎的研究』（関西大学出版部、一九九七年）。

（16）長郷前掲注（15）書。前後して対馬のほかの自治体史（厳原町誌編纂委員会編『厳原町誌』［厳原町、一九九七年］。『上対馬町誌』〔上対馬町役場、一九八五年〕など）にも断片的ながらも新たな事実の掘り起こしがみられる。

（17）小山満信・松島修二・河合徹・大森公善「江戸時代の対馬のくらしを探る─海の恩恵をうけた人々─」『対馬歴史民俗資料館報』二八、対馬歴史民俗資料館、二〇〇五年。

（18）中村羊一郎「対馬におけるイルカ漁の歴史と民俗」『静岡県産業大学情報学研究紀要』八、二〇〇六年。及川将基「神奈川大学日本常民文化研究所調査報告─鯨研究のための対馬在地史料の予備的調査」『立教大学日本学研究所年報』七、二〇〇八年。

（19）及川将基「鯨組組織と対馬鯨場をめぐる諸関係」塚田孝編『近世身分社会の比較史』（国際円座報告書）』（大阪市立大学大学院文学研究科都市文化研究センター、二〇一〇年）所収。

（20）科学研究費補助金「グローバリゼーションと反グローバリゼーションの相克─捕鯨を手がかりとして」（二〇〇四年度～二〇〇七年度、研究代表：立教大学文学部教授荒野泰典、通称：鯨科研）では、「郡方毎日記」の鯨関連記事の翻刻を行い、一部（元禄一六年まで）を同科研の報告書（荒野泰典編『グローバリゼーションと反グローバリゼーションの相克─捕鯨を手がかりとして』平成一六年～一九年度科学研究費補助金研究成果報告書、研究代表・立教大学・荒野泰典、二〇〇八年）に掲載している。藩の表向役方の記録を司る表書札方の記録「表書札方毎日記」（長崎県立対馬歴史民俗資料館所蔵）には、寛永一四年以降の記録が残っており、「郡方毎日記」の欠如する部分を補うことができる。こちらも同様に捕鯨関連の記事の翻刻がある（『立教大学日本学研究所年報』九、二〇一一年）。

（21）山下渉登『捕鯨』Ⅰ（法政大学出版局、二〇〇四年）。

（22）福本前掲注（9）書、三三～三五頁。中園前掲注（13）書、四二頁。

（23）中園前掲注（13）書、四二～四八頁。末田前掲注（14）書。なお、西海地域でこれに先行して捕鯨が行われている。例えば慶長九年（一六〇四）に、筑前にて黒田氏が捕鯨を行おうとしている（鳥巣京一『西海捕鯨の史的研究』〔九州大学出版会、一九九九年〕、五六～五八頁）。

（24）なお、捕鯨の存在については、応永一一年（一四〇四）に大山氏に対して宗貞茂が出した判物に、イルカ獲得時の徴税に関する下りに「八かいの大もの」が出てくる（長崎県史編纂委員会『長崎県史』史料編一〔長崎県、一九六四年〕、六二〇～六二三頁。中村前掲注（18）論文。中園成生・安永浩『鯨取り絵物語』〔弦書房、二〇〇九年〕、一八～九頁。佐伯弘次・有川宜博「大山小田文書」『九州史学』一三二、二〇〇二年、九六頁・一〇二～三頁）。佐伯はイルカ・鮪などの大型海中生物と解釈するが、中村の指摘するように鯨を指す可能性もある。ただし、この捕鯨は産業的な捕鯨業というよりも、「村の捕鯨」として捉えるべき捕鯨であり鯨組の活動とは一線を画すべきと考える。鯨組と村の捕鯨については別稿を用意している。
(25) 中園前掲注(13)書、四五頁。小葉田淳「西海捕鯨業について」谷川健一責任編集『鯨・イルカの民俗』(三一書房、一九九七年)所収、初出は『平戸学術調査報告』(京都大学平戸学術調査団、一九五一年)、一一五～六頁。
(26) 西村次彦『五島魚目郷土史』(西村朝江、一九六七年)、九一頁。
(27) 末田前掲注(14)書、三〇頁。
(28) 谷村友三「西海鯨鯢記」『海事史研究』三四［校訂・解説：柴田恵司］、一九八〇年。川淵龍「平戸藩の初期捕鯨」平戸市史編さん委員会編『平戸市史』民俗編(平戸市、一九九八年)所収、三八九頁。末田前掲注(14)書、二〇～二一頁。
(29) 谷村友三「西海鯨鯢記」。川淵前掲注(28)論文、三九一頁。
(30) 小田や服部を壱岐の鯨組主とする研究もあるが(新対馬島誌編集委員会前掲注(5)書、五五七頁)、「郡方毎日記」の「御国町人」という表記による長郷の見解(長郷前掲注(15)書、三一〇～一頁)を支持する。
(31) なお、長崎は周辺地域の経済に突出した資金力を持っていた(荒野泰典「小左衛門と金右衛門」『海からみた日本文化』海と列島文化一〇巻［小学館、一九九二年］所収)。
(32) おそらく樽切とは、捕獲が期待される鯨油を担保に資金を提供することをさす。
(33) 魚屋優子「小値賀島の捕鯨―藤松～小田～大阪屋組の捕鯨活動」『長崎県地方史だより』六一、二〇〇三年。
(34) 長郷前掲注(15)書、三〇三頁。
(35) のちに、取り次ぎ役である対馬町人の浦主と、実際に捕鯨にあたる西海の組主という形になるが、構造自体は変わらない(及川前掲注(19)論文)。
(36) 柴田前掲注(11)論文。
(37) 宮本又次「対馬藩の商業と生産方」『九州文化史研究所紀要』一、一九五一年。泉前掲注(15)a書、二一一頁。
(38) なお、このほかにも鯨組に協力した対馬の人々も存在した。居浦周辺の特定の村々は、労働力・宿などを鯨組に提供した(及川前掲注(19)論文)。
(39) 山下前掲注(21)書。
(40) 末田前掲注(14)書、二二三～三一頁。
(41) 荒野泰典「この捕鯨研究になにを期待するのか、なにができるのか」『立教大学日本学研究所年報』六、二〇〇七年。

(42)高橋公明「海域世界の交流と境界人」大石直正・高良倉吉・高橋公明『日本の歴史』一四　周縁から見た中世日本（講談社、二〇〇一年）所収。なお、森田勝昭は捕鯨の技術移転に関して「捕鯨文化圏」の存在を措定しているが（森田勝昭『鯨と捕鯨の文化史』［名古屋大学出版会、一九九四年］一四五頁）、「海域世界」はその前提となったものと考える。
(43)田島佳也「近世紀州漁法の展開」葉山禎作編『日本の近世』四（中央公論社、一九九二年）所収。河岡武春『海の民』（平凡社、一九八七年）。網野善彦『網野善彦著作集』一〇海民の社会（岩波書店、二〇〇七年）。
(44)山口麻太郎『山口麻太郎著作集』三（佼成出版社、一九七四年）。このころ紀州より旅網が壱岐にやってきて鰯網漁を行った際に偶然とらえたものであろう（山下前掲注（21）書、一二七～九頁）。
(45)宮本前掲注（4）a書、一四八、一八〇頁など。
(46)長節子「孤草島釣魚禁約」網野義彦編『海と列島文化』三　玄界灘の島々（小学館、一九九〇年）所収。長節子『中世国境海域の倭と朝鮮』（吉川弘文館、二〇〇二年）。
(47)佐伯弘次「中世対馬海民の動向」秋道智彌編『海人の世界』（同文館出版、一九九八年）所収。
(48)荒野泰典「日本型華夷秩序の形成」網野善彦ほか編『日本の社会史』一（岩波書店、一九八七年）所収。
(49)藤木久志『豊臣平和令と戦国社会』（東京大学出版会、一九八五年）。
(50)河岡前掲注（43）書、三四二～三五一頁。伊藤亜人「中国と日本の漂泊漁民」網野義彦編『海と列島文化』四　東シナ海と西海文化（小学館、一九九二年）所収。
(51)宮本前掲注（4）a書、一四八、一八〇頁など。
(52)佐伯前掲注（47）書、一二七～八頁。
(53)及川前掲注（19）論文。
(54)近年、漁業をたんに「漁撈」の側面にだけ着目するのではなく、領主権力や地域社会との関わりを請負制を通して考察し、さらに近世社会広範に存在した請負制の中に位置づけることで漁業の社会的な意義についても再考する請負制論という研究動向がある（後藤雅知「はしがき」後藤雅知・吉田伸之編『水産の社会史』［山川出版社、二〇〇二年］所収）。本稿では請負制自体の考察には踏み込めないものの、基本的な視点を共有している。
(55)及川前掲注（19）論文。
(56)長崎県史編集委員会前掲注（6）書、八八〇～二頁。泉前掲注（15）a書、一三八頁。

(57) 山口啓二「秋田藩初期の金銀山」地方史研究協議会編『日本産業史大系』三（東京大学出版会、一九六〇年）所収、のちに『山口啓二著作集』二（校倉書房、二〇〇八年）、一八五頁。荻慎一郎『近世鉱山をささえた人びと』（山川出版社、二〇一二年）、二二～二三頁。
(58) 柴田恵司・高山久明「鯨船」『海事史研究』三三、海事史学会、一九七九年。
(59) 及川前掲注（19）論文。
(60) 中園前掲注（13）書など。
(61) 末田前掲注（14）書、中園成生「西海漁場における網掛突取捕鯨法の導入について」『島の館だより』一一、平戸市生月博物館島の館、二〇〇七年、ほか。なお、捕鯨の手法が一直線に進化したと捉えることは出来ないことに注意しなくてはならない（末田前掲注（14）書、五七頁。中園前掲注（13）書、二一～二二頁）。
(62) 宮本前掲注（4）a書、四三頁。

【付記】なお、本稿の一部は、二〇〇七年六月一五日立教大学日本学研究所研究会、二〇〇九年四月二五日山口ゼミで報告している。両会に参加の諸氏より貴重な示唆を得たことをここに記して感謝します。また、本稿は、JSPS科研費50111571「グローバリゼーションと反グローバリゼーションの相克―捕鯨を手がかりとして」（二〇〇四年度～二〇〇七年度、研究代表：立教大学文学部教授荒野泰典、通称：鯨科研）および同26220402「マルチアーカイヴァル的手法による在外日本関係史料の調査と研究」（二〇一四年度～二〇一九年度［予定］研究代表：東京大学史料編纂所教授保谷徹）の成果の一部である。

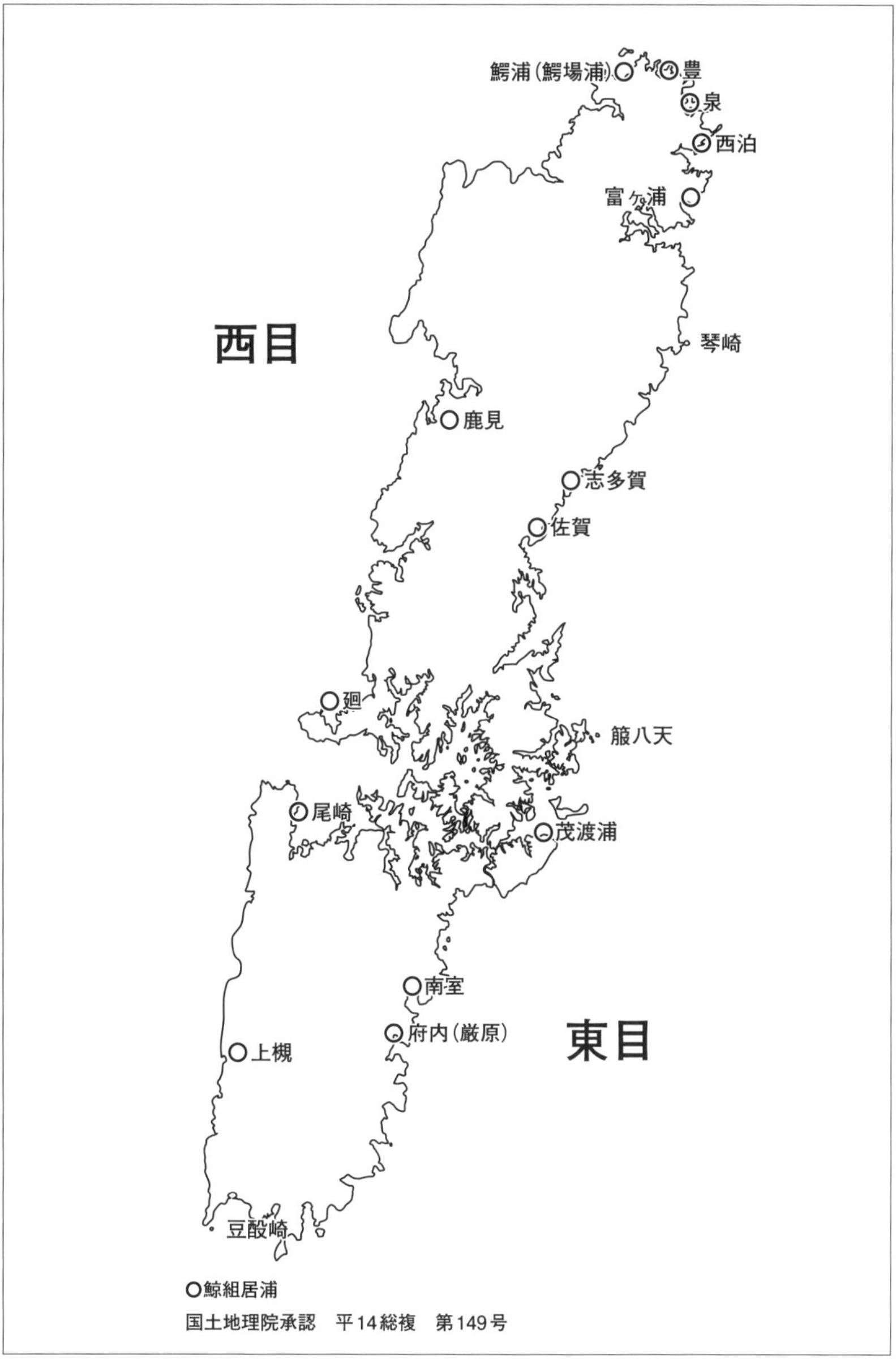

一七世紀対馬捕鯨関連地図

糸割符再考

—糸割符増銀と生糸現物配分について—

西垣　昌欣

はじめに

近世の長崎貿易において、初期の主要輸入品であった白糸の取扱いに適用された仕組みが糸割符である。糸割符の「割符」とは、「糸乱記」という史料の凡例に「符を以て之を割ると言こと（ママ）」であると説明されていることから、糸割符は糸（生糸）を「符」によって割ること、がもともとの語義となる。[1] 何が「符」になるかについても説明があり、「大を以ていふときハ、則ち堺百弐十丸、京百丸、長崎百丸、小を以ていふ、則百斤五十斤等なり」とあるので、「大」すなわち箇所ごとに定められた丸数や、「小」すなわち糸割符人に個別に定められた斤数を指している。[2] よって、「大」「小」の所定の基準に沿って生糸を分割することが糸割符という用語のもともとの意味であったはずである。

しかし今日、糸割符は「白糸を糸割符仲間が独占的に一括購入し、更に国内の貿易業者や織物業者などに販売する仕組」のことであり、「その間、購入価格と販売価格との間に生じた差益（糸割符増銀という）について、一定の利潤を確保し、その純利益を仲間間で分配するシステムであった」と説明される。[3] つまり生糸の現物配分ではなく、生糸を販売処分して得られる中間利潤の配分システムのことであると理解されているのである。

ところが今回、右の通説と異なる糸割符人への生糸現物配分を示す史料を目にする機会を得た。そこで、従来の糸割符増銀をめぐる議論を再確認した上で、新史料の紹介及び既出史料の再吟味を行い、糸割符という仕組みを再考することにしたい。

一　糸割符増銀をめぐる議論

糸割符という仕組みが、糸割符増銀の配分システムであったと最初に指摘したのは森岡美子である。[4] 森岡は①「五ヶ所割符糸五百丸之増銀小割配分之覚」[5]や②尾州中島古記録の元禄一六年（一七〇三）一一月付「覚」及び宝永二年（一七〇五）四月付「覚」にみる呉服師への増銀配分例、[6]そして③「石城志」の「博多割符割付之覚」（承応元年〈一六五二〉）[7]にみる増銀配分例を紹介し、「糸割符とは一種の株つまり権利であり、糸割符人は白糸の取引から生じた利益の配当を受取るシステムであったのではあるまいか」と指摘した。この卓見を受け、次いで中田易直が堺の題本寺文書に残る④「元禄元辰年唐人阿蘭陀ゟ五ヶ所へ買取白糸惣高」[8]を引用し、堺糸割符仲間への小割配分の具体を明らかにすると共に、五か所会所による共同営業を論拠に糸割符増銀の配分は五か所に共通したことであったとし、さらに⑤尾州中島古記録の正徳三年（一七一三）一一月付「覚」にみる大猷院（徳川家光）治世下での呉服師への「増銀被下置候御事」の記事、[9]及び森岡氏と同様に③「博多割符割付之覚」を根拠に挙げて、「初期より仲間に増銀の配分が行われていたと考えたい」と述べた。[10]

森岡と中田により今から半世紀以上も前に示されたこれらの見解が基となり、今では糸割符といえば先に触れた通り、糸割符人に対して糸割符増銀が配分されるシステムであることが通説となったのであった。

しかし、あらためて糸割符増銀の論拠を確認すると、前出①②④の史料はいずれも糸割符再興（貞享二年〈一六八五〉）後の実態について説明するものであり、「初期」つまり糸割符の明暦元年（一六五五）一時廃止以前のことを説明する史料ではない。また残る二史料③⑤は共に呉服師及び博多への増銀配分例であり、五か所糸割符への増銀配分を直接説明するものではない。

実は糸割符を増銀配分システムとみる中田自身、「初期の糸割符増銀については、その内容を詳細に知るを得ない」と認めており、[11]五か所糸割符において増銀配分があった事実を確定する直接的根拠は存在しないのである。そのため中田は、後に再び初期の糸割符について論じるなかで、あらためて「三か所（京都・堺・長崎、筆者による補足）あての配分が白糸の現物で行われたものか、白糸を換金して純利益即ち糸割符増銀で配分されていたものかは明確でない」と断り、当初は「初期より仲間に増銀の配分が行われていたと考えたい」としていた見通しを、「貞享以降は糸割符増銀で分配されている」という表現に修正し、「初期」段階での配分に慎重な態度を示した。[12]この見直しの背景には、当時展開されていた高瀬弘一郎との糸割符論争があり、[13]イエズス会史料の分析からいわゆる「鎖国令」（寛永一〇年〈一六三三〉）までの糸割符について、その実効性を否定的に捉える指摘を受けるなかで表現を慎重にされたと思われる。

そのような状況下で、中村質によって奈良屋文書に残る寛永一八年（一六四一）の新史料「長崎糸之割符之事」が紹介された。中村は、この史料中にみる「掛出し銀」（後述の「ねまし」銀）を一種の増銀とみる見解を示し、併せて寛永期に五か所糸割符「会所」が存在し組織的な販売処分が可能だったことも踏まえて、寛永期には糸割符が利権化し、生糸そのものの入手・取引でなくなっていたと結論付けた。[14]

この中村の説明に対し、早速高瀬から反論があり、奈良屋文書の史料にみる「掛出し銀」は割符の利権の賃貸・譲渡料で、これをもって増銀配分が行われたことの証明にはならないとの疑問が呈された。[15]これに対し、中村は

「掛出し銀」に対する高瀬の指摘を首肯しつつ、糸割符増銀配分については「長崎糸之割符之事」に拠るのではなく従来から引用される「博多割符割付之覚」に拠るのであると回答しており、[16]やはり「初期」に五か所に対して糸割符増銀が配分されたことを直接示す史料がないことをあらためて確認する結果となった。

その後、奈良屋文書の「長崎糸之割符之事」という史料は、再び小山幸伸によって取り上げられた。[17]小山は中村が「掛出し銀」とした箇所を「ねまし銀」と読み改め、糸割符株の利権譲渡に際して支払われたと解説した。そして、他の奈良屋文書史料も引用して糸割符人が組合を形成して資本運用していると指摘し、「ねまし銀」はその譲渡料であったと論じた。また、寛永八年（一六三一）に大割符という用語が成立することと対に「小割」（糸割符人への個別配分）が生じたこと、そして分国配分（博多・筑後など五か所以外への配分）の開始により糸割符の価格抑制機能が働くようになり実効性を持つようになったことを挙げ、同年頃に糸割符増銀の成立を想定してよいのではないか、との考えを示した。この小山の見解は、論考の全体で「糸割符仲間の変質」を論じるなかで示されており、糸割符仲間が糸割符の元禄改正を経て「商人」組織から「町人」組織へと変質したとするシェーマを描くなかでは、なお貿易商人としての性格を強調する意図もあったのではないかと推察する。

しかし、続く木崎弘美は、この小山の見解を受けて糸割符増銀の始期を同様に寛永八年頃に置いた上で、糸割符人の性格が「商人」から「町人」へと変質した時期をさらに寛永期にまで遡る見解を示した。糸割符増銀の成立は「都市」に居ながらにして利益を享受することが可能なシステムであり、そのシステムの成立をもって糸割符人が長崎に下向する意味が薄らぐことになる。それによって貿易取引からの乖離、そして糸割符の利権化が進む、と指摘したのであった。[18]

以上ここまで糸割符増銀をめぐる議論の経過をたどってきたが、「初期」とされる明暦元年（一六五五）廃止以前の糸割符における増銀の議論は、次の三点に要約できる。

（1）糸割符が明暦元年に一時廃止される以前において、五か所（京都・堺・長崎・江戸・大坂）に対し糸割符増銀が配分されたことを示す史料は存在していない。強いて挙げれば、寛永一八年の「長崎糸之割符之事」が唯一の史料となる。

（2）ただし五か所の例ではないが、承応元年の「博多割符割付之覚」をもって、糸割符一時廃止以前の増銀配分が推測され、有力根拠に用いられている。また、正徳三年の「覚」の記事ではあるが、大猷院治世下（寛永九年〜慶安四年）での呉服師配分についても「増銀被下置候」とする記述が存在する。

（3）「長崎糸之割符之事」が紹介されて以降、糸割符増銀の開始期として寛永八年（一六三一）頃が想定されるようになった。その想定の根拠には、同年に糸割符にかかる諸改革（江戸の糸割符加入・大坂への仮配分、呉服師配分の開始、分国配分の開始、唐船への糸割符適用、白糸以外の糸・反物類の対象化）が行われ、「大割符」という用語の成立をみるほか、糸割符「会所」の存在、イエズス会史料におけるパンカダ取引の変化等が挙げられている。

このように糸割符増銀の検討は、（1）（2）のように非常に少ない史料状況の下で行われ、その後は（3）のように糸割符をめぐる様々な状況分析を組み合わせ、増銀配分の開始期を寛永期におく見方が強まってきた。筆者も、貿易都市長崎が国際関係の「役」を押さえる体制を構築していく過程で、寛永八年が重要な意味をもつ年だと認識しており[19]、これら指摘されている諸事項を重視する立場である。

しかし、糸割符という仕組みにおいて、糸割符の配分を受けた京都・堺・江戸・大坂の四か所から糸割符人が長崎に下向する構造が重要であったと考えており、その点からは増銀配分システムがかなり早い段階に確立されていたとみる見解には、慎重を期すべきと考えている。増銀は生糸販売により生じる利銀であり、当然最終的には糸割符人にもたらされるものだが、五か所糸割符会所によってすべての生糸の販売処分が完結してしまうと、木崎が指摘するように、多くの平糸割符人が長崎に下向する意義が薄らぐことになる。糸割符人の長崎下向の目的を明確にする上で、生糸取引への関与を実証する意義は大きい。

また、糸割符増銀をめぐる議論は、「貞享以降は糸割符増銀で分配されている」と認識され、研究の争点は糸割符一時廃止期以前の実施の解明に置かれてしまっているが、この点もあらためて検証の対象にすべきと考えている。

以上の問題意識を踏まえ、次節から具体的に史料を挙げて考察を進めることにしたい。

二　生糸の現物と増銀の配分

現在、糸割符の仕組みは、長崎に置かれた糸割符会所を中心に組織的に生糸の入札・販売が行われ、その結果もたらされる購入価格（元代）と販売価格（払代）との差益（糸割符増銀）が糸割符株に応じて配分されるため、個々の糸割符人が生糸を入手するとは考えられていない。

しかし、奈良屋文書に残る次の史料はそのような理解に再考を迫る史料となる。[20]

［史料一］

覚

壱口ノかぶニ

一、白糸　廿九斤七ふ（歩）壱八壱三七二五

　是ハ糸にて渡候分

一、残糸　四十八斤弐歩壱五二七

増銀六百二匁三分四り(厘)七も(毛)
糸合　七十七斤九ふ(歩)三三四〇七二五
内
七十七匁九分三り(厘)三毛四弗
壱斤壱匁ノ口銭銀ヲ引

割符銀之覚

一、貳貫九拾七匁六分五厘弐毛　中間ゟ請取
内　三百六拾匁　打銀ニ中間ヘ遣シ
但　壱口ニ九拾匁　打也
残テ壱貫七百卅七匁六分五り弐毛

配分

一、四百卅四匁四分　茨木や太兵衛
一、四百卅四匁四分　廣嶋や長兵衛　印
一、貳百拾七匁弐分　加賀や次兵衛　印
一、六百五拾壱匁六分　奈良や惣右衛門　印
右之銀銘々ニ請取申候　茨木や太兵衛之銀ハ、奈良や惣右衛門預り被申候、以上
丑ノ十月廿五日

奈良屋は、残される文書の内容から大坂糸割符仲間の一員であったと考えられる商家である。(21)［史料一］の後半

部に当たる「割符銀之覚」は、小山幸伸によってすでに紹介された史料である。これにより糸割符人が組合という形態で糸割符取引に参加している事実が指摘された[22]。しかし本史料には、実は紙を貼り合わせた前段があり、非常に重要な事実を伝えているので、ここに全文を引用した（一部読みも改めている）。

まず冒頭の「覚」には一口の株に対し、白糸二九斤七歩余と残糸四八斤二歩余の計七七斤九歩余の配分があったこと、そして白糸については「糸にて渡候分」（傍線は筆者による）と説明があり、残糸については増銀六〇二匁三分余があったことを記している。そして続く「割符銀之覚」には、二貫九七匁六分余の割符銀を糸割符「中間」から請け取り、三六〇匁を「打銀」として「中間」に払い、そして残銀一貫七三七匁六分余を四名で分配したことが記されている。打銀とは糸荷造りの際に日雇等に配られた作業賃銀であろうか[23]。生糸の販売処分は長崎で行われたであろうから、「打銀」は五か所糸割符会所に払われ、その残銀が大坂糸割符仲間を通じて奈良屋惣右衛門らの手元に届けられたのである。

注目すべきは、もちろん白糸二九斤七歩余について「糸にて渡候分」と説明している点である。既述したように糸割符は糸割符増銀の配分システムであるというのが通説であり、生糸の現物配分はこれまで未確認であった。再度［史料一］を見れば、残糸四八斤二歩余について増銀六〇二匁三分余があったことを記すのに対し、「糸にて渡候分」について増銀の説明はなされていない。しかしながら、白糸と残糸の合計七七斤九歩余に対し、口銭銀七七匁九分余が掛かっている。仮に奈良屋ら四名の利銀を残糸から生じた増銀六〇二匁三分余のみとし、それより口銭銀分を差し引くと、残銀は五二四匁四分余となる。実はこの銀高の扱いが「割符銀高之覚」に引き継がれている。一口分の利銀五二四匁四分一厘三毛（六弗は切り捨て）の四口分が二貫九七匁六分五厘二毛であり、これを仲間から割符銀として配当され、「打銀」を仲間に払って、最終的に残る一貫七三七匁六分余を四人で分割している。

このように前段の「覚」と後段の「割符銀之覚」は内容として合致しており、後段の「割符銀之覚」に白糸分が含まれていないのであるから、つまりは白糸がその時点まで販売処分されず現物のまま四名の手元にあった、ということになる。

次に［史料一］に関連して［史料二］を取り上げる。同史料は［史料一］同様に小山によりすでに紹介されているが、［史料一］との関連において重要な史料であるためここであらためて見直すことにする。

［史料二］

請取申銀子之事

一、銀五百貳拾九匁壱分八厘六毛貳
右割符白糸九拾七丸大坂分当リ前
割方壱口ニ貳拾九斤七歩壱八壱三七貳五貳四九半宛ニ而、私共壱組かぶ高四口合百拾八斤八歩七貳五四九〇壱九五、内百斤ハ去十日ニ請取、則手形差上ケ置候、残拾八斤八歩七貳五四九〇壱九五之半糸御売被下、其増割符銀として唯今五百弐拾九匁壱分八厘六毛貳慥ニ請取申所実正ニ而御座候、かぶ高之割ヲ以配分可致候、
為後日如件

貞享貳年
丑九月十五日　　加賀屋次兵衛　印
廣嶋屋長兵衛
奈良屋惣右衛門
茨木屋太兵衛

伊勢村新右衛門殿
吉文字屋三郎兵衛殿

大和屋与次右衛門殿

［史料二］は貞享二年（丑年）九月一五日とあり、糸割符再興時の生糸取引を知る上で重要な史料である。[24] 輸入生糸はこの年の取引から「白糸割符大割之高、五ヶ所共ニ先規之通」にするとされ、同時に「弁がら糸其外下糸之類、不残五ヶ所江割付」けられることになった。[25] 白糸の「大割之高」を「先規之通」にするとは、白糸を京都一〇〇丸、堺一二〇丸、江戸一〇〇丸、大坂五〇丸、長崎一〇〇丸、とする基準に沿って配分すること、すなわち輸入生糸全体を京都一〇〇：堺一二〇：江戸一〇〇：大坂五〇：長崎一〇〇の比率で配分することをいう。[26] したがって、史料中にある大坂への白糸配分九七丸というのは本来の題糸高五〇丸の一．九四倍に相当し、これを全体の題糸高四七〇丸（二万三五〇〇斤）に適用して換算すると、この年の白糸は四万五五九〇斤あったことになり、京都・江戸・長崎には各一九四丸（九七〇〇斤）、堺に二三二丸余（一万一六四〇斤）が配分された見当になる。

［史料二］に記載される奈良屋惣右衛門以下三名は、［史料一］に記載される四名と同一で、「組」を称し、一口二九斤七歩余、四口合わせて計一一八斤八歩余の白糸が配分されている。［史料二］から読みとれることは、①白糸一一八斤八歩余のうち一〇〇斤についてはすでに請取手形を返している、②残る一八斤八歩余の糸は「御売被下」、その増割符銀五二九匁一分余を請取っている、の二点である。

小山は本史料について奈良屋ら四名は「合計一一八斤余に合わせて増銀の配分を受けている」とし、一〇〇斤についても増銀配分だったと解釈した。[27] しかし①と②を比較すると、②が白糸一八斤八歩余の販売によって増割符銀五二九匁一分余を請取ったことを明記しているのに対し、①は単に白糸一〇〇斤の請取りを記すに留まっている。［史料二］は②の請取証文であるから、①の説明が簡略に済まされたとも受け取れるが、「百斤ハ去十日ニ請取」との記述をはたして増銀での請取りと解釈してよいものか。

実はこのことに関連して、前出の［史料一］の内容と照らしてみると、白糸一口二九斤七歩余という数値は、端数を切り捨て四口分で数えれば一一八斤八歩となり両史料の糸量は一致する。奈良屋ら四名の名前、そして「丑年」である点も一致している。［史料一］が貞享二年の史料であり、白糸一一八斤八歩余が［史料一］で「糸にて渡候分」とされた白糸のことということになれば、当該の白糸一〇〇斤は先に確認したように現物の生糸であったことになる。

しかし、［史料二］において一八斤八歩余の白糸のみ販売処分されたということになるとやや不可解に映る。そのため、なぜこのような販売がなされたか理由を探る必要がある。

そこで、そもそも輸入生糸が長崎でどのように扱われていたのかを考えてみることにしたい。もちろん史料的制約から当該時期の扱いを直接知る史料はないが、京都糸割符仲間で請払を務めた巨智部忠真が明和六年（一七六九）に著した「糸の和久」は、長崎において白糸がどのように取扱われたのかを具体的に書き上げており、作業や生糸の形態を知る上で参考になる(28)。

「糸の和久」によれば、元々白糸は「唐土より持来るには斤数六十觔を入てからミたるを壱丸」と呼び、「是を切解いて中身を一度出し、五か所会所で計量と品質査定を行った上で、新たに五〇斤を一丸の糸に造り直すという手順を踏む(29)。長崎に持ち込まれた白糸には、当初「唐土」作成の入日記が入れられているが、五か所会所で新たに丸糸に造り直す際に、五か所糸割符作成の入日記を入れ直す。一丸掛けの白糸はまず白木綿の風呂敷に包んで苧縄で結ばれ、この時その内側に入日記が入れられる。その上を七島（七島藺）で包み、更に筵で包んで縄をかける。三重に荷造された最後の両口は、入日記にも押印される「五ヶ所の長印」で封印される(30)。丸糸の梱包がどのように厳重にされていったのかその過程は不明であり、もちろん貞享期の様子を知る由もない。ただ、丸荷造りと入日記の封入は寛永期より行われていたことが伝えられている(31)。

さらに白糸の丸造りに関する補足を加えると、「斤高たとへハ千百拾斤あるなれハ弐拾弐丸ニ造り、残りたる拾斤は本銘の端糸といふ名目を立る、また出目糸といふあり、是ハ造り残り糸と名目をつけぬるなり」と説明される。[32]「出目糸」については、他に「五ヶ所にして造立たる跡ニ而ハ、あるひハ壱歩、弐歩程なと斤数の外に余慶を顕し侍りぬ」とある。[33]よって白糸の糸造りにおいて、五〇斤に足らなければ「本銘の端糸」、さらに一斤に至らない「出目糸」は「造り残り糸」と区別された。

これらのことを参考にすれば、[史料二]の白糸一〇〇斤(=二丸)は丸糸に造り立てられ、販売された一八斤八歩余は端糸だったと考えられる。「糸の和久」による限り入日記は丸糸には添付されたが、端糸の場合は「造り目録」に記載されるに留まる。[34]したがって、[史料二]の生糸一一八斤八歩のうち上方に送荷されてなお信用を担保される白糸は、丸糸二丸(つまり一〇〇斤)ということになる。それに比べて端糸は一八斤余と少なく、入日記による証明がない。したがってこの端糸は糸割符年寄(伊勢村新右衛門ら)の裁量で早々に販売処分されたのではないか。

また[史料一]の残糸は、糸造りの過程で生じた出目糸ではないかとの予測が立つ。ただしこの残糸は、白糸が一口当たり二九斤七歩あったのに比べ四八斤二歩余と量が多く(白糸の約一.六倍)、しかも一斤当たりの増銀も一二匁七分余ほどでしかない。これは白糸の端糸が一斤当たり二八匁余であったことに比べ、半値以下の低価である。これらのことから丸荷造りで生じる出目糸だけではなく、この年より糸割符の対象となった「弁がら糸其外下糸之類」であったのではないかと考える。『寛宝日記』には貞享二年八月二〇日の段階で「こんぱにや荷弁柄糸九万斤余」が残っており、[35]この量は、大坂への白糸九七丸配分から試算した五か所への白糸配分高四万五五九〇斤の約二倍に相当する。あくまでも推測に過ぎないが、弁柄糸がこの段階では出目糸と一緒に残糸とされていたのではないだろうか。

これまで考察した[史料一][史料二]の内容を整理すると図1のようになる。この整理は、両史料があくまでも同一の事柄に関する内容であるという仮定に立っているが、そうであるならこの生糸を取扱う過程は白糸と残糸に分けて扱う段階と、白糸を丸糸と端糸に分けて扱う段階の二段階に分けることができる。最初の段階は長崎の五か所糸割符会所での取扱いである。配分される生糸の口銭銀がまず差し引かれ、次いで丸糸を除く残糸が販売処分され、それで得られた増銀と丸糸が大坂糸割符仲間に配分された。大坂糸割符仲間はその増銀の中から打銀を回収し、残銀を糸割符人に配分する。第二段階は、大坂糸割符仲間の裁量による取扱いである。五か所糸割符会所から配分された白糸のうち、丸糸は糸割符人に受け渡され、端糸は大坂糸割符仲間（会所）によって販売処分された。

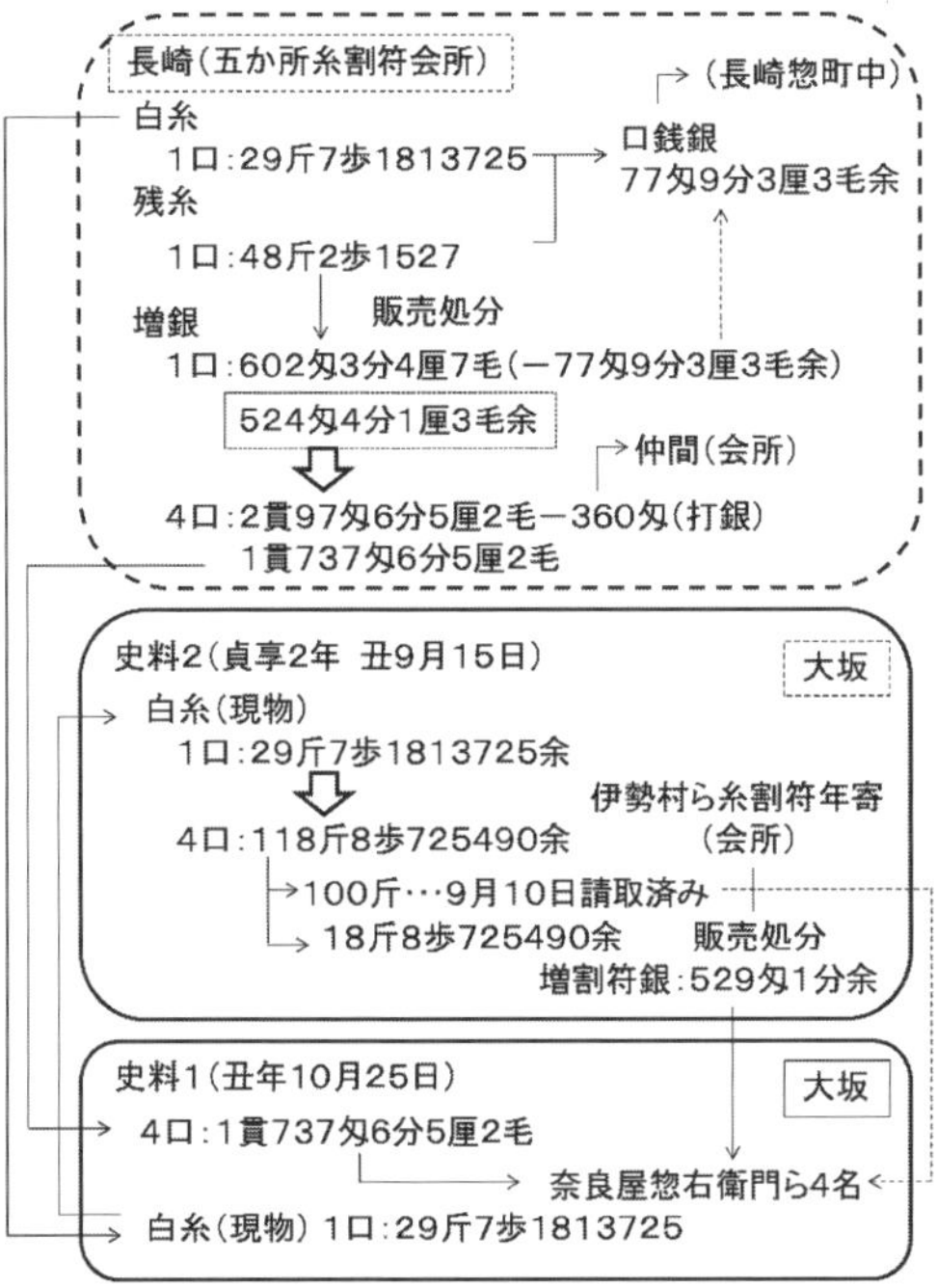

図1［史料1］と［史料2］の関係（生糸現物の取扱い）

［史料二］の場合、奈良屋惣右衛門らは大坂にいると考えられることから、[36]丸糸も大坂での受け取りと解してよいだろう。端糸分についても同様だが、長崎で販売処分された可能性も残るので、この判断は保留しておく。

また、併せて確認しておきたいのは、［史料一］［史料二］の増銀配分の実態から、生糸の販売処分が実に細かな取引と会計処理で成り立っていた点である。このような実態は糸割符人が結成していた組のレベルで史料が残存していた奈良屋文書によって初めて把握できたことであり、箇所ごとにまとめられた数値からは判別することができない。

各か所には請払（初期は仕払人）が存在し、記録としては会計上合算した数値が公の記録として残されるから、丸糸・端糸・残糸といった区別によって販売処分する主体が異なっても、最終的には販売利益はすべて増銀と表記され、箇所ごとにまとめられてしまう。この辺りに生糸の現物配分の実態が捉えにくい理由があるのではないだろうか。

さて次に五か所の例ではないが、生糸の分国配分を受けた博多への生糸配分（一二丸半）の状況がわかる史料を見ることにしたい(37)。

［史料三］

割付之増銀中間割之覚

一、銀四貫五百三十八匁六分三リン九毛七弗
　春船白糸阿蘭陀白糸黄糸下糸合三百七十五斤之増銀、銀ニ而請取分
　但、五ヶ所ヨリ目録有リ

一、同六貫弐百六拾目
　夏船之白糸五丸ニテ請取候増銀
　但、壱丸ニ付壱貫弐百五拾弐匁まし
　糸売手形有リ

合銀拾貫七百九十八匁六分三リン九毛七弗
　内
　銀六百弐拾五匁　糸壱斤ニ付壱匁宛リ引銀、拾弐丸半之分、五ヶ所ニ払
　同壱匁五分　糸五丸受取候刻、立山ら持賃

〆銀六百弐拾六匁五分
引
残ル銀十貫百七拾弐匁一分三リン九毛七弗
右拾ニ割付壱ツ分
銀壱貫拾七匁弐分一リン三毛九七宛ニ当リ
此割付銀上之段ハ弐ツ分、中之段ハ壱ツ分、下之段ハ半分宛之割付也
以上

［史料三］は年不詳の史料である。ただし、博多糸割符文書に収載されている「割付銀中間請取之事」（貞享二年〈一六八五〉）という別史料に［史料三］と同じ「銀十貫百七拾弐匁一分三リン九毛七弗」について小割配分が記されており、両史料は同じ年（つまり貞享二年）の増銀について記載する文書であると捉えてよいだろう。(38)

さて、［史料三］の内容において注目すべきは筆者が付した傍線部である。春船白糸及び阿蘭陀白糸・黄糸・下糸の計三七五斤（つまり七丸半）の増銀について「銀ニ而請取分」としている。

それに対して、夏船の白糸は「五丸ニテ請取候」としている。五丸は丸糸のことで生糸の現物配分である。前者の三七五斤は、唐船持渡の白糸だったりオランダ船持渡の白糸・黄糸・下糸だったりすることから、端糸など丸糸にならなかった糸類として五か所糸割符会所が扱い、販売処分して銀での配分となったのである。

しかし、一方の五丸の生糸も「糸売手形」を博多仲間が有し、増銀高も示していることから博多仲間の手により販売処分されたことが解る。「糸五丸受取候刻、立山ゟ持賃」とあることから、立山（糸割符会所）から博多仲間のうちいずれかの宿所に移送され、そこで販売処分されたのであろう。

右の博多仲間への生糸配分及び増銀配分の様子から、増銀（利銀）の生じ方には二段階あったことが判明する。

まずは配分前に五か所糸割符会所によって販売処分された段階で、次は丸糸（つまり生糸の現物）の配分を受け、当該の仲間（［史料三］の場合は博多仲間）自身によって販売処分された段階である。後者の場合は、配分を受けた仲間の裁量による販売のため、誰に販売するかも選択できたはずである。また、［史料三］の場合、前者の増銀が一斤当たり一二匁余であったのに対し、後者の増銀は一斤当たり二五匁余あり、販売処分した場合の利益率は後者の方が高かった。白糸の丸糸という価値をどのように扱うかは配分を受けた仲間に任されており、販売先の選択権も仲間側にあった訳である。

ただし、［史料三］において移送費用（「立山ゟ持賃」）をわずかながら博多仲間が負担していた点も重要で、どこで販売処分するかのファクターとして移送費用の負担があり、生糸価の相場と照らすと、結果として長崎での販売処分が選択されやすかったと考えられる。

以上のように、［史料一〜三］によって大坂糸割符仲間及び博多仲間に生糸現物配分があったことを確認することができた。［史料一］［史料三］が共に貞享二年の取引と考えられるため、単年の取扱いに限定される可能性も留保しておく必要はあろうが、これまで生糸の現物配分については未確認であったことを考えれば、糸割符本来の語義に即した生糸配分を確認できた意味は大きい。

三　寛永期の生糸取引をめぐって

寛永期に糸割符の利権が譲渡された事例として、中村質と小山幸伸によって紹介された「奈良屋文書」の寛永一八年七月一七日付の「長崎糸之割符之事」という史料がある。[39] しかし、両氏の史料解釈について筆者はいくつか疑問を持つので、以下に当該史料を改めて引用し、その考えを述べたい。

〔史料四〕

（端裏）松村忠兵衛殿へ遣候留

長崎糸之割符之事

一、長崎糸之割符中間より、糸何ほと長崎にて相渡り申候共、其方様へ御取可被成候、但シ、白糸五拾斤ニ付ねまし銀子弐百五拾目ツヽニ糸多少次第、右之御算用にて銀子御渡可有候、但、大坂割符中間より万かゝり物何ほと御座候共、此方ゟ相済可申候、其方御下り万遣ハ此方ニ少も不存候、為其一筆如此候、已上

寛永拾八年
巳ノ
七月十七日

ひハたや　宗達
かめや　浄真
ならや　孫兵衛
のさとや　四郎左衛門

松村忠兵衛様

〔史料四〕には、糸割符仲間の一員として檜皮屋宗達ら四名に配分されるべき生糸を、すべて松村忠兵衛なる人物に受け取らせる旨が記されている。また「其方御下り」とあることから、檜皮屋ら四名は大坂に居て、松村のみ

長崎に下向するという状況であると理解できる。本史料にみる「ねまし」銀は、かつて中村が「掛出し銀」と読んで「一種の増銀」として紹介され、この「掛出し銀」は檜皮屋ら四名に支払われる約定であったこと、割符高がすでに利権化していたことを指摘した。(40)

この中村が「掛出し銀」と読んだ箇所を小山は「ねまし」銀（値増銀）と読み改め、中村の説明を「利権譲渡を受けた松村が支払う賃貸または譲渡料」であると解し、檜皮屋ら四名に一括して支払われた後、内部で分配されたと説明した。(41)

筆者も小山の「ねまし」という読みは支持するが、「ねまし」銀を増銀と捉えて糸割符株の移動の事実を説明される点には賛同できない。この部分は、白糸五〇斤当たり銀二五〇目を、糸量を問わず値増しにして（つまり元代に加えて）、糸割符仲間に支払う「算用」を確認しているに過ぎないのではないか、と考える。その後の内容においても、大坂割符仲間から要求される「かかり物」には檜皮屋ら四名が支払いを済ませるが、松村忠兵衛が長崎でさまざま費やす様子は把握できないのでこの書状を作成したという説明がある。つまり、同書状は長崎に下向する松村忠兵衛に生糸入手の作法（算用）を守らせるために作成され、携行させる意図だったと考えられる。したがって、「銀子御渡可有候」は大坂に戻ってきた際の支払いを約束している訳ではなく、「（長崎で）銀をお渡しなさってください」と指示していると捉える方が自然ではないだろうか。

そもそも「ねまし」銀が、白糸五〇斤当たり銀二五〇目（糸一斤当たり銀五匁）という額はかなり低額であり、この銀額は後年の増銀の実績ではまず見ない低さである。また、糸割符年寄が元代銀の交渉を行い、その後いくらで販売するかという手続きを経て生じる利益を、長崎下向以前に固定して（しかも低額に）決定しておく不可解さをどうにも理解できない。また、糸目利がいて生糸の品質を見極め等級を定めたであろうから、当然生糸の価値は異なるはずである。これらを一律に取扱うということも考えにくい。[史料四]に小割配分でも記載されていれば

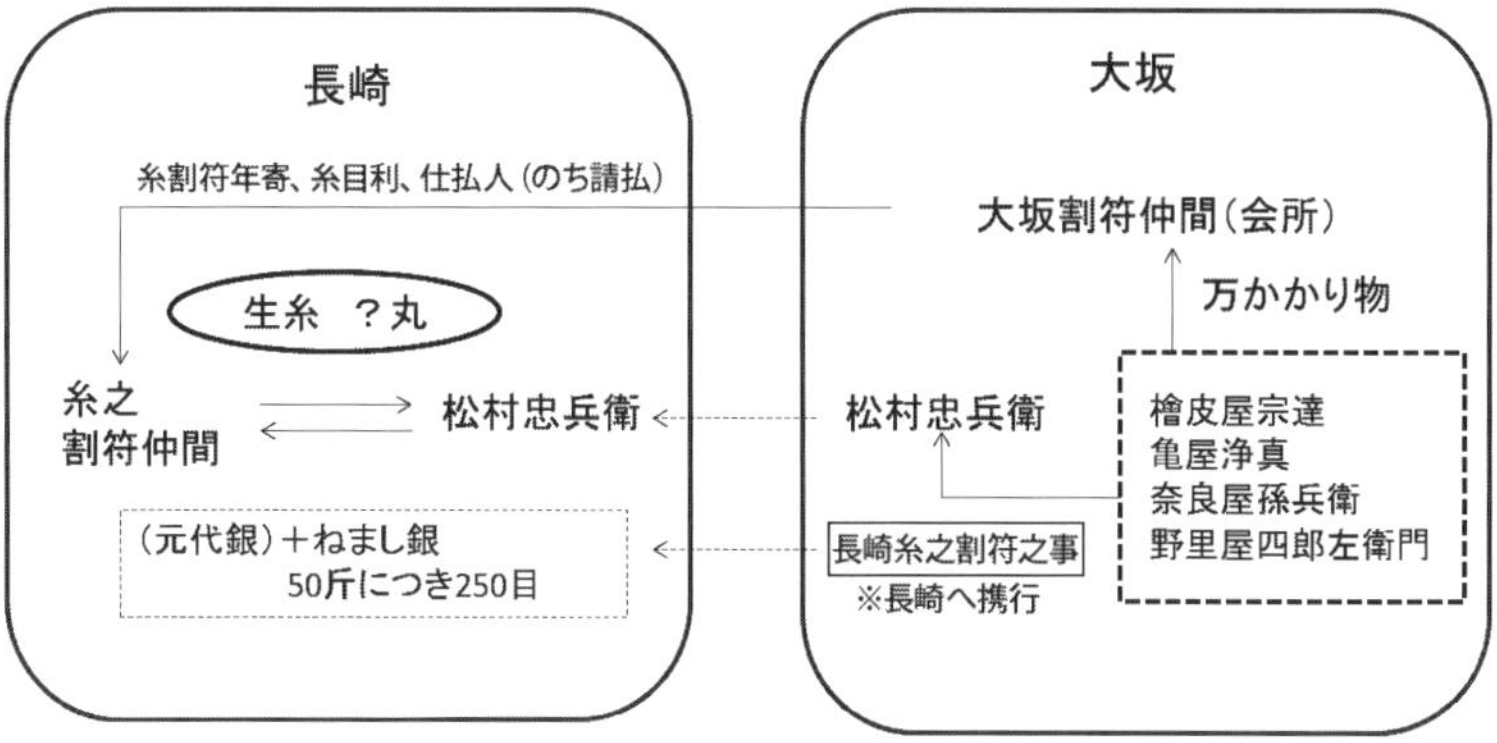

図２　奈良屋文書「長崎糸之割符之事」の関係

そのような理解もできようが、記載事項はあくまで白糸五〇斤当たり銀二五〇目とする算用だけである。中村も「掛出し銀」（「ねまし」銀）を「増銀」とはみなさなかった理由として、筆者と同じく「後の実績額からみるとかなり低い額」であり、かつ「その後の精算規定もない」ことを挙げている。[42]「ねまし」銀は文字通り「値増し」の銀という意味で、生糸の元代と払代の差額として生じる糸割符増銀とは異なるものと解すべきではないだろうか。

右の理解で「ねまし」銀を解釈すれば、生糸の元代に合わせて支払う訳であるから、その支払い先は「中間」つまり五か所糸割符仲間（会所）であり、檜皮屋宗達らが大坂糸割符仲間に支払う「万かかり物」と対比させれば、会所が生糸を取扱う上で負担し、後に糸割符人から回収する費用（例えば打銀、糸掛銀等が相当する）が考えられる。また後世の事例では、生糸を落札した商人が糸の丸数に応じて小増銀や造り賃を五か所糸割符会所に支払っている。[43]造り賃は丸糸を造る際の日雇い賃銀、昼食代、梱包代等である。小増銀は主に筆者（記録係）に割り当てられる銀で、残れば五か所に分配された。生糸の代銀に加え、丸数（白糸五〇斤単位で糸荷の手数料を徴収する慣習は、生糸取引の早い段階から行われていたと十分に考えられることから、当該の「ねまし」銀をそのような徴収銀と考えることもできよう。

以上のことを踏まえ、書状の内容を図2に整理した。ここであらためて本史料の内容を確認すると、松村忠兵衛は単に檜皮屋宗達ら四名の割符（生糸）配分を代行して受領しようとしているに過ぎないと考えられる。松村忠兵衛がいかなる立場の者か不明である。一方で、差出人の一人である野里屋四郎左衛門は当時の惣年寄である可能性がある。(44)そのような立場にある差出人が「其方様」あるいは「松村忠兵衛様」と表現しているので代行という表現が不適切かもしれないが、「ねまし」銀も「かかり物」も共に本来であれば檜皮屋宗達らが負担すべきものであろうから、その一方を長崎に下向する松村忠兵衛に託す様子はやはり代行のように見て取れる。また「ねまし」銀の算用を示す点から、松村忠兵衛は仲間内の規定を与り知らない大坂糸割符仲間外の人物とも想定できよう。

しかしながら、［史料四］のように糸割符人が大坂に残り、生糸の取扱いを長崎に下向する者に託す様子を、どのように理解すればよいのだろうか。このことについて、参考になるのが博多割符衆（仲間）が寛永二一年（一六四三）に定めた次の三つの規定である。(45)

［史料五］

博多割符衆中申定法之覚

一、毎年八朔ニ長崎へ不参合、政所へ御礼不申入候ニハ、其年之割符少も請取申間敷候、勿論博多ゟ被出、中途迄参候迚も、八朔之御礼之掛合ニ相不申候者、割符請取申敷候事

一、八朔へ名代礼不罷成候、乍去、不罷下候而不叶儀ニ候へ共、自然其身相煩申候か、又ハ御公儀御用なとニ付、無余儀八朔之掛合ニ相不申候者其段中間へ申届、名代礼可仕候、左様ニ候ハヽ、取前之割符半分請取可申候、但為何無差合、私之隙入分ニ而不罷下候者、名代礼聢不罷成候事

一、長崎ニ而割符埒明不申候内ニ罷帰申間敷候、但無余儀隙入之儀ニ候ハヽ、是又中間へ理り申可罷帰候、自由之用ニ而罷帰候儀、不罷成候、又長崎へ罷下候刻、平蔵殿幷四人之年寄衆へ心持之進物ニ而御礼可申事

右之条々、京堺之割符仕置之ことくニまかせ、如此申定候、若相背候ハヽ、割符少も請取申間敷候、為其
連判仕置候所如件
寛永廿壱年
申九月廿八日
中野彦兵衛
大賀惣右衛門
伊藤小左衛門
（ほか九人省略）

[史料五] の内容の大略は次のようになる。

○毎年長崎奉行に八朔礼を行わない者は、割符（生糸配分）を受け取ることができない。

○八朔の名代礼は原則不可。しかし、病気や公儀御用などやむを得ない場合は仲間に届け出て、名代礼は可能。名代礼の場合、割符は所定高の半分となる。

○割符が終結する前に長崎から帰国することは不可。やむを得ず帰国せざるを得ない場合は、仲間に理由を申し出る。勝手な理由での帰国は認められない。また長崎下向に際しては、長崎代官末次平蔵及び長崎町年寄に進物を携えて挨拶に行くこと。

右の定法は八朔礼の遵守を確認する内容である。これは当時の状況として八朔礼が疎かにされる傾向があったことを戒めるため仲間内に設けた規定であろう。そしてこの状況は、博多割符仲間に留まるものではなく、同様に八朔礼の義務を負っていた五か所糸割符においても通じる状況があったと推測される(46)。[史料四] の檜皮屋宗達ら四名は七月一七日段階で大坂に留まっており、恐らく八朔礼には赴いていない。したがって名代礼で済ました可能性が高い。その名代が松村忠兵衛ということも考えられなくはないが、糸割符人ではないと推測されるため、名代は

別に立てていたのではないか。また、博多仲間の定法では名代札の場合、割符の所定高を半分にするペナルティーが定められているが、檜皮屋宗達らはその点に言及せず、松村忠兵衛には輸入量に比例して手元に生糸が渡るように伝えている。したがって、大坂糸割符仲間には博多仲間のような取り決めがなかったか、あるいは寛永一八年の段階では名代札が規制されず容認されていたか、のいずれかではなかったか。

以上、本節を総合すると、「長崎糸之割符之事」を糸割符増銀の配分を裏付ける根拠とすることは難しく、寛永期の生糸取引の実態を明らかにするためには、なお別の史料が新たに見出されるかあるいは不明である諸点が解明されるかが必要である。

四　近世中期の割符糸

中田がかつて「貞享以降は糸割符増銀で配分されている」とした見解は、〔史料一〕〔史料二〕によって見直す必要があると確認できた。ただし、提示した史料が貞享二年に偏っているということもあるので、本節では貞享二年以外にも生糸の現物配分が行われた可能性を示唆する史料を紹介すると共に、さらに銀配分が必ずしも規定によるものではない可能性について取り上げることにしたい。

〔史料六〕

丸糸已前除有へしと評議あらハ、先年も五ヶ所宿老中定書をなして、壱ヶ所に弐丸迄ハ年頭御綸子入用とあり、弐丸ゟ多き時ハ五ヶ所の評議たるへしと、堅ク是を記して制し有なれハ是を守るへし、しかれとも此事ハ近き年ニハなし、いつれ丸糸ハ除の事むつかしき事としるへし、其時の糸の多少に寄るへし、能能此心得をなし、除き丸糸の事ハ取斗ひを成へし、兎角時宜に寄、多少とに寄るへし、もしや除き丸糸あらハ、何の口ニてもあれ此口何丸以前除と提札を付へし、聊なる除ニ而も払看板に顕し置たる事なれハ、落札したる商工ゟいなミ有なり、此事能くと心得へきなり、丸糸除きの事ある時にハ、おのつから札先もよろしからす、是を勘弁して兎角成るましきとおもふかた、いつれの道にもよかるへし

［史料六］は、前述の「糸の和久」において「払看板」の作業を説明する項の末尾に記されている。(47)「払看板」は生糸の入札に係る公示のことで、生糸の品質・数量・入札日時等を看板に認めて入札商人に示す作業である。右内容はその入札対象から外す「丸糸已前除」について説明するものである。内容を整理すると次のようになる。

○「丸糸已前除」が必要という評議になった場合は、五か所宿老の定書を作成する。

○各か所には二丸まで「年頭御綸子入用」を認めており、それより多く丸糸が必要な場合は五か所の評議が必要である。

○「丸糸已前除」は近年行われていない。

○「丸糸已前除」は難しい。判断は時宜とその時々の生糸の量次第。

○「丸糸已前除」を実施する場合は、払看板に「以前除」の提札を付け、商工に周知する。

○「丸糸已前除」は落札商人に疎まれる。「丸糸已前除」がある場合、必然的に入札の進みもよくない。

このように「丸糸已前除」は、生糸の入札を主催する五か所糸割符会所が意図して丸糸（現物）を確保する場合に用いる手立てであった。これとは別に、各か所には「年頭御綸子入用」として二丸まで現物確保が認められており、それを超えて現物を確保する必要がある場合に「丸糸已前除」が行われたことになる。「糸の和久」の成立は明和六年（一七六九）であり、当時は行われていなかったことは明記されているが、それ以前の実施については、どこまで時期を遡るのか不明である。ただし、史料中にも説明があるように「札先」への影響が心配され、よほど

時宜や数量を勘案しないと糸価に悪影響が出るとの理解があったのだから、実施が控えられていたというのが実情であろう。

右に関連して、かつて中田易直が紹介した題本寺文書の「元禄元辰年唐人阿蘭陀ゟ五ヶ所へ買取白糸惣高」という史料の末尾に「仲之糸」一〇〇斤という記載がある。[48] 堺糸割符人の小割（配分斤数＝増銀配分の基準）が記されていることで知られる同史料において「仲之糸」が何を指すのか不明で、中田もこのことは明らかにしていない。しかし［史料六］にあるように、五か所それぞれに「年頭御綸子入用」として糸量二丸（一〇〇斤）の配分が許されていることから、「仲之糸」とは生糸の丸糸（現物）配分のことを指していたのではないかと考えられる。

次に挙げる史料も一八世紀半ばのもので、割符される対象が銀（増銀、糸代り銀）だけでなく生糸の現物も想定されていたことを示唆する内容である。

［史料七］

年番町年寄

京都宿老共近年割符糸出銀少く、其上銅償未納等茂有之候ニ付、追而未納皆済迫、長崎詰差免可申旨先達而申渡候處、割符形為不相替是迄通り相詰度旨願書差出候、先達而申渡候通勝手ニ而相詰候事者勝手次第ニ可致候

一、割符糸者糸成共出銀成共勝手次第ニ候、持渡糸無之節者、定数之高出銀之分五ヶ年平均を以可為相渡候

一、商人ゟ受用物先達而申渡通決而不相成候事

一、割符出銀請払別紙之通難心得事ニ候、一向割符之者共受用茂無之、不益之入用相掛、宿老長崎ニ詰候旨無詮事ニ候

未九月

右之通京都宿老江可申渡候

未九月

［史料七］は、長崎の年番町年寄を介して長崎奉行所が京都宿老に達した寛延四年（一七五一、一〇月に宝暦元年に改元）九月の書付（写）である。[49]当時、「割符糸出銀」（糸割符増銀）が減少するなか銅償銀の未納が生じ、京都宿老にその皆済を求めると共に「長崎詰め」停止が仄めかされている。それに対し、京都宿老は滞納分の納銀を約束して「長崎詰め」継続を申し出ており、長崎奉行はそれを受けて次の三点を伝えている。

①割符糸は生糸でも出銀でも勝手次第。生糸輸入がない場合は出銀の五カ年実績の平均で銀を配給する。

②商人より受用物を徴収しない。

③受用（銀の配分）もなく、不益の費用負担を要する宿老の「長崎詰め」は無益なことである（ので止めてもよい）。

［史料七］と同様の書付は堺、江戸の両宿老宛てにも出されているが、堺の場合は③の一条が加えられていない。また江戸の場合は、冒頭に示されている銅償銀の未納を皆済するよう求めるのみとなっており、京都宿老に対する申し伝えが最も厳しい内容となっている。

ここで注目すべきは、「割符糸者糸成共出銀成共勝手次第ニ候」との箇所で、長崎奉行としては、割符糸について「糸」でも「出銀」でも「勝手次第」と認識していた点である。このことは、割符糸の取扱いが必ずしも販売処分すべきことと定まっていた訳ではなく、入札にかけて販売処分し増銀を配分するか、生糸の現物を配分するかは糸割符仲間の判断に任されていたということではないか。

最後に紹介する史料は、安永一〇年（一七八一、四月に天明元年）に、堺奉行佐野備後守（政親）が堺糸割符仲間に提示した二〇カ条に及ぶ取締策の一条である。[50]当時、堺糸割符仲間には宝暦～安永期にかけて生じた借銀があり、糸代り銀の配分が凍結される事態に陥っていたため仲間の維持が心配されていた。[51]そのため、堺奉行佐野備後守は借銀返済のため糸割符仲間であった一〇名から出資を得て対応すると共に、以後の仲間組織存続を図るため取締策を示した、という経緯が背景にある。

［史料八］

一、持渡白糸斤数多節、不残長崎ニ於て入札払いたし候而ハ入札直段下直ニ付、以来ハ五ヶ所申談、糸高之内弐拾丸之糸ハ当所江引請、其時々相場承合、長崎へ引合、当地ニ而売捌候者直段能可相成旨申立候、此儀ハ長崎奉行所江相済候筋ニ而、五ヶ所糸年寄等一統申談、差支之儀茂無之候ハヽ、不苦間敷哉、何れニ而茂彼地ニ而取計之事ニ候得者、当御役所ニ而茂及沙汰かたく候

［史料八］に示されているのは、利銀を獲得するための方策である。白糸（中国産生糸）の輸入量が多かった場合、長崎ですべて入札にかけてしまうと値段が下がるため、堺への配分高一〇〇丸のうち二〇丸（全体の五分の一）の生糸（現物）を引き受け、相場の動向と照らしながら、堺でより高い値段で販売するよう改めてはどうかとの提案である。つまり糸割符仲間にとっては、最も利益が上がる形で販売できる方が都合よく、そのためには相場の動向を捉えて販売のタイミングを計りやすい現物での受給を促すものであった。しかし史料中にあるように、この件は長崎奉行の取扱う案件となるので長崎での判断に委ねられ実施に至らなかったと思われる。

以上のことから、五か所糸割符会所が必ずしも生糸（現物）をすべて販売処分してしまうのではなく、場合によってはそれを確保し、糸割符仲間の判断で各か所に送荷される可能性があったことを確認することができた。しかし［史料六］［史料八］より、本来生糸販売は相場の動向を見極め、利益の高さで長崎で販売するか他所で販売するかが判断されるべきところ、輸入生糸量の減少もあり、実際には長崎での販売が主になっていたと考えられる。これらのことから、糸割符という仕組みは、外国産生糸を販売処分して得られた増銀を配分するシステムとして定まっていた訳ではなく、もともとの生糸の現物配分の可能性も残しながら、結果的に長崎で販売処分していたというのが実態であったと言えるのではないだろうか。

おわりに

糸割符は長崎に将来される外国産生糸を取扱うため、江戸幕府の創設期から幕末まで適用された仕組みである。従来、その仕組みはかなり早い段階から、元代と払代の差額である糸割符増銀を株高（斤高）に応じて糸割符人に配分する仕組みとして確立されていたように考えられてきた。しかし、本稿で取り上げた貞享二年の事例から、糸割符再興の段階でも増銀配分に加え、実際に生糸の現物配分も行われていた事実が明らかとなった。

また、糸割符が一時廃止される以前については、五か所に増銀が配分された事実を直接裏付ける史料が存在しないことを確認すると共に、増銀を類推する「ねまし」銀の記述がある「長崎糸之割符之事」という史料も、現状では増銀配分を示す史料と成り得ないことを説明した。さらに従来、唯一「初期」の増銀配分を示す根拠となっていた「博多割符割付之覚」についても、貞享二年段階で生糸の現物配分を確認したことにより、承応元年（一六五二）の増銀配分が全額銀での配分であったのか、現物配分された生糸を販売処分して得た増銀を含むのか検証が必要になった。そのため「博多割符割付之覚」をもって同時期の増銀配分を立証することが難しくなった。

このように、従来糸割符といえば糸割符増銀の分配システムであったと理解されてきたが、生糸の現物配分も糸割符の仕組みの一環であることを確認し、糸割符仲間が請け負った「役」負担（外国産生糸を一度外国商人から買い取り、その後国内商人に販売供給する役割）の代償としても、生糸（現物）と増銀の両方を考える必要性が出てきた。ただし、糸割符の仕組みは元禄一〇年（一六九七）の糸割符改正を経て、大きく変容していく。その改正を期に、四か所から長崎に下向する糸割符人は糸割符年寄や請払、糸目利といった役付きの者に限られ、平糸割符人は各か所で待機する存在へと変わっていくことになる。それと並行して輸入生糸量の減少量により、糸割符仲間に対する増銀配分も減少し、やがて「糸代り銀」の配分へと移行する。[52]糸割符は残されるが、長崎貿易において果たす役割が変容していくことになる。時期によって様相が異なる点を押さえ、変遷過程を踏まえた糸割符の在り方を今後確認していくことが必要であろう。

最後に残す課題を確認し、本稿を閉じたい。第一に糸割符の一時廃止以前の実態については依然史料が乏しく、実態の解明が難しい。第二に本稿で紹介した生糸現物配分の事例も断片的であり、時期も限定される。共に残る課題については史料の残存状況が大きく影響しており、今後もなお新史料の捜索が何より必要である。史料の不十分さを克服しながら、より糸割符の実態に迫る追究を今後も続けていくほかないのである。

注

（1）中田易直校訂『糸乱記』（近藤出版社、一九七九年、三頁）。

（2）糸一丸＝五〇斤。箇所ごとの所定配分高は、三か所の場合、例示の通り堺一二〇丸、京都一〇〇丸、長崎一〇〇丸であったが、寛永九年に五か所となった段階で、堺一二〇丸、京都一〇〇丸、長崎一〇〇丸、江戸五〇丸、大坂三〇丸となり、さらに同一〇年に堺一二〇丸、京都一〇〇丸、長崎一〇〇丸、江戸一〇〇丸、大坂五〇丸に改定された（「糸割符宿老覚書」九州大学附属図書館付設記録資料館九州文化史資料部門所蔵）。なお、他史料では大坂参入を寛永八年、江戸・大坂への丸数増加を同一一年とする記事をみるが、本稿では「糸割符宿老覚書」の記事に拠った。

また、糸割符人への個別配分は、元禄元年の堺を例にすると、年寄一人に付き二〇〇斤の配分を筆頭に、一二〇斤、八〇斤、六〇斤と続き、最少の一二斤まで計二一種の細かな配分高が存在した。「元禄元辰年唐人阿蘭陀五ヶ所へ買取白糸惣高」（『堺市史　続編第五』堺市役所、一九七四年、三四三〜三四八頁）。

ちなみに生糸五〇斤＝一丸の「丸」は、ポルトガル人のイエズス会司祭ジョアン・ロドリゲスが「日本文典」第三巻の「物を計算し、順序をつける色々な方法に就いて」の項においてIto fitomaru, caranoua. 58. quin. 5. jūme.（糸一丸、唐のは五八斤、五〇目）と紹介しており、マルと読んでよいと思われる（ジョアン・ロドリゲス原著、土井忠夫訳註『日本大文典』三省堂、一九五五年、七七九頁）。

（3）中田易直『近世対外関係史の研究』（吉川弘文館、一九九四年、八一頁）。他に太田勝也『鎖国時代長崎貿易史の研究』（思文閣出版、一九九二年、三四頁）、同『長崎貿易』（同成社、二〇〇〇年、五一頁）。

（4）森岡美子「『白糸割符』に関する若干の新史料について」（『史学雑誌』六二―一二、一九五三年）。それ以前は、糸割符人へは生糸の現物が配分され、「ソノ大部分ハ京都ニ入リ（中略）殆ント西陣ノ機業家ニ於テ消費セラレタルモノト見テ大過ナカル可キ也」と理解されていた（本庄栄治郎「糸割符を論じて西陣との関係に及ぶ」〈『京都法学会雑誌』一〇―一一・五、一九一五年〉、のち同『日本社会経済史研究』有斐閣、一九四八年に所収）。

（5）長崎歴史文化博物館所蔵。貞享二年（一六八五）以降、享保一一年（一七二六）までの五か所への増銀配分の状況を記す。森岡は同史料に記載されている「近年」を「文化文政以後ではないか」と推定したが、中田易直により「近年」が享保八年～同一一年の事であることが明らかにされている（注3中田前掲書、四三三頁）。

（6）「覚書（元禄五年至享保元年）」（名古屋市蓬左文庫所蔵、尾州茶屋古記録・所蔵番号茶四六）。三つの「覚」が引用されており、冒頭の「覚」は元禄一六年（一七〇三）の「御救糸」七〇〇〇丸の小割配分、残る二つの「覚」は宝永二年（一七〇五）に呉服師が御納戸払方頭飯田惣左衛門に提出した覚書で、増銀の小割配分の算出手順が記されている。

（7）『通航一覧　第四』（国書刊行会、一九一三年、二四九頁）。同史料は武野要子によってさらに詳細に紹介され、増銀の初出例としてはそちらの論文が引用されることが多い。武野要子「鎖国と博多商人―博多貿易商人研究序説―」（宮本又次編『藩社会の研究』ミネルヴァ書房、一九六〇年）、同「糸割符史料の研究―糸割符利潤の問題を中心に―」（『九州文化史研究所紀要』八・九合併号、一九六一年）、同『藩貿易史の研究』（ミネルヴァ書房、一九七九年、二三三～二三七頁）。

（8）注2「元禄元辰年唐人阿蘭陀ゟ五ヶ所へ買取白糸惣高」。

（9）注6「覚書（元禄五年至享保元年）」。「唐人江元代銀相払買取、増銀被下置候御事」の記述の後、「大猷院様御代先規之通被下置、頂戴仕来候御事」と続くことから大猷院治世下の記述と理解できる。この「覚」の冒頭に、「糸割賦」は「権現様御奉公仕候ニ付京住之者故御呉服類ニ不限京都諸色御用被為仰付奉相勤候」とあり、この奉公に対する御恩が「糸割賦」配分の理由であったことが確認できる。中田は、呉服師への増銀配分を「ある種の助成」とみている（注3中田前掲書、四七四頁）。

なお本稿では、大猷院の治世として具体的には徳川秀忠が死去した寛永九年（一六三二）から家光が死去する慶安四年（一六五一）までとして表記する。

(10)中田易直「糸割符考」(寶月圭吾ほか編『具体例による歴史研究法』吉川弘文館、一九六〇年、三三一～三三二頁)。
(11)中田易直「糸割符の変遷―元禄享保期の糸割符増銀を中心に―」(伊東多三郎編『国民生活史研究　二』吉川弘文館、一九五九年、のち注3中田前掲書に所収、四六三頁)。
(12)中田易直「糸割符仕法の起源」(『中央史学』創刊号、一九七七年)。しかしながら、中田はなおも「遡って寛永期頃もそのように考えられる」と付言し、初期での増銀配分についてその可能性を残した(註3中田前掲書、二〇九頁)。そして、自身の糸割符研究の集大成である著書においては、再び「やはり初期より増銀の配分が行われていたものと考えられよう」と結論付けている(注3中田前掲書、八九頁)。
(13)糸割符の創設をめぐっては、糸割符由緒書の記事とキリシタン教会史料との間に齟齬が生じ、その解釈をめぐって一九七〇～八〇年代にかけて複数の研究者間で論争が展開された。
　キリシタン教会史料を基に糸割符由緒書の信憑性を疑問視したのが高瀬弘一郎で、特に慶長九年(一六〇四)とされる糸割符創設時の経緯や糸割符の効力等について中田らの見解を批判した(高瀬が行った議論については同『キリシタン時代の貿易と外交』〈八木書店、二〇〇二年〉を参照)。本稿との関連でいえば、「糸割符制度の起源」(『史学』五三―四、一九八四年)において、創設当初に題糸高に基づく白糸現物配分あるいは増銀配分を立証する史料が存在しないと批判し、実行自体を疑問視した。

　この糸割符論争について当事者の一人であった加藤榮一は、後に「当時の政治状況から演繹される状況証拠」と「生の証言」(イエズス会史料等)を同一の論理の次元においても決着しない問題、と解説した(加藤榮一『幕藩制国家の形成と外国貿易』校倉書房、一九九三年、二七四頁)。加藤の解説は、議論の根拠となる史料の性格の違いが際立ち、それらの擦り合わせが難しくなった当時の状況を、的確に表現されているように思う。
(14)中村質「初期糸割符をめぐる諸問題」(『九州文化史研究所紀要』三〇、一九八四年、のち同『近世長崎貿易史の研究』吉川弘文館、一九八八年に所収)。
(15)高瀬弘一郎「糸割符制度をめぐる諸問題」(『史学』五五―四・五六―一、一九八五年、のち注13高瀬前掲書に所収)。
(16)中村質「初期糸割符制について」(『日本歴史』四六七、一九八七年、のち注14中村前掲書に所収)。
(17)小山幸伸「糸割符仲間の変質について」(『日本史研究』三九三、一九九五年)。
(18)木崎弘美「糸割符制度成立の意義」(『日本史研究』四〇八、一九九六年、のち同『長崎貿易と寛永鎖国』東京堂出版、二〇〇三年に所収)。

(19)長崎が国際関係の押さえの「役」を果たし、その代償として貿易利銀を享受していた点については、荒野泰典『近世日本と東アジア』（東京大学出版会、一九八八年）、同「江戸幕府と東アジア」（同編『日本の時代史一四　江戸幕府と東アジア』（吉川弘文館、二〇〇三年））を参照。江戸幕府が開幕した当時、貿易港は西南大名の各領国にも存在し、長崎はそれら諸港の一つでしかなかった。その立場から、やがては近世日本の国際窓口として地位を確立し、巨大な船宿のごとく機能する都市に至る。その過程で寛永八年は重要な年であると認識しているが、そのことについては別途論じることにしたい。

(20)「割符銀之覚」（明治大学博物館所蔵、奈良屋文書五二一）。

(21)ずいぶん後年になってしまうが、宝暦六年（一七五六）の「乍恐口上書ヲ以奉願候」には奈良屋休怡の名で「私儀、糸割符弐拾五斤株古割符筋目ヲ以従先年頂戴仕」とある（奈良屋文書五三四）。よって当時、奈良屋の持ち株は二五斤株、そして「古割符筋目」つまり糸割符の明暦元年廃止以前の段階においても糸割符仲間だった家柄であったことが確認できる。

(22)注17小山前掲論文。

(23)「打銀」を直接説明するものではないが、堺の請払を務めた巨智部忠真が著した「糸の和久」（明和六年）に、輸入生糸の荷造りを説明するなかで「糸をうつ（打つ）」という言葉が紹介されている（『堺市史　続編第五巻』、一五四〜一五五頁）。

此荷を造れる者あり、是を五ヶ所に呼て是ニ任せて造らしむ、（中略）扨造り終りぬれハ、丸数こと〳〵く土蔵の二階に算を立て積おく也、日雇頭のもの糸造りの中にハ日雇をも制しぬ、（中略）夫々に送り遣すへしとの下知にまかせて糸を配るなり、是を糸をうつといふ也、此者頭とりて此事をつとむ

右によれば、「此荷を造れる者」（人足）が下知を受けて五か所会所から各所に糸荷を運ぶことを「糸をうつ（打つ）」と呼んだ、としている。この人足に支払われる賃銀が「打銀」ではないかと現在考えている。

(24)「請取申銀子之事」（明治大学博物館所蔵、奈良屋文書五二〇）。

(25)森永種夫・越中哲也校著『長崎文献叢書第二集第五巻　寛宝日記と犯科帳』（長崎文献社、一九七七年）、二七七〜二七八頁。以後、『寛宝日記』と表記する。

(26)注3中田前掲書、四一四〜四二二頁。

(27)注17小山前掲論文。

(28)注23「糸の和久」（『堺市史　続編第五巻』、一三九〜一七二頁）。以後、「糸の和久」の出典名は省略し、頁数のみ表記する。同史料の冒頭部の説明のなかに「かわる〳〵の旅泊のつとめなれハ、馴染まんとすれと、おのつから未練のものと成りぬれハ、唯

に其行をつみて此道ハふるき人に尋ね、はしめ終りの事を聞きなは勤るもの、心のたねとはなり侍らんや」とあり、長崎赴任者のため伝え聞いたことを記録して、後世の者のために生糸の取扱いを忘却しないようまとめられた内容だったことがわかる。

(29) 唐土（中国）より将来される白糸には、入日記が添付されており、そこに六〇斤と記されてあっても、実際には三、四斤程減らしてあるのが常であったらしく、糸掛役が斤量を計測して斤数を明確にした（注23「糸の和久」、一四一頁）。また、品質は糸目利が担当し、上・中・中上の三ランクに分け、その後さらに九ランクまで弁別している（「糸の和久」、一五一～一五二頁）。

(30) 注23「糸の和久」、一五三～一五四頁。

(31) 「糸割符濫觴之次第御尋ニ付申上候書附」（長崎歴史文化博物館所蔵）。

(32) 注23「糸の和久」、一五五頁。

(33) 注23「糸の和久」、一六五頁。

(34) 注23「糸の和久」、一五五～一五六頁。

(35) 注25『寛宝日記』、二八二頁。

(36) 平糸割符人は八朔礼が済むと速やかに帰国している（「割符糸年寄勤方之覚」九州大学附属図書館付設記録資料館九州文化史資料部門所蔵、「平糸割符之者ハ、八朔以後、早速勝手次第罷帰リ候」）。［史料一］が一〇月二五日付、［史料二］が九月一五日付であるから、奈良屋ら四名は大坂に帰坂していると推測される。

(37) 「糸割符増銀仲間割之覚」（『福岡県史　近世史料編・福岡藩町方〈一〉』西日本文化協会、一九八七年、二一五～二一六頁）。

(38) 「博多割符仲間配分銀請取覚」（『福岡県史　近世史料編・福岡藩町方〈一〉』、二二一～二二二頁）。

(39) 「長崎糸之割符之事」（明治大学博物館所蔵、奈良屋文書五一九）。

(40) 注14中村前掲書、九二～九六頁。

(41) 注17小山前掲論文。

(42) 注14中村前掲書、九三～九四頁。中村はこのほかに、実績に応じた配分であれば本来生じるはずの端数がない点も理由に挙げている。

(43) 注23「糸の和久」、一五六頁、一六三～一六五頁。

(44) 大坂の「南組惣年寄由緒記」（延宝五年〈一六七七〉カ）によれば、野里屋四郎左衛門（正円）が寛永三～一三年（同年正月死去）の間、惣年寄を勤め、その跡目を野里屋四郎左衛門（正甫）が継ぎ、延宝四年（一六七六）に隠居するまで惣年寄を勤めている。

正円と正甫の跡目が連続していれば、正甫は寛永一三年から惣年寄だったことになる（『大阪市史史料第二〇輯　安井家文書』大阪市史編纂所、一九八七年、一六〇頁）。糸割符年寄の兼帯については不明。

（45）「博多割符衆中定法覚」（『福岡県史　近世史料編・福岡藩町方（一）』、二〇八～二一〇頁）。

（46）注36「割符糸年寄勤方之覚」。「古来ハ（中略）糸年寄を始、小割符之者共迄不残長崎江罷下、八朔御礼等相勤申候」とある。平糸割符人の長崎下向が止むのは元禄改正時で、生糸配分高の実質的削減（題糸から現糸への変更）を受けて、糸割符仲間側から申し出て認められている（宮本又次「糸割符関係史料『割符方』」〈同編著『上方の研究　第三巻』清文堂出版、一九七五年所収〉、二三二頁）。

（47）注23「糸の和久」、一五八頁。

（48）注8「元禄元辰年唐人阿蘭陀ゟ五ヶ所へ買取白糸惣高」。ただし、後世の史料（安永一〇年〈一七八一〉）には「献上綸子代之儀ハ五ヶ所一統ニ申合、京都商人江為替取組候」とあり、献上綸子の準備・対応は京都商人に頼って行っている。この点についても時代による変遷があったことを念頭に置いておく必要がある（「糸割符方取締之覚」〈『堺市史　第六巻資料編第三』清文堂、一九七七年複刻版、八〇一頁〉）。

（49）「御書附写　寛延四年ゟ寛政七卯年迄抜書」（長崎歴史文化博物館所蔵）。

（50）注48「糸割符方取締之覚」（『堺市史　第六巻資料編第三』、八〇三～八〇四頁）。なお内容については「糸割符取締方申合条目」（天明八年一二月、『堺市史　第六巻資料編第三』、二一八～二一九頁）にも同じ条文が収載されており、同史料を参考に一部補訂している。

（51）安永九年（一七八〇）四月改の「糸方借金銀覚帳」により、当時堺糸割符仲間には銀三二〇貫三五〇目弱の借金銀があったことが解る（「堺市史史料」商業八、堺市立中央図書館所蔵）。そのような状況を受け、堺奉行池田筑後守（政倫）が在任期間中（宝暦六年〈一七五六〉九月～同八年一二月）に堺糸割符仲間の取締を命じたが、その後糸代り銀の配分が中絶する事態となり、安永九年に当時の堺奉行佐野備後守（政親）が再度堺糸割符仲間の取締に動いている（「糸割符中絶ニ付御呼出之写」〈『堺市史第六巻資料編第三』、二二一～二二五頁〉）。

（52）生糸輸入が減少したことにより糸割符の所定高に達しない事態が生じるようになり、宝永五年（一七〇八）から、長崎会所は四か所（京都・堺・江戸・大坂）に対し前年の生糸購入実績の平均額で銀を配分するようになった。これが糸代り銀である（元禄改正以降の糸割符の状況については、拙稿「糸割符の存続と限界」〈発表準備中〉を参照されたい）。

近世海域アジア世界とオランダ東インド会社の日本貿易

島田　竜登

一　問題の所在

これまでの日蘭関係史はおもに日本側の事情を綿密に分析してきた研究が主流であった。だが、二国間関係を考えるにあたっては双方の事情を考慮する必要があろう。一七世紀はオランダの黄金の世紀とも呼ばれるほど、世界各地にオランダ人が進出し、それぞれ関係史を紡いでいた。アジアに関しても、オランダは一六〇二年に東インド会社を設立させ、海域アジア各地との貿易を行い、それによってモノを通じた繋がりばかりでなく、人々の交流と知の交流をとり結んだのであった。近世の日本とオランダの関係史を考えるにあたっては、このオランダ側の状況、すなわちオランダが東インド会社を通じてアジアとの関係を取り結んでいたという事情を十分に斟酌する必要があるだろう。本稿は、オランダ東インド会社が、貿易の相手先としていた海域アジアと南アフリカを管轄する最大の拠点を置いたバタヴィア（現在のジャカルタ）に立ち位置を定めつつ、オランダ東インド会社のアジアでの動きのなかから、日本との関係を描写しようとする基礎的な試みである。

一六〇二年に設立されたオランダ東インド会社が貿易の対象としたのは、いわゆる海域アジアである。海域アジアというと、近年の日本では、東アジアと東南アジアを指すものと考えられている傾向が強い(1)。しかしながら、これは全くの誤りであり、海域アジアという地域的本質に関する誤解を生みだしかねない。海域アジアとは日本や朝鮮半島から東南アジアを経て、インド亜大陸、イランやイラクといった西アジア、ケニアやタンザニアを含む東アフリカまでを含む海域世界であり、季節風の影響を強く受ける「モンスーン・アジア」とも呼ばれる地域である。大きくシナ海世界とインド洋世界との二つに分かれるが、日本では前者の地域のみを海域アジアと考えている人が多いのである。ただ、それはやはりシナ海世界なのであって、海域アジアの一部にすぎない。東アフリカや西アジアの沿岸部から日本にかけてがモンスーンの影響を強く受ける地域であり、乾燥地帯との対比で地域的一体性がある。オランダ東インド会社のビジネスの対象は、まさしくこの広大な海域アジア世界なのであり、その活動の中心地がバタヴィアなのであった。

以上の点を前提として、本稿では次の諸点を検討することにしたい。第一の検討事項は、オランダ東インド会社の組織構造の中に日本商館を位置づけることである。まずオランダ東インド会社のヒエラルキー的組織を明らかにしたうえで、一商館たる日本商館の位置を組織構造ならびに経営実態の中で確認することにする。第二の検討事項は、バタヴィアにアジア内での最高拠点を設置したことの意義を考えるとともに、「扇の要」[2]たるバタヴィアを中心としたアジア各地の商館とを結ぶ船舶運用状況の一端を季節風の問題から接近する。

第三と第四の検討事項はオランダ東インド会社の日本貿易について会社の船舶運用の面から分析することである。具体的には、第三の検討事項として、特に日本行き貿易船の問題と日本輸入商品、第四の検討事項としては、とりわけ日本出発貿易船の目的地と日本輸出商品の問題について取り扱う。以上の四つの検討事項を通じて、本章は、一七、一八世紀に海域アジアで活躍したオランダ東インド会社の貿易活動全体の中に、その日本貿易の位置づけを概略的に試みることとする。

なお、バタヴィアという地名の表記について一言しておきたい。現在のインドネシアの首都であるジャカルタにつながるバタヴィアは、そもそもオランダ人の民族名バターフ人にちなんでオランダ人が付けた名称であり、正確なオランダ語の発音をカタカナで表記すれば、「バターフィア」とするのが最もよい[3]。「バタフィア」という表記は近年、専門書に見受けられるが、実際のオランダ語の発音からかなり乖離しており、奇妙である。もっとも、現在のインドネシア語では、オランダ語の「バターフィア」よりも「バタフィア」に近い発音をする。ある意味、現地語表記主義に従えば古地名としてのジャカルタは「バタフィア」が正しいのかもしれない。以上のことを念頭に入れつつ、本稿では一般的になじみの多い英語読みの「バタヴィア」としておきたい。

二　オランダ東インド会社の組織構造と日本商館

オランダ東インド会社の本社所在地はバタヴィアではない。たまにバタヴィアに本社を置いたという記述も見かけるが、それは間違いであり、バタヴィアには、アジア内での業務の責任者である東インド総督が執務を行う総督府がおかれ、アジア内での最高拠点をされただけなのである。

では、本社はどこにあったかというと、この問題には誰も答えることはできないであろう。なぜなら、本社なるものは存在しなかったからである。一六〇二年に設立されたオランダ東インド会社であったが、より正確には連合東インド会社と呼ばれる。一六世紀末にオランダ各地の有力諸都市で乱立したアジアとの貿易を行うことを目的とした数々の貿易会社を統合したのが、連合東インド会社なのであった。当時のオランダは一種の共和政であり、国王は存在せず、オランダ連邦議会が最高の国家意思決定機関であったが、その連邦議会の特許により、この連合会社だけがアジアとの貿易を独占的に営むことを特許を持って認められたのであった。

この特許会社は六つの支部（カーメル）から構成されていた。ホラント州のアムステルダム、ホールン、エンクハウゼン、デルフト、ロッテルダム、それにゼーランド州のミッデルブルフという六つの都市に支部がおかれていて、それぞれに取締役が多数存在した(4)。基本的に会計はこの六つの支部ごとに別々であり、会社としての全体的な意思決定のために、各支部の取締役から代表者が選ばれ、一七人会という会議が年に三期開催された。その開催地は年二期がアムステルダムであり、年一期がミッデルブルフであった。

会社のガバナンスは、原理的にはこの六つの支部ごとの株主の代表者集団である取締役たちを基盤として、彼らの中から選出された一七人のメンバーから構成される一七人会が現実的に六つの支部を超えた支配の頂点にあった。この一七人会が毎年派遣する船舶数、アジアに派遣する人員数やアジアに送る金銀や商品数の調整を行った。また、本社は持たなかったが、調整のための事務局をデン・ハーグに設置していた。

会社に与えられた特許によれば、オランダ東インド会社はアフリカ南端の喜望峰の東から南アメリカ南端のマゼラン海峡から西にかけての地域、すなわち海域アジアとオランダ本国との間の貿易を排他的に行うことが認められていた。さらに、現地の政権と条約を結んだり、城塞を構築し、戦争を行ったり、あるいは貨幣を発行することなども許されていた。これを海域アジアで実際に実行する責任者が東インド総督であり、彼はオランダ東インド会社のアジア内での最高幹部職員であった。第四代総督のヤン・ピーテルスゾーン・クーンは、それまでバンテン王国の首都であり港市であったバンテンにオランダ東インド会社のアジア内での最高拠点を置いていた。しかし、彼は会社の拠点としてバタヴィアを使うことを現地の政権に認められ、一六一九年にオランダ東インド会社の総督府をバタヴィアに定め、それまでのジャカトラという地名をバタヴィアと改称したのであった。

バタヴィアの総督府には、総督に次ぐ貿易統監などの幹部たちが常駐したほか、経理局などといった会社の事務機構や会社裁判所なども置かれた。バタヴィアにおいて、最高の権限を持ったのは総督であったことはもちろんであるが、実際には彼は自らが議長となるインド評議会の補佐を受け、そこで活動方針などが決定された。このインド評議会は数名からなる最高幹部たちから構成され、本国の一七人会の指示を受けながらも、実際にはオランダとの距離があるために、わりあい主体的に物事を決定することができたのであった。

アジアにおいて頂点に立ったバタヴィアの総督とインド評議会の下、アジア各地に支店、すなわち商館（ないしは商館区と呼んだ方が好ましいであろう）が設置された。日本商館、シャム（タイ）商館、ベンガル商館といった具合である。日本商館とは具体的には、長崎の出島におかれた商館である。シャム商館の場合には、アユッタヤーに主商館がおかれ、この配下に副商館がナコンシータンマラート（ヨーロッパ人はこの地をリゴールと呼んだ）に置かれた。インド東部のベンガルの場合は、フーグリー川沿いにフーグリー主商館があり、さらにフーグリー川を遡ったムルシダバードやさらに本流のガンジス川を遡ったパトナなどに副商館が設置された。日本のように一つの商館のみが設置されるのはむしろ例外であり、シャム商館やベンガル商館のように、主商館や副商館、それに駐在所など多数の拠点が設置されるのが通常であった。

アジア各地に置かれた商館はバタヴィアの管理下に置かれたが、商館にはいくつかのランキングといえる指標があった。一つのランキングは各商館責任者の俸給から読み取ることができる。一七七六年の事例を検討しよう。バタヴィアに駐在した総督の年俸が一、二〇〇フルデンであり、次席の貿易統監が五〇〇フルデン、その他のインド評議会員が三五〇フルデン、員外インド評議会員が二〇〇フルデンであった。一方、長崎の商館長は一〇〇フルデンであった。バタヴィアと長崎以外では、アンボン商館、バンダ商館、テルナテ商館、マカッサル商館、ジャワ東海岸商館（在スマラン）、マラッカ（ムラカ）商館、セイロン商館、コロマンデル商館（在ナガパティナム）、ケープ商館の責任者が二〇〇フルデンであり、ベンガル商館とスーラト商館が一八〇フルデンであった。長崎商館と同等の一〇〇フルデンがマラバール商館であり、その他の商館は一〇〇フルデンにも満たなかった。[5] 総じてみると、基本的には商館責任者の俸給は二〇〇フルデンないしは一八〇フルデンであり、日本商館長の俸給はこの金額の半分ばかりでしかなかったことになる。

もっとも責任者にこうした高額の支給される商館は軍事的に重要な拠点であり、現に軍人を多数抱えた商館であった。長崎のように比較的平和裏に貿易を行う地とは異なっている。そこで、もう一つの商館区分として、この商館責任者の俸給によるランキングの他に、貿易活動の実態を反映したランキング、すなわち商館ごとの利益による区分を検討してみよう。一七五一／五二年度において、[6] アジア域内でオランダ東インド会社は六、四二四、九二六フルデンの利益を計上した。このうちバタヴィアでの利益は二、五七一、二六六フルデンであった。アジア内のその他の商館については、もっとも利益を出したのがコロマンデル商館で七五六、九〇一フルデン、次にスーラト商館で六三一、四一九フルデン、セイロン商館四三四、六七七フルデン、ベンガル商館三八〇、一二四フルデン、マラバール商館二四四、四五三フルデンと南アジアの商館が続いた。このあとに、日本商館が入り二〇二、二五三フルデンの利益を上げている。[7] もっとも、この利益は粗販売利益のことであり、現地で販売した商品に関して、その販売価格を原産地での仕入れ値との差額を集計したものである。一般に商品の販売が多い地域ほど比較的多額に利益が計上され、単なる商品の原産地で安価に仕入れることの可能な地域では利益は大した額にはならないという傾向にある。とはいえ、日本商館は商業的には南アジア各地の商館に次に重要な商館であったことは間違いないであろう。

結局、軍事的な重要性の面からは日本商館の位置は他の商館と比べて低かった。しかし、このことは、少数の人員で商館を比較的平和裏に維持できるという日本商館の特徴を示すものでもあろう。一方、貿易面での日本商館の重要性は極めて高かったということが理解できる。

三　バタヴィアとオランダ東インド会社

そもそも、オランダがバタヴィアに拠点を置いたのは、おもに二つの理由がある。一つの理由は単にバタヴィアがバンテンに隣接していたという理由である。そもそも、モンスーン・アジアの中心に拠点を置こうというのであれば、マラッカの方がより好ましいかもしれない。とはいえ、バタヴィアに拠点を置いたのは、バタヴィアに移ってくる以前の拠点が同じジャワ島のバンテンにあったからである。このバンテンは胡椒貿易の拠点であり、実にバタヴィアの隣の海港都市といったものである。そもそも、バタヴィア移転前のバンテンの問題は、この地に現地領主がおり、オランダが勝手気ままにバンテン港を利用することはできないからであった。より自由な拠点を求めて、隣のバタヴィアに拠点を確保したのである。現地の政権所在地でないことは、逆に言えば、現地政権の見向きもしない土地ということなのであり、バタヴィアという扇状地の下部に広がる水はけの悪い土地は今後、オランダ人を苦しめることになる。

もうひとつの理由は、モンスーン・アジアで貿易を行う中心拠点にふさわしい地にあるということである。一七二六年にオランダ人フランシス・ヴァレンタインによって出版された『新旧インド誌』はオランダ東インド会社のアジアでの活動をまとめた記録であり、当時のアジア情報の集大成のひとつ、ないしはオランダのアジアへの進出史を描き出した傑作とされるでもある。オランダ東インド会社のアジアでの最高拠点のあったバタヴィアについての章では、バタヴィアを発してアジア各地の商館へ向かうオランダ東インド会社船舶についての叙述がある。バタヴィアを出発する時期を記し、バタヴィアが海域アジアにおける船舶ネットワーク上の利点を示しているのであ

る。(8)

当時はもちろん帆船の時代であるから、季節風は貿易風と並んで重要な船の動力源である。貿易風とは違って季節風は時期によって風向きが変化し、アジア域内の貿易を実現するうえで無視できない存在であった。ともあれ、季節風の年間変動にしたがって、バタヴィアからアジア各地に向けて出港する時期は行き先によって異なった。

南アジアに向けての出港は、コロマンデル海岸向けが四月から八月、ベンガルへは七月から八月、セイロン島、スーラト、ペルシア（イラン）へは七月から八月にバタヴィアを出港した。いずれも南風の季節風を利用するためである。また、同じく夏の季節風を利用するために夏に出港するのは東アジア方面向けの船舶であった。中国やトンキンに向けては五月から七月にかけて出港し、よりバタヴィアに近いシャムへは六月から八月にかけて出港している。日本に向けても出港は同じく夏である。日本に直接向かう船は五月から七月に出港した。また、日本に向かう際、アユッタヤーを経由する便もあったが、その船は若干早く四月に出港した。

こうした夏の季節風にのって目的地に到着したオランダ船は、バタヴィアに戻る際、逆に北から南に吹く冬の季節風を利用して現地を出発し、バタヴィアに帰帆した。西南アジアに至ったオランダ船がバタヴィアに向けて現地を出発するには、コロマンデル海岸が一一月から一月、ベンガルが一〇月から一月、セイロン、スーラト、ペルシアからは二月から三月に出港したし、また、日本からは一一月、中国、トンキンからは一〇月から一一月、シャムからは九月から一一月にバタヴィアに向けて現地を出港していた。

一方、逆の季節にバタヴィアを出港する船もあった。それはバタヴィアより東へ向かう船であり、おもに冬の季節風が吹く一一月から三月にかけて、マカッサル、アンボン、バンダ、チモール、ソロ、テルナテなどに向けてバタヴィアを出港し、夏の季節風でバタヴィアに戻ってくるのであった。

いずれにせよ、アジア各地との間での船舶の移動時季は、基本的に生産地における農産物の収穫という季節変動よりも、むしろ季節風の変動に影響を受けていたといえよう。とくに、冬の季節風で日本から戻ってくるオランダ船には南アジアで販売される銀や金、銅が積み込まれており、次の夏の季節風で南アジアに送ることは都合がよい。また、また南アジアから冬の季節風で送られるインド産の綿織物は、そのままバタヴィアを経由してインドネシア諸島東部へ冬の季節風で送り、香辛料の購入手段とする。かくして、極めて効率よくバタヴィアを拠点に船舶と積み荷を回すことができたのであった。

季節風のもと、海域アジアを縦横無尽に行き来するにはバタヴィアはふさわしい場所であったかもしれないが、バタヴィアという場所自体はそれほど都市を建設するには適した地ではなかった。先述のとおり、バタヴィアは扇状地下部の端に位置する。バタヴィア南部の丘陵地帯から扇を開いたかのように台地が傾斜し、その突端部にわずかにある平地の中心がバタヴィアであった。このため、水はけが悪く、一八世紀に人口が増加すると、都市内部に構築した運河網から悪臭が発生し、人々の生活を難儀とさせた[9]。さらに、雨季には洪水が頻発するなど、本来、人々が多数住むにはふさわしくない。ただ、地元の人々から見たら自然環境のすぐれなかった土地であったからこそ、外来者であるオランダ東インド会社はこの地を容易に手に入れることができたということは確かなのである。

四　日本行き航路と日本貿易

日本やシャムへは、夏の季節風を利用してバタヴィアから向かい、冬に北から吹く風にのって日本やシャムからバタヴィアないしはマラッカへ帰還した。先に述べたように、ヴァレンタイン『新旧インド誌』によれば、日本の長崎に向かうオランダ船はバタヴィアを五月から七月にかけて出帆していたが、シャムに向かう船舶は四月と六月

表1　長崎来航オランダ船の最終出航地　1651-1743 年　（年平均値）

年度	バタヴィア	マラッカ	アユッタヤー	トンキン	タイオワン	キールン	不明	合計
1651-53	2.0	0.0	1.7	1.3	2.3	0.0	0.0	7.3
1661-63	5.0	0.0	0.7	1.0	0.0	0.3	1.3	8.3
1671-73	5.7	0.7	0.3	0.0	0.0	0.0	0.0	6.7
1681-83	3.0	0.0	0.7	0.0	0.0	0.0	0.0	3.7
1691-93	1.3	0.0	1.7	0.0	0.0	0.0	1.0	4.0
1701-03	3.0	0.0	1.0	0.0	0.0	0.0	0.0	4.0
1711-13	3.3	0.0	0.7	0.0	0.0	0.0	0.0	4.0
1721-23	2.0	0.0	0.0	0.0	0.0	0.0	0.0	2.0
1731-33	1.7	0.0	0.0	0.0	0.0	0.0	0.0	1.7
1741-43	2.0	0.0	0.0	0.0	0.0	0.0	0.0	2.0

［出典］八百啓介『近世オランダ貿易と鎖国』（吉川弘文館、1998 年）281-295 頁 より算出。

から八月という二つの時期に分かれていたのであろうか。なぜ、シャム行きの船は二つの時期に分かれていた(10)。四月にバタヴィアを立つ船はシャム経由で日本向かう船であり、一方、六月から八月にバタヴィアを出帆する船は単にシャムとの往復に従事する船であった。シャム経由で日本に向かうため、日本行きの直航船の出る時期よりもはやめにバタヴィアを出発する必要があったのである。

オランダ東インド会社は日本との貿易船をバタヴィアからの直航船とシャム経由船に分けていた大きな理由としては、オランダ東インド会社船から日本が輸入する商品の多くにシャム製品が含まれていたことによる。ひとまず、長崎に到来したオランダ船について、長崎に至る直前の最終出港地を分析した表1をもとに検討してみよう。

オランダ東インド会社が台湾にゼーランド城を設け、貿易拠点ならびに台湾の植民地経営を一六六二年に放棄する以前は、長崎に来航するオランダ船の三割以上は台湾から長崎に向かっていた(11)。バタヴィアから長崎に直航する船はわずかに二七パーセントほどに過ぎなかったのである。しかしながら、台湾喪失後には長崎来航船の最終出港地に大きな変化が現れた。第一にバタヴィアから長崎に直航する船舶が時期にもよるが八割程度の比重を占めることになったのである。第二の変化は、アユッタヤーから日本に向かう船舶の比重が増大したことであった。第三にはベトナム北部のトンキンを発する船舶も台湾からのオランダ船とともに失われたことだった。いずれにせよ、この第二の変化にかかわるシャムを最終出港地とするオランダの長崎貿易船が先に示したバタヴィア発アユッタヤー経由長崎行きのオランダ船のことである。バタヴィアから長崎に直航するオランダ船よりも先にバタヴィアを出帆し、シャムのアユッタヤーを経由して日本向け商品を船積みしたのち、長崎に向かったのであった。

たとえば、一六八八年には長崎には三隻のオランダ船が到来した。このうち二隻はバタヴィアからの直航船であり、合計で四七一、二七〇フルデン余りの商品を積載していた。これに対して残りの一隻はシャムを経由して日本に到来した船舶であった。この船のシャム経由船ペルク号は、積み荷にはバタヴィアからの商品が送り状価格で二二、五五四フルデン余り、シャムからの商品が同じく八二、一六七フルデン余りであった。このシャム商品の内訳は次の通りである。染料である蘇木が一、一七五オランダ・ポンドで価額約五六二フルデン、牛・水牛皮が二、二七四枚で価額約三、二三五フルデン、鹿皮が各種合計九七、六七五枚で価額七七、五八七フルデンであった[12]。この年には鮫皮の輸入はなかったが、いずれにせよ、鹿皮や鮫皮、さらには蘇木といったシャム商品を入手するため、オランダ船が一隻はシャムを経由して日本に到来することになっていたのであった。

こうした船舶のやりくりに変化がもたらしたのが、正徳五年（一七一五）に発せられた正徳新例である。正徳新例ではオランダ船の長崎来航は年間二隻に制限された。これまで年間四隻程度を日本貿易に費やしていたオランダ東インド会社は、これまでの船舶運用の方針を改め、大型船を年間二隻、日本に派遣することで貿易量をできるだけ維持するように試みた。大型船舶を日本にまで派遣することは海難の危険が伴い、現に一七一〇年代後半には複数のオランダ船が遭難したが[13]、一七二〇年代には技術的な問題は貨物の船積み方法の工夫などで克服した。しかしながら、二隻しか用いることができなくなった現在、従来のようにシャムを経由して長崎に向かうという船舶運用は不可能となった。正徳新例以後、二隻の船はバタヴィアから長崎に直航することとなり、一八世紀を通じて日本が多量に購入したシャム蘇木といった日本市場が必要としているシャム商品は、いったん別の船舶でアユッタヤーからバタヴィアに送り、バタヴィアで再度、船積みして長崎に送るようにしたのである。そのため、表1に見ての通り、正徳新例発令後にはシャムを経由する船舶は皆無となったのである。

五　日本発航路と日本銅

長崎を出帆したオランダ船の目的地を示したものが表2である。(14) 長崎入港オランダ船と同様、目的地にも時期により変化がみられる。この変化の時期は入港船の場合と同じであった。まず、台湾喪失前に関しては、大部分の長崎出帆船が第一の目的地として台湾を目指していたことが分かる。船舶運用上の拠点でもあった台湾喪失後には、長崎出帆船の目的地はおもにバタヴィアとマラッカとなった。バタヴィアはオランダ東インド会社のアジア内の最高拠点なので、台湾という副次的な拠点を失ったのちの時期となるとオランダ船が長崎からバタヴィアに向かうのは容易に理解できるであろう。しかしながら、バタヴィア行きとマラッカ行きの船舶の比率を検討してみると、はるかにマラッカ行きの船舶の方が多かったのである。

寛文八年（一六六八）に江戸幕府がオランダ船による銀の輸出を禁じた後、日本からの輸出商品の中心は日本産の金と銅となった。どちらも南アジアを主要な市場とし、金は元禄八年（一六九五）の元禄の改鋳を境に質の落ちた日本小判は商品として魅力は失せるが、日本銅は一八世紀末までオランダ東インド会社が日本から輸出する最重

表２　長崎来航オランダ船の出航目的地　1651-1743 年　（年平均値）

年度	バタヴィア	マラッカ	アユッタヤー	トンキン	タイオワン	不明	合計
1651-53	0.3	0.0	0.0	0.7	6.3	0.0	7.3
1661-63	3.3	3.0	0.3	0.3	1.3	0.0	8.3
1671-73	3.3	3.3	0.0	0.0	0.0	0.0	6.7
1683-85	0.7	3.3	0.0	0.0	0.0	0.0	4.0
1691-93	2.0	2.0	0.0	0.0	0.0	0.0	4.0
1701-03	1.0	3.0	0.0	0.0	0.0	0.0	4.0
1711-13	1.7	1.0	0.0	0.0	0.0	1.3	4.0
1721-23	2.0	0.0	0.0	0.0	0.0	0.0	2.0
1731-33	1.7	0.0	0.0	0.0	0.0	0.0	1.7
1741-43	2.0	0.0	0.0	0.0	0.0	0.0	2.0

［註］長崎出航後の最初の目的地を示している。なお、1681 年度及び 1682 年度の数値は不明のため、1683 年度から 3 年間の数値を採用。

［出典］八百啓介『近世オランダ貿易と鎖国』（吉川弘文館、1998 年）281-195 頁およびオランダ国立公文書館所蔵日本商館文書（Archief van de Nederlandse Factorij in Japan (NFJ)）865 より算出。

表３　オランダ東インド会社のアジア内販売総利益と日本銅販売利益　1701-1772 年

（単位：フルデン）

年度	1701/1702	1721/1722	1741/1742	1761/1762	1771/1772
全アジア商館での日本銅販売利益	349,428	235,394	539,895	392,292	347,549
全アジア商館での販売総利益	2,889,583	3,503,171	3,981,624	3,573,678	3,426,610
日本銅の比率	12.1%	6.7%	13.6%	11.0%	10.1%

［註］1721/22 年度のコロマンデル商館での総販売利益と日本銅販売利益は 1722/23 年度の販売額に基づいて計算している。 なお、重フルデンおよび軽フルデンは本国フルデンに換算してある。

［出典］オランダ国立公文書館所蔵バタヴィア経理局長文書（Archief van de Boekhouder Generaal te Batavia (BGB)）10752, 10761, 10762, 10773, 10784, 10785, 10790.

要商品であり続けた。現に、表3のとおり、一七〇一／〇二年度にはオランダ東インド会社はアジア各地に設置した各商館を利用したアジア域内貿易で約二八九万フルデンの利益を得たが、そのうち約一二パーセントは日本銅の貿易から得た利益であった。こうした日本銅が重要商品であったという状況は一八世紀を通じて変わらず、一七四一／四二年度には約一四パーセント、一七七一／七二年度には約一〇パーセントを占めていたのであった[15]。

結局、日本からの輸出品のうち、価額の面で大きな比重を占めつつ、金に比べて重量のある日本銅の輸送には、オランダ東インド会社としては効率を重視せざるを得なかった。この解決策としてなされたのが、日本から銅を積載したオランダ船をマラッカに送るという手法であった。マラッカに向かったオランダ船は年間おおよそ三隻であったが、その三隻はマラッカで日本銅をできる限り積み替えずに、そのままマラッカ海峡を経て南アジアの各商館に向かったのである。南アジアの商館のうち、おもな日本銅販売商館は、ベンガル商館、コロマンデル商館、スーラト商館であったから、三隻のオランダ船をマラッカ海峡を経て南アジアに送るということは、日本銅を積み込んだオランダ船がバタヴィアにいったん向かい、バタヴィアで船を踏みかえたのちに南アジアの各商館に送るよりも効率的であったのである。それは時間的な節約にもなったし、バタヴィアでの積み替え費用といった余計な費用を要することもなかったのである。前節と同じく、一六八八年の事例をあげれば、この年は長崎に来航した三隻の船のうち、バタヴィアに直接戻った船は一隻だけで、他の二隻はマラッカ海峡を経て、直接、南アジアに向かった。一隻はセイロン島経由でスーラトに向かい、もう一隻はベンガルに向かったのである[16]。

このようなマラッカ行きの船舶運用も正徳新例を機会に廃止せざるを得なくなった。年間船舶数を二隻に制限された以上、三隻ほどの船舶を用いて日本銅を直接、南アジアの商館に送りつけることは実質上、不可能となった。代わって取られた方策は、日本銅を積み込んだ二隻のオランダ船を長崎からバタヴィアに送り、バタヴィアで日本銅を別のオランダ船に積み替えて南アジア各地に日本銅を送るという手間と費用のかかる方策であった。しかし、日本銅は一八世紀を通じてオランダ東インド会社のアジア域内貿易で多大の利益をもたらす商品であり続けていたので、このような手間と費用をかけてでも日本貿易を維持する必要があったのである。

くわえて言えば、このことは、前節で検討した、日本行きの貿易船のやりくりと日本輸入商品の問題に関しても同様である。すなわち、正徳新例を発令前までは少なくとも毎年一隻をバタヴィアから長崎に直航させず、シャムを経由させて日本市場向けのシャム製品の入手に努めさせていた。だが、正徳新例後にはシャム製品は別の船でバタヴィアとアユッタヤー間を往復させ、いったんバタヴィアに日本向けシャム製品を送るという手間をかけさせることになっていた。これを実行させた理由もやはりシャム製品が日本において高値で販売できること、ならびに日本から銅を入手するためにはシャム製品を日本に持ち込む必要があったという事情が背後にある。

また、バタヴィアのアジア域内貿易の上の拠点化という点でも、正徳新例の影響も見逃すことはできない。正徳新例によって日本貿易の費やすオランダ船は二隻に制限され、日本貿易船はバタヴィアとの間を単に往復するだけの存在となった。その結果として、日本向けのシャム製品はいったんアユッタヤーからバタヴィアに送られるようになった。一方、日本銅は直接マラッカを経て南アジアに送られることはなくなり、いったん長崎からバタヴィアに送られた後に、バタヴィアから南アジアの消費地に送られた。つまるところ、日本貿易に関しては、正徳新例発令以前、バタヴィアはアジア域内貿易における「扇の要」の位置に正確には存在していなかったが、正徳新例によって日本貿易に関しても真の「扇の要」の役割を果たすようになったのである。

六　おわりに

本稿はオランダ東インド会社の海域アジアでの貿易活動をそのアジア内の本拠地であったバタヴィアを中心に概観を行い、このフレームワークの下でオランダの日本貿易について若干の検討を行った。一七世紀初めから一八世紀末まで存在したオランダ東インド会社はアジアとヨーロッパとを結ぶ遠距離貿易だけでなく、日本から西アジアといった海域アジア各地に商館を築き、それら商館との間で商品の輸出入を行うというアジア域内貿易にも従事していたのであった。もちろん、長崎の出島に置かれたオランダ東インド会社の日本商館の貿易活動も、こうしたオランダ東インド会社の通商戦略の一端を担う組織であった。

一六一九年にアジア内での最高拠点と定められたバタヴィアは、オランダ東インド会社のアジア内での最高責任者である総督の駐在地であり、会社によって都市開発が進んでいった。扇状地の端と海岸との間の狭い空間に位置する都市であり、水はけが悪く、人口の増大した一八世紀には水路の汚染で苦労するなど、地味は芳しくない土地ではあったが、アジア域内で幅広く貿易を行う上では非常に優れた位置にあった。バタヴィアは「扇の要」の位置にあり、バタヴィアから東に行けば香辛料の生産地たるマルク諸島、北上すればシャムや中国、日本などがあり、マラッカ海峡を抜ければ、西南アジア各国とつながっていた。さらに、季節風の変わり目の地に当たるため、バタヴィアに主要拠点を置けばまことに効率よくアジア域内貿易を行うことができたのであった。

「扇の要」とはいえ、バタヴィアは当初から日本貿易に関する船舶運用上の拠点であったわけではなかった。当初、日本貿易は台湾のオランダ東インド会社拠点を根拠地として実施されていたし、台湾の拠点喪失後も、日本貿易船のうち、バタヴィアからシャムを経由し、日本市場向けシャム商品を積載して、長崎に向かう船もあった。さらに、日本出発後には多くの船はバタヴィアに直帰せず、マラッカを経て南アジア各地の商館に向かった。なぜなら、当時、日本の主要輸出品は銅であり、その主たる消費地は南アジアであったため、バタヴィアを経由せずに、直接、日本から南アジアに送った方が効率的であったからである。

しかし、正徳五年（一七一五）に発令された正徳新例で、日本側はオランダの年間来航船数を二隻に制限することとなった。このため、オランダ東インド会社は二隻の大型船をバタヴィア・長崎間で単純往復させた。以前のように、シャムを経由して長崎に向かったり、長崎からバタヴィアを経ずに南アジアへ船舶を送ったりするという効率の良い船舶運用は不可能になったのである。この変化は、皮肉にもバタヴィアが真の意味で「扇の要」としての地位を日本貿易に関しても獲得することになった。日本向け商品はいったんバタヴィアに集められてから日本に送られるようになったし、日本輸出商品も一度バタヴィアに廻送され、そこからアジア各地の市場に転送されることになったのである。これは以前と比べ効率の悪いことではあったが、それにもまして日本での輸入貿易の利益ならびに日本商品のアジアでの販売利益は高く、日本貿易を維持することの方が、効率的な船舶運用よりもオランダ東インド会社にとって重要であったのである。日本貿易が会社の生命線のひとつであるという判断は、一八世紀を通じて、オランダ東インド会社は日本側の要求を受け入れつつ、できる限り貿易量の維持につとめるという日蘭関係の下地となっていったと考えられよう。

注

（1）この現象が生じた理由としては、いくつかの理由が考えられる。もともと一九八〇年代から日本史の範疇で前近代の対外関係史研究が盛んとなったため、東アジア海域史ともいうべき研究動向が存在したこと、さらには東洋史、なかんずく東南アジア史の範疇で海域史研究が一九九〇年前後から勢いを持ち始めたことから、海域アジア史といえば、日本では東・東南アジア史を主たる舞台とすると考えられるようになった。この際、海域アジア史のなかに、いわゆるインド洋海域史が適切に組み入れられることは残念ながらなかった。海のアジアといえば、日本に隣接するシナ海域だけを想起しがちなのであり、これは日本独自の研究姿勢であるともいえるだろう。ちなみに、桃木至朗編『海域アジア史研究入門』（岩波書店、二〇〇八年）で、桃木至朗らは「アジア理解を刷新するために、陸の視点で区切られた「東アジア」「東南アジア」「南アジア」などとは違った、「海域アジア」という新しいまとまりを提起」するとは宣言しているが、本書ではインド洋海域史の研究動向を適切に組み入れたものとはなってはいない。

（2）Femme S. Gaastra, *De geschiedenis van de VOC*（Zutphen: Walburg Pers, 2002）p. 124.

（3）生田滋「ヤン・ピーテルスゾーン・クーンとバタヴィアの建設」友杉孝編『アジア都市の諸相―比較都市論にむけて―』（同文舘出版、一九九九年）所収、一二〇頁。

（4）Gaastra, *De geschiedenis van de VOC* の第一章ならびに第二章を参照。

（5）クレルク・デ・レウス（田渕保雄訳）「オランダ東インド会社の収入と社員の給与」『南方文化』第三輯、一九七六年、一六五―一七三頁。

（6）オランダ東インド会社の会計年度は基本的に九月一日に始まり、翌年八月三一日に終わる。

（7）島田竜登「一八世紀前半におけるオランダ東インド会社のアジア間貿易」『西南学院大学経済学論集』第四三巻第一・二合併号、二〇〇八年、五六頁。なお、以上の数値に関しては、当時、アジアで計算上使用されていた重フルデンを本国フルデンに換算してある。

（8）以下は、François Valentyn, *Oud en nieuw Oost-Indiën*, deel 4A: Beschryving van Groot Djava, ofte Java Major（Franeker: Van Wijnen, 2003）pp. 256-261による。

（9）レオナルド・ブリュッセイ「オランダ東インド会社とバタヴィア（1619-1799年）―町の崩壊の原因について―」『東南アジア研究』第二一巻第一号、一九八三年、七四―七九頁。

（10）Valentyn, *Oud en nieuw Oost-Indiën*, deel 4A: Beschryving van Groot Djava, pp. 257, 259.

（11）表1は、島田竜登「近世日本のシャム貿易史研究序説―一八世紀におけるアジア間貿易構造の変化―」『西南学院大学経済学論集』第四一巻第二号、二〇〇六年、九一頁による。

（12）NFJ 872（オランダ国立公文書館所蔵日本商館文書（Archief van de Nederlandse Factorij Japan（NFJ）））。

（13）レオナルド・ブリュッセイ「コミュニケーションの船―蘭日間の開示技術および造船技術移転について―」『平戸市史研究』第五号、二〇〇〇年、一八―一九頁。

（14）表2は、島田「近世日本のシャム貿易史研究序説」、九二頁による。

（15）表3は、Ryuto Shimada, *The Intra-Asian Trade in Japanese Copper by the Dutch East India Company during the Eighteenth Century*（Leiden and Boston: Brill Academic Publishers, 2006）p. 142による。

（16）NFJ 872.

近世初期対外関係の伝承とその利用
―松浦静山の収集史料を中心に―

吉村　雅美

はじめに

一八世紀末、ロシア船・イギリス船などの接近をうけて、日本は清国・朝鮮・琉球・オランダとは異なる国への対応を迫られることになった。この時期の対外関係の枠組みについては、幕府がロシアへ対応するなかで、定められた国以外とは新規の対外関係を結ばないという対外観が成立したことが指摘されている[1]。こうした幕府の認識の一方で、異国船来航に対処する必要の生じた藩においても、当該地域において中世から近世中期にかけて展開した対外関係を参照しつつ、新たな国際情勢やそのもとでの自らの役割が再認識されていった[2]。また、寛政期の異国船来航やそれをうけた海防報告書作成に際しては、一八世紀前半における唐船への対処法が参考にされたことが明らかにされている[3]。今後は、藩が対外危機に際して歴史的な経験や知識をどのように用いていったのか解明するとともに、それが幕府の対外認識や対外政策といかに関わっていたのかを明らかにする必要があるだろう。

筆者は以前、一八世紀末の異国船来航に接した藩において、国際情勢における自らの役割がいかに認識されていったのか、主に平戸藩・対馬藩を対象に考察した[4]。本稿では、一八世紀末から一九世紀初頭において、個別藩内の歴史意識と同時代の学問状況がいかに連関しながら対外認識が形成されたのか、幕府儒者との交流も有した平戸藩主松浦清（以下、静山）を中心に検討する。そして、地域に蓄積された知識が幕府対外政策に与えた影響を考察するための布石としたい。

静山はいわゆる「蘭癖大名」の一人としても評価されており、①洋学史、②幕府との関わり、③藩政史といった多様な視角から研究が行われてきた。このうち①について、沼田次郎は、幕末に軍事技術としての重要性を帯びる以前の洋学は静山ら「蘭癖」藩主のオランダ趣味であり、藩領内には導入されなかったとしている[5]。また、①および②について、松田清は松浦静山の洋書コレクションを紹介し、その一部は幕府天文方にも貸し出されたことを指摘しているが、こうした収集活動は藩内において家臣や儒者の反発を招いたとする[6]。一方で、③については、静山が財政改革や藩校設置を主とする藩政改革を行った藩主であったことが明らかにされてきた[7]。

これまで、右記の①②の幕府と交友を有する「蘭癖大名」としての側面と、③の藩政改革を行った藩主としての側面は、十分に結びつけて研究されてこなかった。静山にとって、藩政の安定と書物収集は対立的なものだったのであろうか。先行研究において、静山による書物収集は洋書や漢籍などの貴重書に注目されがちであった[8]。そこで本稿では、静山が藩主・隠居時代において対外情勢をどのように認識し、いかなる関心に基づいて史資料を収集していたのか、洋書以外の地域史料（特に平戸町人の家に伝わった史料）まで視野を広げて検討する。そして、静山が異国船の入港地である平戸の歴史性をいかに捉え直して利用したのか、対外関係のなかでの松浦家のあるべき姿をどのように考えていたのか考察する。これにより、洋学を含む学問と地域に蓄積された知識・情報の双方が、一八・一九世紀転換期の対外認識の形成においていかなる意味を持っていたのか、展望したい。

一　異国船来航地としての平戸と松浦家の自己認識

(一) オランダ船錨と平戸入港の異国船

天明二年（一七八二）正月、平戸藩領内の河内浦において異国船の錨が引き揚げられた。この際、平戸藩九代藩主の松浦静山はこの碇がオランダ船のものであることを示す証明書をオランダ商館長イサーク・ティツィングに請うて、入手している。[9] さらに、この年は静山がケンペル『日本誌』を入手した年でもあった。

松田清は、異国船碇の引き揚げと『日本誌』の入手は静山による洋書収集の契機となった一方で、高額を要する洋書収集は家臣や儒者の反対を制して行われたものであったと評価している。[10] その根拠の一つとされているのは、天明三年（一七八三）一一月、静山の求めに応じて、儒者皆川淇園が平戸の文庫楽歳堂に寄せた「楽歳堂記」（松浦史料博物館所蔵）である。このなかで、淇園は平戸を「交趾・呂宋・柬埔寨・諳厄利亜」といった「西南諸夷舶」に対する「藩衛」と位置づけ、「防禦之用」を満たしうる「国賦」を整えて「士民之力」を養うべきだと述べている。松田は、静山の洋書収集はこうした淇園の「訓戒」に反する行為であったとみている。

たしかに、洋書の収集は高額を要するものであったが、静山は対外情勢の中で平戸の役割をどのように認識し、いかなる関心を持って洋書を収集していたのか、他の史料・書物の収集活動と併せて考察することが必要であろう。そこで、本節では天明期に収集された史料のうち、異国船の平戸への入港年次に関わる史料に注目したい。

松浦史料博物館には、オランダ船平戸入港年次を推定する内容の記録類が所蔵されている。そのなかに、「蛮船

表１　「蛮船来ル年次考」の記載内容と引用史料

種別	記載内容	項数	引用史料名＊1
A	秀吉政権の海賊対策	2	十七年十月三日内書
B	長崎の領主の変遷	5	長崎拾芥／豊臣公条目／長崎縁起略
C	長崎に来航した異国船	2	玉露叢／駿府政事録／烈祖成績／松栄記事
D	幕府のキリシタン禁制	5	駿府政事録／烈祖成績／松栄紀事／玉露叢／家忠日記／年譜／創業記／松浦家覚書
E	松浦氏のキリシタン禁制	8	創業記／松栄記／駿府政事録／宗門方旧記／井上先祖書／最教寺縁起／松浦家覚書／家本／山本霜木覚書
F	平戸への異国船来航	7	駿府政事録／烈祖成績／玉露叢／松栄記事／谷村友山覚書／熊澤氏旧記／朽木出羽侯阿蘭書訳解／テッシンキ書スル処／五島家譜
G	その他	4	長崎拾芥／成績引創業記／松栄記事／采蘭異言／井上先祖書
計		33	

＊1：下線は、松浦家あるいは藩士・町人の家で編纂された旧記類・由緒類であり、かつ松浦史料博物館の所蔵が確認できるもの。

来ル年次考」「阿蘭陀考」(11)「蛮人願書　御返書」(12)「阿蘭陀来ル年次考」(13)の合綴（史料番号Ⅲ－5（イ）4「合綴」）がある。このうち、「蛮船来ル年次考」は、永禄元年（一五五八）の「切支丹平戸ニ来ル」に始まり、元和三年（一六一七）の「八月一六日阿蘭陀御朱印頂戴」に終わる記録であり、各箇条の綱文の後に引用史料名が付記されている。なお、このなかには「今茲甲辰天明四年マテ百八十八年ナリ」と記されており、天明四年（一七八四）に静山が編纂させたものと考えられる。管見の限り、編纂経緯を明記した史料を見出すことはできないが、背景として、天明二年にオランダ船の錨が引き揚げられたこと、天明四年に平戸に系譜編纂所が設立され、松浦家家譜「家世伝」の編纂が開始されたことの二点がある。こうして、中世から近世初期の異国船入港が、松浦家の系譜編纂と関わる形で意識され始めたと考えられる。

表1は、「蛮船来ル年次考」の主な内容と引用史料を示したものである。項数の多い、D幕府のキリシタン禁制、E松浦家のキリシタン禁制、F平戸への異国船来航の記事内容をみてみよう。Dの例を挙げると、慶長一〇年条（一

六〇五）に徳川家康が大久保忠隣を大坂へ派遣してキリシタン禁制を命じたことが記されている。Eの例としては慶長五年条がある。ここでは、松浦鎮信がすでにキリスト教を禁止していたことについて、「後幕下出此令而、子孫甚喜、法印公之先見之明」と記され、幕府に先駆けた禁制の実施として評価している。また、Fには主に平戸への異国船来航年次に関する記述が含まれているが、慶長六年条（一六〇一）では堺へのオランダ船の来航に触れ、慶長一〇年条で「公（静山、引用者）曰、始渡平戸カ堺カ可考」としている。このように、幕府のキリシタン禁制や平戸以外の地への異国船来航など、近世初期対外関係全般を意識しつつ、それに松浦家や平戸がいかに関わっていたのか考察していたことがわかる。

ここでは、Fの異国船平戸入港記事のうち、次の三箇条に注目したい（丸数字は引用者、以下同様）。

①天正八年エケレス船平戸津ニ来ル　拠谷村友山覚書〇按長崎拾芥、慶長十七年エケレス船商売トシテ始テ平戸津ニ渡海ストス

②十年法印公エケレス船平戸津ニ来ルコトヲ禁ス　拠谷村友山覚書

③慶長二年五月四日阿蘭陀■《ママ》船始テ平戸津ニ来ル　拠熊沢氏旧記　朽木出羽侯阿蘭陀訳解〇按訳解月日ナシ又按長崎拾芥十三年始テ平戸津ニ来ニ作ル、蓋誤

①はイギリス船が天正八年（一五八〇）に平戸に来航し、②では同一〇年（一五八二）に法印（初代平戸藩主松浦鎮信）がイギリス船の平戸への来航を禁止したとする。いずれも「谷村友山覚書」を典拠としている。一方、③では「熊沢氏旧記」および「朽木出羽侯阿蘭陀訳解」に拠りながら、オランダ船が慶長二年（一五九七）五月四日に来航したとしている。

さらに、③に関わる記述は「蛮船来ル年次考」の本文のほかに、見返し頁にも見受けられる。

〇熊沢旧記■《ママ》曰、阿蘭陀平戸江初而来ル

○朽木出羽侯訳解曰、按ニ和蘭船平戸へ入津セシモノハ慶長二丁酉年ニシテ、今茲甲辰天明四年マテ百八十八年ナリ、百六十年百六十年ハ阿蘭陀チッシンギ書スル処ナリナレハ寛永ノ初年ナリ、コレ大数ヲ挙タルナルヘシ

なお、実際にはイギリス船平戸入港は慶長一八年（一六一三）、平戸イギリス商館閉鎖は元和九年（一六二三）、オランダ船の平戸入港は慶長一四年（一六〇九）である。引用された史料には実際の来港年次より早い年代が記されているが、まず史料の性格を確認しよう。

①から③および見返し頁の二箇条を見ると、イギリス船に関しては平戸町人の記録である「谷村友山覚書」（詳細は後述）を引用し、オランダ船に関しては、ｉ「熊沢氏旧記」、ⅱ「朽木出羽侯阿蘭陀訳解」、ⅲ「チッシンギ書スル処」といった複数の史料を参照している。このうち、ｉ「熊沢氏旧記」は松浦家家臣の熊沢家に伝わった由緒を記録化したものと考えられるが、管見の限り同名史料の所在を確認することができない。ⅱ「朽木出羽侯訳解」は、松浦清と親交のあった福知山藩主朽木昌綱が清の求めに応じて洋書（プレヴォー『旅行記集成』）を翻訳したものであると思われる。[14] ⅲ「チッシンギ書スル処」とは、オランダ商館長ティツィングが、天明二年引き揚げの異国船錨をオランダ船のものと証明した「蛮錨図」附属書類（松浦史料博物館所蔵）と内容が一致する。[15] また、①③の校注で引かれた『長崎拾芥』とは、近世初期の長崎に関する記事を収録した地誌である。[16]

こうして、静山は異国船平戸入港年次について、平戸町人・藩士の記録、朽木昌綱による洋書の訳文、ティツィングからの情報、長崎の地誌などを併せて考察させ、慶長二年であると推定したようである。ただし、朽木昌綱の訳文は月日を欠くなど、十分な根拠といえるものではなかった。そのため、後述するように、静山は他の新たな地域史料も用いて、オランダ船平戸入港年次を裏づけていくことになる。

以上のように、静山は平戸への異国船来航や平戸におけるキリシタン禁制を、幕府の対外政策全般との関わりのなかで把握しようとした。ここでは、朽木やティツィングを経由して得られた情報に加えて、平戸藩の家臣や町人

が作成した史料も、静山による歴史認識形成に役立てられたのである。

(二)「家世伝」にみる異国船関係記事

天明四年(一七八四)に編纂が開始された松浦家家譜のうち、文政一一年(一八二八)に「家世伝」(松浦史料博物館所蔵、松浦家初代~二七代〔二代藩主〕を収録)が上梓された。「家世伝」は、五代平戸藩主松浦棟の代に作成された「原稿」に加筆して編纂され、九代藩主松浦清の「纂輯」、一〇代藩主松浦熙の「校訂」という形で成立したものである。家譜編纂は熙以降の藩主の代にも継続され、明治八年(一八七五)の「家世続伝」、明治一一年(一八七八)の「家世後伝」(いずれも同館所蔵)上梓をもって完結した。

ここで、「家世伝」の編纂が進められた、寛政期から文政期の対外情勢と平戸藩の関わりを概観しておこう。寛政四年(一七九二)のラクスマン来航後、幕府は諸大名に海防報告書の作成を命じた。これをうけて、寛政五年(一七九三)一〇月、平戸藩は異国船来航時の出兵法を決定した。[17] さらに、寛政九年(一七九七)の対馬近海へのイギリス船来航後には、対馬に異国船が来航した場合、平戸藩・大村藩からも出兵するよう命じられた。[18] 翌寛政一〇年(一八〇〇)一二月、対馬に近い藩領の壱岐は「異国御手当第一之場所」であるという認識のもと、藩は壱岐城代を表年寄から着任させることを定めている。[19] 同月には壱岐に限らず「当領之義者異国御手当第一」であるとし、組諸士に対して「実用」を心がけた武芸修練を求めている。[20]

さらに、フヴォストフ事件をうけて、文化五年(一八〇八)二月、隠居していた静山は江戸から国許の役人へ向けて異国船対応時の心構えを指示している。[21] それは、もし領内で「異変之義」があれば、「外国ニ対し候而も日本之名折」とならぬように、また「近隣ニ対シ候而茂手本」となるように、というものであった。同年一〇月のフェートン号事件発生後、一〇代藩主熈も郡代に向けて、もし藩領で同様のことがあれば「対外国永ク日本之恥辱」であり、幕府や周辺大名への「外聞」に影響するとして、その場合は異国船員を捕らえるよう命じている。文政八年（一八二五）四月の異国船打払令の発令後、熈は壱岐に限らず領内の島々に大砲を備えるなど[22]、海防を強化していった。

こうしたなか、家譜において、近世初期対外関係における松浦家の役割はどのように記述されたのであろうか。静山が編纂に関わり、その在世中に上梓された「家世伝」のうち、初代平戸藩主法印鎮信の巻である「家世伝　法印公」（天文一八年〔一五四九〕〜元和元年〔一六一五〕を収録、全五巻）の記述をみていきたい。「家世伝　法印公」全二一七箇条のうち、異国船平戸来航記事は次の三箇条にみられ、綱文の内容は前掲の「蛮舶来ル年次考」とほぼ一致している（松浦史料博物館所蔵「家世伝　法印公」、傍線・丸数字・記号・略・【　】は引用者）。

①【天正八年条】六月、諳厄利亜ノ商船始テ来二本藩ニ一、引谷村友山覚書・耶蘇天誅記前録考、月ハ據二天誅記前録ニ一（中略）a天誅記前録云、諳厄利亜商船之来自レ此至二慶長中ニ一凡二十餘年無二虚歳一、其以後無レ有ルコト二来港スルコト一、按スルニ友山覚書云、天正十年公禁ス二来港ヲ一、然ラハ則所レ謂二十餘年無二虚歳一者疑クハ非ナリ、b長崎拾芥ニ云、慶長十七年恵計礼須商船始テ来二平戸ニ一交易ス、十年無二虚歳一而得ルコトレ利ヲ少シ矣、船酋因テ欲シ下請テ二幕府ニ一止ント中来港ヲ一、赴ク二江戸ニ一途ニテ会二閣老大炊頭土井某ノ上洛スルニ一、乃就テ請フレ焉得レ允ヲ而不二復来一、亦与二友山覚書一不レ合故ニ不レ取、

②【天正十年条】是ノ歳公禁ス二諳厄利亜商船来港ヲ一、引谷村友山覚書

③【慶長二年条】五月四日阿蘭陀商船始来ル二本藩ニ一、献二蘇木樹・丁香樹・茘枝・仏郎機等ノ物ヲ一、引　深江記・谷村友山覚書、攷、長崎拾芥云慶長十三年阿蘭陀商船始来二平戸ニ一、蓋不レ知下来以二一年ヲ一来コトヲ上也、

右の三箇条の特徴について、「蛮舶来ル年次考」との相違点を中心に考察しよう。

①天正八年条（一五八〇）では、「谷村友山覚書」のほかに『耶蘇天誅記前録』[23]も引用しつつ、イギリス船が来航したことを述べている。さらに、考註の傍線部aでは、イギリス船が天正八年から慶長年間まで二〇年間余り連続的に来航したとする『耶蘇天誅記前録』の記述について、「谷村友山覚書」に照らして疑義を呈している。傍線部bでは、慶長一七年にイギリス船が初めて平戸に来航し、イギリス「船酋」が幕府側に請願して来航を中止したとする『長崎拾芥』の記述が、「（谷村）友山覚書」と一致しないとする。

②天正一〇年条（一五八二）では、「谷村友山覚書」に基づき、藩主法印鎮信がイギリス船の来航を禁じたとしている。「蛮船来ル年次考」ではあくまでも「平戸津ニ来ル」ことの禁止であったのが、一般的に「諳厄利亜商船来港」を禁止したという、曖昧な記述となっている。

③慶長二年条（一五九七）は、オランダ船が五月四日に来航し、蘇木等を献上したとする記述であり、「谷村友山覚書」および「深江記」[24]が引用されている。このうち、蘇木等の献上という事項は「深江記」に基づいて追加されたものである。そして、考註では『長崎拾芥』がオランダ船来航を慶長一三年（一六〇八）とすることについて、慶長二年の来港を知らなかったためであると評価する。

以上のように、「家世伝」においては、「蛮船来ル年次考」にて引用された洋書訳文は一切使用されず、特に「谷村友山覚書」が重視されている。記述内容の特徴としては二点挙げられる。一点目は来航した船の性格が明記されていることであり、イギリス船・オランダ船をいずれも「商船」とし、後者は品物を献上した旨が書かれている。二点目は、『長崎拾芥』など藩外で編纂された史料の記述を排して、松浦家・平戸と異国船との関わりを強調していることである。そして、イギリス船来航は慶長一七年（一六一二）にイギリス商館長の請願によって停止したのではなく、天正一〇年に松浦家当主によって禁止されたのであり、オランダ船は慶長二年という早い段階から平戸に来航していた、と解釈しているのである。

「家世伝」が成立した文政一一年（一八二八）には、すでにイギリス船をはじめとする異国船が接近し、異国船打払令も発令されていた。このことは、天明四年（一七八四）に皆川淇園が「楽歳堂記」において危惧していた「西南諸夷舶」のうち、「諳厄利亜」の接近が現実化していたことを意味する。こうしたなかで、松浦氏によるイギリス船来航禁止という事蹟が重視される形で記述されたのであろう。一方、近世初期以来、幕府との関係を継続してきたオランダは、慶長初期から入港し、品物を献上していた存在として記録されたのである。

ここで、静山が洋書訳文や長崎の地誌（『長崎拾芥』など）を所蔵しつつも、「家世伝」には「谷村友山覚書」「深江記」といった平戸藩の地域史料を優先的に引用していたことがうかがえる。記述が採用された理由の一つは、年月日の記載を含むことであろう。ただし、これらは多くの地域史料からの取捨選択を経て採用されたごく一部の記録であり、[25] 採用された記録についても、そのすべての記述が「家世伝」に引用されたわけではない。それでは、近世初期対外関係を語る上でなぜこうした地域史料が必要とされたのであろうか。次章では、「谷村友山覚書」を記した谷村友山とはいかなる人物であったのか、そして、友山と静山の異国をめぐる認識にはどのような共通点・相違点があるのかを考察する。

二　谷村友山と松浦静山の対外認識

（一）谷村友山とオランダ人

静山が注目した谷村友山は、貞享三年（一六八六）から享保二年（一七一七）に平戸町の町役人を勤めた人物である。拙著で述べたように、友山の父である谷村家初代三蔵（生没年不詳）は、平戸の河内浦（慶長期から寛永期のオランダ船・イギリス船入港地）の出身であり、城下へ移り住んだとされる。[26] 二代目三右衛門貞之（友山）は正保四年（一六四七）に生まれ、藩への献銀、長崎からの借銀調達などの功績を認められ、貞享三年（一六八六）に町年寄となった。享保二年、貞之は隠居して友山と改め、享保七年（一七二二）に死去した。[27]

さて、「家世伝」に引用された「谷村友山覚書」と一部内容が一致する覚書の写しが、松浦史料博物館に所蔵されている。それは、「敬孝述事原本」[28] 所収の「谷村友山覚」（全八箇条、以下「敬孝述事　友山覚」）であり、「友山」という隠居名から、享保二年から七年の間に成立した覚書の写しと考えられる。さらに、これとは別に「覚書類三」[29]（松浦史料博物館所蔵）に「谷村友山覚書」（全三五箇条、以下「覚書類　友山覚書」）と題された記録も収録されており、享保三年（一七一八）閏一〇月に成立したことが記されている。両書には共通する項目も含まれるため、前者も享保三年頃の成立と考えられる。

表2は、右の二つの覚書の内容を示したものである。詳細は拙著で紹介したが、平戸への異国船来航や、鄭成功の事蹟、オランダ商館長崎移転後の平戸出身通詞の事蹟などが記されている。[30] 友山が享保初期にこうした覚書を作成した背景には、幕府の唐船に関する政策の転換があった。一六八四年（貞享元年）の清国による展海令の後、唐船入港数の制限や銅貿易の不振をうけて唐船の抜荷が相継いでいたが、[31] 正徳三年（一七一三）の平戸藩領内における唐船の不法行為を機に、幕府は唐船に強硬に対処する策へと転じた。[32] そして、享保二年（一七一七）に唐船打ち払い令が発令されるにいたる。これをうけて、享保三年（一七一八）以降、平戸藩・小倉藩・萩藩・福岡藩が、唐船打ち払いを実行した。[33]

こうして、幕府や北九州諸藩が唐船への対処を迫られていたなか、徳川吉宗政権は唐船に関する情報の収集を始めていた。同年一〇月、幕府若年寄大久保常春は、六代平戸藩主松浦篤信に対して、異国船の構造や漂流する唐船

表２　谷村友山の覚書の記述

時期*1	年代*2	内容	「敬孝述事友山覚」	「覚書類友山覚書」
			条	条
平戸	天正8(1580)～寛永18(1641)	オランダ船・イギリス船の入港と退去の年次	1・2	―
	[元和6～8(1620～1622)]	平山常陳事件	5	―
	[寛永4～9(1627～1632)]	タイオワン事件	―	34・35
	[寛永16～18]	オランダ平戸商館時代の慣例 オランダ商館の長崎移転	3・4	25～33
平戸・長崎	[慶長～寛永期(1596～1643)、貞享元(1684)]	鄭成功の出生と渡清後の事跡	6・7	21～24
	[慶長～寛永期、寛文～延宝期(1661～1680)]	平戸出身通詞の由緒と漂着事件における功績	―	2～10
長崎	[寛文3(1663)]	長崎大火後における平戸藩主松浦鎮信の長崎奉行所への援助	―	1
	[寛文6～12頃]	高木作右衛門(長崎町年寄)の閉門と赦免	8	11～15
	[延宝4(1676)]	末次平蔵(長崎代官、４代目茂朝)の改易	―	16～20

（「敬孝述事　友山覚」「覚書類　友山覚書」により作成）

*1 平戸：平戸オランダ商館の長崎移転前の事項。長崎：オランダ商館の長崎移転後の事項。平戸・長崎：上記の双方の時期に関わる事項。

*2 ［　］内は、記述内容から引用者が推定した。

への対処法について諮問した(34)。同年閏一〇月、篤信は取り急ぎ「先年城下江阿蘭陀舟・唐船入津之義も有之間、於在所古キ者之内、若承伝候義有之候哉吟味仕、早速申越候様ニ申遣候」と返答している。幕府は平戸に伝わる知識を必要とし、篤信は幕府の下問を契機に平戸が異国船入港地であったことを再認識した。そして、篤信は国許から史資料を収集し、一一月に幕府に返答したのである(35)。谷村友山の覚書は、ちょうど篤信による史料収集がなされた時期に成立している。この段階で、藩が友山の覚書を入手していたのかは不明であるが、友山による記録化は、対外問題に対処するための史料収集の影響を受けてなされたものであろう。

かかる背景において享保期に作成された覚書は、「家世伝」「家世続伝」編纂にはどのように利用されたのであろうか。まず、「敬孝述事　友山覚」（松浦史料博物館所蔵）のうち、第一条・第二条は左記の通りである（傍線は「家世伝」に引用された部分に吉村が付した）。

一、阿蘭陀平戸江初而参候者、慶長弐年酉ノ五月四日、最前ハ平戸浦ニ船をも指置候、追而河内浦江船ハ相廻シ置、着荷物等ハ同所ニ蔵有之入置候、其後寛永十八年長崎江引越、

一、ゑけれす平戸江入津ハ、天正八年ニ而、同拾年法印様御停止御寄せ不成候由、日本を引取候者、慶長四年之由、

第一条には、「阿蘭陀」の来航年月日が明記されている。それに加えて、河内浦にオランダ商館の「蔵」があり、荷物を置いていたという記述がある。友山は谷村家の出身地とされる河内浦にオランダ商館の倉庫があったことを認識していたのである。[36]

第二条には、「ゑけれす」が天正八年（一五八〇）に入港し、天正一〇年（一五八二）に松浦鎮信が「御寄」を禁止した後、日本を退去したのが慶長四年（一五九九）であったと明記されている。このように、友山の覚書では、松浦鎮信は平戸への寄港を禁止したと記しているのみである。ところが、先述のように、「家世伝」には鎮信による一般的な来航禁止という形で引用されたのである。

この二箇条を除いて、友山による二つの覚書は「家世伝」や「家世続伝」に引用されることはなかった。ここで、引用されなかった記述の例として、「敬孝述事　友山覚」の第三条・第四条の内容をみてみよう。まず、第三条は長崎オランダ商館に関する記述である。ここには、出島は「ゑけれす」が使用していたが「ゑけれす」が来航を停止したために「阿蘭陀」に使用させた、そして「阿蘭陀」には「科」もないので色々と「難題」をかけて出島に入れた、という旨が記述されている。なお、ここでいう「ゑけれす」とは明らかにポルトガルのことであり、友山はポルトガルとイギリスを混同していたことがうかがえる（したがって、第二条の「ゑけれす」もポルトガル船に関わる

情報が記録された可能性がある）。

そして第四条では、「御難題之一ツ」は、倉庫が「城郭」のようであり、敷石に「公儀御茶臼」とする石を使用したことを「不届」と判断したことであったと記されている。実際には、寛永一五年（一六三八）に松平信綱が島原の乱の帰途に平戸オランダ商館を視察し、寛永一七年（一六四〇）に幕府上使井上政重と長崎奉行が商館倉庫に掲げられた西暦年を理由に破壊を命じ、翌年に商館の長崎移転が命じられるという経過をたどった(37)。ここで注目すべきであるのは、友山がオランダ商館移転の理由を「難題」と捉えており、オランダ人に対する共感がうかがえることである。これに対して、松浦家家譜の「家世続伝」（静山没後に上梓）においては、平戸オランダ商館が「金銀珠玉ヲ飾リ」という状態であり、「美々たる有様奢之至り」と判断されたために移転となった、と説明されている。松浦家の公式記録は友山の覚書と異なり、オランダ商館に批判的な記述であるといえよう。

なお、「家世伝」と「家世続伝」に引用されていない「覚書類　友山覚書」にも、オランダ商館長崎移転に関する記述がある。寛永一七年（一六四〇）にオランダ人の妻子は平戸からバタフィアに追放されたが(38)、日本人妻子を持つ商館長フランソワ・カロンは、商館移転業務のために平戸にもう一年留まる必要があった。「覚書類　友山覚書」第二五条には、カロンが一年後に妻子とともに帰国したいと訴えたところ、土井利勝が「異国本朝相隔り候得共、恩愛之情ハ不相替事也、此訴訟御取上なくハ不仁之義也」と述べた、と記されている。

このように、近世初期のオランダ人について共感を示す記述を残した友山は、自身と同時代のオランダ人をどのように見ていたのであろうか。享保五年（一七二〇）に友山が著した捕鯨技術書「西海鯨鯢記」（谷村家文書）から、考察を加えてみよう。この書は鯨の種類・利用法や日本における捕鯨史を論じたものであるが(39)、鯨の種類別の名称に関する記述に続く部分で、友山は次のように述べている（「西海鯨鯢記」谷村家文書）。

如此和漢之説区也、形象是非定カタシ、土地ノ運気寒暖ニ因テ替コト有、世界ノ物統テ一致ノ物ナシ、性ハ同シテ象不等、人間モ阿蘭陀人と朝鮮人ヲ見テ知ヘシ、阿蘭陀国ノ鯨日本ノ背美鯨也、彼国ノ絵ヲ見テ知ル所也、（中略）阿蘭陀国ハ日本ヨリ海路一万二千六七百里、南天竺ヲ巡リ唐土ノ西ノ海西北ノ嶋国ニシテ寒国也、運気日本ト等シキ者ナラン歟、

これによると、鯨の「形象」をめぐる説は様々であるが、それは「土地ノ運気寒暖」次第で変わるという。「世界ノ物」にもすべてが一致するという物はなく、「性」は同じで「象」が異なっているが、それはオランダ人と朝鮮人を見ればわかるように、人間も同様であるとする。さらに、オランダの鯨の種類や捕鯨法について言及した後、オランダの地理に触れ、「運気」は日本と同じであろうか、と推測している。こうした友山の認識は、同時代の長崎の学者西川如見が著した『日本水土考』にみえる「水土論」と近似しているが[40]、如見の朱書きがある「西海鯨鯢記」の写本を調査した柴田恵司は、友山が如見に校閲を依頼したと推定している[41]。先述のように、借銀を調達するなどして長崎とのつながりを有していた友山は、如見の学問の影響を受けていた可能性がある。

異国船入港地に出自を有するという先祖認識を持ち、長崎における対外認識の影響も受けていた友山は、オランダと「日本」の間に「運気」や「情」といった共通項を見いだしていた[42]。そうした認識は覚書にも反映されているが、「家世伝」において、覚書はオランダ船来航、イギリス船来航とその禁止という文脈においてのみ引用されたのであった。

（二）松浦静山とオランダ人――「禁制」と「国禁」――

それでは、一八世紀末から一九世紀初頭を生きた人物であり、「家世伝」の編纂を命じた静山の場合、いかなる対外認識を有していたのであろうか。対外認識全般についての検討は今後の課題とせざるを得ないが、本節と次節

では、静山のオランダ・イギリス・ロシアに関する記述から、その認識の一端に迫ってみたい。

ここで注目したいのは静山自筆の書物目録である「新増書目」(松浦史料博物館所蔵)である。これは、主に文化・文政期において、[43]①平戸藩の蔵書(平戸の楽歳堂および江戸の感恩斎)のうち静山が重要とみなした書物と、②静山自身が平戸・長崎・江戸・大坂で収集した書物について、解題を記した目録である。「部目」一巻(一冊)、「内篇」七巻(一四冊)、「外篇」五巻(七冊)、「蛮書」一巻(一冊)の全二三冊からなる。これまで、「新増書目」については主に「蛮書」収録の洋書に注目されてきたが、[44]近年岩崎義則が漢籍類に注目しているように、海外情報が記された書物は洋書だけではない。[45]本稿では、外国の人物像や地理に関する書を収録する「外篇二　史類　地里之部」(二七部)の書物解題の一部に注目し、[46]静山による外国の人物像に対する評価について検討したい。

まず、オランダ人については、「阿蘭陀婦女目撃之像」と題された図像の解題が収録されている。解題によると、この図はオランダ商館長ヤン・コック・ブロムホフとその妻・乳母・子・召使が描かれたものであり、文政六年(一八二三)、静山が真田幸貫所蔵の図を筆写させたものである。文化一四年(一八一七)、新オランダ商館長ヤンコック・ブロムホフは妻子らを伴って来航し、ともに長崎に上陸することを求めたが、結局妻子の上陸は許可されなかった。[47]静山は解題において、図像の内容に続いて、「因縁アリテ禁制万里ノ邦ニ来リ、尋デ留ルコト能ハズ、夫ヲ生離シテ復遠波ヲ渉リ再ヒ本土ニ回テ如此コト、実ニ憐ムベシ」と評している。この記述から、谷村友山の覚書と同様、静山も親子・夫婦間で互いを思い合う普遍性を見いだしていたことがうかがえる。ただし、友山はフランソワ・カロンが妻子とともに帰国できなければ「不仁之義」である、と記していたのに対して、静山は「禁制」を認める比較的冷静な筆致で描いているように見受けられる。

なお、静山は同じく「新増書目　外篇二」所収の「紅毛女夷之図」の解題においても、「国禁」について言及している。この図は寛政一〇年(一七九八)に長崎沖にて座礁した「紅夷船」(実はアメリカ船籍イライザ号[48])に乗っていたという女性「舌可」の図である。静山はオランダ人による女性の帯同は「国禁」であると理解し、儒者佐藤一斎に解題を付させた。[49]ここで一斎は、「商船之携婦女、本係　国禁、以故密畜尓船底、不肯上陸」としている。[50]解題が記された時期は不明であるが、ブロムホフ夫人の一件以降、静山が「禁制」「国禁」に関する関心を高め、寛政一〇年の件についても、一斎に確認したのではなかろうか。

このように、静山はオランダの人物像に強い関心を抱き、時には共感を示しつつも、現状の対外関係の枠組みを「禁制」「国禁」として強く意識していたのである。

(三) イギリス・ロシア情報と静山の「政治」観

静山の時代の日本は、オランダだけではなく、イギリス・ロシアなど新たな国や民族への対応を迫られていた。「新増書目　外篇二」には、「魯西亜人之図」(文化二年〔一八〇五〕の記)、「魯西亜刀図」(文化五年〔一八〇八〕の記)や、静山が文政五年(一八二二)にオランダ商館長ブロムホフから入手した「阿蘭陀人手授合戦之図」の解題が記されている。静山がロシア人・ロシアの武器に関する情報やオランダの軍事情報を収集し、国許への異国船来航に備えていたことがわかる。

このように、対外危機に対処するための情報を収集する一方で、静山は外国の「政治」への関心を高めていった。文化六年(一八〇九)に作成された「新増書目　蛮書」[51]に収録された洋書である、*Het Leven van Anna*(原書は*Het Leven en Regering van Anna*)の解題をみてみよう。この書は、グレート・ブリテン女王アンの事績を記した五巻からなる書であり、第三巻を除いて原書も松浦史料博物館に所蔵されている。静山は、「アンナア之行跡」という訳を付し、次のように述べている(松浦史料博物館所蔵「新増書目　蛮書」)。

此書、寛政元年九月所得、訳モ亦、其間志筑善次郎ノ所為ナリ、文化戊辰、再石橋助左衛門ニ問、曰、コレ諳厄利亜ノ帝王一代ノ間、其行跡ト政事、其余、其国内ニ於テ、事ノ異シコトヲ記セシ書ト見ユ、」又、アンナアハ、蓋帝ノ名也、且、疑ラクハ婦人ノ名ナラン、然トキハ則女帝ナルベシ、〇静曰、此書ノ巻首、毎ニ像ヲ絵ク、蓋アンナアノ肖像也、其面容婦人ノ状アリ而其相ノ雄敢可見、然トキハ此女主ノ政治行蹟書シテ可伝モノアル、宜矣乎、

静山は、通詞志筑善次郎の訳、通詞石橋助左衛門による解題、さらに同書に掲載された肖像画に基づいて女王「アンナア」の「政治行蹟」が優れていると想像し（傍線部）、治者としての理想像を読み取ったのであった。この記述から、静山が異国の君主像を判断する評価軸の一つは、「政治」の善し悪しであったことがうかがえる。

ただし、静山は無条件に異国の「政治」を高く評価していたわけではない。「魯西亜属国人物図」（「新増書目　外篇二」所収）という図について、文化一〇年（一八一三）に解題が記されている。これによると、原書は文化元年（一八〇四）にレザノフが長崎来航時に持ち渡ったものであり、ロシアが自らの「属国」とみなした周辺地域の民族三六種・一〇〇像（ラップランド人・カザフ人・アリュート人などで、男女別の像や背身像がある）が記されたものである[52]。静山が入手したのは、レザノフの図を通詞石橋助左衛門が模写し、それを江戸においてさらに写させたものだという。なお、レザノフがこの図を持参した背景には、ロシアが千島諸島やロシア領アメリカの先住民も含めた形で、日本との通商を希望していたことがあった[53]。

静山は、解題に各民族名を記した上で、次のように述べている（松浦史料博物館所蔵「新増書目　外篇二」）。

蛮狛ノ像、以レ吾ヲ視レ之ヲバ、其異ル殆ド禽獣ニ等トシ、然レドモ彼我倶ニ人体ヲ具スルトキハ、彼若シ有ツレ徳テ其国ヲ治メ其化四方ニ及ビ、我或ヒハ失フレ徳ヲ者有テ其政不ズレ齊カラ媿声外カニ聞フルトキハ、我マタ彼ヲ卑シムルコト不ズレ能ハ、亦天性ノ践ムレ形ヲ者ニアラジ、観ニ斯図ヲ一テ戒慎ノ思ヲ致スベシ、

静山はこれらの人物像を「禽獣ニ等《ト》シ」と断ずる。しかしながら、「彼我」すなわち「属国」と日本の人物はともに「人体」を有しているのだから、「属国」側の「国ヲ治」める者の「化」が四方に及び、「我」が「徳」を失って「政」が「不斎」となったことが外聞に影響する場合は、「彼」を卑下することができないという。これは、自戒の意を含む相対的な認識であり、君主が「徳」を失った場合は、その民族を「禽獣」と見なし、見なされうるという意識が表れている。静山の外国に関する認識の評価軸は治者の「政」であり、治者次第で「形」は変容すると考えていたといえる。

なお、「新増書目」の「外篇二」以外の巻に収録された和書・漢書の解題においても、「美政」「政治」「政道」に関する記述が散見される。なかには、谷村友山が書いた「谷村友山私記」(覚書とは別の記録、所在不明)もあり(「新増書目　内篇八」)、この書物について、静山は松浦家・朝廷の歴史や「幕府ノ政道」を記した「奇冊」として高く評価している。藩政改革を行い、対外危機にも対処した藩主であった静山は、あらゆるジャンルの書物から、治者としての「政治」のあり方を読み取ろうとしていたといえよう。谷村友山はオランダと日本を比較する「運気」「恩愛之情」といった評価軸も有していたのであったが、静山は「政治」のあり方を重視し、オランダ・イギリスやロシア周辺民族の人物に対する評価を示していたのである。

おわりに

述べてきたように、静山は自らと外国の「政治」を強く意識していた。「家世伝」はその静山の命によって編纂されたものであり、中世から近世初期にかけての松浦家による「政治」の理想像が反映されていると考えられる。文政期には日本とオランダの間の「国禁」が意識され始め、イギリス船は異国船打ち払いの対象とされるなど、国際情勢が大きく変容した時期であった。こうした背景において、近世初期対外関係を記録した「谷村友山覚書」は、オランダ船来航と品物の献上、イギリス船の来航禁止というような、松浦家の対外関係上の役割を強調する文脈においてのみ、「家世伝」に引用されたのである。

本稿で明らかにしたように、静山による洋書の収集は、異国船平戸入港に関する史料収集や、「家世伝」編纂と同時に行われたものである。こうした関心による史料・書物収集は、たしかに軍事技術という面に限ってみれば、藩領内に導入された洋学とはいえない。しかし、静山の洋学はたんなる「蘭癖」という趣味的な学問にとどまるものではない。領主として対外危機にいかに対処し、どのような「政治」をめざすべきか、という関心に基づいて、軍事知識にかぎらず海外の「政治」情報も収集していたのである。

なお、静山が幕府の儒者である林述斎や佐藤一斎と交友を有していたことはよく知られている。本稿では詳しく言及することができなかったが、「新増書目」からは、この二名と静山が海外情報に関する書物を交換していることがわかる。近年、幕府儒者が外交において果たした役割が評価されているが[54]、静山の蔵書について、天文方に貸し出された洋書に限らずに地域史料も含めて総合的に分析することで、藩に蓄積された知識・情報が幕府対外政策にいかなる影響を与えたのか、明らかにすることができると考える。

注

（1）幕府における認識については、いわゆる「鎖国祖法観」の形成として捉える議論（藤田覚「鎖国祖法観の成立過程」、渡辺信夫編『近世日本の民衆文化と政治』、河出書房新社、一九九二年）と、「海禁・華夷秩序」概念の祖法化とみなす議論がある（荒野泰典「海禁と鎖国」、荒野泰典・石井正敏・村井章介編『アジアのなかの日本史2　外交と戦争』、東京大学出版会、一九九二年）。ここでは、ラクスマン・レザノフへの対応を通して、日本の対外関係の枠組みが再認識されたことのみ確認しておく。

（2）拙著『近世日本の対外関係と地域意識』（清文堂出版、二〇一二年）では平戸藩の認識について、拙稿「一八世紀の対外関係と「藩屏」認識―対馬藩における「藩屏」の「役」論をめぐって―」（『日本歴史』七八九号、二〇一四年）では対馬藩の認識について考察した。
（3）上田純子「寛政期の萩藩毛利家における海防問題」（『山口県史研究』一六、二〇〇八年）。上白石実「寛政期対馬藩の海防体制」（『白山史学』四〇号、二〇〇四年、同『幕末期対外関係の研究』、吉川弘文館、二〇一一年に再録）。
（4）前掲注（2）拙著および拙稿。
（5）沼田次郎『洋学』（吉川弘文館、一九八九年）。
（6）松田清『洋学の書誌的研究』（臨川書店、一九八八年）。
（7）藤野保「平戸藩」（長崎県史編纂委員会編『長崎県史　藩政編』、吉川弘文館、一九七三年）。児玉幸多「平戸の松浦家」（同『日本の歴史　一八巻　大名』、小学館、一九七五年）。
（8）前掲注（6）松田書。岩﨑義則「大名蔵書の中の国際交流―平戸藩楽歳堂の蔵書目録から―」（森平雅彦ほか編『東アジア世界の交流と変容』、九州大学出版会、二〇一一年）。
（9）松田清「書誌篇第三部　商館長ティチング署名「蛮錨図」」（前掲注（6）松田書）。
（10）松田清「書誌篇第一部　平戸藩楽歳堂洋書の研究」（前掲注（6）松田書）。
（11）「慶長二年五月四日」の「紅毛人」の平戸入津から元和三年八月一六日の「阿蘭陀御朱印頂戴」までを収録する。「蛮船来ル年次考」のうち、オランダ関係部の抜書である。
（12）平戸藩士津上又平治所蔵書の写し。寛永一〇年（一六三三）、タイオワン事件の解決後、オランダ商館長ニコラス・クーケバッケルと商務員フランソワ・カロンがパンカドの適用免除などを求めて、松浦隆信に提出した願書とその返書。
（13）享保六年時点で、オランダ船の平戸来航年次を推定した史料。作成者不詳。
（14）松浦史料博物館には、プレヴォー『旅行記集成』のうち、慶長一八年（一六一三）のイギリス船平戸入港記事を抄訳した「蘭書和解」が所蔵されている（松田清「論考篇第一章　蘭学勃興期の舶載蘭書」、前掲注（6）松田書）。「朽木出羽侯訳解」は、同じ『旅行記集成』からオランダ船の平戸来航部分を翻訳したものであろう。
（15）この書類の訳文に「一百六十年前我商船（オランダ船、引用者）交易于彼地（平戸、同）」と記されている。
（16）位田絵美「元禄～享保期における異国への関心―「長崎旧記類」を比較して―」（『文学研究』九三号、二〇〇五年）は、元禄二年（一六八九）の成立と推定している。
(17)「御年寄方日記」寛政五年一〇月二四日条（松浦史料博物館所蔵「御家世伝草稿」五三）。
(18) 前掲注（3）上白石論文。
(19)「御意済帳」寛政一〇年一二月七日条（松浦史料博物館所蔵「御家世伝草稿」五三）。
(20)「年寄方日記」寛政一〇年一二月二九日条（松浦史料博物館所蔵「御家世伝草稿」五三）。
(21)「御用方日記」文化五年二月一日条（松浦史料博物館所蔵「御家世伝草稿」五八）。
(22)「年寄方日記」文政八年四月二二日条（松浦史料博物館所蔵「御家世伝草稿」六八）。
(23) 村井昌弘著。島原・天草一揆に関する記録。
(24) 松浦久（松浦家八代）〜四代藩主鎮信（松浦家二九代）の系譜。著者・成立年不明。松浦史料博物館所蔵「深江記并一説」に収録されている。
(25)「家世伝」編纂時における引用史料の取捨選択については、前掲注（2）拙著第五章。
(26)「覚書」（平戸市教育委員会文化遺産課所蔵谷村家文書マイクロフィルム）。
(27) 前掲注（2）拙著第三章。
(28)「敬孝述事」（松浦史料博物館所蔵）は松浦清が収集した史料をもとに編纂された記録類（計六〇冊）。「敬孝述事原本」は「敬孝述事」編纂時の原文書（計一三九点）。
(29)「覚書類」は全三巻からなり、藩士・町人・寺社の覚書を収録する。巻三は六点を収録し、成立年次の上限は享保三年（一七一八）、下限が寛政八年（一七九六）である。「家世伝」編纂時に収集されたと考えられる。
(30) 前掲注（2）拙著第三章。
(31) 荒野泰典「近世中期の長崎貿易体制と抜荷」（同『近世日本と東アジア』、東京大学出版会、一九八八年）。
(32) 松尾晋一「環シナ海世界の情勢変化と幕府対外政策」（同『江戸幕府の対外政策と沿岸警備』、校倉書房、二〇一〇年）。
(33) 山本英貴「享保期における抜荷取締対策の展開―「唐船打払」目付渡辺外記永倫を中心に―」『外政史研究』第三号、二〇〇四年。彭浩「享保期の唐船打ち払いと幕藩制国家」『史学雑誌』一一九－八、二〇一〇年。前掲注（2）拙著第二章。
(34) 以下、常春・篤信間の下問と返答については、前掲注（2）拙著第二章。
(35) 返答内容の詳細については、前掲注（2）拙著第二章。

(36)平戸オランダ商館については、加藤榮一・永積洋子・行武和博による研究の蓄積があるが、先行研究については前掲注(2)拙著第一章を参照。
(37)永積洋子「平戸オランダ商館日記」(永積洋子・武田万里子『平戸オランダ商館・イギリス商館日記』、そしえて、一九八一年)。行武和博「平戸オランダ商館」(荒野泰典編『江戸幕府と東アジア』、吉川弘文館、二〇〇三年)。
(38)前掲注(37)行武論文。
(39)柴田恵司「西海鯨鯢記」『海事史研究』三四号、一九八〇年。中園成生『くじら取りの系譜』(長崎新聞社、二〇〇一年)。
(40)荒野泰典「近世の対外観」(『岩波講座 日本歴史一三 近世三』、岩波書店、一九九四年)。高野信治「「世界」と「神国」—西川如見の「天学」論をめぐって—」(九州史学研究会編『境界のアイデンティティ』、岩田書院、二〇〇八年)。
(41)前掲注(39)柴田論文。
(42)拙著では友山の認識を「平戸城下町人谷村家の対外関係認識」として紹介したが、友山は城下の有力町人であり、城下町人一般の認識として述べたのではない。
(43)解題の記載年は書目ごとに異なり、年次を欠く解題もある。
(44)松田清「書誌篇第二部 松浦静山旧蔵洋書書誌」(前掲注(2)松田書)。
(45)前掲注(8)岩﨑論文。
(46)本稿で取り上げた書物・絵図のほかに、世界図(「新訂万国全図」)、朝鮮・中国に関係する図(「朝鮮国倭館図」「朝鮮卓帷之図」「広東真景図」)、一般的な地理書(「海東諸国記」「訂正増訳采覧異言」)などが含まれる。
(47)松井洋子「長崎出島と異国女性—「外国婦人の入国禁止」再考—」『史学雑誌』一一八編第二号、二〇〇九年。
(48)横山伊徳『開国前夜の世界』(吉川弘文館、二〇一三年)、八六~八七頁。
(49)静山と一斎ら儒者との交友については、瀬戸口龍一「『甲子夜話』にみる松平定信文人サロンの動向」『専修史学』三三号、二〇〇二年。
(50)前掲注(47)松井論文によると、オランダ人が日本へ随伴した女性を上陸させることが「国禁」であるか否かは、ブロムホフ来航時に初めて問題とされた。
(51)文化五年から六年に静山が幕府天文方に洋書を貸し出した際に作成された目録であり、洋書一八部の解題が記されている。
(52)原書は *Открываемая Россія, или, Собраніе одеждъ всѣхъ народовъ въ Россійской мперіи обрѣтающихся*(サンクトペテルブルク、

一七七四年、北海道大学附属図書館貴重資料室所蔵）と同系統の図集と考えられる。この書はロシア科学アカデミーのI・G・ゲオルギらによる探検の成果として出版された（松本あづさ氏のご教示による）。

（53）前掲注（48）横山書、一二二〜一二六頁。

（54）藤田覚「江戸幕府対外政策と林述斎」（前掲注（1）藤田書）。眞壁仁『徳川後期の学問と政治―昌平坂学問所儒者と幕末外交変容』（名古屋大学出版会、二〇〇七年）。

【付記】本稿執筆のための史料調査にあたり、松浦史料博物館学芸員の久家孝史氏、平戸市教育委員会の前田秀人氏に大変お世話になりました。御礼申し上げます。なお、本稿は平成二六年度科学研究費補助金（特別研究員奨励費二四・八〇四五）による研究成果の一部である。

第二部　一九～二〇世紀の変革と言説

「蘭学」を腑分けする

大島　明秀

はじめに

歴史学によって解明される〈事実〉とは何だろうか。

この問いを突きつけられた時、私たちははじめて、歴史学が過去の実態究明でありながら、その一方で、各研究が成された時点のアイデンティティが色濃く投影されている営為でもあることに気付くことができる。

かかる意味合いにおいて、「近世」をめぐる言説は、「近代」以降を探求する上で恰好の歴史史料である。近世日本の象徴的な概念とされてきた「鎖国」、「開国」概念はその好例で、これらをめぐる言説は、〈近代日本人〉のアイデンティティと密接に関わるものであったことは、もはや自明のところとなった[1]。そして、この地平の延長線上には、「蘭学」（洋学）をめぐる言説も所在している[2]。

以上の問題意識を契機として、本稿では実態論と言説論の二つの切り口から、実験的に「蘭学」の腑分けを試みたい。

一　板沢武雄の腑分け

昭和八年（一九三三）、「蘭学」研究の第一人者であった板沢武雄は「岩波講座日本歴史」シリーズの一環として『蘭学の発達』を上梓した。本書は随所に画期的な試みが盛り込まれた意欲作であるが、特に注目すべきは、「蘭学」とは何かという問題について、先駆的に整理分析を行った点にある。以下、板沢武雄『蘭学の発達』を読み解きながら、その視座を浮き彫りにする。

まず、冒頭には、本書執筆の意図が記されている。

講座に於いて私の企図するところは、江戸時代に日本人がオランダ人若くはオランダ語を通じて、西洋の学術を如何に摂取したか、如何にそれを研究したか、如何にそれを応用したか、そしてその西洋学術が我が国史の進展過程に如何なる役割を演じたか、如何なる意義を有するものであるかといふことを略述するにある。ここに所謂西洋学術とは、その内容から見て、もつと適切に謂ふならば西洋の科学であるから、蘭学発達史は日本科学史の主要なる部分を占めるわけになるが、私はどこまでも独立的なものとしないで、国史研究の一分野として、又は一観点として、蘭学の発達を取扱うて見るつもりである(3)

ここから分かるのは、板沢が西洋学術（蘭学）を「科学」と限定的に見ていることと、「蘭学」が国史学研究の中に位置づけられてこなかったことである。特に後者の反省を踏まえて本書を成した板沢が最初に着手したのは、近世における「西洋の学術およびその研究の名称」についての整理であった。

板沢は、はじめに南蛮時代の西洋学術に着目し、これを「南蛮学、略して蛮学、又蕃学に作る」とし、齎された学術については、神学、医学、天文学、地理学、印刷術、画法を挙げている。[4]

次に近世中期頃から登場した名称として「和蘭学、略して蘭学」を掲げる。板沢によれば、「蛮学」から「蘭学」への移行はただに名辞上の変更にとどまらず、担い手が通詞（の副業）から専門家に変化したことが重要であり、ここにおいてはじめて「独立した本格純正の学問として成立するに至つた」のである。さらにそれは、「実質的の更新、内容と学的態度の更新、学会に於ける新旗幟の樹立を意味」するものであった。[5]

続いて幕末に広く用いられた名称として「西洋学、略して洋学」を挙げる。「この洋学は蘭学と同じやうな心もちで用ゐられたものではあつたが、和蘭語学から仏蘭語・英語・魯語と、だん〳〵新しい語学研究が派生発達し、蘭学者の研究の範囲が拡大されてから用ゐ出されたやうに思はれる」[6]としている。

最後に一般的な呼称として「泰西学、略して西学」を紹介しているが、これは「洋学」と同様であると簡単に片付けている。[7]

以上の整理によって各時代の名称とその特色が明らかにされたが、積極的にその意義が語られているのは「蘭学」時代のみであることから、板沢が本書の主題でもある「蘭学」にいかに肩入れしているかが容易に読み取れる。

ついで板沢が言及したのは、「蘭学の発達」を検討する際の分析視点であったが、地理的視点（長崎、江戸、京畿、諸藩）、政治的視点（官学系統、私学系統）、発達史的視点（医学本草学、天文暦学、兵学）と三つの研究視座を挙げるものの、冒頭に記した見地から論を進めることを再確認して「序説」は締め括られる。[8]

その後板沢は、近世における日蘭交流の様相や、各地における「蘭学」の普及展開を概観した上で、第三章第四節「蘭学の内容と研究方法」では、発展史的視点から「蘭学」の分野について改めてまとめなおす。ここで板沢は「蘭学はオランダ語によりて摂取した西洋の科学」と見ており、その主流は、（一）医学・本草学、（二）天文学・暦学、（三）兵学の三分野であったと説いている。[9]

本書の最終章である「蘭学の影響」では、「蘭学の我が国思想界に及ぼせる影響は多方面であつた」としながらも、板沢はとりわけ「世界観」、「日本人が自国以外の世界的認識をいかにして深めて来たか」という問題に着目し、これらを（一）神話に現れた上代の世界観、（二）本朝、震旦、天竺の三国世界観、（三）「蛮学」によって齎された真正なる世界観、と発展史的に三段階に区分し、ここで「江戸時代蘭学の興隆」が「真正なる世界観」を「いよ〳〵確実深邃なものにした」と唱えるのである。さらには、「蘭学」が「国民的自覚と世界観（世界的自覚）」を「啓発喚起」し、「幕末維新の大転回期に啓蒙的の寄与をなした」とする見解まで提示している[10]。

以上、板沢武雄の分析を見てきたが、ここから少なくとも以下の四点が読み取れよう。一点目は、社会進化論的な歴史観に基づいていること。二点目は、「蘭学」を〈実用的〉な「西洋科学」に限定していること。三点目は、「蘭学」を〈先進的〉なものとして眼差していること。四点目は、日本の〈近代化〉に対する貢献という視点から「蘭学」を位置づけていることである。

それにしても、これらの視線（言説）がひとり板沢のみにとどまらず、多かれ少なかれ現在の「蘭学」（「洋学」）研究にも継承されていることを改めて痛感させられる。

二　解体される「蘭学」

日蘭学術交流の初期において、「蘭学」は主に阿蘭陀通詞を中心とした長崎の関係者間で行われたが[11]、その最重要人物の一人向井元升[12]（一六〇九〜七七）の学問の在り方は、「蘭学」の実態と言説を考察する上で示唆に富んでいる。

文政二年（一八一九）に江戸で板行された『先民伝』によると、元升は長崎で林吉右衛門に南蛮天文学を学んだ一方で、「儒医」としてその名が聞こえたようだ。[13]寛永一六年（一六三九）には書物改に加わり、また、正保四年（一六四七）には長崎奉行馬場三郎左衛門から土地を与えられて聖堂を開設し、その傍ら慶安年間には輔仁堂という私塾を建てた。元升の著作には『孝経辞伝』（一六七一刊）などの儒教関連書や、神道思想に基づきキリスト教や仏教（特に黄檗宗）を批判した「知恥編」（一六五五成）、或いは『庖厨備用倭名本草』（一六七一成、一六八四刊）ならびに「医門関」といった医学・本草学関係書が確認でき、かかる仕事から「儒医」としての元升の一端を窺うことが可能であろう。[14]

しかしながら、向井元升という人物が何より興味深いのは、「儒医」を越える活動を行った点にある。一七世紀の前半から中盤にかけて、大目付井上筑後守政重（一五八五～一六六一）は支配体制の安定化を見据え、積極的に西洋の有用な科学技術の移転に取り組んでいたが、元升はとりわけ医学、天文学の分野で貢献した。[15]ことに医学の側面から一七世紀の日蘭交流史に数々の刺激的な知見を齎しているヴォルフガング・ミヒェルによれば、現存する「阿蘭陀伝外科類方」、「阿蘭陀外科医方」、「証治指南」といった諸写本から、明暦・万治年間（一六五五～六〇）頃に元升が成した医書の原型に遡ることができる。井上筑後守の要請を背景に、オランダ商館の外科医ハンス・ユリアン・ハンケ（Hans Juriaen Hancke）から元升が導入、作成したこれらの医学書の特徴は、中国医学の知識と突き合わせて分析消化し、批判的に受容した点にある。いわば漢蘭折衷の「蘭学」であった。特に「癰疽」（悪性の腫れ物）の扱いはその典型といえ、本項目はハンケの学説ではなく、主に明代の医師陳実功『外科正宗』（一六一七）に基づいている。[16]

西洋の学問を遠慮なく「解体」した背景には、元升が思想の基盤に儒学を置いていたことから、中国を「華」とし西洋を「夷」とする「華夷思想」の中で世界を理解していたことが考えられるが、ただし、元升の思想は単に「華夷思想」のみで表現することが不可能なほど、儒教に加えて神道を基盤とした強烈な日本中心主義的思考も持ち合わせていたことには留意せねばならない。

いずれにせよ、ここで見えてくるのは、元升の「蛮学に憚り無し」[17]との自負からも分かるように、西洋の学術を盲目的に信奉するのではなく、[18]主体的な判断の元に取捨選択しながらそれを取り入れた姿勢である。[19]

ところで、「北条流兵学」の祖・氏長（一六〇九～七〇）が作成したいわゆる「由里安牟攻城伝」も刮目すべき史料である。これは、慶安二年（一六四九）に来日していた臼砲手ユリアン・シェーデル（Jurian Schedel）に、機会を得た氏長がヨーロッパの攻城の方法を尋ね、研究した成果と見られる。少し前の時代には「嶋原天草一揆」（一六三七～三八）があり、それを契機として幕府は臼砲の導入を検討したが、その動向に反するように、「由里安牟攻城伝」やその他の北条流文書からは、氏長が西洋の砲術に熱意を示した様子は見られない。[20]

勿論、一七世紀に西洋から伝わった医学・本草学などの多くは「解体」されることなく内容を「忠実」に伝えたものであろうが、しかしここで注意したいのは、向井元升のように、西洋の学問を批判的に検証しながら主体的に再構築した「蘭学」が、個別事例ではあっても、この時期に確かに確認できることである。[21]

三　「西夷視」される「蘭学」

一七世紀中盤までにキリスト教の禁制を軸とする近世の対外関係の基本線が整い始めたが、[22]爾後、西洋の学問は、キリスト教関連であるとの疑いを免れた書物や情報、或いは規制の網をすり抜けた漢訳洋書を通じて受容された。

八代将軍徳川吉宗（一六八四～一七五一）は、享保五年（一七二〇）に漢訳洋書の制限や、洋式馬術・馬医学に関心を寄せたこと、或いは青木昆陽（一六九八～一七六九）や野呂元丈（一六九四～一七六一）といった「蘭学者」を輩出したことで周知される。ただし、彼らの「蘭学」は、基本的にオランダ語学書の作成や、本草・博物書の内容を「忠実」に伝えることを意図していた。

また、エンゲルベルト・ケンペル（Engelbert Kaempfer, 1651 - 1716）の助手を務め、ジョバンニ・バティスタ・シドッティ（Giovanni Battista Sidotti, 1668 - 1714）の尋問にあたったことで著名な阿蘭陀通詞今村源右衛門英生（市兵衛、一六七一～一七三六）の写本「西説伯楽必携」は、前述の吉宗の洋馬に対する関心を背景として作成された文献であるが、本書もまた、ピーター・アルマヌス・ファン・クール（Pieter Almanus van Coer）の蘭書や調馬師ハンス・ユルゲン・ケイゼル（Hans Jurgen Keijser, 1697 - 1735）との質疑応答で得られた成果などに基づいて、西洋式の馬術、馬療、飼育法などを「忠実」に伝えることを意図した「蘭学」と言える。(23)

かかる状況の中、一八世紀後半あたりから、幕府の政策が関与しないレヴェルでも、オランダ語・文法学書や医学書をはじめとした輸入蘭書を直接翻訳する人々が出現し、(24)「蘭学」、「蘭学者」という称が本格的に普及していく。

ここで、目下最も人口に膾炙している「蘭学書」とは何かを考えてみると、おそらく杉田玄白（一七三三～一八一七）、前野良沢（一七二三～一八〇三）らによって翻訳された『解体新書』（一七七四刊）の名が挙がるであろう。前章に見たように、長崎における西洋学術が「江戸蘭学」より遥かに先行するものの、本書はしばしば「蘭学」の嚆矢と称される。(25)ただし、向井元升や阿蘭陀通詞の「蘭学」が一部のものに留まったのに対し、『解体新書』が版本として江戸で出版された点を勘案すると、「蘭学」の「認知」、「普及」、「共有」などの面で一定の影響があったことは否めない。

ところで、『解体新書』には、長崎の阿蘭陀通詞吉雄耕牛（一七二四～一八〇〇）が序を寄せており、冒頭から「阿蘭之国精乎技術也。凡人之殫心力尽智巧尽而所為者。宇宙無出于其右者也」（阿蘭の国は技術に精なり。凡そ人の心力を殫し智巧を尽してなす所の者は、宇宙にその右に出づる者なきなり）との賛辞が見られる。しかし一方で、「今而後。

我　東方之人。始知蘭人之精於医。大有益乎人也」（今にして後、我が　東方の人、始めて蘭人の医に精にして、大いに人に益あることを知らん）との言から、「蘭学」の意義が世間に認知されていない当時の様子が読み取れる。(26)

同時期の「蘭学書」として『蘭学階梯』（一七八八刊）も注目に価する書物である。本書は、仙台藩医大槻玄沢（一七五七〜一八二七）が初学者用に「蘭学」の概要を説明したいわば入門書で、内容もさることながら、序跋に著名な「蘭学者」がその名を連ねている点でも興味深い文献である。(27)

最初に福知山藩主朽木昌綱（一七五〇〜一八〇二）が叙を寄せている。そこでは中国と「漢学」に批判的な眼差しを投げかけながら、「天地人才、果什百於支那諸説」（天地人才、果たして支那の諸説に什百なり）と評し、「蘭学」が「漢学」より優れていることを主張している。(28)続いて松江藩士萩野鳩谷（一七一七〜一八一七）による別序が付されているが、中国と「漢学」を相対化しながら「蘭学」の意義を強調する点で、朽木昌綱叙と論旨が同様である。(29)

津山藩医宇田川玄随（一七五五〜一七九七）による跋は、衒学的な文章による『蘭学階梯』の賛であるが、最後に寄せられた幕府の奥医師桂川甫周国瑞（一七五四〜一八〇九）の跋は興味深い。(30)「蘭学」を「々〔＝有〕用之学莫如焉」（有用の学はこれにしくはなし）と賛美しながらも、「亦何西夷視乎哉」（また何ぞ西夷視せんや）と締め括る。ここから、いまだ「華夷思想」が色濃く存在し、「蘭学」が「西夷視」されていた時代であったことを窺わせる。(31)

以上の史料から読み取れることは、一八世紀後半の「蘭学者」の目指すところが「蘭学（者）」の地位向上にあり、そのために「華」である「漢学」の相対化を行いながら、「夷」である「蘭学」の意義を積極的に説いた様子である。

四　浸透する「蘭学」

一八世紀末に行われたいわゆる「寛政の改暦」は、前章で見てきたような流れを一変させるような事件であったと見ることができる。この改暦にあたって幕府は、高橋至時（一七六四〜一八〇四）と間重富（一七五六〜一八一六）を起用し、念願であった西洋天文学を取り入れた暦を完成させ、これを寛政一〇年（一七九八）から施行した。[32]その前に行われたいわゆる「宝暦の改暦」が、西洋天文学を取り入れることを企画しながらも挫折したことを勘案すると、「寛政の改暦」は「幕府政治」、「暦（学）」といった二つの権威的なレヴェルで、「蘭学」の或る種の「権威化」が達成された事件であったと言えよう。

加えて、寛政一二年から文化一三年（一八〇〇〜一六）にかけて行われた伊能忠敬（一七四五〜一八一八）による全国測量や、文化八年（一八一一）に洋書翻訳のための機関「蕃（蛮）書和解御用」が天文方内に設置されたことは、「蘭学」の「権威化」をさらに裏打ちする事件であっただろう。

ところで、板沢武雄が言及したように、一九世紀の「蘭学」は確かに（一）医学・本草学、（二）天文・暦学、（三）兵学の三分野、ならびにそれに関連する諸科学、を柱としていたが、これら「実用科学」にとどまらない「蘭学」も出現する。

一例を挙げると、ケンペル原著、志筑忠雄（一七六〇〜一八〇六）訳「鎖国論」写本（一八〇一成）は、平田派国学者をはじめとして大いに普及したが、基本的に自己像の再確認以上の用いられ方はせず、「実用科学」とはほど遠い文献であった。[33]また、嘉永元年（一八四八）頃に成立したと考えられる黒田麴盧訳「漂荒紀事」写本は、イギリスの文学者ダニエル・デフォー（Daniel Defoe, 1660-1731）の漂流記『ロビンソン・クルーソー』（初版は一七一九刊）の抄訳である。個別事例ではあるが、このように一九世紀における「蘭学」の多様性が確認できる。[34]

また、医学、兵学に関する蘭書は大いに輸入されたが[35]、幕末に至るまで解剖学の進展は極端に鈍く、また、兵器や五〇〇石以上の軍用船の輸入や製造、築城なども厳禁されていた。これらの事例は、「実用科学」の蘭書、或いは「蘭学」を、すぐさま〈有用〉、〈先進〉の眼差しをもって見つめることの危険性を示している。[36]

さて、前世紀後半には「蘭学」の周知と地位向上が深刻な課題であったが、一九世紀に入ると、オランダ人や「蘭学」に対する言動に、「崇拝」と形容しうるような受容の在り方が登場する。例えば、中津藩五代藩主奥平昌高（一七八一～一八五五）は、その好例である。[37] 昌高の「蘭学」への熱意がよく表れているのは、とりわけ二種の日蘭対訳辞書の編纂事業であろう。文化七年（一八一〇）、家臣の神谷源内に命じて国内初の日蘭対訳辞書『蘭語訳撰』を編纂させ、また、文政五年（一八二二）には近習医大江春塘（一七八七～一八四四）にローデウェイク・メイエル『語彙宝函』（Lodewijk Meijer, 1629 - 1681: *Woordenschat.*）の第一部を刊行させた。

しかしながら、昌高の「蘭学」に対する熱意はこれにとどまるものではなかった。オランダ商館長ヘンドリック・ドゥーフ（Hendrik Doeff, 1777 - 1835）との交流の中で、昌高はドゥーフにオランダ名の授与を要求し、フレデリック・ヘンドリック（Frederik Hendrik）という名を付され、欣喜雀躍するのである。オランダ人に要求して蘭名を授かる営為は、昌高とその家族、および家臣のみならず、各地で行われていた。その状況は、ドゥーフの後任者ヤン・コック・ブロムホフ（Jan Cock Blomhoff, 1779 - 1853）をして「こんなことが今や当地では大流行となっている」（Hetwelck thans alhier een rage wordt）と言わしめるほどであった。[38]

オランダ人や「蘭学」に関わる人々の間でかかる潮流が巻き起こる中、一部の「仏教者」や「国学者」の反応は極めて批判的であった。西洋天文学に対する反発と仏教陣営の復権の意図から『仏国暦象編』（一八一〇序）を刊行し、いわゆる「梵暦運動」を巻き起こした無外子釈円通（一七五四～一八三四）などはその典型であるが、(39) 嘉永三年（一八五〇）に『異人恐怖伝』を上梓した忍藩士黒沢翁満（一七九五～一八五九）もその好例である。『異人恐怖伝』は、写本で作成された上述のケンペル原著、志筑忠雄訳「鎖国論」を翁満が改題した上で前編二巻とし、後編に自身の見解『刻異人恐怖伝論』一巻を付して板行した文献である。そこには、以下のように「蘭学」の弊害が述べられている。

人《ひと》の恐懼《おぢおそ》るゝやうなる事を憚《はゞか》る所《ところ》もなくいひもてはやすは皆《みな》かの蘭学者流《らんがくしやりう》の癖《くせ》にて［、］巳《おの》が西洋《さいやう》の事に委曲《くはし》きを誇《ほこ》り且彼方《かつかなた》を主張《しゆちやう》して人《ひと》を嚇《おど》すひが心得《こゝろえ》なるを［、］奇《き》を好《この》むハ世人《よのひと》の習《ならひ》なれば聞續《きゝつ》ぎ語續《かたりつ》ぎて何《なに》の辨《わきま》へもなくいと囂々《かしがま》しく唱《とな》ふめり(40)

本書を出版した翁満の意図は、「西洋」が世に信用され、かつ強力と見做されていることを逆利用し、「西洋人ケンペル」による「蘭書」を根拠として、「西洋風」によって乱され損なわれた「和魂」の回復と確立することにあった。(41) そしてこの論理の立て方は、平田篤胤（一七七六～一八四三）が『古道大意』（一八一一成、一八二四刊）の中で行った方法を、平田派の「国学者」が踏襲したものであった。(42) いずれにせよ、前世紀と異なり、この時期の「蘭学」が世間の一定の評価を得ていたことは翁満の言に示されている。

無論、一九世紀においても中津藩医村上玄水（一七八一～一八四三）や京都の医師吉雄元吉のように、西洋の学問を分析消化し、中国の知識や自己の検証に基づきながら自らの学問を構築した「蘭学者」も存在したが、(43) しかしながら、一方では奥平昌高に見えるように「崇拝」とも言えるような受容態度が出現し、他方ではそのような「蘭学」に対する攻撃も登場し、さらには「蘭書」を逆利用する陣営も現れた。

前述した「仏僧」釈円通や平田派「国学者」は、「蘭学」を「解体」しながら批判的に自身の学問で活用した。ことに平田篤胤に至っては、記紀や本居宣長（一七三〇～一八〇一）『古事記伝』（一七九〇～一八二二刊）、服部中庸（一七五七〜一八二七）『三大考』（一七九一成）などの「国学書」に加え、旧約聖書やマテオ・リッチ（利瑪竇、Matteo Ricci, 1552-1610）『天主実義』（一六〇三刊）などのキリスト教関連書も利用しながら、天地の生成、宇宙、死後の世界などに関する論を展開した。(44)

一部の「仏教者」や「国学者」が積極的に「蘭学」に取り組んだ、一見学問方法やアイデンティティと矛盾するように見えるかかる営為は、つまるところ、「学問」、「学派」における問題設定の仕方とその解決方法の問題として理解できる。釈円通や平田篤胤は、「蘭学」を乗り越えるべき壁と認識しながらも、「仏教」や「国学」の枠組みの中で十分に馴化させうると判断したに違いない。

いずれにせよ、彼らは自身の学問をさらに裏打ちするために、「蘭学」を批判的に取り込み、活用するという学問方法を創出した。(45)そしてかかる処理をされた、或いは処理しうる「蘭学」が、「仏教天文学派」や「平田派国学」の学問体系において習得すべき学問（方法）の一つとなり、踏襲、共有されたのである。屈折した形ではあるが、これはむしろ「蘭学」の多様な受容相と浸透具合を物語る事例と捉えるべきである。

五　オリエンタリズムとしての「蘭学」

前述の中津藩主奥平昌高の営為に、西洋が〈文明的〉〈先進的〉で、東洋が〈未開〉〈後進的〉とするオリエンタリズム的眼差しの萌芽が見て取れたが、それは明治に入るとさらに顕著になる。

新政府の神祇制度確立に奔走し、また、明治天皇の侍講や宮内省歌道文学御用掛を務めた福羽美静（一八三一〜一九〇七）は、『文明開化真面目』（一八七四）の中で、西洋の制度文物と明治日本の在り方を以下のように論じている。

夫世界は国おほし［。］多き中ニも文明国開化の域とよばるゝは［、］欧羅巴洲［、］米利堅洲中ニ名高き英と仏［、］北阿米利加合衆国［。］夫等の制度文物は今時世界に冠たるもの［。］今や皇国の人民も東にはしり西ニゆき［、］其文明の国々の開化の道をわが国ニうつして国のたふとさを添ふるハ［、］実ニ愛国の至情赤心［、］これをこそ育てゝ国ニ報ずるの人のまことゝいふべけれ(46)

「神道」、「国学」界の有力者であった福羽が、欧米の文明を「開化の域」で「今時世界に冠たるもの」と見ており、それらを取り入れて国を発展させることが、「実ニ愛国の至情赤心」だと述べている。ここで福羽は「文明の国々の開化の道」の必要性を深刻に認識しており、もはや西洋は、「神道者」、「国学者」をして、「排斥すべき対象」ではなく、公然と「学ぶべき手本」と言わしめる対象に変化している。

ところで、明治二年（一八六九）、啓蒙思想家福沢諭吉（一八三五～一九〇一）は、神田孝平（一八三〇～一八九八）が露店で入手した写本を翻刻上梓した。その写本とは、杉田玄白による最晩年の回想録「蘭東事始」（一八一五成）で、出版にあたって「蘭東」は「蘭学」と変更され、『蘭学事始』という書名で刊行された。ただし、普及したのは、明治二三年（一八九〇）、第一回日本医学会総会に合わせて活字印刷された再版であった。そしてこの再版には、福沢の〈感動的〉な序が仕掛けられていることに留意せねばならない(47)。

数千部の再版書を普く天下の有志者に分布するは即ち蘭学事始の万歳にして［、］啻に先人の功労を日本国中に発揚するのみならず［、］東洋の一国たる大日本の百数十年前学者社会には既に西洋文明の胚胎するものあり［、］今日の進歩偶然に非ずとの事実を世界万国の人に示すに足る可し(48)

ここから福沢の出版の意図が、単に先人の〈先進的〉な功績の賛美と周知にとどまらず、明治日本の「進歩」の理由を説明することであったことが分かる。すなわち同様に西洋文明を〈鎖し〉ていた東洋諸国と日本との差異を、「蘭学」の存在に求めているのである。

この発想は、第二（のち第一）高等学校教授斎藤阿具（一八六八～一九四二）の代表作『西力東侵史』（一九〇二）にも見られる。本書は、日本を含めた東洋に対する西洋の侵出とその後の東洋諸国についての研究書である。斎藤は、いわゆる「鎖国」期の日本がオランダと交流していたことで、海外事情に通じることができ、「開国後も其文明を吸収すること甚《（ママ）》た困難ならざるを得たりしなり」(49)と論じ、その一方で、「鎖国」を頑なに固守したとされる明・清朝の中国は、西洋文明に対して「開国」を果たした後、西洋諸国および日本に連戦連敗し、遂に「全身既に糜爛して［…］支那国の将来は寒心に勝へざる」(50)状態に成り下がったと評する。

つまり斎藤は、〈文明化〉した日本と植民地化された清朝との差異を、「鎖国」の中でも西洋事情に少し通じていた日本と、他方、完全に国を〈鎖し〉ていた清朝との差異に見出したのである。(51)それは上記福沢の眼差しと同様のものである。

史論書のみならず歴史教科書のレヴェルでも「蘭学（者）」についての記述が登場する。『言海』の編纂で周知される大槻文彦（一八四七～一九二八）は、「交流」を編集方針の主眼とした『日本小史』（一八八二）を著した。本書はいわゆる明治検定期の代表的な歴史教科書であった。(52)その校正再版（一八八七）の一節「蘭学及ビ海防ノ説起ル」において、大槻は「蘭学」を「後来、日本開化ノ道実ニ此ニ基セリ」(53)と位置づけている。

他方、文部省によって編纂された第一期国定歴史教科書『小学日本歴史』（一九〇四）では、「外国の事情にうとくなりて、世界の進歩におくれ」(54)る要因となった政策下の近世日本にあって、「蘭学者」は「わづかに、海外の事情に通」(55)じた〈先進的〉な人々と評価されている。福沢や斎藤のように東洋諸国と日本との差異化を明確に打ち出した記述ではなかったが、『小学日本歴史』における評価は、以降の国定教科書においても継承され、歴史教科の義務教育化（一九〇七）を起点として、爾後、〈国民〉に徐々に浸透していったと考えられる。

おわりに

以上、いささか乱暴ながら、実験的に一七世紀から二〇世紀までの「蘭学」（史）の展望を描いてみせた。近世の「蘭学」は、各分野で、或いは同一分野でも各時代において、その受容の在り方は様々であり、また、範疇の広がりや浸透、展開する過程も単一的な「発達史観」では説明しきれない様相であった。

しかしここで改めて強調したいのは、本稿の狙いが、近世における「蘭学」の多様性と変遷の実態解明ではなく、むしろ板沢武雄の議論を契機としながらそれらを「確認」することで、近代に形成された言説を浮き彫りにすることにあったことである。かかる意味合いにおいて、この作業は、現今の「蘭学」（「洋学」）研究に内在した眼差し（言説）を「解体」し、新しい歴史像を切り開くための「腑分け」であった。

西洋的な〈近代〉を志向した明治維新以降において、「蘭学（者）」は「日本の近代化成功」の根拠（表象）とされた。史論書や教科書の中で「蘭学（者）」は、上述したような実情は忠実に反映されず、とりわけその〈先進性〉のみが特化され、それが前面に押し出される形で描かれた。加えて、〈世界から隔絶した江戸時代〉における唯一の世界との繋がりと位置づけられ、さらにはそこに植民地化された東洋諸国と〈近代化〉に成功した日本との差異を求める見解までも現れた。

かかる文脈で、板沢武雄の眼差しは、まさしく〈近代〉日本の視線そのものであり、驚くべきことに現在の「蘭学」（「洋学」）研究もまた、多かれ少なかれ〈近代〉の枠組みから脱出したものではない。かかる眼差し（言説）をもって描かれる〈正しい過去の実情〉とは一体いかなるものであるのか。

このことは、歴史家の「歴史性」を問うとともに、もはや「近世」史研究が、「近世」の実態解明と併せて「近代」

言説の追究までも射程に入れなければならない地点に来ているということを、(56) 私たちに突きつけている。

注

(1) 拙著『「鎖国」という言説—ケンペル著・志筑忠雄訳『鎖国論』の受容史—』(ミネルヴァ書房、二〇〇九年)。拙稿「「開国」概念の検討—言説論の視座から—」『国文研究』第五五号、二〇一〇年。これらの仕事によって、「鎖国」、「開国」を近代以降に形成された言説と捉えその受容史を追究する研究視座が確立された。

(2) この点については、既に前掲『「鎖国」という言説』の「結語」において指摘した(二一九頁)。

(3) 板沢武雄『蘭学の発達』国史研究会編輯〈岩波講座日本歴史〉(岩波書店、一九三三年)、三頁。なお、底本が活字出版物の場合、原則的に旧字は現在通用する字体に改めた。以下同。

(4) 前掲『蘭学の発達』、三~五頁。

(5) 前掲『蘭学の発達』、三、五~七頁。

(6) 前掲『蘭学の発達』、七頁。

(7) 前掲『蘭学の発達』、四、七頁。

(8) 前掲『蘭学の発達』、七~八頁。

(9) 前掲『蘭学の発達』、七四~七七頁。本文で述べた三分野に関係する学問として、オランダ語学は勿論として、その他、植物学、動物学、鉱物学、物理学、化学、歴史、数学、測量学、地図学、地理学、砲術、航海術、造船術などが挙げられている。

(10) 前掲『蘭学の発達』、八三~八四頁。

(11) ただし、一六六〇~八〇年代に、長崎でいわゆる「紅毛流外科」を修得した事例として、平戸藩医嵐山甫安、岩国藩医朝枝喜兵衛、宇佐出身の医師平田長太夫、久留米藩出身の医師太田黒(溝上)玄淡、臼杵藩医江藤幸庵、福岡藩医原三信(六代)といった「長崎外」の人物も指摘されている。ヴォルフガング・ミヒェル「平田長太夫の阿蘭陀流外科修行証書とその背景について」同・吉田洋一・大島明秀編『中津市歴史民俗資料館　分館医家史料館叢書』第一〇巻(中津市教育委員会、二〇一一年)所収。

(12) 名は玄松、元升。字は素栢、以順。号は観水子、拾棄奴、霊蘭など。

(13) 盧千里『先民伝』(二巻二冊、慶元堂和泉屋庄次郎梓、一八一九刊)巻之下、一七丁裏。

(14) 平岡隆二「沢野忠庵・向井元升・西玄甫—南蛮と紅毛のはざま」ヴォルフガング・ミヒェル・鳥井裕美子・川嶌眞人共編『九州の蘭学—越境と交流—』(思文閣、二〇〇九年)所収、六～八頁。なお、「医門関」については言及されていないが、九州大学附属図書館医学分館に所蔵されている写本は、寛文八年(一六六八)序、向井玄升説、男・玄淡記編。

(15) ヴォルフガング・ミヒェル「初期紅毛流外科と儒医向井元升について」『日本医史学雑誌』第五六巻三号、二〇一〇年、三六九頁。ミヒェルによれば、井上筑後守が積極的に医学の導入を行った背景には、政治上の戦略的な理由のみでなく、痔、膀胱結石ならびにカタルを患っていたという個人的な動機もあった。

(16) 前掲「初期紅毛流外科と儒医向井元升について」。なお、ハンケについては、同「出島蘭館医ハンス・ユリアーン・ハンケについて」『言語文化論究』第七号、一九九六年、など参照。

(17) 「乾坤弁説」の底本は、必ずしも最良ではないが便宜上『文明源流叢書』を用いた。沢野忠庵編述、向井元升考議「乾坤弁説」序『文明源流叢書』第二(国書刊行会、一九一四年)所収、三頁。
なお、「乾坤弁説」の成立経緯を述べると、そもそも寛永二〇年(一六四三)に捕縛された切支丹伴天連の長老が西洋天文学書を所有しており、井上筑後守がその翻訳を忠庵に命じ、ローマ字表記で和訳した。そして忠庵の死後、長崎奉行甲斐庄正述が和訳を命じ、通詞西吉兵衛がローマ字を読み上げ、元升が筆録し、弁説(注解)を付して明暦二年(一六五六)に成立した。前掲平岡隆二「沢野忠庵・向井元升・西玄甫—南蛮と紅毛のはざま」、七～八頁。また、現存する「乾坤弁説」諸写本の書誌については、同「『乾坤弁説』諸写本の研究」『長崎歴史文化博物館　研究紀要』第一巻、二〇〇六年、同『南蛮系宇宙論の原典的研究』(花書院、二〇一三年)第五章に詳しい。

(18) 「乾坤弁説」の別序として付された「四国学例」(一六五〇成)において、元升は理気二元説ならびに陰陽五行説の観点から西洋の四元素説を批判し、その性質は「凡鄙俗義」で「邪見偏僻[…]異端妖術」であると非難している。前掲「乾坤弁説」、六～七頁。

(19) 元升の姿勢は「是に於て南蛮学士忠庵が編集する天地万物の説を取りて、是非を論じ、邪正を明らむ」という言辞にも窺える。前掲「乾坤弁説」、六～八頁。

(20) ヴォルフガング・ミヒェル「「由里安牟相伝」成立時の日蘭交流」(記念シンポジウム「蘭学の来た道」、ハンドアウト資料、二〇〇四年)。

(21) その他の事例として、近年ミヒェルが詳細を解明した、一六六〇年代における幕府による「薬草政策」を挙げることができる。

幕府は様々な理由で、薬草の供給を輸入に頼る状態から脱するために国内資源の開発に目を向け、専門家の派遣をオランダ人に依頼した。来日した薬剤師ゴットフリード・ヘック（Godefried Haeck）とフランツ・ブラウン（Franz Braun）は、薬草の栽培法、利用法、ならびに薬油の蒸留法について教授し、長崎奉行の要請で長崎周辺の薬草調査を行った。かかる取り組みは、（それまで依存していた）中国本草学や西洋本草学を脱却しながら主体的に取り入れようとした事例と言え、それは日本独自の本草学の誕生を意味した。ヴォルフガング・ミヒェル「薬剤師ゴットフリード・ヘックによる長崎郊外の薬草調査について」『言語文化論究』第二一号、二〇〇六年。

(22) 寛永一六年（一六三九）までに、キリスト教徒の弾圧、南蛮人の追放、南蛮人の来航禁止、日本人の出国禁止、在外日本人の帰国禁止、外交の制限、交易の制限などの方針が、長崎奉行に対する下知などによって示された。このような背景から、国際関係の対象国は、徐々に琉球王国、朝鮮王国、中国、オランダ（およびアイヌ）に絞られ、慣習（法）的にそれ以外の国とは関係を持たないこととなった。山本博文『鎖国と海禁の時代』（校倉書房、一九九五年）。前掲拙著『「鎖国」という言説』、三頁。ただし、この国際関係を自覚的に意識したのは一九世紀初頭であった。その背景は、露米会社社長でロシアの遣日使節ニコライ・ペトロヴィッチ・レザーノフ（Nikolai Petrovich Rezanov, 1764-1807）が通商を要求するために来航したことにより、幕閣の中で危機感が高まったことにある。藤田覚「鎖国祖法観の成立過程」渡辺信夫編『近世日本の民衆文化と政治』（河出書房新社、一九九二年）所収。

(23) 勝山脩「「調馬師ケイゼル」」『洋学』第六号、一九九八年、六八～七〇頁。今村源右衛門の生涯については、今村英明『今村英生伝』（ブックコム、二〇一〇年）。

(24) 岸田知子『漢学と洋学　伝統と新知識のはざまで』（大阪大学出版会、二〇一〇年）、一二一～一二三頁。

(25) この見解は、自身の営為を「蘭学」の嚆矢として位置づけた杉田玄白による最晩年の回想録「蘭東事始」（一八一五成）の記述が出所となっていると思われる。本書の普及の経緯については、本稿五章参照。

(26) 『解体新書』刻解体新書序（『洋学　下』日本思想大系六五［岩波書店、一九七二年校注版］）所収、二〇八～二一一、三一九～三二〇頁。

(27) 筆者が『蘭学階梯』に着目した契機は、前掲岸田知子『漢学と洋学』第二章第三節「漢学の足かせ―華夷思想・「聖賢の学」との闘い」（六一～一一二頁）に拠るところが大きい。

(28) 『蘭学階梯』叙（『洋学　上』日本思想大系六四［岩波書店、一九七六年校注版］）所収、三一八～三一九頁。

(29) 鳩谷は「蘭学」が「利用厚生」に秀でた学問であることを説いている。『蘭学階梯』題蘭学階梯首、三一九～三二五頁。
(30) 一七五一年誕生説もある。
(31) 『蘭学階梯』跋、三七一～三七二頁。前掲岸田知子『漢学と洋学』、一一〇～一一二頁。
(32) 渡辺敏夫『近世日本天文学史』上(恒星社厚生閣、一九八六年)、一八九～二二七頁。
(33) 拙稿「『異人恐怖伝』に見られる国学者黒沢翁満の『鎖国論』受容」『日本文芸研究』第五六巻二号、二〇〇四年、同「一九世紀国学者における志筑忠雄訳『鎖国論』の受容と平田国学」『日本文芸研究』第五七巻一号、二〇〇五年、同「近世後期日本における志筑忠雄訳『鎖国論』の受容」『洋学』第一四号、二〇〇六年、同「志筑忠雄訳「鎖国論」の誕生とその受容」『蘭学のフロンティア—志筑忠雄の世界』(長崎文献社、二〇〇八年)所収など参照。なお、「鎖国論」訳出にあたって志筑忠雄が底本としたのは、*The History of Japan*. 1727.(『日本誌』)のオランダ語第二版 *De beschryving van Japan*. 1733. の附録第六編の最終第六章。前掲拙著『「鎖国」という言説』、七八頁。
(34) 「漂荒紀事」については、平田守衛編著『黒田麹廬と『漂荒紀事』』(京都大学学術出版、一九九〇年)などの研究書がある。
(35) 永積洋子研究代表『18世紀の蘭書注文とその流布』(科学研究費補助金基盤研究[B][2]成果報告書、一九九八年)など参照。
(36) 前掲拙著『「鎖国」という言説』、二一九頁。
(37) 筆者が奥平昌高に着目した契機は、ヴォルフガング・ミヒェル「中津藩主奥平昌高と西洋人との交流について」同編『中津市歴史民俗資料館 分館村上医家史料館資料叢書』第五巻(二〇〇六年)所収に拠るところが大きい。
(38) 前掲「中津藩主奥平昌高と西洋人との交流について」、二一～三二頁。
(39) 『仏国暦象編』五巻五冊の中で、とりわけ西洋に対する批判が見られるのは、巻之二の一節「西洋新説」である。拙稿「佛國暦象編」ヴォルフガング・ミヒェル編『中津市歴史民俗資料館 分館村上医家史料館資料叢書』第一巻(二〇〇三年)所収。
(40) 『刻異人恐怖伝論』(個人蔵)、一二丁裏。なお、ルビや表記は底本に従った。また、「蘭癖」という歴史用語を批判的に検討する文脈ではあるが、この記述に始めて着目したのは、前掲ヴォルフガング・ミヒェル「中津藩主奥平昌高と西洋人との交流について」、二二頁。
(41) 前掲拙稿「『異人恐怖伝』に見られる国学者黒沢翁満の『鎖国論』受容」、前掲拙著『「鎖国」という言説』第三章第一節。
(42) 前掲拙稿「十九世紀国学者における志筑忠雄訳『鎖国論』の受容と平田国学」前掲拙著『「鎖国」という言説』第三章第二節。
(43) 志筑忠雄訳「暦象新書」(一八〇二成)によって誕生した「引力」、「遠心力」、「求心力」などの用語を、村上玄水はその著述「天地分体論」において、人体を構成する諸要素に位置づけている。拙稿「村上玄水著「天地分体論」とその背景」ヴォルフガング・ミヒェル・吉田洋一・大島明秀編『中津市歴史民俗資料館 分館医家史料館叢書』第八巻（中津市教育委員会、二〇〇九年）所収。同様に、吉雄元吉も西洋医学を摂取しながらも漢方の知識を軽視することはなく、情報を比較しながら薬の試用を行ったり、自ら新薬を開発したりした。ヴォルフガング・ミヒェル「吉雄元吉―忘れられた蘭学者の生涯と著作について―」『言語文化論究』第二三号、二〇〇八年。

(44) 村岡典嗣「平田篤胤の神学に於ける耶蘇教の影響」（一九二〇年稿）村岡典嗣著・前田勉編『新編日本思想史研究』（平凡社、二〇〇四年）所収、および遠藤潤『平田国学と近世社会』（ぺりかん社、二〇〇八年）第一章～第四章参照。なお、篤胤が利用した『三大考』の世界像は、西洋天文学の知識と『古事記伝』の記述を整合させて成立した。前掲遠藤潤『平田国学と近世社会』、三一～三五頁。

(45) 例えば、本居宣長の学問が古義学や古文辞学に多大な影響を受けていることは周知のとおりである。また、朱子学や仏教などの思想（学問）史を見ても分かるように、他領域、他学派の方法論や論理を取り込むことは、「学問」として一般的な営為であった。したがって、これまでしばしば見られた、「国学」と「蘭学」の思想的対立の構図を思い描きながら「国学者が蘭学に取り組んだこと」自体に面白さや価値を見出すような研究視点は、上記の意味合いにおいてそれほど生産的ではないと思われる。むしろ、「蘭学」を取り込み変質した「国学」が、以前とは異なる新たな影響を、どのようにして、どの程度社会に与えたのかという問題の方が遥かに重大である。なお、かかる問題意識を一部に含んで前掲拙著『「鎖国」という言説』「第三章　近世後期日本における志筑忠雄訳『鎖国論』の受容」は成された。

(46) 福羽美静『文明開化真面目』（登山塾、一八七四年）、一丁表～三丁表。なお、旧字は新字に改め、ルビは省略した。

(47) 福沢は、あまりの感激で涙無くして通読できない旨を訴えかけている。『蘭学事始』（林茂香、一八九〇年活字再版）、福沢序二頁。ヴォルフガング・ミヒェル氏の御教示による。

(48) 前掲『蘭学事始』（一八九〇年活字再版）、福沢序四頁。

(49) 斎藤阿具『西力東侵史』（金港堂、一九〇二年）、一八〇頁。

(50) 前掲『西力東侵史』、一〇五頁。

(51) このことを初めて指摘したのは、拙著『「鎖国」という言説』、一七七～一七八頁。

(52) 「所収教科書解題　校正日本小史」『日本教科書大系』第一八巻（講談社、一九六三年）所収、七三一頁。

(53) 大槻文彦『校正日本小史』巻之下、前掲『日本教科書大系』第一八巻所収、七〇七頁。
(54) 文部省『小学日本歴史』二、『日本教科書大系』第一九巻(講談社、一九六三年)所収、四八〇頁。
(55) 前掲『小学日本歴史』二、四八四頁。
(56) この点については、前掲拙稿「近世後期日本における志筑忠雄訳『鎖国論』の受容」、同「「開国」概念の検討─言説論の視座から─」、ならびに前掲拙著『「鎖国」という言説』において既に提示した。なお、近年の研究動向において、「近代」に対する批判的反動から、「近世」社会の「固有性」、「成熟度」或いは「到達点」という視点に立ち、とりわけその見直し、肯定的な評価を押し進める論考がしばしば見受けられる。しかしながら、「近世」の再評価は、なぜそのような「近世」を捨てて「近代」を選んだのかという問いに対する応答と併せて慎重に行わなければならないと筆者は考えている。というのは、生国の過去を肯定する発想の根底には、ともすると、背後に「時代性」に規定された偏狭なナショナリズムが所在している危険性があるからである。

【付記】本稿は二〇一一年三月に脱稿したものである。

「よしの冊子」諸写本の比較

橋本　佐保

はじめに

「よしの冊子」は松平定信（一七五八〜一八二九）が幕府老中となった天明七年（一七八七）頃からその職を退く寛政五年頃まで、家臣・水野為長（一七五一〜一八二四）に収集させていた風聞記事をまとめたものである。これまで本資料は「定信が寛政改革を行なうために収集させた情報集」として位置付けられてきた。これは、結論から言えば大枠は間違っていない。ただし、そう判断されるまでの過程にいくつかの問題点がある。一つはこの位置付けの最大の根拠となっている風聞の掲載年代についてである。現在一般的に知られている「よしの冊子」は、森銑三編『随筆百花苑』第八巻・第九巻（一九八〇・八一年、中央公論社）に掲載されたもので、これは国立国会図書館所蔵・鶯宿雑記中の「よしの冊子」（以下、国会本と称する）を底本としている。国会本には定信が老中になる少し前の天明初期頃から老中・将軍補佐役を退任した直後の寛政五年（一七九三）七月二三日までの風聞が書かれている。しかしながら他の写本にはそれ以降の風聞が掲載されているものもあり、単純に国会本だけから寛政改革の為のものであると結論付けることは出来ない。

「よしの冊子」が作成された寛政期は、風聞探索を組織的に行なうための制度が見直された時期である。まず御城坊主について、その機能の制度化が志向されていた事、そして大名家臣に対する給仕や情報提供、大名同士の交際や儀礼の取持ちなど大名家が恙なく周囲と交際を行なう上で重要な役割を果たしていた事が明かになっている。[1]
また、御城坊主よりも公的な情報収集の機能を持っていた御庭番は、寛政元年（一七八九）一二月に彼らへの「厚き御趣意」によって彼らの再把握が行なわれ、改革政治を推進するに当たって活用された事が判明した。[2]目付町方掛が創設されたのものこの頃である。目付町方掛の職務の大半を風聞探索が占めていたという程、情報収集は重要な任務であった。[3]なお、白河藩では下横目付の風聞探索の強化が行なわれた。[4]
「よしの冊子」はあくまで風聞だからと等閑にされてしまう事が多いが、風聞の正誤よりもこうした制度の改革が行なわれた時期に作成されたという点に大きな意味がある。そこで本稿では、まず現存する写本三点を用いて、「定信が寛政改革を行なうために収集させた情報集」という言説について考察していきたい。

一　「よしの冊子」成立の流れ

（一）原本・抄本・写本成立の流れ

「よしの冊子」の原本や抄本、写本の書誌情報は前掲『随筆百花苑』で詳細が述べられているし、[5]拙稿「寛政改革後の「よしの冊子」―未刊資料「雑記」の紹介―」でも触れた。[6]内容が重複する箇所が多いのだが、改めて流れを確認していきたい。各本の成立の流れは、本稿末の図「「よしの冊子」諸写本の成立過程」にまとめたので参照してほしい。

前述の通り、原本は定信の御付である為長が作成した。現存しないため内容や形状など実態はよく分からない。

ただし写本の記述などから、一六九冊から二〇〇冊ほど存在した事が明らかになっている。[7] 国会本には所々に「十一月より四月マデ」[8] とか「八　元日より」[9] というように原本の巻数と成立月日らしきものが書き留めている。最後は一六九で終わっていることから、少なくとも一六九冊は存在したのだろう。[10] また次に述べる田内親輔（生没年不詳、一八四八致仕）が「為長の筆記二百冊計もあり」と記していることから、[11] 一六九冊以上存在した可能性も否定できない。

白河（のち桑名）藩士の江戸詰・定信付小姓である田内親輔は原本から抄本を作成した（以下、田内本と称する）。その経緯は、彼が書き残した「よしの冊子」の序文に書かれている。定信の蔵書を整理する中で、為長筆の約二〇〇冊の書を見つけた。またそれには定信の書き置きが付けられていて、「その時の風評をそのまま書いてあるので虚実も様々で取るに足らない。しかしこれほど細やかに書き置いたものを火中にくべるのも残念である。固く封をして納めておくように」と書かれていた。定信の老中時代の偉業は誰もが知るところであるが、誤って言い伝わっていることが多い。知識があるものは弁えているだろうが、知らない者もまた多い。それを知る一端として、このように密かに書き抜いて残す事にした、とある。[12] 形状などは現存しないため不明であるが、これも国会本から冊数を推測する事が出来る。国会本には、前述の原本の冊番号の他に「よしの冊子　二」[13] や「よしの冊子　三」[14] という番号が書かれていて、それは一九まで続いている。また桑名藩松平家・松平定光（一九一〇～四五）が「今雑記一八冊を家蔵す」と証言していることから、[15] 田内本は一八～一九冊存在したと考えられる。因みに松平家に保管されていたものが一八冊であったという事は、それは原本ではなく田内本あるいはその写本であったという事が分かる。

田内本を元にして作成された写本は、今のところ二点見つかっている。

一つ目は前述の国会本で、現存する「よしの冊子」の中では最も多くの情報を持っている。[16] 筆者は白河（のち桑名）

藩士・駒井乗邨（一七六六～一八四六、号鶯宿）である。国会本は鶯宿雑記中に掲載されている。鶯宿雑記は乗邨が著名人や藩士らの著書を長年に亘り自ら書き留めた叢書で、全六〇〇巻にも及ぶ。明治三六年（一九〇三）に駒井家から帝国図書館（現国会図書館）に寄贈された。「よしの冊子」は鶯宿雑記の中で三つに分けて掲載されている（巻四五三～四五八「吉野冊子」、四六六～四六八「よしの冊子」、四八一～四八九「よしの双帋」）。四八二巻以降は行間にびっしりと小さな字で風聞を書き込んでいるものもあり、非常に難解である。風聞は天明初年頃～寛政五年七月二三日分までのものが書かれている。昭和六年（一九三一）頃、森銑三（一八九五～一九八五）らが鶯宿雑記の整理・調査に当たり、その翌年、雑誌「本道楽」に「よしの冊子」の一部を紹介した。これが初めて「よしの冊子」を一般に公開したものである(17)。

もう一つの写本は桑名市立図書館所蔵秋山文庫「よしの冊子」である（以下、桑名本と称する）。これは藩校立教館教授の秋山白賁堂（鈴木蝸庵、一七九八～一八七四）が筆写したもので、二〇冊存在する。風聞は国会本と同じく天明初年から始まるが、寛政四年（一七九二）九月一九日分までしか残っていない。桑名本は昭和三四年（一九五九）の伊勢湾台風で被災してしまったため、後半部はこの時に欠損した可能性が高い。また成立年代も不明であるが、白賁堂の生没年から安政から明治初年ほどの成立と推測される。

最後に、筆者も来歴もよく分からないものが一点ある。慶応義塾大学三田メディアセンター所蔵幸田成友収集資料「雑記」である（以下、慶応本と称する(18)）。これは上下の二冊しかない。下巻の巻末に、弘化元年（一八四四）に写し終えた事が書かれている。本書の注目すべき点は、寛政五年七月二三日以降から同六年前半頃の風聞が掲載されていることである。この事から、定信が老中を退いた後も暫くは為長が風聞収集を続けていた事が判明する。また上巻の冒頭に「水野家蔵」印があるが、この印が為長の家のものなのかどうかは定かではない。なお寛政五年七月二三日以降の風聞は、前述の拙稿で翻刻した(19)。

（二）諸写本の作成者のつながり

以上の他にも抄本や写本が存在する可能性はあるが、それは恐らく松平家あるいは桑名藩関係に限られるだろう。なぜなら現存する抄本・写本の作成者は、定信付の小姓と、桑名藩校立教館に関わる人物いう共通点があるからだ。[20]ここでは作成者の経歴や縁戚関係について述べる。

原本を作成した水野為長の経歴は、田内親輔が詳しく書き記しているので紹介したい。為長は幼い頃、落ち着いて情の深い性格を買われて定信の話相手に選ばれて、田安家家臣・近習番となった。定信が松平家に移ってからも引き続き御付となり、終身親しく仕えていた。定信より六つ程年上で、田安家に居た時は毎日出勤して夕暮れ時に退出していた。退出する時は必ず定信の前に進み出て、日々の定信の言行の良し悪しを詳しく述べていた。定信に対する忠誠の程はこの事からも推し量る事ができ、定信からも厚い信頼を受けていた。彼の実父は国学者として知られる萩原宗固（幕府与力、一七〇三〜八四）であるので、自然と歌をよく詠んでいた。為長は寡黙であったが、寛容で交友関係が広く、多くの事を見聞きしていた。定信が老中になってからは様々な世間の評判を、選ばず悉く筆に記したという。[21]また、松平定信『花月日記』には為長が亡くなった時に書かれた文がある。為長は一二、三歳の頃から御付となった事、他にも古くからの御付が四、五人いたものの（皆亡くなって）最後は彼だけになってしまった事、大変真面目に務めた事、萩原宗固に歌を習っていた事、病にかかって二年ほど経っていた事、度々火事に見舞われたので多く金を貸していたが重病だと聞いてそのままにした事、ここ二日ばかり話す事も出来たが卒然と息を引き取った事などが書かれている。[22]為長を偲ぶ定信の想いが込められた文章である。

抄本を作成した田内親輔は白河藩の留守居、用人を勤めた蔵田某の男で、定信の側役となった後田内家を継いだ。

近侍する中で定信から和歌や書を学んだ。書家・市河米庵（一七七九〜一八五八）と親しく、書札をよくした[23]。人と接するのが好きだったようで、よく酒を勧めては古今和漢の事を講ずるのを楽しみにしていたという[24]。定信の退任後、彼の所蔵本の整理・処分、謄写を行い、桑名文庫の成立に寄与した[25]。また、定信の命により『楽翁公著書目録』等を記した[26]。親輔は定信の種々の贈与を取り次いでいたという記録もあることから、定信の身の回りの品々や書籍、贈答品の管理などを行なっていたと考えられる[27]。

駒井乗邨は白河藩の大小姓、記録役・使番・物頭、用人、奉行、郡代、鉄砲頭、宮奉行、大目付、江戸詰奉行と数々の役職を歴任した。桑名藩時代は家老格となり、江戸家老が不在の場合にはその職務を兼ねた[28]。鶯宿雑記からは、和歌の教えを為長に請うたり、親輔を通して書籍の執筆を懇望されたりする記事が見いだせる[29]。藩内では博識家・大蔵書家として知られ、立教館教授の南郷義之（生年不詳〜一八二五）とは縁戚関係にあった[30]。義之は立教館創立時の学頭の一人で、寛政五年（一七九三）には郡代に抜擢されて民政を行ない、優れた手腕を発揮した[31]。乗邨の娘が南郷に嫁いでおり、その息子晩翠は駒井家に養子として迎えられた[32]。

桑名本を記した秋山白賁堂の父貫道斎（一七四七〜一八三三）は用人や郡代などの白河藩の要職を歴任し、兵法にもよく通じていた。定信は彼に信頼を寄せており、貫道斎という号を授けたのは定信であった[33]。白賁堂は立教館教授を務めた広瀬蒙齊（一七六八〜一八二九）に学び、和歌は親輔に師事した。文政三年（一八二〇）に立教館学頭に任ぜられ、同六年に江戸に遊学し、昌平黌で柴野栗山（一七三六〜一八〇七）の養子碧海（一七七三〜一八三五）に師事した。五年後に帰藩し定信に対面する機会を得てその才能を賞する言葉を賜った。彼はいたく感激したという[34]。その後、安政二年から明治二年（一八五五〜一八六九）まで立教館教授を勤めた。晩年は私塾「白賁書院」を開いて門弟の教導に邁進した[35]。明治四年に定信の伝記編纂掛、同六年に桑名藩の系譜編纂掛を命じられ、定信の教学に関する研究にも励んだ。立教館閉館後、桑名文庫を初めとする藩諸子の書籍の収集に尽力した[36]。

以上のように、「よしの冊子」は定信付の小姓から藩内の蔵書家・学者の間で書き写されていったものだという事が分かる。[37]親輔や乗邨、白賁堂らが藩士らの教育のため、定信が残した書籍や功績をまとめていくが、この活動の中で「よしの冊子」が残された。[38]伝存の経緯や内容から藩外に出されたとは考えにくく、彼らのネットワークを探ればまた別の「よしの冊子」が見つかるかもしれない。

（三）諸写本の構成の比較

ここでは、国会本、桑名本、慶応本の内容を比較し、原本・抄本の本文の体裁と作成時期を考察する。

国会本の構成は前項で述べたので、桑名本の構成について記しておく。国会本と比べると、漢字平仮名の使い方に多少の違いがあるものの、全体の構成や風聞の並び、文章の内容は全く変わらない。また、第一冊目の冒頭に親輔の序文が書かれている事から、田内本あるいはその写本からの写しであるという事が分かる。国会本からの写しかとも想像されるが、本書には、「乗邨案ニ」で始まる乗邨の加筆が全く書かれていないので、それは考えにくい。鶯宿雑記では「よしの冊子」に限らず様々な箇所で乗邨が加筆をしている。その場合、必ず「乗邨案ニ」や「乗邨曰」などと記して自分の意見・知識である事を明確に示すようにしている。また「実説」や「虚説」といった書込みは本書にも国会本にも書かれていることから、これらの判断は親輔が行なったものと考えてよいだろう。[39]

慶応本は田内本系統のものとは全く体裁が異なっており、原本・抄本の姿を探る大きな手掛りを与えてくれる。本書は上下巻とされているが、題簽は後世に付けられたものであることから二冊だけあったものを便宜的に上下巻としたのだろう。風聞は上下巻合わせて六二五件あり、その内前半の四五八件が国会本・桑名本と重複し、後半の一六七件はいずれの「よしの冊子」にも未掲載である。

次にそれぞれの本の風聞の掲載順と行間などの書込みの違いについて確認したい。

国会本と桑名本では、同じ話題に関する風聞が四～五件程度分まとめられ、主文となる風聞の行間に関連の風聞が書き込まれている場合がある。例えば、寛政の三奇人として名高い高山彦九郎（一七四三～九三）に関する風聞は、彼に関して奉行所が遣わした隠密が得てきたという内容に加えて、その行間に定信自身へ駕籠訴した事や、松平信明の沙汰によって出府した事など、柱となる風聞の、補足事項にあたる風聞が四件記されている。(40) しかし、慶応本ではこのようなまとまりは一切見られない。また、国会本、桑名本にある「実説」「虚説」などの書き込みも見られない。田内本系統の写本には無い風聞が書かれている慶応本が、最も原本に近い体裁を保っているとすると、元々風聞は一箇条ごとに書かれていて行間に書き込むことは無かったのではないだろうか。そこで、慶応本と国会本・桑名本の風聞の順序および掲載の有無を確認してみた（表、慶応本と国会本・桑名本の風聞掲載順序比較）。表では慶応本の冒頭から五〇件分の風聞に頭から番号を付し、国会本・桑名本に対応する場合はそのままの番号を、書かれていない場合は×を記入した。またそれぞれにしかない風聞には△を付し、セルに網掛けをした。なお桑名本は国会本と同じ内容なのでまとめて記したが、違いがある場合はその旨を備考に記した。

表を見ると、慶応本では箇条書きで書かれているものが、国会本では風聞の行間に移動している場合がある事が分かる（番号二、一五、二九）。乗邨は写本を作る際に行間の風聞までも隅々書き写したと言っている事から、(41) 親輔が抄本を作成する際、出来るだけ関連する話題の風聞を他冊中から見いだして一つにまとめながら行間に書き記したのだろう。(42) 表には掲載しなかったが、慶応本の寛政五年七月二三日までの風聞四五八件中少なくとも九九件は、国会本、桑名本では他の風聞の行間あるいはその前後へ移動している事が判明した。

次に風聞の収集時期を考えてみたい。定信は、寛政五年五月一五日に帰藩を許され翌月一六日に白河に戻り、暫くの間藩政に努めた。(43) 一方、江戸では同四年に将軍下賜という形で入手した築地下屋敷の庭園「浴恩園」が完成した。[44] なお白河への帰藩で西丸下の役邸をあとにしたが、ここは同八年一二月一二日に返上することになる。[45] 江戸に戻ったあとは八丁堀上屋敷へ移るということは幕政参画の可能性が無い事を意味している。慶応本には奥医師の橘宗仙院が「八丁堀〔松平家上屋敷〕へ御引移りの事ハ宗仙院〔元周〕[46]もぎやう天いたし跡ハどふなる事かいづれニもこまつた事じや」と困惑したという風聞がある。[47] その後、文化九年(一八一二)に家督を譲るとすぐに築地の浴恩園に移り、余生を送った。[48]

原本の終了時期が慶応本のそれと然程ずれが無いとすれば、「よしの冊子」の作成年代は天明初年頃から寛政六年頃までという事になる。定信が幕政進出を目指し諸大名との交流を頻繁に行うようになった頃、様々な幕府関係者や諸大名の情報を集めるようになり、そして老中・将軍補佐退任の後、帰藩の暇を得たとともに収集を終了した。「松平定信が寛政改革を行う為に収集させた情報集」という言説は間違いではないと言えるだろう。

二　松平定信老中退任・将軍補佐解任に関する周囲の反応

本章では、慶応本の寛政五年(一七九三)七月二三日以降の風聞の内容紹介を兼ねて、定信の将軍補佐・老中退任と溜詰昇進について周囲の反応がどのようなものであったかを見て行きたいと思う。定信の退任によって「白河の清き流れに住みかねて元の濁りの田沼恋しき」という川柳が評判になったというのは有名だが、「雑記」の風聞は人々の反応を細かに書き残しており興味深い。

寛政五年七月二二日、松平定信に御召があった。御召の内容は、この度慰留になっていた退任願について将軍の御内意が翌日に仰せ付けられるので登城するようにという事であった。この事は、まず近親者である伊予松山藩主松平定国〔定信実兄〕、松代藩主真田幸弘〔定信次男幸貫が幸弘の養子となっている〕、大洲藩主加藤泰武〔定信室隼姫の父〕に知らされた。また、白河藩月番にもこの事を伝える定信自筆の書付が下された。[49]翌日の七月二三日、定信は午前十時に登城した。御座間において御目見えがあり、そこで定信に将軍補佐役及び老中の退任、また溜間詰及び少将就任が仰せ付けられた。また、白河松平家は以後代々溜間詰の家格に昇格することとされた。御目見えの後、定信は同列の老中らと老中格本多忠籌へ廻勤した。最後に井伊掃部頭のところを訪れて、役宅に帰館した。[50]

定信はあわよくば大老、少なくとも老中に再任し永く「幕府の重器」[51]として幕政に携わろうとしたが、彼の思惑通りにはならず憤慨した。幕府役人たちも同様にこの処断について驚きを隠せなかったようである。触書を見て、或いは周囲から話を聞いて初めて知った者が殆どであった。定信の解任は本多忠籌が側用人加納久周を通して老中松平信明と結託し一橋治済に呼びかけて内々に成された事であるが、[52]「西下兼々御願の事ハ、本多〔忠籌〕と〔若年寄格〕加納〔久周〕斗り存ジニて外御老中並若年寄抔当期迄も存不申候由、とかく本多と加納両人ニて申上ル時あやがあつた事だろふとさた仕候よし」と彼らのやりとりを認識している声も挙がっている。[53]しかしそうした流れを知らない役人たちは、「御老中方本多〔忠籌〕公とハ惣たい御中悪敷候由、一説ニ本多殿ハ是迄西下の御願で斗り勤てござつたが西下が御引だからもふ勤まるまい」[54]と噂した。このように、「まづああしておのき被成て、程なく若君様の御大老□〔虫損〕なさるであらふとも色々思ひ思ひニ取さた」[55]等と、世間では様々な憶測が飛び交っていた。[56]一方、町方の者たちはより冷静に状況を見据えていた。「〔松平〕越中〔定信〕様ハ〔本多〕弾正〔忠籌〕様ニだましぬかれさしつた、弾正様が御加増でほんの御老中ニならしつてハたまるまいとしきりに町のもの共さた仕候よし」[57]と噂している。役人たちは「上ニいたりてハ　公方様の御身上ヲ御あんじ申上、中ニ至りてハ殿中向御取締ヲあんじ、下ニ至りてハ自自の立身是迄のやうニけつ白ニハゆくまいとあんじおり候よし」[58]と己の行く末を案じる者も多くいたようである。特に小普請らは、「小普請の内、武芸学問抔出情御番入等心懸候もの、大ニのぞミを失ひ、又まいないが始まらふ、さてさてこまつたものじやと何れもあきれ候もの多く御座候よし」と、寛政改革期に設置された武芸学問吟味などによって開けたはずの道がまた閉ざされるのではないかと不安を抱いた[59]。これに対しては老中松平信明が即座に対応したらしい風聞もある。「いづ公〔松平信明〕小普請支配の面々ヲ呼被申、小普請の面々相対ニも能出情相勤、且又武芸等并学問抔よく出情致候□〔ママ〕御ほめ詞御座候由、右ニ付小普請目ヲさまし悦ひ候由のさた」とある[60]。実際にこのように信明が動いたのかどうかは精査を要するが、幕府はこうした人心の動揺を恐れて即日この件について「西下の御噂ヲ申候わぬ様ニ」と達した程であったという風聞まである[61]。

一方、白河松平家中についてはは「越中様の家中斗り安堵してによつきによつきと悦」ぶだろうと噂されている[62]。「にょきにょき」という言葉は周囲の状況に無頓着に姿を現わすさまを表わしているが、世間の動揺とは正反対の反応である。白河松平家中の者は定信の老中就任当初、仕事が増えたと言って不満を漏らす者もおり入閣に対しては必ずしも賛成ばかりという状態ではなかったという事を裏付けている[63]。

定信の退任以外にも溜詰昇格に関する風聞も多々見受けられる。桑名松平家はいわゆる「飛溜」の家格とされた。桑名松平家は代々溜詰への昇格を望んできたが、その念願が叶ったのであった[64]。溜詰は他の殿席とは異なり、将軍家の家臣としてのいくつかの役割が与えられている。その役目に共通しているのは、将軍外出の際の護衛、そして御機嫌伺いである。老中からの政務を聴取する役割はあるものの、直接幕政に携わるわけではない[65]。

この日、定信が持ち帰ってきた書付には溜詰の務めについて書かれているが、特別の処遇が与えられている事が分かる。

溜詰の務めについて、まず一点目は御機嫌伺いの登城は一か月に一両度、御座之間にて御目見えを許されること。二点目は、式日の御目見えは御座間に於いて行なわれる、その他に一カ月に両三度御用部屋にて御側を通しての御機嫌伺いが許される、なお御召がある際はその都度御沙汰があるので、控えるようにという事であった。これは通常の溜詰とは異なり、一人で謁見する場合が生じることを示している。[66]二点目について、溜詰の家格は、五節句の御目見は白書院にて行われ御三家が済んだ後に出ることになっている。[67]また、御座之間は将軍の中奥での応接間であり、年始などの式日では将軍最近親である御三卿の御目見えに用いられる。[68]しかし寛政五年の八朔の際には、定信に事前に御座之間にて御目見えがある旨が言い渡されており、その事は翌日すぐに他の溜詰大名たちへも伝えられた。[69]定信は退任直後の八朔の時、「八朔、越中守様御座之間へ召出シ御目見有之、又候御白書院ニて　御目見有之、直ニ御退出被成候由、溜詰ハ御白書院ニて　御目見其後大広間へ出座被致、其上ニて退出」したのだという噂が立った。これは「御三家方御同様」の取計らいであり、「間宮諸左衛門〔信好、目付〕不審いたし、あの御様子ヲミてハ西下でハ始終二ノ丸へ御出被成るであらふ」と言ったという。[70]しかし実際には白書院のみでの御目見となった。[71]

三点目に、登城する際には城門衛司の総下座が認められた。これは宮家門跡や五摂家、御三家御三卿、老中、若年寄などの重臣に対する礼儀であり溜間詰の諸大名でこれを許された者はいなかった。[72]この内容は老中達と側衆へこれまでの心添えの挨拶とともに伝えた。また側用人の加納久周・平岡頼長へも同様に伝えている。[73]この事は「西下溜詰ニ御なり被成候ても御門々ニてハ惣下座ヲ致し、かへつて御威勢宜と御見へ被成候由、越中様ニハ御老中のうちハ道のまん中ヲ御通り被成候が、此節ハ少々御片寄被成候て御通り被成候由、成程こまかな所迄御気のつかれる事じやと御門々ニて感心仕候よしのさた」[74]と言われている。

四点目は、登城する際の駕籠脇の御供が七月二四日からは十人となり、また以前に拝領した鞍覆を用いることになった。[75]この様子は「西下溜詰ニ御成被成御役付の御鞍覆御かご脇も両人ふへ御先きも両人御相廻し候ニ付、殊の外御立派ニ御ざ候由」[76]と言われ、これも定信が威光を強めた印象を与えたのであった。

慶応本の風聞は、情報提供元についても時期についても書かれていない。しかし目付の話した事や定信の溜詰昇格とその待遇についてかなり細かな所まで把握し噂している様子が見て取れる。定信が溜詰となり新しく受けた処遇によってどの点が変化したのかを知らなければ話せない内容であり、情報源は江戸城内でも絞られてくるものと考えられる。また桑名本の風聞は国会本、桑名本と同じく幕府役人や政治に関わるものが殆どである。「雑記」の筆者が原本から抜粋しているとしても、原本でもやはり幕府役人・政治に関わる風聞が主として掲載されていたと考えてよいだろう。

おわりに

本稿では「よしの冊子」が「寛政改革のための情報集」という位置付けについて、再検討を行った。現存する「よしの冊子」の写本三冊を比較したところ、まず原本に書かれていたであろう風聞の成立年代が、定信が老中に就任する直前の天明五年頃から老中・将軍補佐役を退いて白河へ帰藩する頃の寛政六年頃である事が明確となり、この位置付けも無理なく理解出来る。

こうした制度の改正と「よしの冊子」の成立との関係性についての研究は今後の課題である。

注

（1）大島陽一「幕藩関係と御用頼の御城坊主」、大石学編『近世首都論』（吉川弘文館、二〇一三年）、一二六頁。
（2）深井雅海『江戸御庭番　徳川将軍の耳と目』（中央公論社、一九九二年）、五六頁。
（3）本間修平「寛政改革期における町方取締りと目付の「町方掛り」について」、東北大学編『法学』四二号（岩波書店、一九七八年）、三四六頁。
（4）高澤憲治『松平定信』（吉川弘文館、二〇一二年）、一七八頁。

(5)安藤菊二「解題」、前掲『随筆百花苑』第九巻、四九七頁。
(6)拙稿、徳川林政史研究所『徳川林政史研究所研究紀要』第五一号、二〇一七年。
(7)田内親輔「〔よしの冊子序〕」、森銑三編『随筆百花苑』第八巻(中央公論社、一九八〇年)、一六頁。本稿で言う「原本」は、定信への呈覧本を指す。
(8)前掲『随筆百花苑』第八巻、五九頁。
(9)前掲『随筆百花苑』第八巻、七七頁。
(10)国会本に起こす際、二一~二四の四冊分が不足していたとされている(『随筆百花苑　第八巻』、二六三頁)。前掲「解題」、四九八頁。
(11)前掲『随筆百花苑』第八巻、一六頁。
(12)前掲「〔よしの冊子序〕」、一六頁。
(13)前掲『随筆百花苑』第八巻、五九頁。
(14)前掲『随筆百花苑』第八巻、一〇六頁。
(15)松平定信著、松平定光校訂『宇下人言・修行録』(岩波書店、一九四二年)、二一一頁。
(16)巻四五〇~四五九、四六六~四六九、四七八~四九〇に収録。
(17)前掲「解題」、五〇一頁。茂林脩竹山房編「本道楽」一三巻五・六号、一四巻一・二号(茂林脩竹山房、一九三二年)復刻版は書誌書目シリーズ一〇四『本道楽』第七、八巻(ゆまに書房、二〇一三年)に収録。前掲「『鶯宿雑記』内容紹介と索引」、三四頁。
(18)「雑記　天明寛政　よしの草子」、慶応義塾大学図書館三田メディアセンター蔵、資料番号二一五/一三一七。
(19)註(2)参照。
(20)立教館は寛政三年(一七九一)に白河藩校として成立。学生のみならず、藩士一般にも広く講義を行い、その内容は毎回家老・横目職の者が監督する決まりとなっていた。文政六年(一八二三)の松平家桑名復封に伴い桑名城内に移動。その際、松平家蔵書である「桑名文庫」を城内に移し、立教館で利用出来るようにした(桑名市教育委員会編『桑名市史　本編』(桑名市教育委員会、一九五九年)、五一三頁)。江戸八丁堀藩邸内の学校とも立教館とは頻繁に連絡を取り合い、絶えず桑名の立教館教授・学頭中より勤番を命じて講義に行かせていた(前掲『桑名市史本編』、五〇二頁)。
(21)田内親輔「〔よしの冊子序〕」、森銑三編『随筆百花苑』第八巻(中央公論社、一九八〇年)、一五頁。

(22) 前掲「解題」、四九九頁。
(23) 前掲「解題」、五〇〇頁。
(24) 伊藤信夫『三重県郷土資料叢書　第四七集　桑名人物辞典』(三重県郷土資料刊行会、一九七一年)、一二四頁。
(25) 和田綱紀『楽翁公と教育』(九華堂、一九〇八年)、三七一頁。
(26) 楽翁公遺徳顕彰会編『楽翁公余影』(楽翁公遺徳顕彰会、一九二九年)三三三頁。
(27) 木崎好尚編『手紙の頼山陽』(有楽社、一九一二年)、二一六頁。文政一一年(一八二八)、頼山陽(一七八〇〜一八三二)が日本外史を定信に献上したところ、褒美として白銀二〇枚と集古十種が贈られた。その礼状を田内親輔宛で送っている。
(28) 田口栄一「『鶯宿雑記』内容紹介と索引」、国立国会図書館主題情報部『参考書誌研究』第三六号(日本図書館協会、一九八九年)、二二二頁。
(29) 駒井乗邨「水野為長戒之歌并返歌」、鶯宿雑記第一巻(国会図書館収蔵)。前掲「解題」、五〇一頁。
(30) 立教館の学職は、文政三年(一八二〇)当時は教授一名、学頭五名、書物奉行一名、句読師一八名が置かれた。前掲『桑名市史本編』、四九九頁。
(31) 前掲『桑名市史本編』、四三五頁。
(32) 前掲『三重県郷土資料叢書　第四七集　桑名人物辞典』、八六頁。
(33) 前掲『三重県郷土資料叢書第四七集　桑名人物事典』、七頁。
(34) 前掲『三重県郷土資料叢書第四七集　桑名人物事典』、一〇頁。
(35) 糸賀國次郎「秋山罷齋先生」、伝記学会編『山崎闇斎と其門流』(明治書房、一九三八年)、一六三頁。
(36) 桑名市教育委員会編『伊勢湾台風被災秋山文庫図書目録』(桑名市教育委員会、一九六一年)、四、一六頁。
(37) なお立教館関係者の間での書物の貸借・書写の様子は、鶯宿雑記や秋山文庫などから窺い知る事が出来る。例えば、天明四年頃に成立した定信の戯作「大名かたぎ」は、初め南郷義之によって初めに写本が作られ、それを乗邨が写し鶯宿雑記に残している。鶯宿雑記三四八巻。岩崎はる子「戯作者としての松平定信」(『歴史と人物』、中央公論社、一九八三年)。
(38) 「明君」像の形成については、小関悠一郎『〈明君〉の近世　学問・知識と藩政改革』(吉川弘文館、二〇一二年)。
(39) 序文に「虚説なるは其故よしをしるして、心なきもの、為になしぬ」とある。前掲『随筆百花苑　第八巻』、一六頁。
(40) 前述『随筆百花苑　第八巻』、四七二頁。

(41) 前述「解題」、『随筆百花苑　第九巻』、四九八頁。
(42) 前掲「解題」、四九八頁。
(43) 渋沢栄一『楽翁公伝』(岩波書店、一九三七年)、付録五三頁。
(44) 磯崎康彦『松平定信の生涯と芸術』(ゆまに書房、二〇一〇年)、二一〇頁。
(45) 元久世隠岐守屋敷。天明七年六月二五日、老中に就任した直後に拝領した。西羽晃「松平越中守家の江戸屋敷」、桑名市博物館『桑名博物館紀要』第九号(桑名市、二〇一二年)、三頁。前掲『楽翁公伝』、付録五四頁。
(46) 橘元周は狂歌師としても名高い。町泉寿郎「医学館の学問形成(二)寛政の改革期の官医たちの動向『よしの冊子』の記事から」、『日本医学雑誌』第四五巻第四号、(日本医学雑誌株式会社、一九九九年)、五二〇頁。
(47) 「雑記」下巻、慶応義塾大学図書館三田メディアセンター蔵、資料番号二一五／一三一七。
(48) 磯崎康彦『松平定信の生涯と芸術』(ゆまに書房、二〇一〇年)、二一四頁。
(49) 「溜間詰御昇進之一件　二」、七月二十二日、慶應義塾大学三田メディアセンター所蔵。資料番号一八七。
(50) 前掲「溜間詰御昇進之一件　一」。
(51) 前掲『楽翁公伝』。前掲『松平定信』、三三二頁。
(52) 前掲『松平定信政権と寛政改革』、三四四頁。
(53) 前掲「雑記」下巻、三五丁。
(54) 前掲「雑記」下巻、三五丁。
(55) 前掲「雑記」下巻、三一丁。
(56) 前掲『楽翁公伝』。前掲『松平定信』、三三一頁。
(57) 前掲「雑記」下巻、三九丁。
(58) 前掲「雑記」下巻、三四丁。
(59) 前掲「雑記」下巻、三一丁。
(60) 前掲「雑記」下巻、四一丁。
(61) 前掲「雑記」下巻、三五丁。前掲『楽翁公伝』。前掲『松平定信』、三三一頁。
(62) 前掲「雑記」下巻、三三丁。

(63) 前掲『松平定信』、一六〇頁。
(64) 前掲『松平定信』、七頁、一七二頁。
(65) 朝尾直弘『譜代大名井伊家の儀礼』(彦根藩飼料調査研究委員会、二〇〇四年)、二一頁。
(66) 前掲『松平定信』、一五一頁。
(67) 『古事類苑』官位部五三「大老」、一七〇頁。
(68) 深井雅海『図解江戸城を読む』(原書房、一九九七年)、一八二、一八四頁。
(69) 「溜間詰御昇進之一件　二」、七月二十八日、慶應義塾大学三田メディアセンター所蔵。
(70) 前掲「雑記」下巻、三七丁。
(71) 前掲「溜間詰御昇進之一件　二」、七月二十八日。
(72) 前掲『楽翁公伝』。前掲『松平定信』、三三〇頁。
(73) 前掲「溜間詰御昇進之一件　二」、七月二十三日。
(74) 前掲「雑記」下巻、三九丁。
(75) 前掲「溜間詰御昇進之一件　二」、七月二十四日。
(76) 前掲「雑記」下巻、三八丁。

＊本稿は科学研究費助成事業(学術研究助成金・若手研究B)「松平定信の情報収集活動―「よしの冊子」を中心に」(平成二六～二八年度)の研究成果である。

図　「よしの冊子」諸写本の成立過程

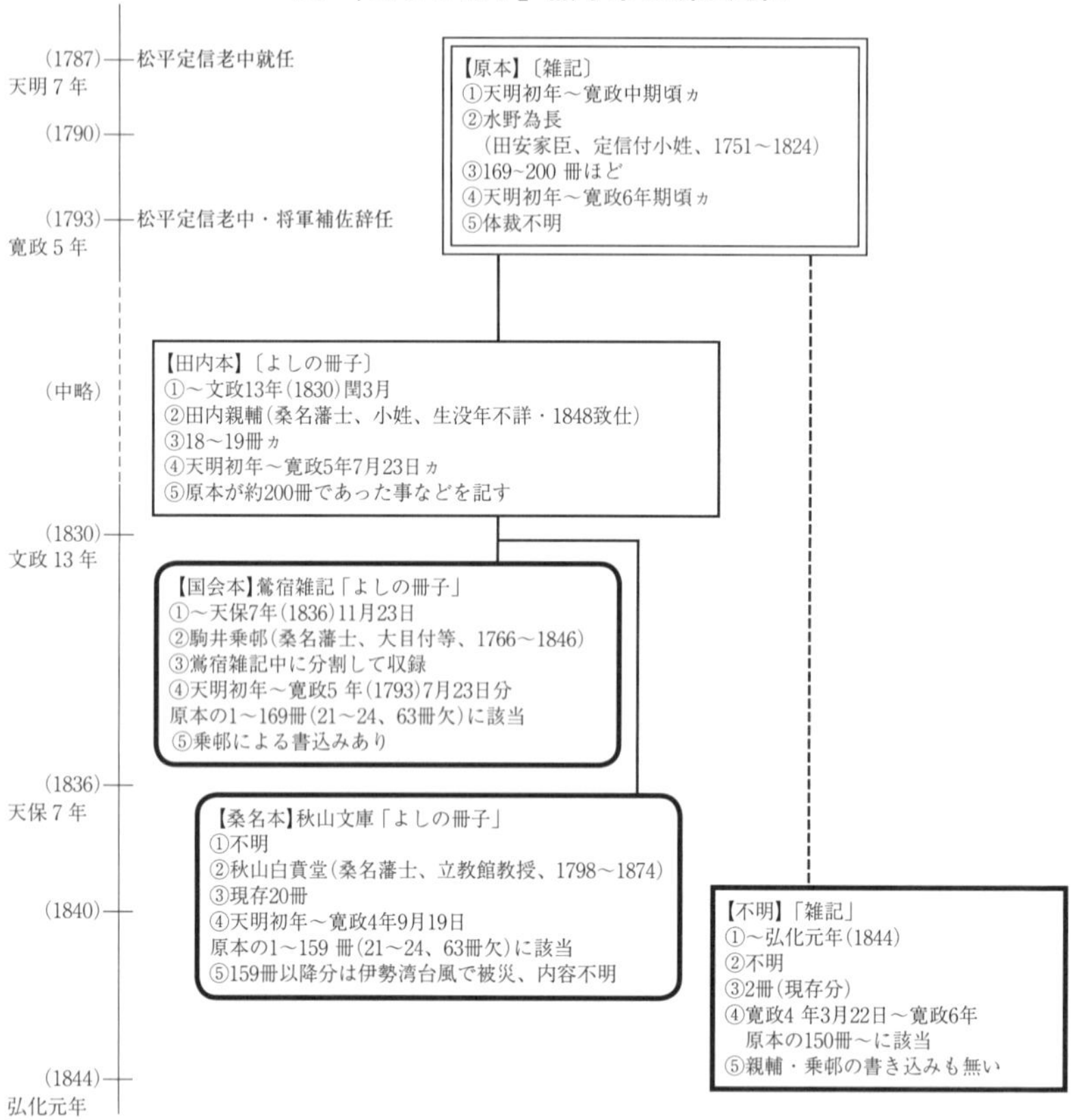

【凡例】

・本図は、「よしの冊子」の原本・抄本・写本の成立年代と書誌情報を図にしたものである。
　参考資料：国立国会図書館所蔵鶯宿雑記 巻450-459・466-469・478-490「よしの冊子」（YD-古-526・696 ～ 698）、桑名市立図書館所蔵・秋山文庫「よしの冊子」（L/AKI// 鍵14）、慶応義塾大学三田メディアセンター所蔵「雑記」（215/1317）、森銑三編『随筆百花苑　第八・九巻』（1980 年、中央公論社））

・原本は二重四角、抄本は一重四角、写本は角丸四角で示した。また、現存するものに関しては太枠線で示した。

・上階層の系譜であると確実に言えるものに関しては実線で繋ぎ、断定できないものについては点線で繋いだ。ここで「雑記」は抄本であると推定し掲載したが、あくまで作成者の推定によるものであり、断定出来ない。

・四角内の箇条は、①成立年代、②作成者（役職、生没年など）、③冊数、④記載風聞の年代、⑤備考を記した。

・筆者による補足事項は〔　〕で示した。

表　慶応本と国会本・桑名本の風聞掲載順序比較

慶応本(上巻)			国会本・桑名本	
NO.	丁数	冒頭文章	NO.	冒頭文章
1	1	当年鎌倉ニて大筒	1	同左
2	2	西丸御裏御門番同心桑原次郎	2	(行間)原本148巻中風聞行間へ
			△	松本兵庫頭
			△	能勢筑前守浜丁屋敷ハ
3	3	太田備中殿御病気	3	同左
4	3	麹町升屋火元ニて類焼致候哉	4	同左
			△	中山忠助小十人被仰付
			△	火消与力より先年御普請
5	3	御先手大井信濃組佐久間甚五郎	5	同左
6	3	人足寄場掛り山田源右衛門ハ	6	同左
7	3	刑部卿様至てへび御好き	7	同左
8	4	中山忠助一体おかしき人	8	同左
9	4	御登城前御対客等西下ハ御用多ニ而	9	同左
			9	狂歌　家屋しき過たる (NO.9の風聞内にある狂歌が一つ書になっている)
			△	御留守居与力木村埜乃助
			△	一昨日風烈之節あたご下通り
10	4	吹上御乗馬拝見の節根岸肥前	10	同左
			△	御腰物等之内
			△	御小納戸頭上遠野源太郎
11	4	日光山ハいにしへハ八十坊ニて	11	同左
12	6	井出仁右衛門	12	同左
			△	林家ハ惣体衰微仕
13	6	関東川々御普請出来中川佐久間抔も	13	同左
			15	(行間)川々御普請かゝり之内
			△	(行間)関東川々御普請にも

慶応本(上巻)			国会本・桑名本	
NO.	丁数	冒頭文章	NO.	冒頭文章
14	7	此間上野黒門前ほうらい屋と申茶屋	14	同左
			△	聖堂講尺多く相成候ニ付
			△	酒井左衛門尉
15	7	川々御普請懸りの内		
16	8	御老中若年寄衆江対し候て	16	同左
17	8	御三卿御家老など御三卿向の頭役	17	改行記号でNO.16から続く
18	8	御先手内藤伊織組委同心川崎久次郎	18	同左
			△	(行間)塚田多門の滑川談三匁五分ヅ、と啇ひ候由
			△	(行間)塚田多門の滑川談三匁五分ヅ、ニて殊の外うれ申候よし
19	8	武芸ハ殊の外相はやり怠り無御座候得共	19	同左
			△	医学館ハ不怠出席御ざ候由
			△	松平主膳頭
20	8	日光ニても御山震動いたし日光ニ本多平八と	20	同左
21	8	上覧ニ罷出候面々江	21	同左
22	9	諸御役人方御番方御老中方へ	22	同左
23	9	駿府御城ハ神君御在城ニて	23	同左
24	9	上州まにわノ百姓樋口十郎兵衛	24	同左
25	10	小普請組頭浅井半兵衛	25	同左
26	10	清助登城仕候節	26	同左
27	10	三八ノ日ニ清助宅ニ而講尺仕節、良助も仕、善蔵も仕候由	27	三八ノ日ニ清助宅ニて講尺仕り、善蔵も仕候由
			△	尾藤良助も清助ニ化され候や
28	10	此節あん斎学おはた本内ニ行なハれ候て	28	同左
29	11	尾州御普請至て大造ニて出来	29	(行間)原本148巻中風聞行間へ
30	11	松備前公不如意の様ニさた仕候へ共	30	同左
31	11	十七日ハ大てい毎月天気能候処	31	十七日ハ大体毎月天気宜御座候所
32 △	11	日光道中其外近在ニ而も当秋ハ	×	
33	12	白山明神門前町屋	33	同左
34	12	八丁堀越中様御や敷前ニて	34	同左

			△	（行間）八丁堀の御屋敷まヘニて釣をいたし候坊主
35	12	彦助ハいかゞ致候やとかく評判不宜	35	同左
36 △	12	御三家様御用人の内一橋の中川源兵衛	×	
			△	躋寿館ニて喧嘩
			△	御代官大岡源右衛門、佐藤友五郎
37	12	橋邸ニて刑卿様杯	37	橋邸ニて刑部卿様杯
38	13	青山の小十人宅へ相番	38	青山の小十人宅へ相番
39 △	13	御広敷向その外	×	
40	13	表御右筆大岡次兵衛	40	同左
41	14	篠山十兵衛手代共	41	同左
42	14	此間大御番かへり	42	同左
43	15	長田甚左衛門	43	同左
44 △	15	小笠養玄と申小普請医師	×	
45	15	三浦いセの守	45	同左
46	15	松平石見守	46	同左
47	15	坂部ハ右京亮殿の隠居儒者	47	同左
48	15	相川九十九	48	同左
49	16	先達而新御番小林勝之助倅	49	同左
50	16	筑前屋新五兵衛	50	同左、ただし頭注に「虚説」とある

【凡例】

・本表は慶応本上巻冒頭から五〇条分の風聞が、国会本・桑名本にどのように掲載されているのかを比較した表である。
参考資料：慶應義塾大学三田メディアセンター所蔵「雑記」上巻（215/1317）、桑名市立図書館所蔵・秋山文庫「よしの冊子」（L/AKI//鍵14）、森銑三編『随筆百花苑　第八・九巻』（1980年、中央公論社））

・慶応本上巻の冒頭部分から五〇条の風聞に一つずつ番号を付した（列：慶応本NO.）。

・慶応本にしか書かれていない場合は、慶応本NO.のセルに△を付し、網掛けをした。

・慶応本の風聞が国会本・桑名本の何処に書かれているのかを探し、同じ順序で並ぶ場合は列：国会本・慶応本NO.に列：慶応本NO.を記した。また文章が同じ場合は同左、異なる場合はその旨を記した。国会本・桑名本に掲載が無い場合は×、国会本・桑名本にしか書かれていない場合は△を付し、網掛けをした。また行間に書き込まれた風聞である場合は（行間）と付した。

一九世紀における藩認識と国家認識・対外認識

―三河田原藩家老渡辺崋山を事例に―

矢森小映子

はじめに

自国認識は多くの場合、他国や世界を認識すること、すなわち対外認識と密接に関わりあいながら形成される。それゆえに近世日本の一九世紀は、危機的な対外情勢を背景に、藩を超えた「日本」という国家意識が高揚する時代として注目されてきた。洋学・国学など様々な学問の発達や対外情報の流入の中で日本という国家意識が形成され、幕末の対外的危機意識の中で高揚していく過程については、多くの先行研究がある。(1) しかしその中で、「超え」られた藩に対する認識がどのように存在し、関わっていたのか、言及した研究は少ない。

確かに自国認識と対外認識は密接に関わりあっている。しかし最近の研究では、一七・一八世紀の日本意識が国内の地域性への覚醒を伴うものであったことが指摘されるなど、決して両者だけの関係にとどまらないことも明らかになってきている。(2) 国家認識は対外認識との関係だけでなく、ともに自らのアイデンティティの基盤となる、藩や地域・身分などとの関係も踏まえて捉えていくべきではないだろうか。小川和也は今後の「藩」研究の課題として、対外的危機による「藩屏」意識の昂進を指摘しているが、(3) これを史料から実証的に論じていく必要があるだろう。(4)

本稿ではこのような問題意識のもと、三河田原藩家老であり、洋学者としても有名な渡辺崋山をとりあげ、その自藩認識の形成過程を、国家認識および対外認識との関係から考察してみたい。

渡辺崋山は名を定静、通称を登という。寛政五年（一七九三）、江戸麹町半蔵門外の藩邸内の長屋に生れる。天保八年（一八三七）時点で一〇〇石、役料二〇石であるが[5]、大幅な引米がなされている。渡辺家は田原藩にあって年寄役（家老）に任じられる家の一つである。崋山は定府（江戸詰）の藩士として、若い頃より鷹見星皐・佐藤一斎らに儒学を学んだ。天保三年（一八三二）より年寄役として藩政に携わる一方、洋学に関心を深めて高野長英・小関三英らに翻訳を依頼し、海外事情に関する著訳書を集めて研究する。絵師としても活躍した。天保一〇年（一八三九）、蛮社の獄で弾圧され、田原に蟄居となるが天保一二年（一八四一）に自殺した。

従来の崋山研究史では、崋山の中に「小藩の家老としての崋山」と「国家的・世界的視野を持つ洋学者としての崋山」という二つの要素を見出し、その矛盾・対立構造を指摘してきた。例えば、崋山は洋学研究によって対外的危機意識をもつようになるが、この意識は小藩の家老としての立場と矛盾するようになり、「国家の大事に乗り出そうとすれば小藩の家老にあることは煩し[6]」くなったと説明される。また崋山は天保八年（一八三七）、幕府の無人島調査に同行するため藩に暇願いを提出する。これもまた、「藩政をも、最愛の老母をも捨て[7]」るほどに国家的・対外的危機意識が高まったことを示す事例とされてきた。このように従来の研究史においては、「日本「国家」にたいする強烈な帰属意識、狭い身分や「藩」の割拠意識を超えるナショナル・アイデンティティ[8]」が注目されてきたと言えよう。

確かに崋山の対外的危機意識は強く、それは藩を超えた国家的視野に基づいている。しかし崋山にとって藩とは、単にそれと矛盾するもの、二次的なものだったのだろうか。

筆者はこれまで崋山の日記・紀行文・書簡・手控などの基礎史料を分析し、その思想形成過程や洋学研究過程、藩政思想を考察してきた。[9]本稿ではこれらの作業をもとに、崋山が田原藩をどのように捉え、それがどのように変化したのか、国家認識や対外認識との関係を踏まえながら、その過程を追ってみたい。対象とする時期は、崋山の最初の日記『寓画堂日記』の書かれた文化一二年(一八一五)から、蛮社の獄で弾圧された天保一〇年(一八三九)までとする。

なお本稿における崋山の史料は、日記・紀行文・書簡については小澤耕一・芳賀登監修『渡辺崋山集』全七巻(日本図書センター、一九九九年)所収のもの(同書所収書簡史料は、書簡番号のみ記載)、政治論説は、佐藤昌介ほか校注『日本思想大系五五　渡辺崋山　高野長英　佐久間象山　横井小楠　橋本左内』(岩波書店、一九七一年)所収のものを使用した。

一　「藩」認識の形成過程

(一)継嗣・復統問題と家譜調査―藩主の「家」の血統・歴史―

田原藩は、三河国渥美半島の中央部に田原周辺の二〇ヶ村余の農漁村を領有した譜代小藩である。寛文四年(一六六四)三宅康勝が一万二〇〇〇石で入封した。三宅氏は康勝の後、廃藩まで一二代二〇八年間続き、代々家康の康字を拝領した譜代名家の城持大名である。知行高に比して藩士数が多く、藩地が海に突出した痩地で台風塩害も多いため、常に財政窮乏に苦しめられていた。[10]

崋山の史料において、その藩認識が初めて示されるのは、天保元年(一八三〇)の真木定前宛書簡である。真木は田原藩の用人で、ともに藩政改革にあたるなど、崋山がもっとも信頼した藩士の一人であった。崋山はこの書簡において、「御血筋之事」について「切腹すれバ事済也」と語った田原藩用人佐藤半助を批判している。[11]「御血筋之事」、すなわち藩主の継嗣・復統問題は、崋山の藩認識の形成過程における最初の契機であった。

田原藩の継嗣問題は、文政一〇年（一八二七）、一三代藩主三宅康明が病死したことに始まる。康明には子がいなかったため、姫路藩一五万石の領主酒井忠実の六男が持参金目当てに迎えられた。これが一四代藩主三宅康直である。この継嗣問題にあたって、崋山は真木定前らとともに康明の異母弟友信の擁立をはかっていたが、藩財政打開を重視した藩首脳部によって強引に康直がたてられ、友信は隠居格となって巣鴨下屋敷に入った。その後崋山は「復統」問題に取り組む。三宅家の血統を残すため、康直に進言し、天保三年（一八三二）に友信の男子仙《しん》太郎を康直の女子鉎子と婚約させ、康直の養嗣子としたのである。

崋山の史料ではこの問題に関わって、「国」（田原藩）と「家」の関係が強い口調で語られている。例えば天保二年（一八三一）九月一四日、同志である真木定前宛の書簡では、「統ヲ絶テハ国危シ、国ガタケレバ統不レ絶」[12]と述べる。さらに天保三年三月二六日の同じく真木宛の書簡では、復統問題の成功にあたり、「誠御先祖様之御瞑助と余威感涙に不レ堪候。誠国家安全之至に御座候。」[13]（傍線筆者、以下同）と語っている。崋山にとって、藩主の家の血統は、「国家」「国」の安危・繁栄に密接に結びつくものとして意識されていたのである。

もう一つの契機となったのが、文政一二年（一八二九）八月一四日に崋山が内命を受けた、藩主三宅家の家譜調査である。[14]一九世紀は「編纂書の時代」[15]と称されるほど、江戸幕府により歴史・地理など多様な書物の編纂事業が全国的に展開している。[16]しかし田原藩では『寛政重修諸家譜』編纂時点でも、三宅家の系譜を確定できていなかった。[17]

崋山の日記『全楽堂日録』によれば、天保二年（一八三一）五月四日に「御系譜取調」のため「御旧跡相捜他出勝手次第」を仰せ付けられ、九月一八日には、藩主にその計画書である「壮游議」を上呈している。以後崋山は、相模厚木・上野桐生・武蔵三ヶ尻など各地に赴いている。

当時の田原藩における崋山の役職は、側用人中小姓支配であり、友信の附も兼ねていた。側用人は、君側に侍してその相談役となり、諸務の連絡上達や近習、女中などの督励指導を行なう。[18] 当時まだ藩政の中枢になかった崋山は、継嗣・復統問題と家譜調査という、藩主の「家」の血統と歴史の問題に取り組むことにより、藩認識を形成していったのである。

(二) 家老としての治者意識―民は国の「根」―

天保三年(一八三二)五月一二日、崋山は江戸詰の年寄に任ぜられた。年寄(家老)は田原藩における最高の重臣で、通常四名からなり、主君を補佐し、家中の武士を統率して藩務を統轄する。[19]

この年崋山は、領内産業・漁業振興のための調査を国許に依頼するなど、田原藩領内に関する情報を積極的に収集している。[20] また前年の三ヶ尻調査をまとめた報告書『訪瓺録《ほうちょうろく》』を上奏したのもこの年である。『訪瓺録』については羽賀祥二の研究があり、藩主の家の歴史・先祖のもつ威力を背景にした政治改革への志向が指摘されている。[21] さらに天保四年(一八三三)には、三宅家の家譜調査などのため田原領内を巡視している。

江戸詰藩士である崋山は、このようにして国許田原や藩主の家の歴史への理解を深めていったが、その一方で家老として新たな藩意識を語り始める。それは、民こそが「国」の「根」であるという強い治者意識に基づくものだった。

天保三年(一八三二)頃から崋山の日記には、藩主康直のわがままな振る舞いに関する記事が度々みられるようになる。その一つが、奏者番内願問題だった。

康直は実兄である上田藩主松平忠優や妻の兄である横須賀藩主西尾忠固らとの競争心から、奏者番の役職を望むようになる。奏者番は譜代大名の中から選ばれ、大名が幕政に参与するための昇進コースの出発点となるが、その就任には多額の運動費を必要とした。康直以前の田原藩では五代康雄が唯一、奏者番（元禄一二年〈一六九九〉～宝永元年〈一七〇四〉）を経て寺社奉行となっているが、当時は新田開発によりかなりの増収があった。だが享保期以降藩財政は窮迫していたため、崋山は徹底的に反対した。

天保四年（一八三三）二月一五日、崋山は奏者番内願について、康直に厳しく諫言している。その様子は、崋山の日記『全楽堂日録』に詳しい。

その望の起りしといふハ、柳営中御ありさま御役義仰蒙られし御方々ハ、御勢ひも殊なれバ、御兄弟をはじめ西尾侯などハ互に御先を御争ひ、たゞひたすらにこれのミを御こゝろに御わすれおはしまさず、かゝる御困難にて御家来百姓もまことくるしきかぎりなる中にて、御ひと言も此ために被二仰出一たる事なきハいかにやなど申上げたり。御けしきあしくなりて憂ひたるとてせんかたなかるべし。唯相臣の上にあるのミ、臣防風の根なきものをとり出し申上げしハ、抑此草ハ春の陽気をうけて生立んとせる勢ひあり。これを御手づから御養ひありて末葉迄生出ん様にし玉ハらんなりと申あげたれバ、されバこれハ根なしとても植て育んやうやある。臣申上るハ、さて此草に候、固《モトヨリ》末が末迄も枝葉生ひ出るこそ此草の面目なり。凡侍の国に仕え諸侯の天下につかえるも同じ理にて候。されど、此根がなけれバ生ひたゝんやうなければ、侍の国に仕ふるも諸侯の天下に仕ふも根なきハ、一身だにたゝぬ理にて候得ば、其根といふ事に御心をとめさゝれ候半にハ御望もいとやすかるべし。されバ、侍ハ一家を安くし、諸侯ハ国を安く被レ游候をこそ根といふべければ、先御国家の事にみこゝろを費させられ候半、是かならず御権門賄賂御用游せられ候よりもはるかまして、必御登擢あるべきなりと申あゲたれバ御けしきよくなりて御物語あり。

ここで崋山は、根のない防風（セリ科の多年草）を例えにして諸侯の「根」の大切さを説いている。草は「根」がなければ育つことができない。諸侯にとっての「根」とは「国」（藩）であるが、今田原は「か丶る御困難にて御家来百姓もまことくるしきかぎりなる中」にある。「天下」（公儀）の役職を望むならまず「国」（藩）という「根」を安んずるようにという崋山の諫言に、康直も「御けしきよく」納得した。

だが翌々日の一七日、康直は再び奏者番内願について江戸に書状を送ろうとしたため、崋山は直ちに登城した。再び『全楽堂日録』より引用する。

直可㆓申上㆒候ハ上御内願之事ハ此上なき御精勤之御思召にてあらせられ、私共もありがたく存上候半也。されども如㆑此所為をもて如㆑此御思召す所を御もとめ被㆑游候ハ、木に縁り魚をもとむるにて候。これ迄私此地出て凡十五日ニ及候得共、御一言民ニ及候御こと葉なく、唯々御内願と計之事にてハ、其根元已ニ御失ひ被㆑游候也。

崋山は一言も「民」に対する言葉がなく、唯々「御内願」ばかり繰り返す康直に対し、「根元」を既に失っていると厳しく諫言した。この二回の諫言から、当時崋山が、藩主の「根」は「国」、そして「国」の「根」は民であると考えていたことがわかる。

（三）天保飢饉と凶荒心得書―天・公儀からの委任関係―

このような崋山の治者意識は、天保飢饉への対応の中でも明確に示されている。

田原藩では天保七年（一八三六）に、暴風雨・高潮と降り続く雨のために大凶作となり、同年冬から天保八年（一八三七）頃までが最も深刻であった[22]。天保七年九月には、同じ三河国で加茂一揆も起こっている。田原藩に一揆が拡大することはなかったが、この大規模な一揆は領主層に強烈な危機意識を植え付けた。

天保八年（一八三七）、国許にいた康直は凶荒対策のため崋山に帰国を促すが、崋山は病後で帰国できず、天保七年（一八三六）六月に起草した凶荒心得書を真木定前に託して総指揮を依頼した。この心得書は、藩主・家老・家中藩士・領民に対し、飢饉に際しての各職分の心得を説いたものである。

ここでは藩主宛・家老宛心得書をとりあげ、飢饉という危機的状況下で、崋山がどのように藩を語っているのかみていきたい。

人君必御行可レ成事目

一、御恐懼《キヨウク》御修省之事

凡世に恐るべき憂ふべき事多く候得共、凶饉ほど甚しきは無レ之候。人にとりては命脈の危きが如く、草木にとりては其根枯槁《ココウ》仕候如く、国に取りては存亡之機に御座候得ば、人君に在ては恐れても懼《オソ》るべく不レ致而は相ならざる事に候。（中略）君君の職を尽し候得ば、臣其臣の職を尽し候故、第一に君の御職を御尽し可レ有レ之候。①抑君の職と申は此民有て此君有之天理にて、此君ありて此民有之節《フシ》には無レ之候。この故に人君たる者は社稷《シャショク》に死と申儀、誠に当然之理にて候。湯王《トウオウ》は干魃《カンバツ》の時身を致して天に祈候。如レ此明白なる道理有レ之候而も、夫《ソレ》は書物の上夫れは昔話と心にも感動せざる君は、真の暗愚にあらざれば大悪人にて、②必天道に見かぎられ候人と可レ被二思召一、依て先天の此民を生ずる所以、公儀より此国人を封ぜられ候所を御勘考被レ遊候はゞ、片時も御安心被レ遊間敷、又流離転死の者有レ之候ては、忽御領地の御減と相成、烈火の御身に逼《セマ》り候如、何を差置候ても防禦の御手段無レ之而は、申さば御身不レ知と申者にて候。（後略）[23]

まず君の職は①「此民有て此君有之天理」として、「天理」から説明される。この道理を理解しない「暗愚」「大悪人」の君は、②「必天道に見かぎられ」る。従って、「先天の此民を生ずる所以、公儀より此国人を封ぜられ候所」を考えれば、片時も「安心」することはできない。もし「流離転死の者」があれば「忽御領地の御滅と相成、烈火の御身に逼り候如」と述べる。つまりここでは、天―公儀―君（諸侯）という委任論を背景に、民を治めることこそ「君の職」であると説かれている。では、最高の重臣である家老の職分とは何か。

家老心得之事

一、調燮《チョウショウ》を以て己が責と為す事

①天下は天に代り、諸侯は天下に代り、老臣職たるものは君に代り、其大小は有レ之候得共、国人を平治に致すに至りては変無レ之候。其実は皆天に代り造化の窮を補ひ、万民を救ひ候事にて、堯舜禹湯之御心といへども、此心は二つは無レ之候。（中略）

一、②飢溺を以て己が任と為す事

任は物を負載する事にて、其物損傷せば負ふもの丶罪也。士たるもの物を持て使者を勤候時、其物損壊致候か又は紛失致候はゞ、其品により切腹をも致、罪を謝する義は、俗に所謂当り前と申すものにて候。③老職たるものは万民を保息致候極官に候得ば、使者勤位之義に無レ之は勿論に候。然るに生民を飢溺為レ致候而は、何を以て其罪を購《アガナ》ひ可レ申哉（後略）(24)

①「天下は天に代り、諸侯は天下に代り、老臣職たるものは君に代り」という委任関係から、「国人を平治に致す」こと、「万民を救ひ候事」を家老の職分と説明する。その結果、②「飢溺を以て己が任と為す事」とその責任を厳しく問い、③「老職たるものは万民を保息致候極官」であると定義している。

これらの心得書からは、幕藩制的天道論に基づく強烈な治者意識がうかがえる。幕藩制的天道論とは、天より民を委任された領主が家臣の補佐を得て領民に仁政を施す、という天道委任論に将軍の存在（幕藩制秩序）を組み込んだもので、遅くとも一六五〇年代半ばには形成され、主として武士層に受容されたという。[25]従ってこの思想自体は崋山独自のものではなく、藩主から家中に至るまでおそらく自明の論理であった。しかしこの天道論に基づく治者としての意識・行動は、（少なくとも崋山から見れば）当時の田原藩において実践されていなかった。だからこそ崋山はあえてこの自明の論理を強調しているのであろう。

また崋山にとって諫言や心得とは、一時的な感情ではなく理詰めのものでなくてはならなかった。その背景には、藩主康直の実家である姫路藩の家老、河合隼之助（一七六七〜一八四一）の忠告があったと考えられる。次の史料は、崋山の日記『全楽堂日録』の天保四年（一八三三）正月二一日の記事である。この時崋山は田原に帰国するにあたり、河合を訪ねた。

河合隼之助を訪ひ別を告ぐ。隼之助云、君侯御癇癖被㆑為㆑入候得ば、必人情をもて遇すべからず、たゞ理のある所を以て動さるべしといふ。

河合隼之助は、危機に瀕した姫路藩の財政を一連の経済政策によって建て直し、「天下の三助」などと称された名家老である。[26]その河合が崋山に対し、康直の癇癖には「人情」ではなく「理」をもってあたるようにと忠告し、崋山はその言葉を日記に書きとめている。

藩主や筆頭家老らに対し、一家老である崋山は「人情」を交えず「理」のみで確実に説得しなければならなかった。崋山は自らの心得書を実践させるための最も効果的な論理として、「公儀」という上位の権力を意識させる幕藩制的天道論を用いたのではないか。

家老となった崋山は、民こそが「国」（田原藩）の根であるという強い治者意識をもつに至った。さらに天保飢饉に際しては、自らの凶荒対策を実行させるために幕藩制的天道委任論を用い、「藩」を天・公儀からの委任関係の中に位置付けて語ったのである。ではこのような藩認識は、洋学研究の中でどのように変化したのだろうか。

二 「天下」の「小藩」田原藩—対外的危機意識の中で—

(一) 洋学研究と対外的危機意識

崋山の洋学研究は、従来藩の海防が直接の動機であったと説明されてきたが、その研究過程を体系的に伝える史料はなく、根拠となる「北町奉行所口書」もその信憑性に疑問が指摘されている。[27] そこで筆者は、崋山の日記・紀行文・書簡・手控え等の記事から、その研究過程の再構成を試みた。[28]

崋山の洋学については、既に最初の日記『寓画堂日記』(文化一二年〈一八一五〉)から、「蕃書」の記事や蘭方医吉田長淑との交流記事などがみられる。ただし『寓画堂日記』『崋山先生謾録』など当時の日記には書画や交際などの記事が圧倒的に多く、これらが崋山の関心の中心にあったことがわかる。それ以外の記事は数が少なくまとまりもないことから、この時期の崋山にとって、洋学に対する関心はそれほど強いものではなかったと考えられる。天保六年(一八三五)以降は世界情勢・地理学への関心[29]や、西洋流兵学を田原藩に導入する意図[30]がみられるようになるが、これらはいずれも藩レベルの志向であった。

このような洋学研究のあり方は、天保八年冬頃大きな転機を迎える。それを示すのが、天保八年(一八三七)一二月二五日、代官羽倉用九に同行して幕府の無人島調査に参加するため、崋山が藩に提出した暇願いである。この暇願いは、江戸から国家老鈴木弥太夫・川澄又次郎宛に送られたが、「年寄相勤候身分ニテ右体ノ願書差出候ハ心得違」として差戻された。[31]

私義不調法者之処重御役被仰付、五年之間一分之寸功も相立不申恐入候。然に奉願候は恐入候得共、此度羽黒《(ママ)》外記様地図御改ニ而豆州島々より八丈青島其外無人島へ御渡海被仰付候。右地図御用私門人水戸御家来鈴木半兵衛ト申者御頼相成、英挙ニ従ひ罷越候。①私義も此大事ニ相預、年来好嗜之畜蘊をも相発、不朽之功ヲ相立申度候。可相成義ニ御坐候ハヾ、暫之御暇被下置、其間老母御奥ニ被差置被下置候ハヾ、安心仕、志を遂申度候。此段是非に御取成願之通被仰付候様、偏奉希《ネガイ》候。已上

十二月二十五日　渡辺登

鈴木弥太夫殿
川澄又治郎《(ママ)》殿

別紙、願之次第、蒙重御役候而軽々敷進退仕候ハ如何敷候得共、②御一家之義ハ天下之義にて、③今此撰ニ相当候者乍恐私ナラデハ有之間敷存候。依之私ヲバ遠慮致、門人半兵衛ト申者御頼ニ相成候義ニ候。然ルニ私何分にも残念ニ而、譬《タトエ》途中死候而も天下之ために死候に而候得ば、乍恐上ニも御不本意とハ不奉存候。（後略）(32)

崋山はこの「大事」にあたり、①「年来好嗜之畜蘊をも相発、不朽之功ヲ相立申度候」、③「今此撰ニ相当候者乍恐私ナラデハ有之間敷」として、自らの洋学研究・画業の成果を生かしたいという考えを示している。ここに表れているのは②「御一家之義ハ天下之義」という、藩を超えた国家的対外的危機意識である。

もっとも羽倉の無人島渡海調査については、イギリス側の無人島占領計画ないしこれに近い事実をある程度感知していた幕府によって命じられたものであると佐藤昌介が論じているが(33)、その経緯や目的、幕府の関与については不明な点が多い(34)。崋山についても、その渡海の目的が「海防的危機」(35)を憂慮したからだったのか、海外渡航に対する「強い憧れ」(36)によるものだったのかは意見が分かれる。本稿では、この時崋山が「御一家」（藩主）を超えた「天

下」と自らの洋学を結びつけて語っていること、すなわち崋山の中で洋学研究の動機と位置付けが、「藩」から「天下」へと広がり始めている点を指摘したい。

実際崋山は、翌天保九年(一八三八)一〇月、モリソン号事件への幕府の対応を批判して『慎機論』を執筆するなど、緊迫する対外情勢を受けてその国家的危機意識を一層募らせていく。さらに天保一〇年(一八三九)には水野忠邦の命で江戸沿海を巡見した江川英竜が、江戸湾防備改革を立案するため崋山に意見を求め、巡見復命書に添える外国事情に関する書付の執筆を依頼する。そして崋山はこれに応え、江戸湾防備についての私案『諸国建地草図』と、『初稿西洋事情書』『再稿西洋事情書』『外国事情書』を著している。[37]

崋山の洋学研究は趣味的な好奇心から始まり、天保六年(一八三五)頃には世界地理への関心や藩レベルでの軍事科学導入への意図がみられるようになり、さらに天保八年冬頃に国家的視野に基づくものへと変わっていった。世界地理や西洋事情に関する研究の進展と、緊迫する対外情勢が、崋山に強烈な国家的危機意識を植え付け、その危機意識こそがこの頃の洋学研究の動機となっていたのである。そしてこの天保八年頃から、崋山による田原藩の語り方にも二つの変化が生じてくる。第一に譜代藩としての意識の表れ、第二に「小藩」観の変化である。

(二) 譜代藩田原 ―幕藩体制の中の位置付け―

次に掲げる史料は、天保九年(一八三八)、江戸にいた崋山が、炎上した江戸城西丸再建の費用や幕閣の思惑などを報じた書簡の抜粋である。はじめ紀州藩の友人へ送る予定であったが、飛脚の都合で田原藩重役へ廻したと考えられる。

一、一両日已前より大奥女中歎願始リ、一万弐万両位ヅ、急御用度々被二仰出一、御役人方大狼狽也よし。

右之次第ニ付、国家ニ与リ候もの、時勢ヲ審にして挙動不レ仕候而ハ、大不忠之至と存候。国家一大事ニ及候時ハ大用ニ応ジ候事出来不レ申、御住居位ノ事ハ実ニ物カハニ御座候。何卒及バぬ事にハ候得共、天下ヲ御住居と被レ為レ入候御身上ニ候得ば、諸侯ハはしら、御旗本ハ壁、国土ハ畳の御了簡ヲ御出シ被レ遊、何も御城中ニて御膝ヲ容レさせられ候程さへ有レ之候得ば、何之御差支有レ之間敷、何卒凶を変、吉となし候機会今日に相当リ候。

尊藩ハ格別、弊藩とても御股肱之家、唯憂患に不レ堪候。誠ニ天下一変ノ機ニ及候(38)。

崋山は江戸城西丸再建の費用負担が、この時勢において諸藩の財政をいかに苦しめ、国全体に関わる問題となるかを述べている。その中での、大奥のための度々の「急御用」について、「国家ニ与リ候もの、時勢ヲ審にして挙動不レ仕候而ハ、大不忠之至と存候。」と述べ、今問題にすべきは江戸城という「御住居」ではなく、「天下」という「御住居」の危機であるとする。

実はそれまでの崋山の書簡・日記には、幕府の悪政に関する聞書きはあっても、自ら批判する記事はほとんどみられない。この頃より、おそらく国家的危機意識を背景として、幕府や他大名（後述）への批判意識が芽生えてくることがわかる。

さらに注目されるのは、譜代藩としての意識である。国家的危機を「憂患」に堪えないと感じる根拠となるのは、御三家の紀州藩は「格別」であり、譜代藩の田原藩は「御股肱之家」であるという、幕藩体制における位置付けであった。

（三）「小藩」観と「小国」観

①「小藩」観の変化―否定的文脈から肯定的文脈へ―

田原藩は一万二〇〇〇石の小藩である。この認識自体は新しいものではない。例えば天保四年（一八三三）七月の田原藩医鈴木春山(39)宛書簡では、春山の藩政上書草案について、「国之士風激励之義、足下公論して可也。出分之言に無レ之、人あらば可レ薦也。これも掌大之地に候得ば可也之事にて宜敷、以レ無レ人足下を責るには無レ之(40)」と述べる。また天保五年二月一八日の、同じく鈴木春山宛書簡には、「これ迄之執政之意、弱則久存、強則速敗スルトいえる小国之勢ヒを審ニ致候哉(41)」とある。天保九年七月七日付の田原藩士真木定前宛書簡では、画業と比較して、「予ガからだハ燧《ヒウチ》石箱程の家老、味噌用人に毛のはへたる、十分事成た処ガ掌《タナゴコロ》程の片田舎也。予ガ手ハ天下百世の公手、唐天竺迄も、筆一本あれバ公行出来申候。ナントおしきものにハ無レ之ヤ(42)」と語っている。

これらに共通するのは、客観的に見た事実・個別性としての「小藩」認識である。時には「天下」に有用な画業と比較して、卑下するような言辞もみられる。真木宛の書簡の末尾には「嗚呼、一夕面会シタイモノだナア」といった率直な感情も記されており、本心を吐露したものといえよう。

しかし同じ天保九年（一八三八）、この「小藩」の文脈には変化も生じていた。次に掲げる書簡は、江戸城西丸焼失やイギリス船漂流民送還などの記事から天保九年一〇月頃のものであり、「田原　御三人様」という宛所は、家老佐藤半助と側近の松岡次郎、真木定前の三人が妥当であると推定されている(43)。

一、当時朝庭（廷）ニてハ一向ニ物ノ数とも被レ致不レ申、ます〱西ノ方銀の橋など出来、又此間狐ヲ殺シ候もの有レ之、其もの楓山の鎮火、狐ヲ殺候故ヲ以窂（牢）舎也。其夜狐ヲ中山へ十七人の人数ニ御送葬有レ之、又西ノ棟上の餅ヲ焼テ喰ひたる女即日御暇などにて、①海外之事一向ニ耳ニも入不レ申候。古風説もひしかくしにて御座候。（中略）

一、右イギリスニ事生ジ候時ハ、急ハリユス国ニ有レ之候。

②右之通の世の中故、田原ハ武ヲ搆ジ徳ヲ敷キ、天地の間ニ独立致、掌大の地ヲ百世ニ存候様、御工夫第一也。何デモ徳ニ無レ之テハ危シ。

一、岡崎侯持出シ十万石の願ヒアリ津軽徳山ノ例然ルニ極貧にて勤リ不レ申処、榊原の隠居御スイキウものニて、井伊・本多・酒井・榊原四天王の家なれバいカにも気毒也。左様候ハヾ一万俵ヅ、年々助力可レ致、依レ之讃岐ニて弐万俵、井伊にて一万俵と内々相談きまり申、依レ之岡崎侯権門必死也。岡崎も岡崎、右三家も三家、とても永続のはなしニハ無レ之、③かくの如き大馬鹿大名ばかり有レ之、さて〳〵こまり入候もの也。家来も家来也。[44]

書簡の前半は省略したが、モリソン号事件やロシア問題などをふまえて、危機的な対外情勢が説明されている。しかし「朝庭」（幕府）は西丸に銀の橋を設けたり、狐を殺した者を牢に入れて狐の葬送を行なうなど、①「海外之事一向ニ耳ニも入不レ申」状況である。

時勢を見ずになすべきことを見失っているのは大名も同じである。三河岡崎藩主本多忠民は、徳川家康若年時代より側近にあって武功を立てた「四天王」（井伊・本多・酒井・榊原）のうち、本多のみが少禄であることを残念に思い、格式の上での一〇万石の加増待遇を願い出た。「極貧」のためとても勤まらないのだが、「四天王の家なれバいカにも気毒也」と他の三家も助力して「必死」であるという。崋山は③「かくの如き大馬鹿大名ばかり有レ之、さて〳〵こまり入候もの也。家来も家来也。」と厳しく批判する。

注目したいのは、この危機的状況の中、②「掌大の地」田原に、武と徳とで「天地の間に独立」し、「百世ニ存候」

工夫を求めている点である。田原藩士宛書簡であるから、あえて時勢と田原藩とを結びつけて書いていることは推測されるが、それにしても大変な意気込みである。

以下は、天保一〇年（一八三九）三月一八日、田原藩士真木定前に宛てた書簡の抜粋である。

一、此度大坂ニ付考候ニ、古来無レ之大凶却而幸ひと相成、先ハ大礼ヲまぬがれ、操練ヲ致御褒詞ヲ頂キ、上《アゲ》金《キン》ヲまぬがれ候のミならず、御褒詞にて他家様と一例をまぬがれ、御詰年に大坂御加番、公儀御首尾上々、御代替り之始メほめられ候もの、鍋島侯・遠山侯次ニ三宅侯、諸侯之御手本也。操練もチト串戯《カンギ》なれども、両三日已前浜町之牧野様より御相談有レ之（中略）私方へハ大藤堂様より窺書キ借リニ来、雲州様も同様。水府様にても、来年あたりハ今一度御国ニ被レ為レ入候。三宅すら願済候間、操練甲冑御願被レ成度旨、松延玄定と申ものより問合有レ之候。右之通小藩之風ヲ大国へ移スと申もの、名目人聞にて実ニ復シ不レ申候而ハ、扨々吹毛求レ疵にて候間、能々御戦兢《センキョウ》可レ被レ下候。(45)

田原藩は「小藩」だが、将軍代替りの際には肥前佐賀藩主鍋島直正・美濃苗木藩主遠山友寿に次いで「ほめられ」た、「諸侯之御手本」である。操練も笠間藩・津藩・松江藩・水戸藩から問合せがくるほどであり、「小藩之風ヲ大国へ移ス」と表現している。

また「小藩」という言葉は無いが、藩校復興に関する、天保一〇年（一八三九）三月一二日の真木定前宛書簡では、「養才の本意」について、「人材御用に立候筋、職役何に用ゆべき才ヲ養ふ次第、又遠く他領にても天下にても、法ヲ田原ニ取候様、御法張縮して一郷里計に狭隘ナラザル様。」と述べ、また「学生入門次第」については、「造士ノ道も、家中在町養才貢士の道も、又他領より法ヲ学候事もアラバ、善ヲ人ニ移の美事など、すべて一国ナラズ、為ス事する事皆天下のため也。天へ之奉公也。(46)」として、「一国」を超えた「天下」のための田原藩という位置付けを示している。

客観的な事実として、或いは否定的な文脈で語られていた「小藩」は、この頃「武」「徳」で大藩の手本、「天下のため」となるという肯定的な文脈に変わっていたのである。

②「小国」観との関係―日本と西洋諸国―

崋山における、このような「小藩」意識の構図は、近世における日本＝「小国」意識にも通じるものがある。日本が辺境の小国であるという意識は、唐・天竺と比較した伝統的な三国観に根ざして本来否定的な文脈で用いられ、その劣等感を補償するために様々な「日本」論を導出した(47)。また荒野泰典は、本来否定的な文脈で用いられてきた日本＝「小国」観が、世界地理や国際情勢についての知識の増大によって肯定的な文脈におきなおされ、増幅されていく点を洋学者の著作から指摘している(48)。

崋山の場合、「小国」観は西洋諸国にも向けられている。天保一〇年（一八三九）の著作では、「和蘭小国といへども、究理一学校に三千八百人有レ之候。大学校四ヶ所御坐候由。」（『初稿西洋事情書』）、「和蘭小国ナレドモ、学徒数千人有レ之、又一国中、大学校四ヶ所御坐候由。」（『外国事情書』）と、オランダを「小国」だが教育が盛んであると説明している。『再稿西洋事情書』では、西洋諸国の学術について次のように述べる。

> 一体西洋諸国は小国といえども、規模広大に相立、秘蔵仕候事無レ之、依レ之、流義口伝と申事、甚鄙しめ候風俗に御座候得共、事に当り、私を包蔵仕候時は、秘し候事も有レ之候得共、かれが常言に、「ナチュール」に背くと申、自恥かしき事に存候。ナチュールと申は、天意にそむくと申心にて御座候。

『外国事情書』では「西夷共物理ノ学ヲ専ニ仕候故、天地四方益審ニ相成、一国ヲ以テ天下ト不レ仕、天下ヲ以テ天下ト仕候義、頗規模《キボ》《キリヤウ》ヲ広張《クワウテウ》《ヲシヒロメル》仕候風有レ之候。」と述べており、西洋諸国の「規模《キリヤウ》」が一国を超えた「天下」に及んでいる点に注目している。

『日本国語大辞典』によれば、「規模」とは「物の構え。結構。しくみ。また、全体の計画。企画。構想。きも。」を意味する。[49] では「小国といえども、規模広大」な西洋諸国に比べ、同じ小国である日本の「規模」はどうだろうか。

崋山は幕府の対外政策について、イギリスが次のように迫ってきたらどうするのかと問いかける。

貴国永世の禁固く、侵すべからず。されども、我邦始め海外諸国航海のもの、或は漂蕩し、或は薪水を欠き、或は疾病ある者、地方を求め、急を救はんとせんに、貴国海岸厳備にして、航海に害有事、一国の故を以、地球諸国に害あり。同じく天地を戴踏して、類を以類を害ふ、豈之を人と謂べけんや。貴国に於ては能此大道を解して、我天下に於て望む所の趣を聞ん。(『慎機論』)

日本も「天下」すなわち「地球諸国」の中の「一国」にすぎない。それなのに「中葉耶蘇の邪教に懲り、規模狭小に相成、唯一国を治る意なる故、終に海外の侮を受候にて、以後の変、如何なるを不レ存候」(『初稿西洋事情書』)とあるように、日本一国しか見ていない、「規模狭小」な国であった。

なお崋山は『初稿西洋事情書』を次のように結んでいる。

右之通、権を全地球に及ぼし候洋人は、実に大敵と申も余り有レ之候事にて候。何卒此上は、御政徳と御規模の広大を祈る所に御坐候。

全地球を支配するほど強大化した西洋諸国に立ち向かうには、「御政徳と御規模の広大」こそが必要だった。「小国といえども、規模広大」な西洋諸国は、崋山にとって目指すべき「小国」像だったのではないだろうか。

おわりに

崋山は洋学研究を通じて、「天下」の中の「一国」であることに気づかない「規模狭小」な日本、そして「小国」

だが「規模広大」に発展した西洋諸国を発見した。そして同じ頃、自藩については、幕藩体制の中の譜代藩、「天下」の中の田原藩という位置付けのもと、「小藩」であっても武と徳で「天下」「大国」の手本となることを目指すようになる。小国・小藩であるからこそ、「一国」を超えた「規模の広大」さが求められた。

このような「小国」認識と「小藩」認識との関係についてはより深い検討が必要であり、簡単に結びつけることはできない。だが、一九世紀の国家的危機意識の高まりと世界知識の増大の中で、崋山の思想においてほぼ同じ時期にこの二つの意識の萌芽が見られることは、非常に興味深い点として指摘できる。

さらに注目したいのは、崋山が日本という国家意識を高揚させながら、藩意識も放擲することなく共に高揚させている点である。

従来の研究史において、一九世紀は国家意識の高まりが注目され、崋山の場合も小藩の家老としての狭い枠組みと、洋学者としての国家的・世界的視野との葛藤が指摘されてきた。だが崋山の史料からは、一九世紀における内外の危機的状況の中で、従来の藩認識を変容させながら「藩」と「国家」の両方に自らのアイデンティティの基盤を求めていく姿が浮かび上がってくる。

一九世紀における国家意識の高まりとその意味を考えるには、藩か国家かという矛盾・二者択一の図式にあてはめるのではなく、従来の藩認識とのズレ・葛藤・すり合わせなど、多様な局面を丁寧に分析していく作業が必要である。今後は崋山のほかにも当時の藩士たちの事例を幅広く収集・検討し、その関係と歴史的意味を明らかにしていきたい。

最後に課題を三点挙げたい。第一は、肯定的な文脈に置き換えられていく「小藩」観と対外認識における「小国」観の関係の解明である。崋山が典拠とした蘭書の文脈についても分析する必要がある。小関三英・高野長英ら翻訳者の思想や翻訳書との比較も重要であろう。第二に、今回は崋山の用いる「天下」「国家」といった言説について詳しく分析することが出来なかった。崋山がこれらをどのような意味合いで用い、それはどのように変容したのか、検討したい。第三に、崋山の思想は、家老としての藩政思想や画工としての意識、また文人たちとのネットワークなど、幅広い視野の中で捉えていく必要がある。崋山の史料からそれら一つ一つを検討し、その総体的なありようを解明していくことは、今後の大きな課題である。

注

（1）桂島宣弘『自他認識の思想史—日本ナショナリズムの生成と東アジア—』（有志社、二〇〇八年）、前田勉『江戸後期の思想空間』（ぺりかん社、二〇〇九年）など。

（2）若尾政希「近世における「日本」意識の形成」若尾・菊池勇夫編『〈江戸〉の人と身分五　覚醒する地域意識』（吉川弘文館、二〇一〇年）所収。

（3）小川和也『牧民の思想—江戸の治者意識—』（平凡社、二〇〇八年）、同「近世後期の「藩学」と「改革」」『歴史学研究』八七二号、二〇一〇年。

（4）対外関係をキーワードに、国家や他地域との関係性の中で地域意識・「藩」認識を論じた研究に、吉村雅美『近世日本の対外関係と地域意識』（清文堂、二〇一二年）がある。

（5）「天保八丁酉年四月改　田原、江戸御家中分限並席次」田原町文化財保護審議会『田原の文化』一一号、一九八四年。

（6）小澤耕一『崋山渡邉登』（崋山会、一九九四年、改訂八版）、八七頁。

（7）佐藤昌介『渡辺崋山』（吉川弘文館、一九八六年）、一七八頁。

（8）前田前掲書、二八四～二八五頁。

（9）拙稿「渡辺崋山『寓画堂日記』『崋山先生謾録』に関する一考察—思想形成過程を探る一作業として—」『書物・出版と社会変容』二号、二〇〇七年、同「田原藩家老渡辺崋山の洋学研究」『洋学』一六号、二〇〇八年、同「天保期田原藩における「藩」意識の諸相—家老渡辺崋山の凶荒対策を中心に—」『日本歴史』七八二号、二〇一三年。

（10）『藩史大事典　四巻』（雄山閣、一九八九年）参照。

(11)書簡番号一七。
(12)書簡番号二六。
(13)書簡番号三三。
(14)松岡次郎「全楽堂記伝」井口木犀編『崋山掃苔録』(豊川堂、一九四三年)所収、三〇頁。
(15)高橋章則「近世後期の歴史学と林述斎」『東北大学日本思想史研究』二一号、一九八九年。
(16)白井哲哉『日本近世地誌編纂史研究』(思文閣出版、二〇〇四年)。
(17)羽賀祥二「家と地域をみる眼―渡辺崋山と『訪瓺録』の世界―」『史蹟論―一九世紀日本の地域社会と歴史意識―』(名古屋大学出版会、一九九八年)所収。
(18)田原町文化財調査会編『田原町史』中巻(田原町教育委員会、一九七五年)、五五頁。
(19)前掲『田原町史』中巻、五五頁。
(20)書簡番号三五・三九。
(21)羽賀前掲「家と地域をみる眼―渡辺崋山と『訪瓺録』の世界―」。
(22)前掲『田原町史』中巻、八六六~八六七頁。
(23)書簡番号七七。
(24)書簡番号七八。
(25)若尾政希「「天道」と幕藩制秩序」玉懸博之編『日本思想史―その普遍と特殊―』(ぺりかん社、一九九七年)所収、参照。
(26)穂積勝次郎『姫路藩綿業経済史―姫路藩の綿業と河合寸翁―』(姫路・穂積勝次郎、一九六二年)参照。
(27)田中弘之「渡辺崋山と田原藩の海防をめぐる一試論」『駒沢史学』三六号、一九八七年。
(28)前掲拙稿「田原藩家老渡辺崋山の洋学研究」。
(29)例えば、天保六年四月一六日の中津藩士岡見彦三郎宛の書簡では、地図を持参して世界地理を講釈することを承諾している。書簡番号六一。
(30)書簡番号七〇など。
(31)「北町奉行所口書」(前掲『渡辺崋山集』第四巻所収)、三〇二頁。
(32)書簡番号九七。

(33) 佐藤昌介『洋学史研究序説―洋学と封建権力―』(岩波書店、一九六四年)、二三八〜二三九頁。
(34) 田中弘之『蛮社の獄のすべて』(吉川弘文館、二〇一一年)、二四〇〜二四一頁。
(35) 佐藤前掲『洋学史研究序説』、二四六頁。
(36) 田中前掲『蛮社の獄のすべて』、二四四頁。
(37) これらの著作の執筆経緯は佐藤前掲『洋学史研究序説』参照。
(38) 書簡番号一一〇。
(39) 鈴木春山(一八〇一〜四六)。田原藩医で西洋兵学の研究者。長崎に遊学して蘭方医学を修める。高野長英・小関三英らとも交流があった。
(40) 書簡番号五〇。
(41) 書簡番号五二。
(42) 書簡番号一一五。
(43) 前掲『渡辺崋山集』第三巻、二六〇〜二六一頁。
(44) 書簡番号一一七。
(45) 書簡番号一四〇。
(46) 書簡番号一三九。
(47) 渡辺浩『日本政治思想史―十七〜十九世紀―』(東京大学出版会、二〇一〇年)第十五章参照。
(48) 荒野泰典「近世の対外観」『岩波講座日本通史一三　近世三』(岩波書店、一九九四年)所収。
(49)『日本国語大辞典』第二版、第四巻(小学館、二〇〇一年)。

【付記】本稿は科学研究費補助金(特別研究員奨励費　課題番号26・40084)による研究成果の一部である。

ペリー来航時の贈答のかわら版にみる対外認識

田中　葉子

はじめに

嘉永六年（一八五三）および翌七年のペリー艦隊の浦賀来航に際し、江戸市中でさまざまな情報が飛び交ったことを示す史料は数多く残されている。しばしば引用されるものに、神田の古本屋須藤由蔵が書き溜めた「藤岡屋日記」、江戸町年寄斉藤月岑や国学者色川三中の日記や随筆、書簡集などの記録類がある。「藤岡屋日記」はペリー来航に関する記述を「海防全書」という別冊に仕立てており、その情報が膨大かつ日常の出来事と一線を画すものだったということがうかがえる。また、当時は「読売」と呼ばれていた木版の刷り物、いわゆるかわら版も多数板行されたことが、様々な版のかわら版の現存や「藤岡屋日記」の記述から推定される。かわら版は、ペリー来航当時の江戸市中の人々がどのような情報を欲し、またどのような情報を手にしたかを具体的に伝えてくれる史料といえるだろう。

本稿では、多数板行されたかわら版のなかから、ペリー一行と幕府との間で行われた贈答のかわら版について検討し、そこに現われた対外認識について考察する。

一　ペリー来航とかわら版の板行

はじめに、ペリー来航経緯について概観しておく。

嘉永六年六月三日（一八五三年七月八日）、マシュー・カルブレイス・ペリー Matthew Calbraith Perry（一七九四―一八五八）を司令長官としてアメリカ東インド艦隊の軍艦四隻が浦賀に来航した。艦隊の編成は、汽走軍艦が二隻、帆走軍艦が二隻であった。ペリー艦隊が近海に現われると直ちに沿岸の警備を担当する忍・川越・彦根・会津の各藩や浦賀奉行から幕府に報告が入った。六日後の六月九日、ペリーは久里浜でミラード・フィルモア大統領からの親書を日本側代表（浦賀奉行戸田氏栄・井戸弘道）に渡し、翌春に再来航することを伝えると、六月一二日、滞在九日間で退帆した。六月二二日に将軍徳川家慶が死去するが、老中首座阿部正弘らは、翌年の再来航に備え、江戸湾内海防備体制を整えるため江戸に近い品川沖から深川にかけて一一の台場を造ることを決定し、八月から建設が始められた。この間、合衆国書簡和解の内容回覧、水戸徳川斉昭の海防参与就任、水戸藩への大船建造の命などが行われた。また、七月一八日に長崎にロシア使節エフィム・プチャーチンが極東艦隊軍艦四隻を率いて来航している。

翌七年一月一六日にペリー艦隊が浦賀に再来航した。当初の編成は、汽走軍艦三隻、帆走軍艦二隻、輸送船二隻の計七隻であったが、のちに帆走軍艦一隻と輸送船一隻が加わり、計九隻の編成となった。二月からは横浜村での交渉が始まり、日米での贈り物の授受が行われた。三月三日に横浜で日米和親条約が調印されると、ペリーは開港が約束された下田、箱館を視察し、五月には下田で和親条約附録に調印した。ペリー艦隊は約半年間の日本滞留を経て六月四日に下田を出港し、六月一七日、那覇で琉球と修好条約を締結し本国への帰途についた。なお、ロシアのプチャーチン艦隊も三月二三日に長崎へ再来航し、閏七月一五日には司令長官ジェームズ・スターリング率いるイギリス東インド艦隊が長崎へ入港し、同年に日英和親条約、日露和親条約も調印されている。

ペリー来航に関する研究はすでに明治期からの蓄積があるが、一九九〇年代末からは、資料集の刊行が相次ぎ、アメリカ議会への報告書である『ペリー艦隊日本遠征記』や浦賀奉行の書簡の翻刻がなされた(1)。二〇〇〇年代には、藩主レベルでの情報のやり取りに関する研究や、江戸近郊村各地に課せられた役を名主日記や御用留の記述から検討する研究がすすみ(2)、ペリー来航の推移を、江戸湾を囲む地域全体を見通しながら検討するための研究成果が蓄積されてきている。江戸市中の動向についても、史料に基づいた、より精緻な分析が求められている。

幕末維新期の研究では、書簡や日記、風説留をはじめ、江戸市中の人々が書き残した記録類はこれまで様々に研究されてきている。その一方で、歴史史料としてまだ十分に活用されていない史料もあり、かわら版もその一つである。二〇〇〇年代に活発となった江戸情報論においては、かわら版を史料として取り上げた研究が目につく(3)。しかし、さまざまな情報内の一形態として言及しただけのものや、何らかの出来事に題材をとったかわら版を紹介するにとどまっているものが多く、かわら版を史料素材として検討する作業が不十分であるとの感は否めない。本稿を、史料としてかわら版を読み解く試みの一つとしたい。

江戸で出版業界が活発となるのは一八世紀後半のことであるが、特に多色刷り浮世絵「錦絵」は江戸土産として人気があり、江戸は、板元・絵師・彫師・刷師・小売店といった供給者側の層が厚い土地であったといえる。錦絵は、絵草紙改掛に下絵の段階で改めを受ける、つまり下絵を届け出て板行の許可を得るという手続きを経て板行されるものであるが、かわら版は、そうした手続きを経ずに無許可で板行された、一枚ないし数枚綴りの木版印刷物である。かわら版の嚆矢は大坂夏の陣の際に板行されたものといわれるが、板行が増加するのは一八世紀後半からである。江戸で多発した火事が、被害状況を伝えるメディアとしてかわら版の需要を促したと見られている。[4] なお、かわら版は、ペリー来航当時は「読売」「一枚刷り」「絵草紙」、あるいはその内容を示す呼称（火災による被害を記した「焼場附」など）で呼ばれていた。近年、研究者の間では「かわら版」にかわり「摺物」の呼称も提唱されているが、すでに研究上の用語として使用されている「俳諧摺物」などとの混同を避けるため、本稿ではかわら版の語を使用する。また、ペリー来航に際して板行されたかわら版を黒船かわら版と総称する。

黒船かわら版の板行は、一回目のペリー来航の最中から確認できる。「藤岡屋日記」の「嘉永六年　海防全書上」の六月一一日条には、「一、同夜、残らず改まりました御固メ絵図と売歩行也。」（以下、引用は鈴木棠三編『近世庶民生活史料：藤岡屋日記』五・六巻（三一書房、一九八九年）による）とある。江戸町年寄喜多村彦右衛門の弟、喜多村信節の随筆「き、のまにまに」の嘉永六年一〇月条には、「大筒之絵其外読売類の版行に甲冑着用の図蒸気船之図、東条が刻して罪を得し伊豆七島の図も翻刻して売れども咎もなし」（三田村鳶魚編『未刊随筆百種』六巻、中央公論社、一九七七年）とあるなど、二回目の来航後、嘉永七年の五月頃まで、継続的に販売されていたことが、当時の日記や現存するかわら版から確認できる。製作販売の様子については、嘉永六年一一月に町奉行所へ出された絵草紙掛名主伺書とそれに対する回答である附札案（『市中取締類集　書物錦絵之部』第二七三件（六二六）「絵草紙掛名主伺書」）によれば、武士が内職で板木彫りにたずさわり、草紙屋による隠売やセリ売りがなされたほか、人通りの多い路上などでも販売され、旅人も買い求めたという。江戸で板行された黒船かわら版が国中へ伝播していった様子がうかがえる。現在、黒船かわら版は個人および諸機関によって所蔵されているが、ペリー一行が訪れた地域の博物館・資料館だけでなく、ほぼ全国的に所蔵が確認できる。

現存する黒船かわら版は、管見で三七〇種一〇〇〇点余りに及ぶ。東京大学史料編纂所画像史料解析センター編纂の『摺物総合編年目録』（二稿、二〇〇〇年）には二七一点が採録されている。同目録には筆者未調査のものもあり、四〇〇種類以上の黒船かわら版が現存していると思われる。仮に一つの版木から二〇〇枚刷ったとして総数約八万枚、現存しない版が存在することを考えると一〇万枚を超える黒船かわら版が出回っていたものと推測される。このように大量の黒船かわら版が板行されたことは、江戸の人々のペリー来航への関心の高さを示すと同時に、その時その時の人々の関心を掻き立てる、かわら版のもつメディアとしての力を示すものといえよう。

かわら版を検討素材とするにあたり、史料の特質として、江戸市中向けの商品であった点を指摘しておきたい。特定の個人のために誂えられたものではなく、無料配布物でもなく、売り物である以上、不特定多数の人が買い求めるような商品価値が必要であった。売り物として利益をあげるためには、製作者は買い手が何を求めているのか、何に興味を示すのかということを無視するわけにはいかず、その内容は買い手である江戸市中の人々に向けて書かれたものであり、彼らの受容しうるもの、彼らの嗜好や興味、関心を反映しているものといえる。現存するかわら版には、ほぼ同内容のものや一部を入れ替えただけのものなど、類版が多く、このことからは、先行して板行されたかわら版から売れている情報を引き出して新しい版を作っていったかわら版製作の様子がうかがえる。また、類版の多い情報こそ買い手の高い関心を集めた情報だったといえるだろう。

黒船かわら版の内容は、三つに大別できる。一つは、ペリー一行に関するアメリカ側の情報であり、蒸気船図やペリーの肖像、アメリカ人兵士の持ち物や言葉、ペリー一行からの贈答品の紹介などである。もう一つは、ペリー来航に対応する幕府、武士に関する日本側の情報であり、諸藩による江戸湾海岸警固や御台場築造の様子、町触れ、ペリー一行への贈答品の紹介などである。さらに一つは、それらの情報や異国船来航に慌てる武士や江戸市中の人々自身をネタにした狂歌や見立て絵など、遊びの要素が強くみられるものである。

本稿では贈答のかわら版について検討する。贈答についてのかわら版は、ペリー一行について伝えるかわら版群のなかにも幕府側の対応を伝えるかわら版群のなかにも、それぞれにみられるが、両者にはその伝え方に大きな違いがみられる。実際の贈り物の授受の様子とかわら版になった贈答の内容について検討していくこととする。

二　日米間での贈り物の授受

ペリー来航では、日米で贈り物のやり取りや饗応が行われた。ペリー側・日本側の記録から、経緯を確認しておこう。

公式な贈答が行われるのは二回目の来航時であるが、最初の贈答はすでに一回目の来航時にみられる。嘉永六年六月九日（一八五三年七月一四日）に久里浜で大統領親書の手交がなされた翌日、交渉にあたっていた浦賀奉行与力香山栄左衛門と通訳が贈り物を持ってサスケハナ号を訪れたことから、互いに贈り贈られる、贈り物のキャッチボールとも呼べる状況が展開された（『ペリー艦隊日本遠征記』二六八〜二六九頁。以下『遠征記』と記し、引用は栄光教育文化研究所版（注1参照）による）。この日はペリーが江戸湾探査のため艦に不在だったため、アメリカ側は贈り物を受け取らず、翌日に再び贈り物を持参した香山に対し、返礼品を香山が受け取るという条件で贈り物が受け取られた。香山が持参した品は、「絹布、扇、漆塗りの茶碗、煙管」であり、「日本の製品の見本として興味深く、さほど高価なものではないが、日本人の技術のたくみさをみごとに証明するものであった」と評されている。返礼品として、「日本人が持参してきたものより価値のある品物がいくつか甲板に持ち出され」、香山は三本の剣以外のすべてを受け取って陸へ戻り、同日午後、柳細工の籠に入れた鶏と数箱の卵を贈り物として再度来艦してきたため、「日本人に少しの負い目も負ってはならないと決意していた」ペリーは、「日本役人の細君たち」に贈り物を送った。香山への返礼品には、「アメリカ産のさまざまな種子を入れた大きな箱」と「若干のブドウ酒のケース」が含まれており、ブドウ酒は、交渉のため来艦した香山を饗応した際にブドウ酒を好んで飲んでいたためであるという。ペリーは状況や相手を見ながら贈り物を選んでおり、「贈り物のやりとりについては、古来の東洋の習慣に厳格に従うことに気を配り、贈り物の価値を計って、日本側が優位に立つようにはさせ」ず、それは「これまで中国や日本の政策は、贈り物はすべて優位にある国への貢ぎ物と考え、そのようなものとして受け取ってきた」と考えたためであり、「贈り物を等価で交換することを重視」していた（『同』二七二〜二七三頁）。

この最初の贈り物の授受に関して、日本側では次の記録が確認できる。嘉永六年六月一〇日に香山から浦賀奉行へ宛てた御用状（「相浪手簡」『通航一覧続輯』巻之一二七、北亜墨利加部二四）は、香山と通詞が応接のため訪艦したところペリー不在のため戻ったとの報告であるが、『遠征記』に記された贈り物持参の件については触れられていない。このことから、最初の贈り物は浦賀奉行や幕閣からの指示ではなく香山個人の判断で持参されたものと推測される。また、「六月十一日金澤港応接」（『続通信全覧』類輯之部修好門一九、米使ペルリ初テ渡来浦賀栗浜ニ於テ国書進呈一件）では、香山が「応接之者毎々饗応ニ預り候間、右為謝儀被差贈候」として「錦・吸物椀・団扇・きせる」を贈り、返謝物として「唐茶・合衆国并亜米利加図・シヤンパン酒・ベスコイト・綾木綿・亜米利加酒」が贈られ、再び香山が「鶏・鶏卵」を贈ると「粕テイラ・リキュール・首将ペルリ画像・草木種類・ベスコイト并牛肉」が贈られたとしている。一方、香山が受け取った贈り物については、「浦賀見聞注進手控」（『浦賀奉行所関係史料』四集）に「十一日、今日異船より進物品を与力香山栄左衛門へ贈候様子風評有之候由」との記録がみられる。「浦賀聞書」（『通航一覧続輯』巻之一二七、北亜墨利加部二四）には「アメリカより与力等江送り物」が記されており「草木種四五十品　名酒拾二瓶」のほか、「合同（衆ヵ）国総記」や「エレキテル」の書物、「蒸気船銅版画」など一四品目を贈られたが、それらは「不残焼捨ニ成」という。「藤岡屋日記」にも「アメリカ国王より之音物ハ、於浦賀焼捨ニ相成申候」（「嘉永六年　海防全書　上」六月一四日、松平下総守家来より同藩江手紙之写）との記載が見られる。これらの記載から、一回目の来航時の贈答は、浦賀奉行与力の香山が交渉時のペリー側の饗応への返礼として贈り物を送り、ペリー側はそれに等価のものを見繕って送ったものであり、事前に準備していた「アメリカ国王より之音物」ではなく、予定外の贈答だったことが推測される。

ペリーは贈り物のやり取りを交渉の一要素として重視しており、「日本政府側の友好的譲歩や行為に対し、しかるべき礼儀をもって応える」ため、「贈り物は大統領の書簡に対する好意ある回答を受け取る際に絶対用意しておく必要があった」と認識していた(『遠征記』二七〇頁)。しかし、ペリーが重要視していた肝心の贈り物は、一回目の来航時にはペリーの手元にまだ届いておらず、それらが日本側に贈られるのは二回目の来航時のこととなった。

嘉永七年二月一〇日(一八五四年三月八日)に行われた横浜応接所での日米初会見後の二月一六日、アメリカからの贈答品が陸揚げされた。横浜には応接所に隣接して、贈り物の引渡しおよび展示のための小屋も建てられた。贈答品は次の通りである。

「皇帝へ」武器一箱、書物一箱、化粧箱一箱、香水一箱、ウイスキー一樽、ワイン一樽、チェリー・リキュール若干、シャンパン数籠、望遠鏡一台、茶数箱、

「委員らへ」シャンペン数籠、中国製陶器一箱、マラスキーノ酒若干、茶一箱

「分配用」ワイン一箱、ピストル一一挺、香水一箱、チェリー・リキュール若干、

そのほか、電信機二台、フランシス救命艇三艘、機関車・炭水車・客者・レール等一式、オーデュボン著『アメリカ禽鳥誌』四巻、同著『アメリカ四足動物誌』三巻、柱時計数台、船舶用水樽一〇個、ジャガイモ八籠、ストーブ三基、合衆国標準天秤数箱、合衆国標準ブッシェル枡数箱、合衆国標準ガロ枡数箱、合衆国標準ヤード尺数箱、沿岸海図一箱、電線四束、グッタ・ベルカ絶縁電線一箱、電池四箱、印刷用紙一箱、亜鉛板一箱、絶縁用硝子一箱、接触装置一箱、規格分銅一箱、希硫酸一箱、種子一箱、農具多数、等々(『同』三五六~三五七頁)

アメリカ側からは、機械技術・農業に関わるさまざまものが贈られている。ペリーが特に重視していたのはエンボッシング・モールス電信機と蒸気機関車で、それは欧米の当時最先端の技術を示すものとして期待していたものだった。一回目の来航時、香山とフランクリン・ブキャナン中佐（サスケハナ号艦長）、ジョン・コンティ大尉とで交わされた以下のような会話が記録されている。

ブキャナン艦長―今回、ペリー提督は日本の皇帝に差し上げる贈り物を持ってこなかったが、次に来る時は持参してまいります。贈り物の中には鉄道用の蒸気機関、すなわち機関車も含まれています。

コンティ大尉―そのほかにも、浦賀から江戸まで通じる電信機も入っています。これを使えば、たった一秒である場所から別の場所へ話をすることができます。（『同』二六三〜二六四頁）

電信のための柱と小屋が建てられると、「毎日毎日、役人や大勢の人々が集まってきて、技手に電信機を動かしてくれるよう熱心に頼み、電信の発信と受信を飽くことなく注視し」、機関車の円周軌道が敷設されると、こちらも「興味をそそる点ではひけをとら」ず、「日本人は、なんとしても乗ってみなければ気がすまず、客車の容量まで身を縮めるのは無理なので、屋根の上にまたがった」という。（『同』三五七〜三五八頁）

電信機は、日本でも数年前から西洋科学に関心を持つ人々の注目を集めており、弘化三年（一八四六）〜嘉永四年（一八五一）の間に佐久間象山が電信機を作って実験を行い、嘉永七年一月にはロシア使節プチャーチン応接のため長崎へ出張中の箕作阮甫が長崎の和蘭商館で電信機を目にしている。(5) 嘉永七年閏七月に長崎へ来航した蘭船スンビン号は「ヱレキトロ＝マグネテイーセ＝テレガラフ」を船載し、幕府に献上している。なお、アメリカから贈られたモールス式電信機は、郵政博物館に現存している。

ペリーが到着を待ち望んでいた汽車模型は、一八五三年にパリのノブリス社が製作した当時最新鋭のものであった。海軍所に収められ後に焼失してしまったが、大槻盤渓筆「金海奇観」（早稲田大学図書館所蔵）や「幕末風俗図巻」

（神戸市立博物館所蔵）など多くの絵図が残されており、参考にすることができる。なお、ペリーからの贈答の前年、嘉永六年八月二四日に長崎入港中のプチャーチンがパルラーダー号の士官室で蒸気機関車の模型を佐賀藩の本島藤太夫・中村奇輔の前で運転してみせており、これが蒸気機関車の日本での初運転とされている。[6] 佐賀藩ではこの後中村が蒸気車・蒸気船の模型を製作し、薩摩藩では島津斉彬が本物の蒸気機関を装備した「運行丸」を造らせている。ペリー来航以前より電信や蒸気機関に対する関心が高まりを見せており、ペリーがもたらした電信機と蒸気車模型とは、その機運を一気に拡大させることとなった。嘉永七年冬には川本幸民の『遠西奇器術』が刊行されている。[7] 現在国内では、幕末から明治初期にかけて製作あるいは輸入された蒸気車の模型が四台残っており、そのうちの萩市郷土博物館蔵「蒸気車　興丸」は一八五〇年代のものである。[8]

日本側からの返礼の品は、汽車模型等陸揚げから一〇日後の二月二六日（三月二四日）に、目録と品物の一部が艦へ届けられた。

「大統領江」硯匣・紙匣・書棚・書案・銀花銅牛香炉卓付・合子筐・挿花筒卓付各一、煖炉二箇、紅光絹・素光絹各十疋、花縮紗・紅縐縮紗各五疋
「使節江」硯匣・紙匣各一副、紅光絹三疋、素光絹二疋、花縮紗二疋、紅縐縮紗三疋
「アータムス江」紅素光絹三疋、紅縐縮紗二疋、髹椀二〇副
「ポットメン江」紅素光絹二疋、紅縐縮紗二疋、髹椀二〇副
「ウリュムス江」同三種
「子ペルリ江」同三種
「蒸気車テレガラフ其外諸工匠五人江」紅縐縮紗一疋ヅツ、髹椀十副ヅツ
「乗組惣人数江」米二百苞、鶏鶩三百隻　（以下略）（「貢献贈答始末記」『通航一覧続輯』巻之一三六、北亜墨利加

部三三）

海岸で米俵二〇〇俵を運搬したのは日本人の力士たちであり、一人で二俵を担いだりトンボ返りを打つなどのパフォーマンスを交えて運ばれ、その後相撲の取組みが行われた。日本側の記録では「今日被下物之内米二百俵御座候を相撲取七拾五人程参り一人ニて弐俵ツ、かつき一町計之処相運ひ其外色々俵ニて曲持致し見せ候処、ヘルリ、アータムス始異人皆々感心致し候、其後稽古相撲も為見申候、異人共も大勢ニて種々之調練致し夕刻皆々退散仕候」（『某漫録』『通航一覧続輯』巻之一三六、北亜墨利加部三三）と記されているが、ペリーの方は力士の筋肉の発達と力技に驚いてはいるものの、相撲の取り組みについては「胸のむかつく見世物」「残忍な演技」との感想を残している（『遠征記』三六九〜三七一頁）。

三　贈答のかわら版の内容

前節では『遠征記』や武家方の情報から、日米での贈り物の授受の様子を確認した。それでは、江戸市中の人々が手にしたかわら版では、これら贈答の様子はどのように伝えられているのだろうか。

管見の黒船かわら版のうち、贈答を主題としたかわら版は三七点にのぼる（表1）。構図・画像・記述内容が似通った版が多く、主題にもとづきAからEの五つに分類した。A〜Cはアメリカからの贈答、D・Eは日本からの贈答を主題とするものである。以下、表1にあげたかわら版1〜37について、贈答部分の記載内容を確認していこう。

A・Bは、アメリカから日本へ贈られた品を図示しているもので、贈り物に「蒸気車」（蒸気機関車）を含まない

備　考	縦×横	所　蔵
アメリカ蒸気船一艘が献上して帰帆との記載	348 × 477	神戸市立博物館、京都府立総合資料館
アメリカ蒸気船一艘が献上して帰帆との記載	160 × 215	個人蔵
	175 × 235	黒船館
	190 × 250	黒船館
	229 × 300	横浜開港資料館、印刷博物館、個人蔵
嘉永７年２月贈答の記載、献上リストに蒸気車あり	235 × 320	黒船館、横浜開港資料館
献上リストに蒸気車あり	235 × 280	下田了仙寺、黒船館、三木文庫、横浜開港資料館
8 と枠線が異なる、献上リストに蒸気車あり	230 × 295	黒船館、神戸市立博物館、品川歴史館、印刷博物館、下田開国博物館、横浜開港資料館
色刷	473 × 353	神戸市立博物館、横浜開港資料館
10 の墨刷り	490 × 364	横浜開港資料館
色刷	230 × 333	黒船館
12 の墨刷り	240 × 360	黒船館、東京大学史料編纂所、刈谷市立図書館、横浜開港資料館
	215 × 300	下田了仙寺、黒船館、横浜開港資料館、個人蔵
14 と下枠線の位置が異なる	233 × 314	品川歴史館
	235 × 320	黒船館、下田開国博物館、印刷博物館、横浜開港資料館
	210 × 290	横浜開港資料館、下田了仙寺、個人蔵

表1

番号	グループ	表題	時期	授受	内　容
1	A	泰平献上鏡	嘉永6年ヵ	米→日	五色毛氈・虎皮・懐中傘・水晶花器・箱入蚊帳・灯台・コツプウ・置時計・玉虫之錦・水晶衝立・三人持大蝋燭図解
2	A	泰平献上鏡	嘉永6年ヵ	米→日	五色毛氈・虎皮・懐中傘・水晶花器・箱入蚊帳・灯台・コツプ・置時計・玉虫之錦・水晶衝立・三人持大蝋燭図解
3	A	泰平献上鏡	嘉永6年ヵ	米→日	五色毛氈・虎皮・懐中傘・水晶花生・箱入蚊帳・灯台・水晶コツプ・置時計・玉虫之錦・衝立・三人持大蝋燭図解
4	A	泰平献上鏡	嘉永6年ヵ	米→日	五色毛氈・虎皮・傘・水晶花生・箱入蚊帳・水晶コツプ・置時計・水晶衝立・錦・大蝋燭・（灯台）図解
5	A	亜墨利加献上物	嘉永6年ヵ	米→日	国書・器物・かりやらんど（盃盤）・せゑな（食物）・しありと（金銀銭）・やとむうしや（香炉）・べるまん（地球儀）図解
6	B	アメリカより大日本へ献上貢物品々	嘉永7年2月	米→日	アメリカの鳥・キリンヒ・香水・書物の箱・姿見・食物・剣付鉄砲・絵図面・花柄織物・火鉢・台付き遠眼鏡・銘酒・端船マ〔バ〕ツテイラ図解、献上貢物リスト（米→日）
7	B	アメリカより大日本へ献上貢物品々	嘉永7年	米→日	理囿古突悉吉不（飛行船）・(書物の箱)・(姿見)・食物・剣付鉄砲・(絵図面)・太刀・織物・(火鉢)・紅鳥・(台付き遠眼鏡)・名酒・端船・(香水）図解、献上貢物リスト（米→日）
8	B	アメリカより大日本へ献上貢物品々	嘉永7年	米→日	理囿古突悉吉不（飛行船）・(書物の箱)・(姿見)・食物・剣付鉄砲・(絵図面)・太刀・織物・(火鉢)・紅鳥・(台付き遠眼鏡)・名酒・端船・(香水）図解、献上貢物リスト（米→日）
9	上C／下E	亜墨利加蒸気車・力士力競	嘉永7年	米⇔日	(上）蒸気車図解、献上貢物リスト（米→日）(下）力士米運び図、品々リスト（日→米）
10	上C／下E	亜墨利加蒸気車・力士力競	嘉永7年	米⇔日	(上）蒸気車図解、献上貢物リスト（米→日）(下）力士米運び図、品々リスト（日→米）
11	C	亜墨利加蒸気車	嘉永7年	米→日	蒸気車図解、献上貢物リスト（米→日）
12	C	亜墨利加蒸気車	嘉永7年	米→日	蒸気車図解、献上貢物リスト（米→日）
13	C	北亜墨利加合衆国帝王ヨリ献上貢物品々	嘉永7年	米→日	蒸気車図解
14	C	北亜墨利加合衆国帝王ヨリ献上貢物品々	嘉永7年	米→日	蒸気車図解
15	C	北亜墨利加合衆国帝王ヨリ献上貢物品々	嘉永7年	米→日	蒸気車図解
16	C	彼理璽天徳　蒸気車	嘉永7年	米→日	蒸気車図解

備　考	縦×横	所　蔵
2枚続き、右側は17の類版	250 × 710	黒船館、早稲田大学図書館
2枚続きの一部か	235 × 318	横浜開港資料館、下田了仙寺
	350 × 425	横浜開港資料館、黒船館、三木文庫
19が元絵か	174 × 233	京都府立総合資料館
日本からの贈答は亜墨利加国王より蒸気船一艘献上とあり	220 × 315	黒船館、横浜開港資料館
嘉永7年3月4日出帆の記載	175 × 235	黒船館
嘉永7年3月贈答の記載	200 × 275	黒船館、印刷博物館、大阪城天守閣、横浜開港資料館、個人蔵
枠外に書き込み「嘉永七寅二月」とあり	345 × 494	京都府立総合資料館
	160 × 215	個人蔵
嘉永7年3月4日出帆の記載	210 × 320	黒船館、東京大学史料編纂所、下田了仙寺、個人蔵
嘉永7年3月4日出帆の記載	×	三木文庫
	178 × 230	横浜開港資料館
色刷、10の下半分	230 × 350	黒船館、横浜開港資料館
力士名あり	355 × 460	黒船館、個人蔵
23と同様之構図	316 × 406	神戸市立博物館、三木文庫
嘉永7年3月贈答の記載	×	『日本相撲史』所収
嘉永7年2月贈答の記載	233 × 325	黒船館
26の類版	233 × 315	印刷博物館、黒船館、大阪城天守閣、横浜開港資料館、個人蔵
26の類版	×	黒船館
色刷、嘉永7年2月相撲取組の記載	345 × 247	京都府立総合資料館
嘉永7年2月相撲取組の記載	179 × 464	神戸市立博物館

番号	グループ	表題	時期	授受	内　容
17	C	亜墨利加船持渡之品	嘉永７年	米→日	蒸気車・象・姿見・ギヤマン徳利・珊瑚枝・キリンヒ・鉄砲図解（米→日）
18	C	〔米国贈物目録並に図〕	嘉永７年ヵ	米→日	姿見・唐犬・枝珊瑚・ギヤマン・キリンヒ・剣付鉄砲図解
19	C	蒸気船雛形蒸気車之図	嘉永７年	米→日	異国船渡来の歴史解説、蒸気車図解、ペリー肖像
20	C	蒸気車之図	嘉永７年	米→日	蒸気車図解
21	D	〔献上品〕	嘉永７年ヵ	日⇔米	品々リスト（日⇔米）
22	D	異国船一条	嘉永７年３月	日→米	ペリー来航の解説、被下物リスト
23	D	〔亜墨利加国王へ被下物目録〕	嘉永７年３月	日→米	品々リスト（日→米）
24	D	神国泰平安民礎並応接館図	嘉永７年ヵ	日→米魯	米露の来航の説明、品々リスト（日→米露）、応接の図
25	D	神国泰平安民礎並応接館図	嘉永７年ヵ	日→米露	米露の来航の説明、品々リスト（日→米露）
26	D	〔彼利等平伏之図〕	嘉永７年３月	日→米	ペリー来航の説明、品々リスト（日→米）、応接の図
27	D	〔嘉永七年米艦浦賀再来数々の献上物をす〕	嘉永７年３月	日→米	ペリー来航の説明、品々リスト（日→米）、応接の図
28	E	相州浦賀浜辺ニテ異国人へ送リ物之図	嘉永７年２月	日→米	力士米運び図
29	E	力士力競	嘉永７年２月	日→米	力士米運び図、品々リスト（日→米）
30	E	神国泰平施品鏡	嘉永７年２月	日→米	力士米運び図、蒸気船図、品々リスト（日→米）
31	E	〔力士米俵を持ち運ぶ図〕	嘉永７年２月	日→米	力士米運び図、蒸気船図、品々リスト（日→米）
32	DE	〔力士、ペルリ一行に怪力をみせる図〕	嘉永７年３月	日→米	ペリー来航の説明、力士米運び図、蒸気船図、応接の図
33	DE	〔力士米俵を運ぶ図〕	嘉永７年２月	日→米	ペリー来航の説明、力士米運び図、応接の図、品々リスト（日→米）
34	DE	〔力士米俵を運ぶ図〕	嘉永７年２月	日→米	日本力士名前、力士米運び図、応接の図
35	E	〔力士米俵を運ぶ図〕	嘉永７年２月	日→米	日本力士名前、力士米運び図
36	E	亜墨利加人一覧相撲之図	嘉永７年２月	日→米	相撲取組の図、相撲勝負付
37	E	嘉永七年寅ノ二月廿六日横浜ニおゐて異国人一覧相撲勝負附	嘉永７年２月	日→米	相撲勝負付

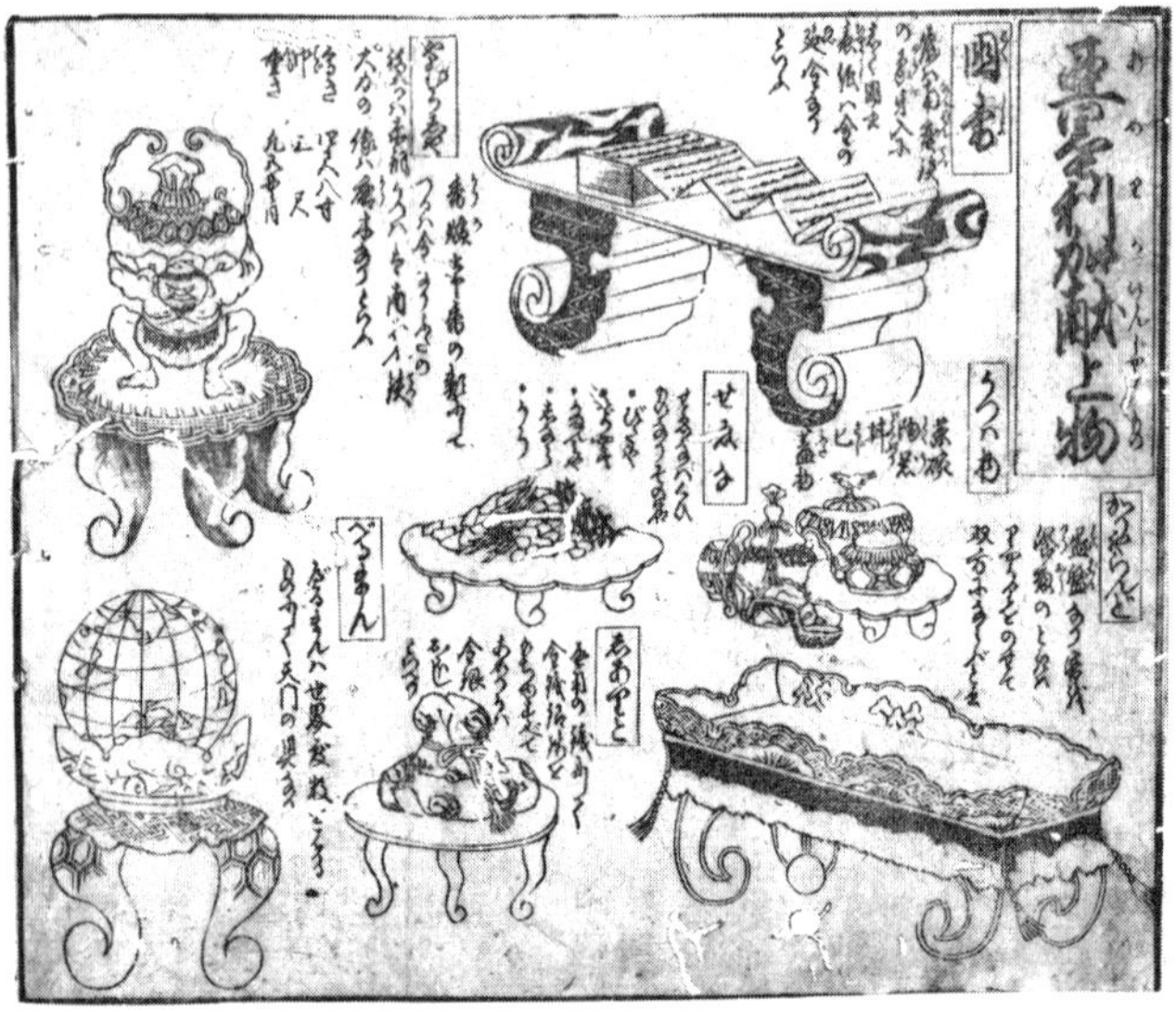

図１　亜墨利加献上物（個人蔵）

ものをA、含まないものをBとした。Aは、「泰平献上鏡」と題した類版四点と「亜墨利加献上物」と題した一点からなる。１・２は同じ版の彫り直し、３・４は図の配置や文章に違いがあるものの、同様の版の彫り直しと見られる。「泰平献上鏡」には、五色毛氈・虎之皮・懐中傘・水晶花器・箱入蚊帳・灯台・コップ・置時計・玉虫之錦・水晶衝立・三人持大蝋燭が図解され、１・２は「今般アメリカ神国の徳におそれあおきて蒸気船一艘右の品々日本へ献上致しかへるハ誠ニ泰平の印ゆへ図ニうつすのミ」と結ばれている。品目に蒸気車が含まれていないことや、蒸気船が帰ったとの記述から、一回目の来航後に板行された可能性が高い。１・２は贈答の品々の解説が詳しく、優れている・珍しい・稀であるといった点が強調されている。５の「亜墨利加献上物」（図１）には、国書・器物・かりやらんど（盃盤）・せゐな（食物）・しありと（金銀銭）・やとむうしや（香炉）・べるまん（地球儀）が図解されており、どの品も猫足膳に載せて描かれている。品名は日本語でも英語でもオランダ語でもなく、製作者の造語かとも考えられる。「国書」を献上物として扱っているのはこの版だけであり、折本に縦書きの文章が記された状態で描かれており、「台ハ南蛮鉄の象牙入にして国書表紙ハ金の延金なりといふ」との解説が添えられている。国書の内容については言及していない。

Bは、「アメリカより大日本へ献上貢物品々」と題された類版三点である。上段に贈り物の一覧が記され、「じゃうきしゃ　一とそろひ」から始まり計二六の品目を記した後、「右の品々あめりかつめのま、さしいだし候也」と結ぶ。6には「嘉永七寅二月」との年次も記されている。下段に図解された品は、6と7・8とで配置や内容が異なっており、6には、アメリカの鳥・キリンヒ（敷物）・香水・書物の箱・姿見・食物・剣付鉄砲・絵図面・花柄織物・火鉢・台付き遠眼鏡・銘酒・端船マ〔バ〕ツテイラが図解され、7・8には、キリンヒの代りに「理囿古突悉吉不之図」が描かれている。理囿古突悉吉不はリュクトシキップluchtschip、すなわり飛行船のことである。飛行船の記載は7・8紙面上段の献上品目の中には見当たらず、他のかわら版にも見られないモチーフであり、森島中良編『紅毛雑話』巻之二の挿絵「リユクトスロープ之図」とほぼ同様の画像となっている。『紅毛雑話』は、天明七年（一七八七）に須原屋市兵衛を板元として刊行後、同一版で江戸・京都・名古屋・大坂の三都一二書肆共同の板行も行われ、刷を重ね、また諸書に引用された書物である。飛行船の画像は、オランダ商館長ファン・レーデ（在任一七八五―八六、八七―八八、八九）が福地山藩主朽木昌綱に贈ったM・モンゴルフィエの気球図をもとにしており、当時のオランダ趣味の流行とともに流布していったと思われる。

Cは、蒸気車の図解を主題とした版であり、同版の9（上）・10（上）・11・12にアメリカからの「献上」の品物が記載されているほかは、ほぼ一紙を蒸気車の図解に用いている。どの図も、異国人が乗り込んでおり、贈られた模型（実物の四分の一寸法）を描写するのではなく、蒸気機関車そのものを描いた図となっている。機関車・炭水車・客車の形は版によって違いが大きく、9～12は客車に「遊山屋形船」と記されている。13～15は円筒型の機関車・箱型の炭水車・幟を立てた屋形のような客車をもち、16・17は箱型の機関車・トロッコ型の炭水車・幟を立てた客車となっている。客車は遊山屋形船や座敷のようであり、食卓を囲む集団や拳遊びをする人物を描いた版も見られる。どの版にもレールは描かれていない。石炭を焚くような作業をしている人物と煙突から黒い煙が上っている様子が描かれ、蒸気車の形だけではなく、走るものであることを伝える画像となっている。蒸気車の図の周囲や上段には、蒸気車の寸法や素材などについての解説が記され、石炭を焚くこと、煙を出すこと、走るときは「飛龍／帆かけ船／矢」の如く速く走ることが記されている。また、「銅こなか下へ石たんをたき候と上なる水わくにしたがい惣車まハりはしるなり」など、石炭を焚くことで走る車であることが説明されている。なお、17は二枚続きの版であり、一枚目（右）に蒸気車図、二枚目（左）に象・姿見・ギヤマン徳利・珊瑚枝・キリンヒ・鉄砲の図解を載せている。Bと共通するモチーフが多く、CとBの合体版とみることができる。18も二枚続きの版の一部と推定されるが一枚を欠いている。姿見・唐犬・枝珊瑚・ギヤマン・キリンヒ・剣付鉄砲の図解であり、17と共通する画像が多いことから、これも本来はCとBの合体版であったと推定される。19・20は他の蒸気車図と異なり、横に長い箱状の台車のうえに円筒を横倒しにしたような蒸気機関が乗っており、機関車というよりも、台の上に大砲を乗せたようである。台車の上に載った異国人たちが白い棒状の燃料を窯で焚いている様子が描かれているが、その燃料は、塊状の石炭というよりも薪のようであり、絵師は石炭を焚く様子がわからずに描写していたと推測される。

以上に見てきた、アメリカからの贈答を記したABCのかわら版二〇点から、いくつかの傾向が指摘できる。一つ目は、蒸気機関車への高い関心である。欧米の当時最先端の技術を示すものとしてペリーが重視していた贈答品のうち、蒸気機関車のみが注目を浴びており、電信機についての記載は見られない。蒸気機関車については、多数の贈り物の一つとしてかわら版に記載されるだけではなく、蒸気機関車を主題として取り上げた版になっているものが多く作られた。模型として描くのではなく、実際の蒸気機関車とはどういうものなのかを伝えようとしており、ペリー艦隊の蒸気船が多数のかわら版で紹介されたのと同様に、その形状や機能への関心、特に速さへの関心が高かったことが確認できる。客車部分に「遊山屋形船」と記して遊ぶ人物を描く版も作られるなど、蒸気機関車を日本にない乗り物として認識する一方で、その使用の様子については日本人の遊山のイメージを重ねていたことがうかがえる。二つ目は、異国趣味である。ABCのグループには蒸気車以外にも多くの品目が挙がっているが、実際の贈答品と比較すると、Aでは国書以外は実際の贈答品に該当せず、BCでも実際には贈られていないアメリカの鳥・象・唐犬・飛行船・珊瑚・ギヤマン徳利が描かれている。これらの、実際には贈られていない品目には、ペリー来航以前から「異国」を象徴するものとして知られていたという共通点が見出せる。唐物屋の店先に並びそうな品、異国性の強調あるいは和蘭陀趣味ともいえる品が多数描かれている。三つ目は、アメリカからの贈答品が日本への「献上」「貢物」として記されていることである。前節でみたように、ペリーは、日本において贈り物は上位にある国への貢ぎ物と考えられていると認識しており、実際に当時の幕府側記録では日本側からの贈答品は「被下物」、アメリカ側からの贈答品は「献上品」として記載されていることが多い。この日本上位の感覚は、幕府・武士だけのものではなく、江戸市中の人々が手にしたかわら版でも同様に読み取ることができる。

次に、日本からの贈答に関わるD・Eについてみていこう。

Dは、日本からの贈答品と応接光景を主題とするグループである。21は、上段から下段にかけて日本側の贈答品一覧、続けてアメリカ側の贈答品一覧を記しているが、「亜墨利加国王より献上」の品に「蒸気船一艘」や「雷の三日前ニ知す品　右ハへ〔え〕れきてる」とあるのが珍しい。22は「異国人へ被下物之品々」、23は「亜墨利加国王江被下物」を記す。24・25は、アメリカだけではなくロシア使節への贈答を記したもので、記述内容は同様だが、24には高台に建てられた応接館の前庭にひれ伏す二人の人物が描かれ、それぞれペリーとプチャーチンに当たると思われる。後景の海には帆をあげた和船が行き交っており、異国船の姿はない。日常の海上光景であり、それが示すものは「泰平の世」の光景といえよう。26（図2）・27は日本の武士とペリー一行との応接場面を主題とした

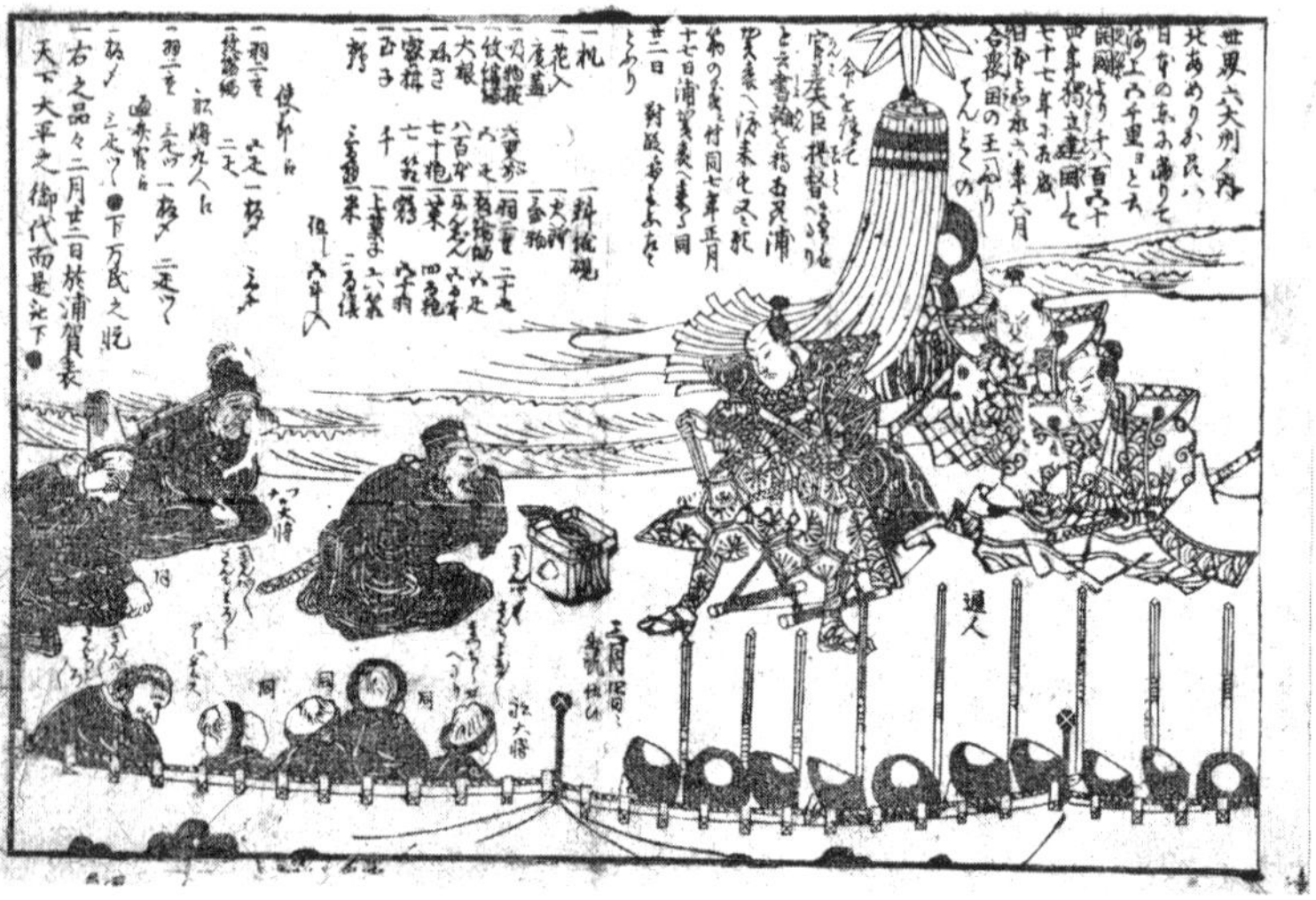

図２〔彼利等平伏之図〕（個人蔵）

ものである。上部にペリー来航の経緯や日本からの贈答品が記され「右之品々二月廿二日於浦賀表天下大平之御代而是被下、下万民之悦」と結ばれている。記述の下は、波打ち際での応接場面であり、紙面右半分には日本人が描かれている。手前には槍を持ち笠をかぶって武装した武士たちが陣幕に沿って一列に並び、中央には床几に腰掛け扇を手にした武士が一人、背後に控える武士が二人、馬標を持つ武士が一人描かれている。中央の武士の顔面は役者絵の若武者のように凛々しく描かれ、髷はやや古風であり、きらびやかに肩の張った陣羽織を着した姿である。一方、紙面左側にはアメリカ人が描かれている。手前には「船大将」たちが並ぶが、武士側の整然とした並び方と比べるとその並び方は乱れている。ペリー一行の上陸光景を描いたハイネの絵では、このかわら版とは逆に、整然と並ぶアメリカ兵と雑然と散らばる警護の日本人武士たちが対照的に描かれている。日米双方の絵師が自国の兵士達の規律正しい姿を見せようと意図し、同じ手法をとったようである。中央では三宝を前にしてペリーが跪き、両袖を顔面の前で合わせている。唐風の携手、目上に対する礼の形、恭順の意を形にしたものと読める。その背後には二人の船大将が泣きながら控えており、シワが寄った泣き顔は、武士像とは対照的である。ペリーの衣服のたっぷりとした袖口や、左端の船大将の襞襟には唐人風であり、手前に並ぶ船大将の帽子は韃靼人風の飾りが見られる。ペリーや船大将たちは、「きんばきんば、さんちょろさんちょろ」と口にしており、これは当時出回っていたアメリカ言葉集のかわら版によると、「めでたい、うれしい」という意味にあたる。ペリー達が日本からの贈り物に感謝し感涙にむせんでいる場面となっている。

Eは、贈答に力士が関わる版である。その多くは、力士が贈り物の米俵を運ぶ様子を描いたものであり、米を贈った際に披露された相撲の取り組みに関する版（36・37）もある。28では、陣幕の張りめぐらされた海岸で三名の力士が米俵を一人で三、四俵軽々と操る様子を描き、海には蒸気船一艘も描かれている。上部に「諸力士をはじめ大力すぐれたる銘々をえり出すニ、五斗俵をただ小てまりをつかふがごとくニなげこミ打つける、異国人此ごう力ニおそれあきれて帰帆せりといふ」と記されている。米を贈ったことよりも、力士の大力によってアメリカ船が帰帆したことが主な内容となっている。武芸に秀でた日本人を紹介するかわら版「当時強勇高名伝」（黒船館、京都府立総合史料館ほか蔵）には28同様の図が組み合わされており、大力がより強調されている。9（下）・10（下）・29は同版であり、三色の簡易な色刷りとなっている。力士六名とアメリカ兵とが海岸で船まで米俵を運ぶ様子を描き、上部余白に贈答品が記されている。「力士力競」という題が示すように、力士の力を誇示した画像となっており、五斗入り（約七〇キロ）の米俵を一人で三俵運ぶ力士や、肩に担いだ米俵の上にアメリカ兵を座らせて運んでいる力士もいる。少し距離をとっている二人の力士は米俵を空中に放って受け渡しをしており、曲芸を見せているかの光景である。一方アメリカ兵の姿は、力士よりも二まわりほど小柄であり、担がれた米俵の上で膝を抱えた兵士や、一俵を四人がかりで運ぶ様子など、力自慢の力士と非力なアメリカ人を対比させた図となっている。30〜32もやはり曲芸のごとく米俵を運ぶ力士とボート内で米俵を受け取るアメリカ兵が対照的に描かれるほか、沖合いには蒸気船が描かれ、32の後景ではD26のようにひざまづいたペリーと日本人武士との応接場面も描かれている。30の力士には名前が付され、大関小柳をはじめ、幕下でも上位の力士、人気のあった力士が描かれている。[9] 小柳の投げ上げた米俵を荒馬が受けとめる様に描かれているが、小柳と荒馬は当時ライバル力士であり、この二人の取組みは人気が高かった。かわら版の作り手もそのことを意識して描いたものと推測される。33は、海岸に張られた陣幕の前で力士（小柳・長谷川・荒馬・雲竜・鬼熊）が米俵を曲持ちしながらボートに運び込んでおり、嘉永七年二月場所の番付と見比べると、長谷川（幕下二段目）、鬼熊（不明）という幕入りしていない力士名も見える。後景では、建物の前で日本人武士とペリーとが応接している場面が描かれている。陣幕や馬標には、源氏を示す笹竜胆の紋が確認できる。紙面上部には、アメリカ側への贈答品が記されている。34は、33と似た画像であるが、比較すると、前方の陣幕・後景の幟と幕から紋が削られ、上部の記述は贈答品から日本力士名前に変り、「右之外、横浜米渡之節相撲被仰付取組、土俵入致シ、異国人ニ相見セシム」と結ばれている。35ではさらに後景の応接場面が削られ、力士が米を運び込むだけの図となり、上部は日本力士名前となっている。33から35を見比べると、削られずに残ったものは、米を運ぶ力士と米俵、ボートの異国人の姿である。かわら版の読み手は、強調された力士の大力ぶりや米俵の曲芸もどきを面白がって眺めたのではないだろうか。相撲好きで贔屓の力士がいる人なら、力士像に名前を付されたかわら版により高い関心を引き出されることが想定され、33から35へ画像の多くが削られていくにもかかわらず力士名が残されたのは、かわら版の作り手の思惑がうかがえる。36・37は相撲の取組みを記したもので、36ではアメリカ兵が笑い声援を送りながら取組みを見ている。米運びのかわら版に描かれたアメリカ人が力士の力に萎縮しているのとは対照的な図といえる。米運びの図は、力士の大力によってアメリカ人を圧倒するものであったが、相撲は、アメリカ人を喜ばせている様子を伝えており、一見正反対のようだが、日米間での戦いを感じさせないという点においてはブレがない。

以上の、日本からの贈答を記したDEのかわら版一九点からは、次のような傾向を指摘できる。一つ目は、米運びを行った力士のパフォーマンスへの関心の高さである。Eの版は、点数が多く類似のものが多い。これはかわら版の制作者が、力士のかわら版は売れる内容だと判断し、既存のかわら版を利用して新しいかわら版を続けて板行したことを示している。江戸の人々にとっては、なじみのある贔屓の力士たちが配されることによって、横浜での贈答はより身近なものに感じられたと推測される。二つ目は、日本側の贈答品自体への関心は見られないということである。蒔絵の硯箱など、高価なものが贈られていることは贈答品の一覧から確認できるが、それを図解するものはなく、江戸の人々から見て珍しい贈り物はなされていないといえるだろう。力士による米贈答のかわら版が多数板行されたのも、米という贈答品に対してではなく力士によるデモンストレーションが話題になったというべきだろう。三つ目は、異国人との上下関係、優劣関係が現われている版が多いということである。まず、言葉としては、アメリカ側からの「献上品」「貢物」に対して「被下物」という表現が用いられており、これは武家方の記録とも一致する点である。加えて、画像としても、力士の力に驚くアメリカ兵士像と武士の威にひれ伏すペリー像とが多用されている。床几に腰掛ける武士と跪くアメリカ人の図は狂歌などの挿絵にも見られ、武士とアメリカ人像の関係としてパターン化していたといえる。26・27の馬標の上部は笹の葉までしか見えないが、33では馬標全体が描かれており、笹の上に竜胆の花が描かれている。笹竜胆の紋は源氏、特に源為朝や義経を連想させる紋である。当時の人々にとっての為朝と義経は、本や錦絵、玩具絵で知られた、武勇、力の象徴であり、為朝は赤絵(はしか絵)で麻疹、疱瘡神を懲らしめたり追い払う主要なモチーフでもあった。また、ともに島廻譚の主人公であり、為朝は琉球へ渡り、義経は蝦夷島へ渡る物語は当時の人にはよく知られていたものである。応接場面での武士像に、異国の島に渡って王となった為朝や義経のイメージが重ねられているといえる。武士にひれ伏すペリーという構図は、幕府閣僚とペリーとの関係を図示しているというよりも、為朝・義経二人の物語を思い起こさせることで、異国人に対する日本人武士の優位を連想させるものとなっていたのではないだろうか。

四　贈答のかわら版が意味するもの

前節では贈答のかわら版の内容を検討し、二回目のペリー来航に際して行われた贈答品の授受については、蒸気車や力士の米運びのかわら版に人気があり多数板行されたことが確認された。一方その点を踏まえると、蒸気車も米運びも記載せず、記録されている日米双方の贈答品リストとも内容が合致しないAのグループ五点は、一回目の来航での板行、あるいは、二回目の来航後だとしても贈答の概要が知られる前の板行である可能性が高いといえよう。なぜAグループのかわら版が板行されたのだろうか。特に1～4は類版であり、それなりに売れ行きがよかったと思われる。

理由はいくつか想定される。まず理由①として、実際に贈答があったかどうかは不明でも、アメリカからの贈答品のかわら版を板行すれば売れると見込めたから、というもの。アメリカという異国の物を知りたいという欲求が存在し、かわら版の購買動機と見込めたということである。類版である1～4のうち、原型となった版は、記述の細かさや紙面構成などから1と推定されるが、贈答の品それぞれに添えられた解説をみると、「虎之皮　丈二丈五尺巾一丈九尺　世にハ稀なる品物なり」「置時計　高サ七尺　ごくさいしきニして世ニ用る時計とハ異なり一時ごとに中の人物かねをつきて時をしらす物也」等、異国の珍しい物である点を強調している。これは、そうした珍奇な異国の品が読み手の関心を高めるとかわら版の制作者側が想定していたためと思われる。理由②は、来日した異国人は贈答するのが普通である、との判断から作成したというもの。将軍の住む土地である江戸は、朝鮮通信使・

琉球使節や、オランダ商館長たちが参府に訪れる土地であった。彼らは将軍への贈答を行い、返礼の贈答を受けて帰国した。ペリー来航時のかわら版や「藤岡屋日記」には「アメリカの米の願い」という記述が散見され、ペリーは将軍へ願い出る用件があるようなのだから、贈答をするだろうとの読みである。理由③は、アメリカ人に贈答してほしいとの希望があったため。これは二つめの理由の裏返しといってもよい。贈答しない異国人とは、例えば中国清朝を破り、長崎に入港してフェートン号事件を起こしたイギリス人、北方で日本人を連れ去ったロシア人のような異国人たちであり、アメリカ人がそうした緊張関係や戦闘関係をもたらす異国人であってほしくないとの、願いに近いものである。

1のかわら版の板行動機は、おそらく理由①によるものと推定されるが、江戸の人々の購買動機の方には、理由②③も含まれていたのではないだろうか。国家間での贈答とは、その友好の証、戦闘とならないことの証といえる。そのことはかわら版の作り手も買い手も認識していたに違いない。1～4のかわら版のタイトルは「泰平献上鏡」であり、贈り物の献上とは「泰平」の証である。

当時の江戸の人々にとって、アメリカからの贈答とは何であったのか。ほかの異国人からの贈答として、琉球使節との間の贈答と比較をしながら考える。将軍代替わりや琉球王の襲封の際に派遣された琉球使節は、ペリー来航の三年前、嘉永三年（一八五〇）にも一八度目の江戸上りを行っている。琉球使節の来聘に合わせて琉球物刊行物の出版も盛んになされていた。フランク・ホーレーおよび阪巻駿三が収集した琉球関連資料による『宝玲叢刊　第4集　江戸期琉球物資料集覧』（州立ハワイ大学ほか監修、解題・論文横山學、本邦書籍株式会社）所収の資料を確認し、琉球物刊行物にみられる贈答とペリーの贈答とを比較したい。

横山學の解題・論文によれば、行列記・一枚物など琉球物刊行物は江戸期を通じて計九二件確認されている。それらには使節からの「献上物」・使節への「拝領物」の記述がしばしば見られる。明和元年（一七六四）の『琉球人行粧記』には琉球人献上物・琉球人拝領物の記載があり、その後の冊子類にも同様の記載が確認できる。品目の変化はあまりなく、献上物の場合は、御太刀、御馬、青貝細工、芭蕉布、大平布、久米錦、香、泡盛、拝領物の場合は、白銀、真綿、金襴、羽二重、八丈織、美濃紙、たばこなどが挙がっている。琉球物刊行物の板行量が増大した天保三年（一八三二）の来聘の際に板行された『琉球人行列記』では、「中山王より献上物　あまた有之今略之」として、献上物があったことのみを記載し品目は省略されている。同資料集覧に収録されている一枚物・錦絵二九点には献上物の図解は見当たらなかったが、⑳「嘉永三戌年十一月十九日御登城拝領物附・唐人つうじことば」に広蓋に載せられた白銀と巻物の図と拝領物のリストが確認できた。『江戸期琉球物資料集覧』の収録資料では、人名録や行列の次第、使節の肖像や行列図、船の図、衣裳や楽器の図、献上物・拝領物、歴史や言葉の紹介など、黒船かわら版で取り上げられている項目と同様の項目が確認できる。しかし違いも多く、そのひとつが使節からの献上物の記載である。琉球物での献上物の扱いは、献上されたことの記載はするが各品目について詳細に解説はしないというのが基本であり、黒船かわら版で多種多様な品がさまざまに描かれているのとは対象的である。この違いは、琉球使節の場合は何度も来聘され既に刊行物の蓄積もあり、また、両国の関係に大きな変化もなく今後も続いて行くだろうと思うことができたのに対し、ペリーの場合は、ほぼ初めて紹介される異国であり今後また日本へやってくるのか不明な存在であることによっているると考えられる。琉球物刊行物での贈答は、琉球の役を確認させるものであり、それが自明ならば解説の必要はなく、一方黒船かわら版の場合は、アメリカという異国が日本とどのような関係となるのか不透明な状況を反映しているといえる。

アメリカからの贈答品として、実際には贈られていない珊瑚がかわら版には頻出する。近世、珊瑚は異国人が日本に献上する貢物としてイメージされていた。[10] その珊瑚がアメリカからの贈答品として図示され、さらにそれらが「献上品」と記されていたことも併せて考えれば、かわら版の作り手は、ペリー一行を、日本に貢ぎ物を携えて現れた異国人として、ペリー来航以前から流布していた異国人イメージを被らせて認識しようとしたことを確認することができる。異国人より優位にたつ武士のイメージとともに、ペリー一行に期待される異国人像は「泰平」を支える存在であったといえる。

おわりに

ペリー来航に際してかわら版が出回ったことについては、通史や研究書でも触れられることが多く、周知のものとなっているといえよう。しかし、その取り上げられ方や、どのかわら版が検討に使用されるかという点には偏りが見られる。しばしば目にするのは、ペリーの肖像画のかわら版を挿絵として使用したケースであり、さまざまなペリーの肖像を取り集めてそれらペリー像を「鬼のような容貌」「庶民の想像力の現われ」と解説されることも多い。しかし「庶民の想像力」と画像内容について、今一歩踏み込んで考察していくことが必要ではないだろうか。本稿では贈答のかわら版を取上げて、そこに江戸市中の人々がペリー来航をどのように捉えていたのかを探ろうと試みたものである。当時の異国趣味の傾向や、蒸気機関をはじめとする科学技術の情報がどのように伝わっていたのか、琉球使節や朝鮮通信使など他の異国人関係の刊行物との比較など、今後の検討課題とし、黒船かわら版の読み解きをすすめていくこととしたい。

注

（1）木原悦子訳『ペリー提督日本遠征日記』（小学館、一九九六年）、オフィス宮崎訳『ペリー艦隊日本遠征記』（栄光教育文化研究所、一九九七年）、浦賀近世史研究会監修『南浦書信』（未来社、二〇〇二年。嘉永六年四月末～七月、一一月～一二月における浦賀赴任中の浦賀奉行戸田氏栄から江戸在府の浦賀奉行井戸弘道への書簡の翻刻）。

（2）岩下哲典『幕末日本の情報活動』（雄山閣出版、二〇〇〇年）、三谷博『ペリー来航』（吉川弘文館、二〇〇三年）、加藤祐三『幕末外交と開国』（ちくま新書、二〇〇四年）。

（3）二つの研究傾向がみられる。一つは、風説留をはじめとする豪農による情報収集の研究において情報源のひとつとしてかわら版を指摘するものであり、保谷徹編『幕末維新論集　一〇巻　幕末維新と情報』（吉川弘文館、二〇〇一年）にこの傾向の論稿が所収されている。もう一つは、江戸という都市でのメディアを研究するもので、市村祐一『江戸の情報力』（講談社、二〇〇四年）、中田節子『江戸びとの情報活用術』（教育出版、二〇〇五年）、高部淑子「日本近世史における情報」『歴史評論』六三〇、二〇〇二年、など。

（4）小野秀雄『かわら版物語』（雄山閣出版、一九六〇年）、北原糸子「かわら版のはじまり」「災害とかわら版」『ニュースの誕生』（東京大学総合研究博物館、一九九九年）。

（5）箕作阮甫著・木村岩治編『西征紀行』津山洋学資料館友の会、一九九一年。

（6）中村礼四郎編『鍋島直正公伝』四編、侯爵鍋島家編纂所、一九二〇年

（7）菊池俊彦解説『江戸科学古典叢書一一　エレキテル全書／遠西奇器術ほか』恒和出版、一九七八年。

（8）『江戸大博覧会』展示図録、国立科学博物館、二〇〇三年。

（9）かわら版に名のある幕下力士番付は、嘉永七年二月場所の時点で、序二段の新川、立岩、三段目の三ツ湊以外は、みな二段目。不明は、鬼熊、西国。嘉永七年の一一月場所では、長谷川以外は皆、番付を維持あるいは昇進している。

（10）鳶米黒和三「都市の祭礼文化」『歴史を読みなおす17　行列と見世物』（朝日新聞社、一九九四年）。

後期幕領期におけるアイヌ同化政策と在地の動向

濱口　裕介

はじめに

近世をつうじて、蝦夷地はおおむね幕藩体制の周縁に位置づけられ、その先住民たるアイヌは体制外の「夷狄」と認知されていた。しかし一八世紀末、蝦夷地の外縁にロシア人という新たな「夷狄」の存在が確認されると、徳川幕府は松前藩から蝦夷地を上知して直轄支配し、体制内に包摂することでロシア人の接近に備えようとした。

そうした蝦夷地の包摂の一環として、幕府はアイヌに対する同化政策を実施した。なかでも特徴的なのは、風俗改変政策（改俗政策）である。これは、男性であれば髪・髭を剃らせ髻を結わせ、女性であれば耳輪をはずさせるなど、アイヌの身体風俗を日本風に改める政策であった。対外的な危機の現出によって蝦夷地は二度幕領化されたが、このうち前期幕領期（一七九九～一八二一年）には領土権を補強するために東蝦夷地の一部で改俗が実施されたのみであった。ところが、後期幕領期（一八五五～六七年）になると、蝦夷地全域で風俗の改変が実施され、本格的な同化が試みられた。

近世日本の対外秩序を「海禁」・「日本型華夷秩序」として捉え直した荒野泰典は、この間の蝦夷地をめぐる動向を次のようにまとめている。近世には「華夷秩序」的な諸国・諸民族との対外秩序が形成され、その一環として蝦夷地は幕藩体制外の「異域」とみなされた。幕府は、蝦夷地の住民たるアイヌを「華夷主義」にもとづく「夷」として位置づけ、日本風俗を禁じて排除しつつ、国家秩序の一端につなぎとめようとした。ところが、ロシアをはじめとする欧米諸国からの外圧を機に幕府の蝦夷地に対する姿勢は「華夷主義」から「同化主義」に転じ、内国化が推進された(1)。

荒野はさらに、近世的な「国民」論ともいうべき見地からもこの「同化主義」の問題に言及する。それは、近世においては、日本の領域内に住み、非キリスト教徒であり、日本語・日本風俗を備えるという三つの要件を備える者が日本「国民」とみなされたという指摘であった。こうした理解にもとづき、アイヌに対する同化政策とは、従来幕藩体制外につなぎとめていた人々を「国民」として日本国内に統合するために、日本語・日本風俗を押し付けた政策とみなしたのである(2)。

右の荒野による指摘は、近世史の文脈から同化政策を把握した先駆的な業績として重要である。というのも、戦後の研究においては、この政策を近代の植民地で実施された政策と同一の事象であり、その直接の祖形とみなす見解が支配的であった。たとえば、海保嶺夫が幕府のアイヌ政策を「『創始改名』事始め」と表現したのは、そのような視座の典型である(3)。これに対し、荒野は同化政策が「近代日本の植民地政策の原型」となった点を認めつつも、これと短絡的には結び付けず、あくまでアイヌを幕藩体制下における「国民」化をめざしたものと捉えたのである。

近年では、荒野と同様に、幕藩体制のあり方を踏まえつつアイヌ政策をとらえる見解が主流となりつつある。まず、麓慎一は同化政策の実態を考察し、幕末のアイヌ政策は対ロシア問題に直結する政策であり、近代の臣民化・皇国民化の先駆けと評価することはできないと論じた(4)。また、谷本晃久は、アイヌを幕藩体制に取り込むに当たり、国境の範囲内の人々を「箱館奉行御預り所之御百姓」と位置づけ、アイヌも「百姓」あるいは「百姓並」として和人に準じて遇される余地があったことを指摘した(5)。また、檜皮瑞樹も後期幕領期におけるアイヌ統治は、幕藩体制下の「仁政イデオロギー」にもとづき、蝦夷地に和人社会同様の「村」を創出し、アイヌの「御百姓」化をはかるものと論じた。[6] このように、アイヌを体制内に包摂するに当たって幕府が持ち出した理念については、着実に研究が蓄積されつつある。

ただし、改俗政策を支えた理念が明らかにされる一方、実態として現地でいかに実施されたかという点については、いまだ不明な点が多い。当然ながら、「華夷主義」から「同化主義」へというベクトルの大転換は一朝一夕になせるものではなく、現地ではさまざまな葛藤を生み出したことが知られる。従来の多くの文献も、同化を強要されたアイヌたちがそれに抵抗し、あるいは一部の者は受容するさまを描いてきた。その際に史料として多く用いられてきたのが松浦武四郎の『近世蝦夷人物誌』（以下『人物誌』）であった。

しかしながら、『人物誌』は箱館奉行に献上し、なおかつ出版することを前提にした著作であり、史料的な価値が高いとはいいがたい文献である。[7] また、アイヌの列伝という性格を有する『人物誌』に依拠するあまり、従来の研究も〝同化政策を推進する和人〟と〝同化に抵抗（あるいは受容）するアイヌ〟という二項対立の構図に陥りがちな傾向があったという点は否めない。いうまでもなく近世日本は身分社会であり、同化政策を推進する側に位置した和人の側にも、実際には多様な身分的・思想的な立場があったはずである。さらには、アイヌ社会の動向を和人の記録をもってたどることには、自ずと限界もある。

そこで注目されるのは、蝦夷地の各場所にアイヌと和人とから構成される在地社会・共同体ともいうべき一面があったとする谷本の指摘である。[8] アイヌ政策が「華夷主義」から「同化主義」へと転換し、アイヌが和人社会同様の「御百姓」として位置づけられたことは、既存の在地社会全体（アイヌだけでなく和人居住者も含めて）に大きな影響を与えたに違いない。

ところが、こと改俗政策に関する限り、蝦夷地居住の和人たちの動向には、従来ほとんど関心が払われてこなかった。たとえば高倉新一郎は場所請負人が「改俗を好まなかった」と簡単に記すのみであり[9]、また菊池勇夫は、番人たちが幕府と一体となって改俗政策を進める先兵となったと指摘している[10]。両者は一見矛盾するかのようだが、これらはいずれも『人物誌』に紹介されている、異なる場所の事例を根拠としているにすぎない。改俗政策を推進する立場に立たされた支配人・番人らが共有した、基本的な立場や態度を述べているわけではないのである。

以上から、本稿は後期幕領期の蝦夷地において、同化政策（特に改俗政策）がいかに推進され、当該地域の人々にいかなる影響を及ぼしたかという点につき、和人居住者も含めた在地社会の存在を視野に入れつつ検討を加える。また、如上の問題点を踏まえ、従来の研究が基本史料としてきた『人物誌』は極力利用しない方針を取る。新しい視点から光を当てることで、同化政策をめぐる歴史的展開について見通しを立てることをめざしたい。

一　幕府の蝦夷地直轄支配と同化政策

本節では、幕府による蝦夷地直轄支配のあり方と同化政策について、基本的な点を整理しつつ、全体の動向を概観する[11]。

嘉永六年（一八五三）におけるロシア人のカラフト進出と日露間の領土画定交渉という再度の外交問題の発生は、幕府に蝦夷地上知とその内国化の必要を痛感せしめた。安政二年（一八五五）二月、幕府は蝦夷地を再び上知し、翌三年（一八五六）の春から夏にかけ、松前藩から箱館奉行に対して蝦夷地の引き継ぎが行われた。蝦夷地のうち要地には御用所が置かれ、箱館奉行支配下の詰合役人が配置された。ただし、商人が蝦夷地の各場所における漁業経営とアイヌ支配を請け負う場所請負制は廃されなかった。そのため、会所・運上屋・番屋といった場所経営の施設や、そこに勤務する支配人・通詞・帳役・番人といった人々は、上知後もそのまま詰合府役人のもとで公的支配の一端を担うこととなったのである。

そして、ロシアに対して領土権を確保することを目的に、アイヌに対してはいわゆる同化政策が実施された。すなわちアイヌを「夷狄」として排除しつつ従属させる「華夷主義」から、体制内に取り込む「同化主義」へと蝦夷地政策は大きな転換をせまられた。換言すれば、領域の限界が明確なかたちで示されない境界領域の性格があった蝦夷地に、明確な境界線による境界を引いて囲い込み、その内部に和人社会同様の幕藩体制的支配を浸透させようとしたのである。

この同化政策とは、アイヌを「御百姓」化することにより、和人社会同様の「村」を創出し、かつ幕藩体制下の身分的枠組みにアイヌを組み込むことを企図するものだった[12]。前期幕領期にも同様の施策があったが、相違点として特筆すべきは、対象が蝦夷地全域に広がった点、また体制外の「夷狄」を意味する「蝦夷人」呼称を改めて「土人」の公称を採用し、アイヌを内国民として位置づけた点にある[13]。

同化の具体的な内容は、身体風俗の改変、アイヌ人名の和名への改名、日本語使用や農耕の奨励、儒教的な素養を身につけることなどさまざまだが、最も重視されたのは男性の月代・髭を剃り、髷を結うという身体風俗の改変であった[14]。特に改俗が奨励されたのは、アイヌ社会の指導者層と位置づけられた役付アイヌ（「役土人」）であり、彼らが改俗した場合、乙名・小使・土産取といった旧来の呼称を廃して、庄屋・名主・年寄・百姓代などと改めた。アイヌが「百姓」扱いとなったため、役付アイヌは和人社会の「村役人」に擬せられたのである。また、袢あるいは羽織袴を支給して着用させ、ヲムシャなどの儀礼においても他のアイヌよりも優遇した。

もっとも、幕府の蝦夷地統治における基本理念は仁政による徳化であり、アイヌたちの意志に反してむやみに改俗を急ぐことを是としたわけではなかった。箱館奉行も、アイヌに対して撫育を進め幕府支配の有難さを認識させながら、漸進的に改俗を進めていく方針だったようである。

ところが、実際には各地に在勤する詰合役人によって改俗が強制される例は珍しくなかった。箱館奉行は、詰合役人に対して改俗政策の成果報告を義務付けたが、結果としてそれが積極的な改俗を求めるものと解釈され、改俗の功績を競い合うがごとき様相を生み出したという。[15] また、次のような老中からの指示が改俗の強行につながった可能性もある。安政三年（一八五六）八月、老中阿部正弘は漸進的にアイヌの同化を進めるという箱館奉行の基本方針を認可しつつも、「御国之髪容」になっていれば「魯西亜其外之争端を防候一助と」なるので、「別而厚く世話いたし、速ニ行届候様可被取計事」と指示した。[16] つまり領土問題に関して紛争を防ぐため、さまざまな同化政策のうち改俗だけは例外的に急ぐよう指示したのである。特にロシア人の来航が予想される地域で急進的な風俗の改変が行われる傾向が指摘されているが、[17] それは、右の指示を受けた「一時の権道」としての改俗の結果と考えられる。

しかし、同化を強制することは、統治理念である仁政思想に反するばかりか、かえってアイヌの離反につながりかねない危険な行為であった。そのため、アイヌたちの反発をはねのけて改俗を強行することは、実際には困難だったと思われる。明治期のアイヌ研究者として知られるジョン＝バチェラー（John Batchelor）も、アイヌたちはかつて日本式に髪を切ることを命じられたが、これに対する抵抗は激しく、わずかの者が命に従ったのみであったとの回顧談を伝えている。[18] ほかならぬアイヌ側の認識を示す貴重な証言であるが、そこでもアイヌたちの抵抗の結果、改俗政策はほとんど成果を生まなかったとみなされている。

それは、領土問題を抱え、最も改俗が急がれるはずのカラフトにおいても例外ではなかった。周知のとおり、日露通好条約ではカラフトにおける両国の国境を画定しておらず、ロシア軍がクシュンコタンを一時占領したこともあったため、「異国接境之場所ニ付、改容之儀一大眼目」と詰合役人も認識していた[19]。クシュンコタン御用所管内（カラフト東海岸）では、上知から約一年が過ぎた安政四年（一八五七）閏五月までに「惣乙名ベンクカリ始、役土人共弐十五人、平土人共九人」の計三四人が改俗したという[20]。

しかし、クシュンコタン管内のアイヌ人数は、同年の人別帳によれば一六八六人であり[21]、これを信用すると、改俗したアイヌはわずか二％しかいないことになる。しかも、西海岸に至っては「総テ帰俗ハ不承知」「西浦ニ来テハ帰俗ノ絶テ見サルナリ」といわれ[22]、安政四年夏になっても改俗アイヌが一人もいないありさまであった。この時点では、すでに西海岸北部のヲッチシにロシア人が渡来している旨が報じられており、改俗政策を推進する必要性は増したはずだが、同時に強制的な改俗がアイヌをロシア側に走らせる可能性も現実味を帯びていた。そのため、急進的な政策の実施ができなかったのであろう。

以上見たごとく、領土問題に対する方策の一つとして重視された改俗政策ではあったが、アイヌ政策の基本理念である仁政思想と矛盾し、なおかつアイヌたちの抵抗にも直面したため、思惑通りには実施できなかったようである。箱館奉行が調査したところ、安政五年（一八五八）までに月代・髭を剃り結髪したアイヌは蝦夷地全体で「平均三分一程可有之」に過ぎなかった。そこで同年一〇月、箱館奉行堀利煕は「髪髭者其侭差置、男女何れも御国風ニ髻を為取揚置可申」、すなわち髭はそのままに、ただ髻を結うことのみを求める内容に後退させることとし、老中の裁可を得ている[23]。

それ以後の動向は不詳であるが、安政六年（一八五九）以後は蝦夷地を東北諸藩に分割分領させる体制となったことに加え、幕末の動乱が激化する時期に入るため、積極的・統一的な風俗統制は行われなかったと考えられる[24]。

二　支配人・番人と改俗政策―イシカリ場所の事例から―

本節では、蝦夷地内の各場所に居住していた和人たちの動向に着目する。すなわち、場所請負人の手代である支配人や、漁場においてアイヌを差配する番人といった人々である。彼らにとって、アイヌに対する改俗政策がいかなる意味を有したか、という点を具体的な事例から考察していきたい。

最初に、支配人・番人らの存在形態について確認しておこう。そもそも、蝦夷地の各場所の経営・行政を請け負った商人＝場所請負人は、現地に支配人として手代を、そのもとに番人を常駐させてその差配を代行させてきた。支配人・番人は、商家の使用人という身分でありながら、なかば公的支配の末端に位置づけられ、アイヌを介抱・撫育し、従属させるという役割を担った[25]。さらに、そこに本州からの移住者も混じることもあった。こうして、支配人・番人らをはじめとする和人たちとアイヌの人々からなる在地社会が形成されたのである。

ところが、幕末に蝦夷地が上知されると、各地に詰合役人が赴任して支配人・番人を支配下に組み込んだ。そのため、支配人・番人らは、従来以上に公的な役割を担うこととなった。そして、役人たちはアイヌに対して幕藩体制下の「御百姓」に化すことを求め、その証として風俗の改変を要求した。

こうして、改俗政策をめぐって役人たちとアイヌたちとの間に立たされた支配人・番人の動向はいかなるものだったのだろうか。具体的な事例として、本節ではイシカリ場所の状況を検討する。

西蝦夷地のイシカリ場所は、もともと一三（あるいは一六）もの場所を統合した地域である。安政三年（一八五六）

の時点でアイヌ人別六七〇人を数えており、西蝦夷地で最大規模の人口を抱えていた場所である。場所請負人は阿部屋村山伝次郎だった。後期幕領期にはロシアとの領土問題を抱えるカラフト経営の前進基地としても重視され、御用所が置かれて詰合役人が駐在し、統治に当たった(26)。

ところが、かように重要視された地域であるにもかかわらず、イシカリでは風俗の改変がほとんど行われなかったらしい。管見の限り、改俗アイヌに関する記録もほとんど見出せない。たとえば、後藤蔵吉『蝦夷日記』によると、安政五年（一八五八）時点では「人別五百四十三人」のうち「帰俗二十人」に過ぎず、改俗アイヌの割合は三・七％と非常に低率である(27)。また、玉虫左太夫『入北記』の記事から推測すると、役付アイヌの人名・役職名もすべて従来の呼称で公文書に記載されていたようである(28)。これは、役付アイヌですら改俗していないことを意味していると考えられる。

その背景には、いかなる事情があったのだろうか。安政四年（一八五七）七月五日にイシカリを訪れた松浦武四郎は、同地のアイヌたちが訴えた番人の行跡を記録している。武四郎が記すところによると、番人らは、同地のアイヌたちに対して次のように唱えていたという。

又々此間より番人等が申附し事等を一々告げるに、其内容易ならざる事は、此度鍬を其方共え被下に相成候得共、元来土人等は魚肉を喰ひて居るものに《（が）》米喰等をいたすと夷神《アイノカモイ》が怒れる故、土人等に悪き風流行して土人等が死ぬ程に、其故何も人間《（シシャモ）》の真似をする事なかれ。
また人間言を遣ひまた人間《（シシャモ）》の様に髪等を改め候はゞ、是又悪き風が流行して、土人に病人が多く相成候由(29)

蝦夷地上知後、箱館奉行は勧農のためアイヌたちに鍬を配布し、松前藩政下で禁じられていた穀食や和語の使用を許可し、髪容の改変を勧めた。一連の同化政策が実施されたわけだが、しかし右に見るごとくイシカリ場所の番人たちは、これらをことごとくないがしろにしていたという。アイヌたちの間には、祖先以来の風俗を変じれば神罰が下される、という信仰があったとされており[30]、番人たちはこうした信仰を利用してアイヌの日本化を阻もうとしたようである。

右の記事につづいて、アイヌたちは武四郎に次のような話も伝えたと記されている。蝦夷地は「江戸ニシハ」(幕府)の直轄支配下になったが、三年もすれば「松前殿」(松前藩)へ戻されるであろうから、「余り江戸ニシハの申事を用ひぬ様に」と番人たちが警告しているというのだ。こうした浮説を「自分等が奸通致し居土人の妻または密通致し居候土人の娘等」をつうじてアイヌたちに触れさせたという。

このように、イシカリ場所では、幕府の蝦夷地統治を末端で支える存在と位置づけられた支配人・番人が、改俗政策をサボタージュする挙に出たという。上知以後に蝦夷地に乗り込んできたばかりの幕府役人たちと異なり、支配人・番人たちは蝦夷地に長年にわたって勤務し、さまざまなかたちでアイヌ社会と濃密な関係を築いてきた存在だった。武四郎のいうごとく、アイヌの信仰や女性たちを利用して幕府の政策を妨害するという挙に出たのだとすれば、蝦夷地に深く根を張った彼らならではの手管といえよう。

もっとも、武四郎は支配人・番人の非道を積極的に告発したことで知られる人物であるため、その点を割り引いて読む必要はあろう。しかし、これはイシカリ場所において改俗アイヌ人数がきわめて少なく、またこの翌年に阿部屋が場所の職務を怠ったことを理由に請負人を罷免されている事実とも合致する。加えて、イシカリ場所ほどでないにせよ、支配人や番人が改俗政策に反発したり、これをサボタージュしたりする事例は、次節で紹介するアッケシ場所はじめ他場所においても確認できる。それゆえ、右の記事もある程度信頼できるものと判断しておきたい。

それでは、なぜ彼らは同化政策を妨害したのだろうか。無論、アイヌが農耕を始めることによる漁場労働力の不足や経済的な自立を恐れたり、改俗した場合に支給せねばならぬ褒美などの経済的負担を嫌ったりした面もあろう。それに加えて、ここでは蝦夷地の場所において日本風俗が有していた意味にも注目しておきたい。

実のところ、イシカリ場所の支配人・番人たちは、アイヌが日本風俗を備えることにまったく無条件で反対しているのではなかった。たとえば、武四郎は次のような事例も伝えている。

イシカリ場所の支配人能登屋円吉は、アイヌ女性イヌイシャヌとの間にイワウクテ・イサンケアレという二人の男子をもうけたが、コモンタ（イシカリ場所内ハッシャフの乙名）がいうには、この子供たちの「平日の着もの喰ものも人間同様」にしており、誰が見ても円吉の子と分かる有様だったという[31]。すなわち、円吉とアイヌ女性との間に生まれた子供は、アイヌ社会に暮らしつつ、衣食とも「人間同様」つまりは和風を有していたのである。

この円吉という人物は、天保初年から約二〇年もの間同地に勤務し、四人のアイヌ女性を妻妾としていた。のちには通詞に劣らぬ語学力を備えてアイヌ語の語彙集『蝦夷語集録』『番人円吉蝦夷記』の二書まで編み、また後著の序文においては、「蝦夷人同様の者」「夷人も同様の者」という自己認識を示している人物である[32]。

円吉と同様、支配人・番人らが、妻妾としたアイヌ女性やその間に生まれた子供（アイヌと和人との間に生まれた者は「シャモ種」と呼ばれた[33]）に日本風俗を身につけさせていたことは、諸史料に見られるところである[34]。アイヌ社会に身を置く彼らではあるが、そうであるからこそ、身分差を可視的に表現するため、アイヌとの間に風俗の相違があった方が好都合だったのであろう。こうした理解に立つならば、支配人・番人にとっては日本風俗を備えることは特権的な地位の標識の一つであり、おのれの家族以外のアイヌには認めがたい性質のものだったのではあるまいか。

ここに、支配人・番人ら蝦夷地居住の和人にとっての、同化政策のもつ別の側面が浮き彫りになる。それは、アイヌが新たに「御百姓」という身分に位置づけられることは、同時に支配人・番人の在地社会における身分をも揺るがし、相対的な地位の低下につながると理解されていた可能性である。事実、改俗を受容することにより従来の

「蝦夷」扱いを脱し、和人同様の扱いを求めるアイヌたちがいたことは先学により指摘されている。[35] これは、支配人や番人たちにとっては、従来の場所の秩序を破壊しかねないゆゆしき事態と認識されたことであろう。

そもそも、支配人・番人も身分的には同じく百姓であり、アイヌたちが同じ百姓へと「身分上昇」することには、心理的にも大きな抵抗があったはずである。身体風俗が身分の標識として機能していた近世社会の通念を考慮すれば、アイヌたちの外観がおのれのそれに近づく事態を、番人たちは一般に歓迎しなかったと考えられる。右に見た同化政策に対するサボタージュは、そうした態度の表れとみなせよう。

三　役付アイヌの「村役人」化について―アッケシ場所の事例から―

本節では、東蝦夷地のアッケシ場所を事例として、特に役付アイヌの改俗について考察する。[36]
安政三年（一八五六）春、蝦夷地が松前藩から幕府に引き継がれると、アッケシには御用所が設置された。ここに在勤した幕府役人が、調役並出役喜多野省吾である。喜多野は赴任直後から管下のアッケシ・クスリ・ネモロ三場所のアイヌに対して熱心に風俗の改変を求めたらしく、この三場所は改俗政策が特に強力に推進された地域として知られている。これは、ロシア領となっていた千島列島に地理的に近く、またたびたび異国船が来航した前例もあるためであろう。
アッケシ場所においては、改俗アイヌは着実に増加し続け、同年九月一六日の時点で「帰俗人六十人」を数えるまでになった。[37] 二年後の安政五年（一八五八）の時点では、アッケシのアイヌ二〇〇人中一一九人が改俗していたといい、改俗アイヌの割合は五九・五％になる。[38] これは、東蝦夷地ではネモロ（七〇・〇％）についで二番目の高さである。

越後国長岡藩士森一馬・高野嘉左衛門の蝦夷地調査記録『罕有日記』には、アッケシの番人伴吉が語った興味深い話が記されている。[39]これを軸として、同所の改俗政策をめぐる状況を復元してみよう。

まず、喜多野は役付アイヌである「惣乙名」のみならず「夷民」たちまでも月代を剃るようにと改俗の指示を下した。乙名や小使ら役付アイヌのうちには、これに異議を唱える者もあったが、喜多野は彼らに対し「役免蟄居」を申付けたという。「夷情も亦背く」とも記されており、そのような喜多野の強引なやり様にアイヌたちの反発が強かったと伴吉は伝えている。

この点については、松浦武四郎もほぼ同様の記事をのこしている。[40]また、安政四年（一八五七）におけるアッケシ場所役付アイヌの役名について『入北記』から確認すると、「庄屋」「年寄」「百姓代」という改俗後の村役人風の役職名のみが確認でき、しかも八人の役付アイヌ全員が日本風の漢字の名を有している。[41]やはり『罕有日記』が記すごとく、アッケシ場所のアイヌたち（特に役付アイヌ）に対して、有無を言わさず改俗が強行されたものと見て差し支えあるまい。

ところが、一方で『罕有日記』は、改俗政策が有していた次のような一面も伝えている。

喜多野省吾氏持場子モロ治中之内ニシヘツ・ヘツカイ両処にて、ニシヘツ川漁場之事にて訴答に及ひ、一方より支配人代・番人、壱方よりは乙名立会にて喜多野氏の前江出たり。右番人、乙名に先達出るを咎めていふ、乙名は村長の役なり、番人は請負人の召遣なれハ、向後乙名、番人と次席する様に申聞候処、右番人ハ申に及はす、管内の番人共相背と云々。

ここで語られているのは、ニシベツ川（根室半島と知床半島の間に流れる）の漁場をめぐる、クスリ・ネモロのアイヌ間の争論に関連する出来事である。恐らく、安政四年（一八五七）三月、双方のアイヌたちが掛合いのためアツケシ御用所に集った際のできごとであろう。(42)

この席上、番人とアイヌの乙名が喜多野の前に着座した。ところが、喜多野は番人が乙名に先んじて出たことをとがめ、乙名は「村長の役」、番人は「請負人の召遣」ゆえ、今後は「乙名、番人と次席する様に」と注意したという。村役人格である役付アイヌが先立ち、アイヌ差配を担う番人がそれにつづくように、という驚くべき指示であった。こうした措置に対し、「管内の番人共」の強い反発があったのも当然であろう。

また、同様の例として、『罕有日記』は次のような逸話も紹介している。喜多野の管内では「支配人・番人共麻上下着用を許」していなかった。ところが、「当春」（安政四年正月）にはアイヌの「乙名」が「麻上下着用にて年賀之礼を為致」たというのである。これも、儀礼の場において、改俗した役付アイヌを支配人・番人らよりも上位に序列化したものであろう。もちろん「諸支配人以下」はこれに不服だったといい、喜多野の「苛法」のため番人が七人も帰郷して場所に戻ってこない、と伝えている。

ここで問題となっているのは、改俗後の役付アイヌの処遇をいかにすべきかという点である。

幕府は和人社会同様の身分秩序を蝦夷地に持ち込み、改俗したアイヌを「百姓」、役付アイヌを「村役人」とみなした。儀礼のレベルにおいてはそうした身分の設定が行われ、喜多野のように役付アイヌを「村長の役」として遇する努力が払われたのであろう。

しかし、そもそも近世村落の存在しなかった蝦夷地においては、従来、支配人・番人こそ村役人同様の地位に擬せられてきたのである。(43) 前節で見たごとく、「御百姓」化にはアイヌを支配人・番人たちと同等な地位に近づける側面があり、だからこそ彼らは改俗に反対したのであった。まして役付アイヌを「村役人」として遇することは、彼らを支配人・番人らよりも上位の社会的身分に位置づけることにつながりかねず、許容できるはずもなかったであろう。箱館奉行は役付アイヌの改俗を重視していたが、支配人・番人らにとってみれば、逆に彼らの社会的身分をおびやかしかねない役付アイヌの改俗こそ警戒していた可能性すらある。

また、風俗改変の論理と場所の実態との乖離にも注目すべきであろう。アツケシ場所の例に見られるごとく、理念上は改俗によってアイヌを「御百姓」同様の身分に位置づけ、儀礼の場でそれを演出することはできた。しかしながら、役人の監督が加わったとはいえ、アイヌたちが漁場で番人の差配を受ける労働者であるという本質的な立場は変わらなかった。そして、役人たちも、アイヌ語・アイヌ文化に通じた経験豊かな支配人・番人の手を借りなければ、アイヌ統治を行えなかったのは容易に想像し得るところである。

事実、『罕有日記』は、次のような事実も伝えている。蝦夷地上知以後、喜多野省吾は番人たちによるアイヌの「打擲」を「厳禁」し、アイヌたちを指導する際には「番人より乙名江申聞」け、「勧懲」するよう改めたという。番人たちがアイヌの労働力を差配する際にも「村役人」たる役付アイヌを窓口とするしくみになったわけだが、それとて役付アイヌが指導するしくみに移行したわけではない。

つまり、儀礼の場ではアイヌの「御百姓」化を演出できたものの、日常レベルまでそれを貫徹することはできず、従来の暴力的な差配を禁じる程度のことしかできなかったのであろう。箱館奉行所の財政が場所請負制度に依存し、日常の業務すらその配下の支配人・番人に頼っていた以上、漁場経営を無視してまでも改俗アイヌを「御百姓」同様に処遇することはできなかった。こうした葛藤があったことは、蝦夷地の他の場所や、箱館六箇場所においても確認できる。(44)「付焼刃」ともいうべき性急さで実施された改俗政策は、こうした大きな矛盾を抱えていたのである。

喜多野による改俗の強行と、支配人・番人たちとの衝突が、その後どのような結末を迎えたのかは不詳である。

しかし、実態を無視してアイヌたちの社会的位置づけを変更したとしても、大きな無理があるのは否めない。限られた史料から推測する限りでは、結局のところ喜多野の側が折れ、一定の妥協を余儀なくされたものと思われる。

たとえば、改俗に関していえば、髭を剃らずとも改俗アイヌとみなすという措置が取られたと読める記述がある。安政五年（一八五八）にアッケシ場所を訪れた松浦武四郎は、庄屋（役付アイヌ）の酒六を訪問したが、そこで酒六がまったく日本式の生活を送っていながらも、「只女房の唇の黒き（入墨のこと　濱口注）と酒六の髭とのみ」がアイヌ風を残していると伝えている。(45) 一般にアイヌの男性は髭を大事にするため、恐らく喜多野も髭を剃ることを免除するなどの措置をとったのであろう。

また、安政六年（一八五九）の「松平肥後守様御渡御演説書」は会津藩に対するアッケシ場所の引継文書であるが、ここでは「年始其外式立候節」は「会所三役之もの并役土人庄屋・同後見・惣名主・惣年寄・名主」（支配人・帳役・通詞の会所三役と役付アイヌのうち名主以上）がともに袢の着用を「御免」と記されている。(46) すなわち、支配人も役付アイヌもともに袢の着用を許されているのである。この点においても、喜多野は役付アイヌのみならず支配人にも袢を許可するという譲歩を余儀なくされたと考えられる。

おわりに

本稿は、後期幕領期に蝦夷地において実施されたアイヌ同化政策、特に改俗政策がいかなる展開を見せたかについて、在地社会の存在を念頭に置き、和人の動向を視野に入れつつ考察を試みた。改俗政策を現地で推進する立場にあった和人たちは、必ずしも一枚岩ではなく、身分や立場によって改俗政策に対する基本的なスタンスは大きく異なっていた。

老中や箱館奉行の意を受けた詰合役人は、改俗を推進し、アイヌの「御百姓」化、役付アイヌの「村役人」化を進め、アイヌの「村」を創出することで、蝦夷地の内国化を進めようとした。しかし、幕府の関心はあくまでロシアに対して蝦夷地の領有を主張することにあり、改俗政策はその手段に過ぎなかったともいえる。そのため、改俗政策は対ロシア政策として重視されつつも、改俗したアイヌの制度的な位置づけさえもあいまいなままであり、現地では多くの混乱を惹起した。

他方、在地社会のアイヌや支配人・番人にとって、改俗政策は従来の身分秩序を覆す重大事と受け止められたであろう。伝統的な身体風俗を改めるよう命じられたアイヌたちの多くも反発したが、支配人・番人らも、基本的に彼ら自身の身分的優位を危うくするアイヌの「御百姓」化を喜ばなかった。つまりは、蝦夷地在地社会を構成していた人々は、アイヌ・和人を問わず、一般に改俗政策を歓迎しなかったと考えられるのである。

従来の研究は、『人物誌』の記事にもとづき、幕府の改俗政策が進展を見せずに終わった主原因をアイヌ社会の抵抗に求めがちだった。しかし、そればかりではなかった。幕府は支配人・番人ら和人たちを含めた在地社会一般の反発という事態に直面していた。すなわち、蝦夷地の行財政を場所請負制に頼る箱館奉行の支配体制そのものが、改俗政策の積極的な推進を不可能にしたと考えられるのである。

注

（1）荒野泰典『近世日本と東アジア』（東京大学出版会、一九八八年）。

（2）荒野泰典「日本型華夷秩序の形成」『日本の社会史』第一巻・列島内外の交通と国家（岩波書店、一九八七年）所収、二二三・二二四頁。また、「近世日本の国家領域と境界―長崎遊女と混血児から考える―」史学会編『歴史学の最前線』（東京大学出版会、二〇〇四年）所収。

（3）海保嶺夫「アイヌ人名の日本語化―「創氏改名」事始め―」『史観』第一〇〇冊（早稲田大学史学会、一九七九年）。
（4）麓慎一「蝦夷地第二次直轄期のアイヌ政策」『幕末維新論集』二　開国（吉川弘文館、二〇〇一年）所収。
（5）谷本晃久「幕末・維新期の松前蝦夷地とアイヌ社会」明治維新史学会編『講座明治維新』第一巻　世界史のなかの明治維新（有志舎、二〇一〇年）所収。
（6）檜皮瑞樹『仁政イデオロギーとアイヌ統治』（有志舎、二〇一四年）。
（7）濱口裕介「『近世蝦夷人物誌』と幕末のアイヌ風俗改変政策」『地域と経済』第四号（札幌大学地域経済研究所、二〇〇七年）。
（8）谷本晃久「近世蝦夷地在地社会と幕府の対外政策―蝦夷地第二次幕領期を中心に―」『歴史学研究』第八三三号（二〇〇七年）。
（9）高倉新一郎『新版　アイヌ政策史』（三一書房、一九七二年）、三八二頁。『人物誌』の「義訴シキシマ」を根拠としている。
（10）菊池勇夫『アイヌ民族と日本人―東アジアのなかの蝦夷地―』（朝日新聞社、一九九四年）、二四七頁。これは『人物誌』中の「酋長ムンケ、」に依拠した記述であろう。
（11）本節全体の参考にした文献として、注（1）～（10）のほか、以下の主要研究がある。海保嶺夫『幕藩制国家と北海道』（三一書房、一九七八年）、同『列島北方史研究ノート―近世の北海道を中心として―』（北海道出版企画センター、一九七八年）。菊池勇夫『幕藩体制と蝦夷地』（雄山閣、一九八四年）、同『北方史のなかの近世日本』（校倉書房、一九九一年）。児島恭子『アイヌ民族史の研究』（吉川弘文館、二〇〇三年）。
（12）前掲『仁政イデオロギーとアイヌ統治』、二四九・二五〇頁。
（13）前掲『アイヌ民族史の研究』、二八〇頁。
（14）前掲『幕藩体制と蝦夷地』、一六四頁。
（15）前掲『仁政イデオロギーとアイヌ統治』、七三頁。
（16）『大日本古文書　幕末外国関係文書』一二、文書六二、一二九頁。以下、同書は『幕外』と略す。
（17）前掲「蝦夷地第二次直轄期のアイヌ政策」。
（18）John Batchelor. *The Ainu of Japan: The religion, superstitions, and general history of the hairy aborigines of Japan.* (The Religious Tract Society. London.1892) pp.245-246.
（19）『幕外』一六、文書四四、一〇五頁。
（20）『同右』文書一〇六、三五九頁。この三四人は、すべて役付アイヌとその家族である。ただし、改俗の直後にベンクカリが死亡したため、三三人となった。

(22)『明治十四年　幸啓録』一八（宮内庁書陵部蔵）、安政四年閏五月一九日条。

(23)『幕外』二一、文書二五八、五八四頁。なお、平均三分の一が改俗しているとする認識については、同年に実施された箱館奉行支配組頭の奥村季五郎、同支配手附為貝一兵衛らの廻浦調査にもとづくものと思われる。

(24)たとえば、慶応期の『杉浦梅潭箱館奉行日記』（同刊行会、一九九一年）には、同化政策に関する記事がまったく見られない。

(25)谷本晃久「蝦夷地「場所」三役―支配を請け負う商人手代―」斎藤善之編『身分的周縁と近世社会』二海と川に生きる（吉川弘文館、二〇〇七年）所収。

(26)イシカリ場所に関する基本的な情報は、『新札幌市史』第一巻通史一（一九八九年）を参照した。

(27)後藤蔵吉『蝦夷日記』（北海道立文書館蔵）四月五日条。後藤の経歴は不詳だが、前述の奥村・為貝の蝦夷地廻浦と同日に同じ経路をたどっているため、これに同行した人物と考えられる。

(28)稲葉一郎解読『蝦夷地・樺太巡見日誌　入北記』（北海道出版企画センター、一九九二年）、五四頁。本史料は、箱館奉行堀利熙の廻浦に同行した玉虫の記録であり、各場所の戸口、役付アイヌの人名などを巻末にまとめてある。奉行廻浦の節は、各場所の事情をまとめた「調書」という記録が奉行に提出されることになっており（『幕外』一九、文書三七〇、七七八～七八一頁）、玉虫もこれを『入北記』に写したものと考えられる。

(29)秋葉実解読『丁巳　東西蝦夷山川地理取調日誌』下（北海道出版企画センター、一九八三年）、一七〇～一七二頁。

(30)Batchelor . op.cit. pp.245-246.

(31)前掲『丁巳　東西蝦夷山川地理取調日誌』下、一七〇・一七一頁。

(32)坂田美奈子「『番人円吉蝦夷記』に含まれるいくつかの論点について」『itahcara』第二号（同編集事務局、二〇〇三年）、二四・二五頁。

(33)大内余庵「東蝦夷夜話」大友喜作編『北門叢書』第五冊・北夷談・北蝦夷図説・東蝦夷夜話（北光書房、一九四四年）所収、四七六頁。

(34)海保洋子『近代北方史―アイヌ民族と女性と―』（三一書房、一九九二年）、一九五頁。

(35)たとえば、改俗し和語を学習したことを根拠にアイヌに対する禁制から解放されうる旨を訴えたアブタ場所の市助、改俗と引き換えに「和人同様自分稼」を求めたフルウ場所のチハアヱノらの例が知られている。佐々木利和「少年たちのまなざし―一枚のアイヌ絵から―」黒田日出男編集協力『ものがたり　日本列島に生きた人たち』五　絵画（岩波書店、二〇〇〇年）所収。谷本晃久「アイヌの『自分稼』」菊池勇夫編『日本の時代史』一九蝦夷島と北方世界（吉川弘文館、二〇〇三年）所収。

(36) アツケシ場所に関しては、近年刊行された『新厚岸町史』通史編第一巻（二〇一二年）によって多くの新知見がもたらされた。本稿もまた、同書に依拠しつつ考察する。

(37) 高倉新一郎編『竹四郎廻浦日記』下（北海道出版企画センター、一九七八年）、四三八頁。

(38) 前掲『蝦夷日記』八月二〇日条。また、前掲「蝦夷地第二次直轄期のアイヌ政策」。

(39) 『罕有日記』巻之六（函館市中央図書館蔵）安政四年七月二四日条。以下、『罕有日記』を利用した個所はいずれも同日条からの引用である。なお、史料中の「乙名」は改俗しているはずなので、正確には「名主」である。番人は改称前のアイヌ役名を称したものと推察される。

(40) アツケシ場所の「脇乙名コロコ」「小使イタクノツ」の両人が、「帰俗一条には決て其儀に不服して、自ら退役して平土人に相成」ったという。多少ニュアンスは異なるが、喜多野が役付アイヌに対して改俗を強制し、それに反発して役を離れた者がいたという点は事実として認められよう。秋葉実解読『戊午　東西蝦夷山川地理取調日誌』上（北海道出版企画センター、一九八五年）五三九頁。

(41) 前掲『入北記』、一九六・一九七頁。

(42) 岩崎奈緒子「蝦夷地場所請負制研究の新たな展開のために」北海道・東北史研究会編『場所請負制とアイヌ―近世蝦夷地史の構築をめざして―』（北海道出版企画センター、一九九八年）所収。

(43) 前掲「蝦夷地「場所」三役―支配を請け負う商人手代―」。

(44) 前掲「アイヌの『自分稼』」二一二頁。また、箱館六箇場所においては、和人の役人ですら村方三役を名乗っていなかったためか、役付アイヌが改俗しても「乙名」のままであった。この問題については、別稿で論じたいと思う。

(45) 前掲『戊午　東西蝦夷山川地理取調日誌』上、五四〇・五四一頁。

(46) 秋葉実編『北方史史料集成』第二巻・加賀家文書（北海道出版企画センター、一九八九年）、四五二頁。名主以上に袴着用を許可するのは、箱館奉行からの指示であった。前掲『北方史のなかの近世日本』、一六七頁。

嘉永・安政期における幕府火薬製造の変遷

―水車動力の導入を中心に―

福田　舞子

はじめに

西洋諸国による東アジアへの進出をはじめとする一九世紀の国際情勢の変化は、江戸幕府の軍制にも大きく影響を及ぼした。文化・文政期（一八〇四～二九）に増加する日本近海での異国船目撃情報や、天保一一年（一八四一）に阿蘭陀風説書を通じてもたらされたアヘン戦争の情報は、海岸防備に対する意識の高揚を招き、西洋式の砲術、軍事技術、軍事制度へと注目が集まった。

火薬をいかに確保するかは海岸防備や軍制の改革を進めるうえで重要な問題であり、幕府が行った火薬確保のための施策について明らかにし、軍制の近代化過程のなかで位置づけることが必要といえる。近年は戦略・戦術に偏りがちであった軍事史の見直しが図られ、また、幕末維新期の軍制研究において、戦闘員としての兵士にのみ焦点が偏りがちであったことの反省から、輜重に焦点を当てた研究成果も報告されている[1]。制度面の変革や兵士の徴発問題に留まらず、軍制の近代化にかかわる周辺諸分野の解明を行い、幕末の幕府軍制改革について総合的な評価をくだすことが求められる。そこで、本稿では江戸近郊における火薬製造に急激な変化をもたらしたペリー来航の前後に着目し、嘉永・安政期における幕府の火薬製造の変遷について整理する。

当時の火薬製造に関する幕府の動向をみるにあたり、下曾根信敦の関与が注目される。信敦は韮山代官・江川英龍とともに、高島秋帆から高島流砲術の皆伝を受けたことで知られる。信敦の事績に関しては明治一一年（一八七八）に信敦の子信之によって編まれた「下曽禰信之事蹟」[2]が挙げられるが、これは信之が日本における西洋流砲術の伝播について、その来歴を調査するよう命ぜられて作成したため、記載内容のほとんどが信敦・信之父子による砲術教授に関するものとなっている。なおかつ「記録類悉ク紛失詳細相分兼」ねることからその記述も大略を記すに留まっており、幕府の火薬製造政策への信敦の関与については触れられていない。先行研究においても信敦が皆伝を受けることになった経緯や門人への砲術教授について解明が進んでいるものの、信敦の幕府火薬製造政策への関わりについては未詳の部分が多い[3]。本稿では、信敦が幕府火薬製造へと関与した様子についても詳述したい。

一　日本における火薬製造

海防の強化と銃砲の需要増加に際し、大量の火薬を得るために幕府が行った施策について整理することが本稿の課題である。そこで、まずは近世初頭から幕末にかけて火薬という品がどのように扱われてきたか、その概要を記しておく。

火薬は火縄銃とともに日本に伝来したとされ、火縄銃と同様、伝来当初からその調合法が注目された。調合方法や原材料については、種子島時堯が家臣篠川小四郎に命じてポルトガル人に学ばせたとも、倭寇から伝わったともいわれるが、詳細は明らかでない[4]。当時銃砲の発射薬として用いられた黒色火薬は、硝石（硝酸カリウム）六〇～八〇％、硫黄八～二五％、木炭一〇～二〇％を混合してつくられる。砲術の各流派においては、火薬の調合方法や割合も秘伝とされ、代々受け継がれた。また、原材料の大半を占める硝石は日本国内で自然に産出せず、主要産地である中国からの輸入、もしくは人造によって供給された。鉄炮伝来当初は倭寇貿易による中国産硝石の入手や、宣教師を介してのポルトガル・スペインからの輸入が行われるも、高いコストがかかること、供給が不安定であることから国内で人工的に製造する手段が模索された[5]。一七世紀初頭には各地で人工的に硝石が製造され、主な硝石の産地としては越中国五箇山や飛騨国白川郷が知られる。江戸では武蔵国秩父および上野国で造られた硝石が多く流通し、幕末になると陸奥国南部藩領産の硝石も流入するようになった[6]。

火薬は安定した物質であり長期の保存に耐えうるという利点があるが、摩擦・衝撃・静電気に敏感で着火しやすく、取り扱いには細心の注意が必要とされる[7]。火薬の貯蔵庫である焔硝蔵は、火災対策として土塁で敷地を囲み、さらに蔵と蔵の間は土塁をもって隔てるのが通例であった[8]。また、江戸幕府による治世が安定期に入ると、危険物として人家から遠ざけられる。元禄期（一六八八〜一七〇三）には各地で焔硝蔵が城内から城外へ、さらに一里程離れた郊外へと移設する例が相次いだ。火薬の危険性や焔硝蔵の存在も人々の間では忘れられ、享保五年（一七二〇）には江戸の千駄ヶ谷焔硝蔵の敷地付近で花火をする者が増え、厳重に注意するよう町触が出されたという事例もある[9]。砲術流派も次第に淘汰され数を減らし、花火術へと転身するものもあった。需要が著しく低下した硝石も、医薬品としての利用が主体となる[10]。

一八世紀後半のロシア船来航によって海防の必要性が認識されるようになると再び火薬・硝石へと関心が集まり、その製造法が注目された。天保一二年（一八四一）に老中水野忠邦が高島秋帆に命じて行われた武蔵国豊嶋郡徳丸原での西洋流砲術演練以来、同一四年（一八四三）に四谷角筈村へ、弘化元年（一八四四）に下渋谷および赤坂今井谷へ、嘉永五（一八五二）年に大森村へ、射撃訓練場である角場を設けて砲術稽古が奨励された[11]。その後、嘉永六年（一八五三）六月のペリー来航を契機として、老中首座阿部正弘の主導により軍制改革と人材登用を柱とする安政の改革が推し進められた。

阿部は天保一四年（一八四三）閏九月の老中就任以後、水野忠邦の失脚、土井利位政権の成立、さらに水野の再任などの目まぐるしい政局の転換を経て、弘化二年（一八四五）の再度の水野退陣後、本格的に政権の中心となった。弘化・嘉永期には吏僚層の権限が強まっていたことや、前任の水野による天保期の積極的な改革に対する批判が強まっていたこと、財政難などの理由から、海防強化に対して消極的な姿勢をとっていたが、ペリー来航後には軍制改革と人材登用を柱とする安政の改革により海防の拡充を図り、筒井政憲や江川英龍らの登用、品川台場の築造、講武所の創設、西洋式銃隊の創設などを行っている。[12] 銃砲の需要は増し、それに伴って火薬の必要量も増加した。

また、ペリー来航は火薬・硝石の価格暴騰を引き起こしている。各藩は競って硝石を買い集め、すでに軍制改革のために硝石・火薬の製造に着手していた藩では，製造品の他領流出を厳重に取り締まり、それが更なる品薄と高騰を招くという悪循環に陥った。[13] こうした事態に接し、幕府が火薬確保のために行った施策について、次章で確認することとする。

二　水車動力の利用

ペリー来航前後で幕府の火薬製造に生じた最も大きな違いは、製造に水車動力の導入を試みたことである。西洋では産業革命の影響で火薬製造の動力源にも水車が利用されるようになり、一八世紀中頃には水車動力の導入が完了していた。[14] 日本においても、火薬原材料を混合する際、動力源に水車を用いることは広く知られていたようであり、嘉永元年（一八四八）一〇月に上野国吾妻郡殖栗村において農間に火薬を製造するために水車の建設が行われたことが指摘されている。(15) 文政年間（一八一八〜一八二九）に創設され、国内最大規模を誇ったとされる薩摩藩の滝之上火薬製造所に代表されるように、西洋式軍制の導入に着手していた諸藩では、早くから火薬製造に水車動力を利用し、大量生産を可能にしていた。(16) 海防の必要性が高まり火薬の需要が増したことを受け、幕府が水車動力を利用した火薬調合に着手したことは、嘉永六年（一八五三）七月、柏木淀橋町家持久兵衛へ火薬の製造を命じたことから確認される。

【史料1】

柏木淀橋町

水車渡世久兵衛被仰渡之儀御掛合ニ付

取調申上候書付

書面別紙案、掛紙之通相達し

可申渡旨被仰渡、奉承知畏候、

〔嘉永六年、筆者注、以下同じ〕丑七月十七日　館　市右衛門

湯嶋

麟祥院領

柏木淀橋町家持

水車渡世

久兵衛

此度調合薬御貯増大貫数急々製方被仰渡候ニ付而者、水車製をも申上置候處、右久兵衛儀所持之水車に而御用

製方致し度旨、名主差添玉薬方江申立、場所見分取調候處、差支之儀も無之間、同人江春立方等之儀申付、尤玉薬組之もの江附切、調合薬製方取扱候積ニ有之、右者合薬之儀、且差急候御用之儀ニ付、同人儀格別精出し念入候様、於其御役所〔鉄砲玉薬役所〕も御申付有之候様致し度旨、〔留守居〕関播磨守殿御掛合書御下ヶ被成、早々取調否可申上旨被仰渡候間、一應久兵衛并町役人呼出し、相尋候趣左ニ申上候、

一　柏木淀橋町家持
水車渡世
久兵衛
五人組
名　主

右者先月廿一日、玉薬方御役人中村丑之助殿与申仁御越、今般御鉄炮薬御用私所持之水車ニ而可相勤哉之段御尋有之、當月七日、右御用私一分ニ製方被仰付被下置候様親類并名主差添、別紙之通願書竹橋御門内玉薬御役所江差上候処、即日願之通被仰付、當時諸道具補理中ニ御座候旨申之候、

右之通有之、則差出候願書写奉入御覧候、御用之儀者、玉薬方ニおゐて被仰付候儀ニ付、御掛合之趣を以格別出精入念可相勤旨、并品柄之儀ニ付、町内隣町火之元大切ニ可仕旨被仰付、私共ゟ申渡候様可仕候哉、則申渡案相添、御渡被成候御掛合書写返上仕、此段申上候、以上、

〔嘉永六年〕丑七月　　館　市右衛門(17)

嘉永六年七月、当時の鉄砲玉薬奉行永田帯刀・同今川要作へ幕府の火薬貯蔵量を早急に増やすべく火薬製造が命ぜられ、柏木淀橋町の水車場が製造場所に選ばれた。六月二一日に鉄砲玉薬方から久兵衛へ「御鉄炮薬御用私〔久兵衛〕所持之水車ニ而可相勤哉之段御尋」があり、翌七月七日に久兵衛が御用を引き受ける旨の願書を江戸城竹橋

門内の鉄炮玉薬役所へ提出、即日受理し、開始された。なお、製造に際しては「玉薬組之もの江附切、調合薬製方取扱候」とあるように、鉄炮玉薬奉行以下支配の者が出向し作業の指導にあたった。また、水車場の選定にあたっても、「先月〔嘉永六年六月〕廿一日、玉薬方御役人中村丑之助殿与申仁御越、今般御鉄炮薬御用私所持之水車ニ而可相勤哉之段御尋有之」と、鉄炮玉薬方の者が火薬製造に適した場所を見分・調査している様子がわかる。

鉄炮玉薬奉行は、幕府の鉛、火薬原材料の製造・管理、および銃砲用の火薬製造・管理をその職掌とする。留守居の支配を受け、持高勤め、役扶二〇人扶持、二人が定員で勤めた。二〇〇俵前後の家禄の者が任命されることが多く、席次は御目見焼火之間であった[18]。鉛、火薬といった銃砲の周辺に必要不可欠なものの製造・管理を担うため、天保一二年（一八四一）に老中水野忠邦が高島秋帆に命じて行われた徳丸原での西洋流砲術演練、およびその後の西洋砲術の奨励と海岸防備体制の強化により、職務は増加の一途を辿ることになる。特に、実際に火薬製造の作業にあたる鉄炮玉薬同心以下、手附・出役・雇の者に影響がみられる。鉄炮玉薬同心らは、鉄炮玉薬役所の番や幕府が各所に所有する焰硝蔵の番、武器・弾薬の輸送などにあたる[19]。嘉永四年（一八五一）九月二〇日に鉄炮玉薬同心間野源次郎が大筒鋳立御用増掛を命ぜられた例もあり、同心らは西洋流砲術の導入に伴い様々な作業の現場に駆り出された[20]。江戸近郊の水車で火薬製造を行うにあたっては、水車場の選定から製造作業の指導まで、鉄炮玉薬同心らが尽力したものと思われる。

また、先述の通り、ペリー来航以後は火薬、および硝石の市場価格が暴騰し、幕府・諸藩を問わず火薬や火薬原材料の入手に血眼になった。火薬原材料の大半を占める硝石は日本国内で自然に産出しない。そのため、原材料のなかでも人工的に製造する必要があるものとして、西洋流砲術伝来の当初より、その重要性が認識されていた。久兵衛方への火薬製造申し付けに際しても、硝石をいかに得るかが問題視された様子が【史料2】よりうかがえる。

【史料2】

願書写

乍恐以書付奉願上候、

一今般御鉄炮薬御用私所持之水車ニ而製方可被　仰付旨、御見分御調御座候ニ付、御薬舂方并干方、硫黄挽方而已御受負可仕段申上候処、御硝石煮立、御薬固メ共都而可仕旨、釜屋取建釜段築立、釜其外舂方、固メ方諸道具、干棚共拵、粘米焚木等迄一式御請負可仕旨被仰渡候ニ付、勘考仕候内手間取候ニ付、角筈村名主傳之丞・大久保村名主理右衛門江引請被　仰付、私儀右両人江示談仕、製方可仕旨双方江被　仰渡候、然ル處、初發より御取調之通一分ニ御用相勤申度、其段掛合相整候間、私一分ニ製方被　仰付被下置候様奉願上候、尤両人・も奉願呉候筈申談候、依之親類并名主一同連印を以此段奉願上候、以上、

柏木淀橋町
家持水車渡世
久兵衛

嘉永六丑年七月七日

太田平左衛門知行所
武州豊嶋郡長崎村
油屋
親類
三右衛門

柏木成子町
中野屋
同断
八郎兵衛

御玉薬方　　　　　　　名主　　　　紋右衛門
　御役所様[21]

当初、久兵衛は「御薬舂方并干方、硫黄挽方而已」つまり、火薬原材料を調合して乾燥させる工程、および硫黄を挽いて粉末状にする工程のみを引き受けるよう申し入れた。しかし、鉄炮玉薬方からは「御硝石煮立、御薬固メ共都而可仕」すなわち塩硝土を煮詰めて硝石の結晶を取り出す工程から火薬を搗き固めて粒状にする工程まで、火薬製造に関わるすべての作業を行うよう命ぜられた。

硝石は、硝酸カルシウムを含む塩硝土を灰汁で煮詰めることで採取される。人の尿や牛馬の死骸、魚の腸などを日の当たらない民家の床下などに埋めておくことで短期間に大量の塩硝土を人工的に製造することが可能であり、火薬の需要が高まった幕末においては塩硝土の人造が農村や江戸においてさかんに行われた[22]。塩硝土から硝石の結晶を取り出す手順について簡単に記すと、大略次の通りとなる。まず塩硝土（次頁図の(壬)）を土桶（(甲)）に入れて一晩置き、浸出液を呑口から埋桶に採取する。その浸出液を沸かして、灰（(丙)）を入れた灰桶（(乙)）に通したもの（(丁)）を煮詰め（(庚)）、布で漉して冷やし鍋（或いは桶）（(戊)）に入れ一晩冷ます。冷ました後、鍋の内側に付着する結晶が硝石である。残った水は桶に溜められ（(己)）、硝石の精製に再利用された。純度の高い硝石を得るために、結晶の溶液を煮詰めては漉して冷ます、という工程を繰り返して精製された。江戸において専門に扱う問屋は定められておらず、必要な際には幕府から御用達町人伊勢屋長兵衛へ発注し、伊勢屋が産地から取り寄せ上納する手筈となっていたようである[23]。

硝石を煮立て結晶を取り出す工程まで請け負うことになると、作業にかかる手間も必要な道具も大幅に増える。「釜屋取建釜段築立、釜其外舂方、固メ方諸道具、干棚共拵、粘米焚木等迄一式御請負可仕旨被仰渡」とあるように、

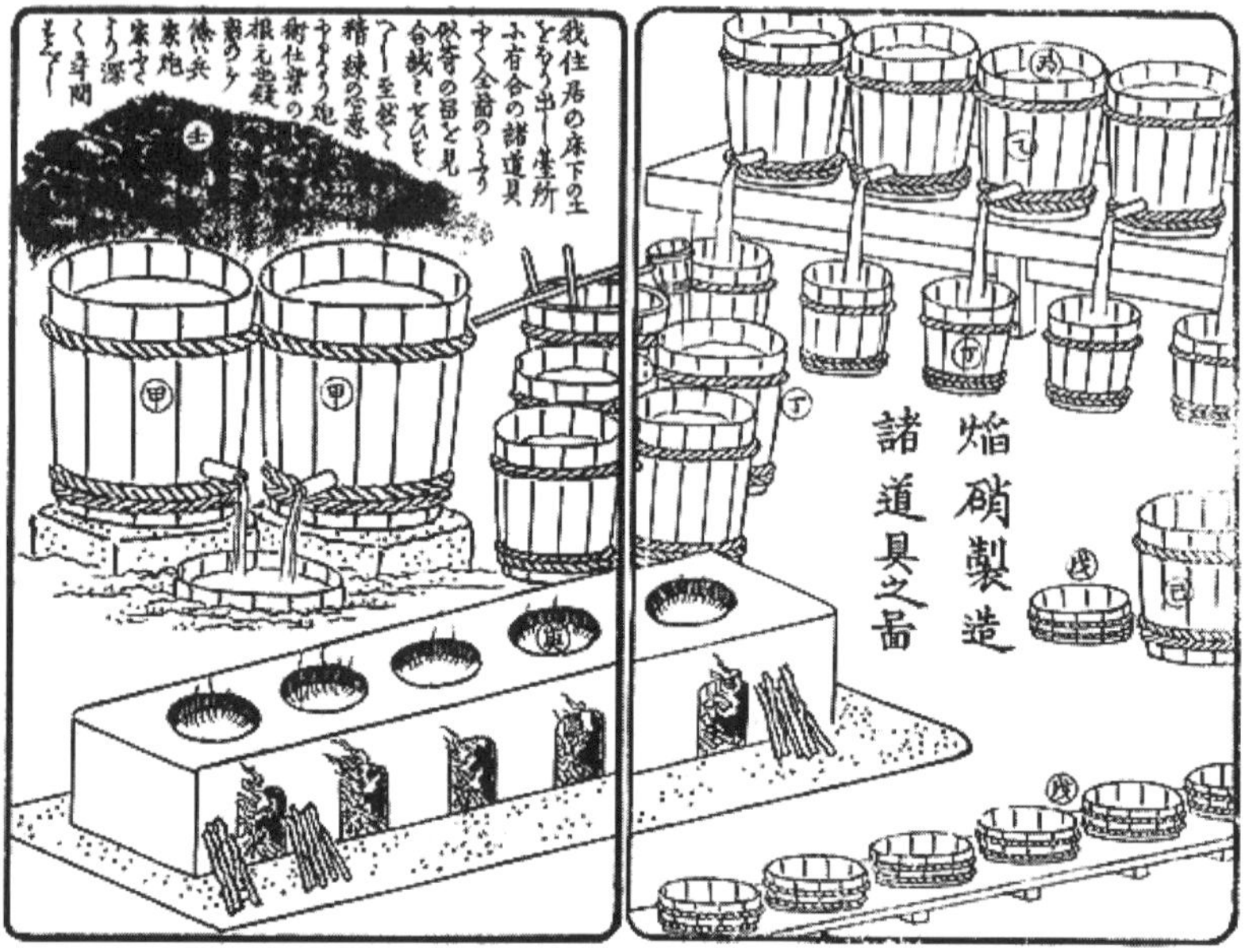

図　「焔硝製造諸道具之図」

（佐藤信淵『硝石製造辨』安政元年（1854）、大矢真一編『硝石製煉法／硝石製造弁／硝石篇』（江戸科学古典叢書12）（恒和出版、1978年）より転載。

塩硝土を煮るために必要な釜等の設置も久兵衛方で行うよう言い渡されたため、御用引き受けを躊躇していたことが分かる。しかし、そうするうちに角筈村名主傳之丞・大久保村名主理右衛門へも御用が下ってしまったため、焦った久兵衛は傳之丞・理右衛門両者へ示談のうえ御用を一手に引き受けることを決断した。硝石製造の工程から命じたことは、硝石の急激な品薄状態を迎えたことにより、従来の入手手段に依存することの危うさを幕府が痛感したことのあらわれと見ることができる。

同水車では火薬・硝石の製造が続けられたが、嘉永七年（一八五四）六月に大規模な爆発事故を起こし、その後製造が再開された様子はみられない。事故の様子は「文鳳堂雑纂」災變部所収の「柏木淀橋町合薬焔硝一件」により知ることができる。[24] それによると、六月一一日早朝六ツ時に久兵衛方より出火し火薬へ引火、爆発を起こし近隣を巻き込み「凡長サ十九間・巾平均六間程」を焼き尽くした。久兵衛方にて火薬を保管に用いていた土蔵はどこへ散乱したかも分からず、土蔵跡の地面は深さ一丈程もえぐり取られ、爆風で舞った「焰硝・土砂并木之類」を含む塵芥は淀橋町内を越えて近辺の村や町へ降り注いだという。死者こそ出さなかったものの、周辺に与えた損害は「潰家一七棟、同土蔵七ヶ所、損家・土蔵共一一ヶ標、焼失七標、跡方も無之散家・土蔵とも九ヶ所、怪我□（虫損、重カ）躰ノ者十八人、怪我者三十四人」という凄まじいものであった。

火薬製造を担った水車での火災や爆発事故は珍しくなく、安政四年（一八五七）八月五日、同三年中に鉄炮方井上左太夫の支配のもと火薬の調合を行っていた豊嶋郡原宿村の水車における火災も、火薬が被害拡大の原因と思われる。

【史料3】

安政四丁巳八月五日

御留守居支配
明屋敷伊賀者借地
武州豊嶋郡原宿村
百姓ニ而水車稼
賀兵衛
同人召仕
米吉
巳四十六歳

昨四日昼九時頃右賀兵衛居宅續水車米搗場裏之方江取灰捨置候得者起り返り及出火候處、去辰年〔安政三〕中迠右舂場ニ而御鉄炮方井上左大夫様合薬舂立方致居、其節合薬舂立方ニ相用候臼類差出し同所ニ積有之候間、右臼江火移舂場屋根其外共巻氣強く一時ニ燃上り舂場ニ昼霧致居候、前書米吉儀惣身焼爛焼死致し、賀兵衛居宅并舂場共七拾坪余焼失仕居續同人土蔵焼残り候程之義ニ御座候間、飛火類焼外ニ人馬怪我・損所等聊も無御座候得共、多分之合薬・及火發、家作損所等怪我有之趣専ら取沙汰仕候ニ付此段事実之所申上置候、以上、

〔安政四年〕巳八月五日　　　　　山崎作太郎(25)

原宿村の事例では、すでに火薬製造は行っていなかったが、灰捨て場で出火した火が原材料を調合して火薬を製造するために使用していた臼に引火して拡散した。水車稼ぎ人賀兵衛の召仕米吉が焼死し、「賀兵衛居宅并舂場共七拾坪余焼失仕居續同人土蔵焼残り候程」の被害が出た。「多分之合薬・及火發、家作損所等怪我有之趣専ら取沙汰仕候」との記述からは、淀橋町、原宿村の事例に留まらず、火薬が原因とみられる火災が頻発していた当時の情勢を窺うことができる。

既存の米搗き水車を転用した火薬製造は火災や爆発事故の頻発を招き、嘉永七年（一八五四）五月には既に、鉄炮玉薬奉行支配御鉄砲師大塚善之助によって火薬原材料の流通を統制し、火薬製造専用の水車を備えた座の設立が提起された(26)。座の仕様書には、火災対策として、火薬製造場所は敷幅三間、馬踏三尺、高さ一丈程の土手を築きて囲み、三棟の火薬貯蔵庫は一間ずつ引き離して貯蔵庫間に中仕切りの小土手を築くこと、また、敷地内の警備は座所属の商人と番人人足ら合わせて一五人程で昼夜行うことが盛り込まれた(27)。先述の通り、焔硝蔵では周囲を土塁で囲み、火災対策を十分に行うことが通例であった。火薬製造場所の火災対策は、度重なる水車場での火災に接し、従来の焔硝蔵の火災対策を参考に提案されたものと思われる。

その後、この座の構想は、原材料の統制については、文久三年（一八六三）五月に硝石御自製場とする地域を定め、同所において製造した硝石を幕府に上納させ、同年一二月設立の硝石会所に集中させるという制度を制定する

ことによって結実した。また、火薬製造専用の水車場については、目黒川の水流を利用した火薬製造所を設立することが定まったものの、選定された土地の召し上げが難航したことや、安政五年（一八五七）の井伊直弼大老就任に伴う西洋式軍制導入の停滞を受け、完成・稼働は文久二年（一八六二）末となった[28]。以後、幕府の火薬製造は目黒の火薬製造所が担うこととなる。柏木淀橋町久兵衛方の水車にはじまる米搗き水車場への火薬製造の御用申し付けは、後の火薬製造所の嚆矢といえる。

三　西洋流砲術への期待

久兵衛所持の水車では、鉄炮玉薬奉行支配のもと行われた合薬御用の他、下曽根信敦による合薬も行われた。そのことは、嘉永六年（一八五三）一〇月八日、信敦が町奉行衆に対して久兵衛水車の使用を打診していることによって確認される。

【史料4】

［町奉行衆　　下曾根金三郎

柏木淀橋町
水車持
久兵衛

右者、此度西洋炮合薬製方拙者江被仰付候ニ付、右久兵衛水車ニ而製方申付度、尤水車東之方者當時玉薬方御用中ニ付、同人持地所西之方ニ而今般製方為致度候間、右之段御申渡有之候様致度、此段及御掛合候、以上、

〔嘉永六〕丑十月八日[29]

鉄炮玉薬方への下命は「調合薬御貯増大貫数急々製方」であったのに対し、信敦への下命は「西洋炮合薬製方」すなわち洋式大砲へ用いるための火薬製造であることが強く意識されている。なお、「水車東之方」では先述の通り、同年七月から鉄砲玉薬方の主導により火薬製造が行われていたため、信敦は久兵衛所持の水車場のうち西側を使用することを希望した。久兵衛方の水車の西側は、武蔵国中野村浅田屋政吉へ弘化二年（一八四五）より二〇ケ年季にて貸し渡されていたため、最終的に鉄炮玉薬方が使用していた東側の水車のうち空いている分を利用することで話がまとまっている。[30]

信敦は文化三年（一八〇六）旗本筒井政憲の次男として江戸二番町に生まれ、文政一二年（一八二九）に下曾根小十郎信親の養子となり下曾根家を継いだ。通称は金三郎、桂園または武裸雄と号した。天保六年（一八三五）頃から渡辺崋山と交流があり、「渡辺之蘭学門人」と周囲に認識されていた。[31]西洋流砲術に興味を持ち、天保一二年（一八四一）高島秋帆が幕命により出府するに及び秋帆に師事し砲術を学んだ。徳丸原における高島流砲術演練の翌月には秋帆から高島流砲術の皆伝を受け、江戸の下曾根塾において西洋流砲術の教授に務め多くの門人を輩出した。信敦の門人には田原藩の三宅友信や村上範致、土佐藩の徳弘弘蔵、南部藩主南部利済などが名を連ね、各々、自藩への西洋流砲術導入に務めている。[32]同じく免許皆伝を受けた伊豆国韮山代官江川英龍と同様に幕府軍制改革に際して重用され、嘉永二年（一八四九）には浦賀へ出張し浦賀奉行配下の者達への砲術教授にあたり、大砲の鋳造、試射なども行った。安政三年（一八五六）の講武所創設時には砲術師範役に任ぜられ、同年四月二二日より持筒頭を兼帯、文久三年（一八六三）六月二二日より歩兵奉行、慶応二年（一八六六）一一月一八日には陸軍所砲術修行人教授役頭取に任命された。[33]また、講武所への出仕に関しては実子の次郎助信之も砲術教授方を命ぜられ、父子で同所における砲術教授にあたっている。[34]

銃砲・火薬の製造・管理を担う鉄炮玉薬方が進める水車合薬と並行して、信敦に火薬製造を命じた背景には、信敦の持つ高島流砲術の知識・技術に対する期待が窺える。

「一　日本における火薬製造」で述べた通り、火薬の調合法は秘伝として各流派に伝えられており、それは西洋流法砲術も例外ではない。高島流砲術伝書にも、火薬の西洋諸国における火薬原材料の調合の割合や、水車を利用した火薬の製法などが記されていた。[35]西洋流砲術を通じて得た火薬に関する知識を活かし、水車を用いた火薬製造手法を確立させることにあったと推察される。

西洋諸国と日本とでは水車の構造に差異があったにも関わらず当時の日本の技術者達がその情報を十分に有していなかったことが、盛岡藩で安政四年（一八五八）に建設された製鉄高炉で用いられた動力水車に関する小野寺英輝氏の研究によって明らかにされている。[36]それによると、水車の直径に対する幅の割合は西洋のものが日本のそれに比べて大幅に大きく、産業革命の影響を受け一八五〇年代には鋼製の水車への移行がほぼ完了していた。幅が狭く木製の日本型水車と比較すると、水車の軸の高さが同じ場合、出力の差は一・五〜二倍にもなったという。従来の日本型米搗き水車をそのまま転用して行った調合によって、すぐさま火薬の生産性が上がり保有量の劇的な増加が期待できたとは考え難い。西洋流砲術の知識を持つ信敦に火薬製造を行わせ、その技術を火薬の大量生産へ役立てようとしたものと思われる。

西洋の火薬製造法の研究は、万延元年（一八六〇）八月に蕃書調所精錬方が設立されると、そちらへ引き継がれたものと思われる。安政元年に洋書の翻訳と洋学研究を専門に担う洋学所の設立が計画され、安政三年（一八五六）末に蕃書調所と名称が定められ、文久二年（一八六二）一一月に洋書調所へと、翌三年（一八六三）八月に開成所へと改称された。教授内容は、万延元年の半ばまで「蕃書観読」すなわち蘭語教育のみであったが、次第にさらなる西洋の知識・技術の習得が必要とされ、英語・仏語・独語が増設、語学以外では天文学・地理学・究理学・精煉学（元治元年に化学と改称）・器械学・物産学・数学・画学・活字の諸科が順次新設された。万延元年（一八六〇）八月に設置された精煉方（元治元年〈一八六四〉に化学方と改称）では、大砲の鋳造方法や火薬の製造方法などが研究・教授され、語学以外では最大の規模を誇ったことが知られる[37]。信敦による火薬製造は、蕃書調所精錬方のような専門の教育・研究機関を設立する以前において、いわば暫定的な形で西洋の火薬製造技術を研究させ、火薬保有量の増加につなげようとしたものと考えられる。先述の通り、久兵衛方の水車は爆発事故を起こし製造は中断、その後再開した様子も見られない。信敦による火薬製造も再開された様子はなく、以後は砲術教授に尽力したようである。

なお、信敦の実父筒井政憲と阿部正弘との緊密な政治的繫がりや、筒井と高島との関係も大いに影響したものと思われる。阿部が安政の改革に際して筒井を重用し、当時の政局において筒井が重要な役割を担ったことは従来指摘されるところであり、筒井は洋学所設立に際しては川路聖謨、岩瀬忠震、水野忠徳とともに洋学所立合として設立計画の監督を務めている[38]。また、筒井は文化一四年（一八一七）から文政四年（一八二一）にかけて長崎奉行を勤めており、長崎滞在中に高島と砲術を介した接触があったこと、また、両者の関係が信敦へ高島流砲術が伝授された一要因として重視されることが、梶輝行氏によって指摘されている[39]。西洋の火薬製造技術を導入するために信敦へと命が下ったことについても、筒井の存在が大きな要因であったと考えられる。信敦の事績を解明するにおいては、筒井の動向が今後より一層注視されるべきであろう。

おわりに

嘉永・安政期の幕府による火薬増産策について、最も注目されるべきは水車動力の導入である。火薬の大量生産を行い供給の安定化を図ることが目的であったと考えられるが、西洋流砲術の導入と海岸防備のために増え続ける火薬の需要に早急に対応するため、取り急ぎ、江戸近郊の米搗き水車へ火薬の製造を命じた。水車場の選定から製造にかかる作業の指導に至るまで鉄炮玉薬方が出向して行ったが、防火対策はとられた様子がなく、火災、爆発事故が頻発することとなる。その被害は甚大で、近世中期以後人々の生活から離れ忘れられてきた火薬の危険性と防火対策の重要性が再び認識されるようになる。専用の水車を設けた火薬製造所の設立が提起されるも、製造所が完成したのは文久二年末のことであり、ここにきてようやく火薬の大量生産体制が敷かれることとなる。

また、在来の水車を転用しての火薬製造と並行して下曾根信敦に火薬製造を命じた背景には、西洋の火薬製造法を研究し、火薬の大量生産に役立てようとする意図があったと思われる。水車動力を利用した火薬製造を軌道に乗せるため、阿部正弘とのつながりが深い筒井政憲の子であり、なおかつ西洋流砲術の皆伝者である信敦に期待がかけられたが、水車場の爆発事故によって中断されて以後、製造が再開された様子はみられない。嘉永・安政期に模索された火薬の大量生産体制の多くは文久期に結実し、西洋式軍制の導入に伴って増加を続ける火薬の需要に対応していったのである。

注

（1）阪口修平編著『歴史と軍隊―軍事史の新しい地平』（創元社、二〇一〇年）、保谷徹「近世近代移行期の軍隊と輜重」『歴史学研究』八八二号、二〇一一年。

（2）東京大学史料編纂所所蔵。

（3）下曾根信敦については、岩崎鐵志「下曾根信敦の書簡―田原藩村上範致へ」『日本歴史』二五八、一九六九年、梶輝行「下曾禰信敦と高島流砲術」『洋学』一、一九九三年、坂本保富「下曾根信敦の西洋砲術門人の析出―高知市民図書館蔵『徳弘家資料』を中心として」『日本歴史』五八二、一九九六年、「下曽禰信之事蹟」（東京大学史料編纂所所蔵）、「下曽根次郎助明細短冊」（国立公文書館所蔵内閣文庫江戸城多門櫓文書四六一八号［以下、多〇〇号というように表記］）など。

（4）宇田川武久『鉄炮伝来』（中央公論社、一九九〇年）、洞富雄『鉄砲』（思文閣出版、一九九〇年）、太田弘毅『倭寇―商業・軍事史的研究』（春風社、二〇〇二年）、佐々木稔編『火縄銃の伝来と技術』（吉川弘文館、二〇〇三年）など。

（5）所荘吉「わが国における硝石の価格」『銃砲史研究』三一号、一九七一年、一五～一七頁。

（6）『諸問屋再興調』七（東京大学史料編纂所、一九六六年）、一一四～一一六頁、四九号、中西崇「近世の塩硝・硫黄生産と火薬製造」『史観』一五四、二〇〇六年、一八～二五頁。

（7）中原正二『火薬学概論』（産業図書、一九八三年）、四六頁。

（8）「千駄ヶ谷新焔硝蔵地江此度新規御蔵御取建之義申上候書付」（多一六二八九号）、川越重昌「焔硝蔵の論理―古河藩爆発焔硝蔵復元―」『銃砲史研究』一八七号、一九八七年、一二～一五頁、淺川道夫『お台場―品川台場の設計・構造・機能―』（錦正社、二〇〇九年）、一五一～一五六頁。

（9）近世史料研究会編『江戸町触集成』第四巻（塙書房、一九九五年）、二四頁、五六六五号。

（10）吉岡信『近世日本薬業史研究』（薬事日報社、一九八九年）、付表一一、二五頁、山脇悌二郎『近世日本の医薬文化』（平凡社、一九九五年）、一四九～一五一頁。

（11）石井良助・服藤弘司編『幕末御触書集成』第三巻（岩波書店、一九九三年）、四二九～四三八頁、三一一七～三二四〇号、有馬成甫『高島秋帆』（吉川弘文館、一九五八年）、一三九～一四三頁。

（12）阿部正弘の海防政策については、渡辺修二郎『阿部正弘事蹟』（東京大学出版会、一九七八年復刻）、安藤直方『講武所』（聚海書林、一九八八年復刻）、石井孝『学説批判　明治維新論』（吉川弘文館、一九六一年）、藤田覚「海防論と東アジア―対外危機と幕藩制国家―」青木美智男・河内八郎編『講座日本近世史七　開国』（有斐閣、一九八五年）所収、守屋嘉美「阿部政権論」『講座日本近世史七　開国』所収、熊澤（保谷）徹「幕府軍制改革の展開と挫折」『幕末維新論集三　幕政改革』（吉川弘文館、二〇〇一年）所収、仲田正之「安政の幕政改革における鉄砲方江川氏の役割」『幕末維新論集三　幕政改革』所収、上白石実「安政の改革における外交機構」『幕末維新論集三　幕政改革』所収、田中弘之「阿部正弘の海防政策と国防」『日本歴史』六八五号、二〇〇五年、など。

（13）注（5）、一九～二〇頁、野上平「水戸藩における硝石生産の発達と軍制改革」沼尻源一郎編『水戸の洋学』（柏書房、一九七七年）、一六七頁。

（14）藤原良樹・門久義・細川款延「西欧における在来形水車の歴史とその性能」『日本機械学会誌』九〇（八一九）、一九八七年、六九頁。

（15）注（6）中西論文、二〇〇六年、三二頁。

（16）薩摩のものづくり研究会編『薩摩藩集成館における反射炉・建築・水車動力・工作機械・紡績技術の総合的研究：薩摩ものづくり研究』（科学研究補助金・特定領域研究（2）研究成果報告書、平成一四年度―平成一五年度）（薩摩のものづくり研究会、二〇〇四年）。

（17）東京大学史料編纂所『市中取締類集』三（大日本近世史料）（東京大学出版会、一九六一年）、二三三～二三五頁、三六〇号。

（18）『古事類苑』官職之部、東京大学史料編纂所編『柳営補任』四（大日本近世史料）（東京大学出版会、一九六四年初版、一九八三年覆刻）、「諸向地面取調書」一一（内閣文庫一五一―二四六号）。

（19）「御進發御用小銃ハトロン其外共大坂表江陸地相廻シ候儀申上候書付」（多三五六二〇号）、「御進發御用大小砲弾薬其外大坂表江陸地相廻し方之節差添罷越候御鉄炮玉薬組之者御手当被下方之儀等伺候書付」（多一四四八六号）、「御進發御用大砲附属弾丸其外共大坂表江陸地相廻シ候書付」（多二七三八一号）、「御進發御用大小砲附属弾丸諸器械横濱表迄海陸相廻シ候儀申上候書付」（多二八九四五号）、「御進發御用大小砲附属弾薬大坂表江陸地相廻し候儀申上候書付」（多三二五三〇号）など。

（20）「鉄炮玉薬奉行組間野馬三郎由緒書親類書縁類書」（多三二八号）。

（21）注（17）、二三五～二三七頁、三六〇号別紙。

（22）須賀操平「加賀藩における火薬の歴史」『化学史研究』一一、一九七九年、一四～一五頁、佐々木稔編『火縄銃の伝来と技術』（吉川弘文館、二〇〇三年）、二〇三頁、馬路泰藏「白川郷における江戸時代の硝石生産技術に関する研究1―焔硝土およびその原料の成分分析からみた硝石生産の実態―」『化学史研究』三二（2）、二〇〇五年、同「白川郷における江戸時代の硝石生産技術に関する研究2―硝酸の抽出効率からみた焔硝土による硝石の生産性―」三二（3）、二〇〇五年、同「白川郷における江戸時代の硝石生産技術に関する研究3―焔硝土中の硝酸体Nに対する人尿Nの寄与率の推定―」『化学史研究』三三（1）、二〇〇六年。

（23）『諸問屋再興調』七、一六二～一六四頁、七六号。

（24）内閣文庫二一七―三六（国立公文書館所蔵）。

(25)「安政雑記」五（国立公文書館所蔵内閣文庫一五〇―一五八）。
(26)合薬座については、拙稿「幕府による硝石の統制―軍制改革と座・会所の設立―」『科学史研究』〔第二期〕五〇、二〇一一年。
(27)『幕末御触書集成』第三巻、四四五～四四七頁、三一六二号。
(28)『目黒区史』（東京都目黒区、一九六一年）三三一～三三三頁。
(29)注（17）、三四九～三五〇頁、四〇五号。
(30)注（17）、三四四～三四五頁、四〇一号。
(31)佐藤昌介『洋学史研究序説』（岩波書店、一九六四年）、一九九頁。
(32)注（3）。
(33)「下曾祢信之事蹟」、注（3）梶論文、一一六～一一九頁。
(34)「下曽根次郎助明細短冊」（多四六一八号）。
(35)「高島流砲術伝書」（鶴見大学図書館所蔵）。
(36)小野寺英輝「幕末期の西欧技術導入と在来技術（盛岡藩の高炉水車を例として）」『日本機械学会論文集（C編）』七四（七四六）、二〇〇八年、三三一～三三五頁。
(37)「開成所伺等留」（東京大学史料編纂所所蔵）、「開成所事務」（東京大学史料編纂所所蔵）、原平三「蕃書調所の科學及び技術部門に就て」『帝國學士院紀事』二巻三号、一九四三年、沼田次郎『幕末洋学史』（刀江書院、一九五〇年）、佐藤昌介「化学教育のはじまり―蕃書調所のばあい」『化学と工業』二九（9）、一九七六年。
(38)注（12）。
(39)注（3）梶論文、一二一頁。

漂流民救助と送還の近代化

上白石　実

はじめに

嘉永六年（一八五三）浦賀を訪れたペリーに課せられた使命の一つに、日本近海で難破した捕鯨船乗組員の救助と保護を日本側に約束させることがあった。ペリーが日本を訪問した時にはアメリカ船による日本近海での捕鯨業は最盛期が過ぎ、一攫千金をもとめる冒険者たちは捕鯨船からカリフォルニアの金山に移っていたが(1)、一八五〇年代前半にはまだ多くの捕鯨船が活動していた。そのため、水や薪を求めて船員が日本沿岸に接近上陸したり、海難事故で日本に漂着する事件が発生していたのである。ニューヨークタイムズ紙におけるペリー遠征に関する記事を検討した今津浩一(2)によると、それまで遠征に反対の立場を表明していた同紙が、一八五二年五月一日の記事から突然賛成に転じたという。同日の記事とは一八一一年に発生したゴロウニン事件(3)についてであり、つづいて六月一五日の紙面ではローレンス号事件(4)を取り上げている。ニューヨークタイムズ紙が態度を変えた背景には政府や産業界からの圧力があったと今津は指摘している。

一方日本側の難破船や漂流民への対応は、近世を通じて保護・隔離・送還で一貫していた。日本沿岸に漂着した難破船に対しては、密貿易やキリスト教の布教目的ではないことが確認されると、船が航行可能な場合は食料や水を補給したうえで修理して出航させ、航行不能な場合には、幕府に判断を仰いだうえで海路もしくは陸路長崎に護送して出国させていた。ただし、異国船が碇泊中は小船で包囲する垣船を、漂流民を上陸させる場合には、船具を一時的に差し押さえる留置をしたうえで、漂流民を収容した小屋を竹矢来で包囲する虎落《もがり》を行って隔離した。文政八年（一八二五）に異国船打払令が発令されるが、このときも異国船が来航した場合まず接触をし、漂流船ではないと判断した場合だけ砲撃を行い、漂流船と判明した場合には従来どおりの保護・隔離・送還を行うことになっていた(5)。

ローレンス号事件に関するニューヨークタイムズ紙の記事によると、乗組員たちが浜辺につくと「日本の土人どもは、我々の持物全部、ボート、その他の備品を取り上げ、我々全部は牢屋に放り込まれた」とある。これは日本が従来行ってきた留置と虎落である。そして長崎での取調べに関する記事では、「我々は、難破したのだと申し立てたけれども、彼らは聞く耳を持たず、我々を自由の身にはしてくれなかった」と、監禁され隔離されたとある。この一連の対応は、日本側にしてみれば合法的なものであるが、アメリカ側にすれば非人道的な行為と見えるのである。この記事をニューヨークタイムズ紙に掲載することで政府や産業界は、ニューヨーク市民の世論をペリー艦隊の遠征に賛同するように動かしたのである。

この漂流民救助に関しては日米でただちに合意が成立し、日米和親条約の第三条で「合衆国の船日本海辺漂着之時扶助いたし、其漂民を下田又は箱館に護送し本国の者受取可申、所持の品物も同様に可致候、尤漂民諸雑費は両国互に同様之事故不及償候事」と明記された(6)。

この第三条の要点は二つある。第一は、アメリカ船が日本沿岸に漂着した場合はただちに救助し、漂流民と所持品を開港場の下田か箱館に送還する、第二は、漂流民の保護や送還に関する経費は救助した側が負担し、漂流民の母国に請求しない。この二点には、近世日本における漂流民の保護と送還の慣例が反映されていた。

日米交渉において、ペリー艦隊の圧倒的な軍事力を背景に不平等条約を押しつけられたという言説が否定され、日本側は昌平坂学問所の出身者を中心に対等に交渉していたことが明らかにされて久しい[7]。しかし、アメリカの代表ペリーは、海軍の軍人であって外交官ではない。また日本の代表林?は、外交を家役とする林家の当主ではあるが欧米の国際法に関する知識は少ない。そのため、両者によって締結された日米和親条約には、両者が同じ料紙に調印した正文がない点や、アメリカ領事の下田駐在に関する点などさまざまな不備がみられる。そのため、日米和親条約から四年後の日米修好通商条約で修正が行われるが、この難破船救助と漂流民送還の項目に関しては修正されなかった。

ところが、和親条約第三条の二点目、漂流民の保護・送還に関する費用を救助した側が負担すると決めた項目が、開港後急増する外国船の事故により日本側に大きな負担となっていた。そのため、明治維新直後から費用負担に関する項目の改正が試みられることになる。この点は、治外法権の否定や関税自主権の回復、外国人の内地旅行と内地雑居の許可といった問題に隠れてしまうが、条約改正の重要な課題の一つであることは間違いない。

日本史研究の分野で最初に海難救助の問題を取り上げたのは金指正三[8]で、海難救助の問題を対外関係史の研究課題にまで発展させたのが荒野泰典である。荒野は、近世になると東アジアに統一的な国家が出現し、ある程度の友好関係が構築されたことにより漂流民の送還体制が実現したと論じた[9]。荒野のこの提案は多くの研究者を刺激し、清との送還制度を明らかにした春名徹[10]や、朝鮮との送還について中世の事例を検討した関周一[11]、近世の事例を紹介した池内敏[12]、近世琉球国の漂流民送還を検討した渡辺美季[13]、蝦夷地における送還を扱った及川将基[14]など、近年多くの成果が発表されている。

活発に展開する前近代史の海難救助や漂流民送還に関する研究に対して、近代史の分野の研究はあまり見られていない。不平等条約の改正運動の発火点となった明治一九年（一八八六）のノルマントン号事件が有名であるが、それ以外では、維新直後断絶状態にあった日本と朝鮮との間の漂流民送還を取り上げた池内の研究や、不平等条約体制下における日本船と外国船の海難事故の処理を扱った村守貢の研究があるぐらいであろう[15]。近世史研究と近代史研究の断絶がここにも見られるのである。

近代における海難救助や漂流民送還について見通しを立てた金指によると、近代の特徴は、漂流民や船具・積荷の保護と救助費用を救助者が請求できることであり、その到達点が明治一一年（一八七八）イギリスと、明治一三年アメリカと調印した難破船救助費用償還に関する約定であるという。しかし、この約定には、船主の沈没船に対する所有権の有効期限が設定されていないという問題点があることを別稿で紹介したように[16]、まだ検討すべき課題が残っている。

そこで本稿は、前近代史の研究成果に学びつつ、幕末維新期に発生した欧米船の海難事故の事例と、日本人が欧米船に救助された事例について、救助や送還の費用に関する問題に注目し、そのうえで、海難救助に関する制度改正について明らかにすることを目的とする。

一　海難救助における費用負担の状況

アメリカと和親条約を調印した安政元年（一八五四）から難破船救助費用償還に関する約定に調印する明治一三年までに発生した海難事故については、二つの史料から知ることができる。幕末においては『続通信全覧』のうち「類輯之部、船艦門、難船」（以下、「難船第〇冊」と表記）、明治期については外交史料館所蔵『外務省記録』三門通商・六類交通及通信・七項水難・一号「困難船及漂民救助雑件」（以下、「外務省記録三・六・七・一、〇国〇冊」と表記）である。

この二つの史料群にある事故を、以下三パターンに分類してみる。日本が外国船を救助した事例。外国船が日本人を救助して日本の開港場に送還した事例。外国船が日本人を救助して海外の日本領事館に送還した事例。以下三つのパターンごとに、漂流民と積荷の送還や救助の費用が問題になった事例を紹介する。

（一）日本が外国船を救助した事例

開港後の早い段階で発生した事例を三例紹介する。第一は、安政五年（一八五八）一一月二九日に発生したアメリカ船チンプ号が遠州掛塚沖で沈没した事例である。[17] これは、船員二〇人のうち一五人が掛塚村の漁船に救助され、同村の寺院に収容されたのち、漂着した荷物とともに中泉代官今川要作が手配した廻船で横浜に送還された事件である。救助にあたったのは掛塚村の村民たちだが、彼らが救助の代価を請求した形跡はない。また、横浜への送還は中泉代官が手配したとあるので、送還費用は中泉代官所が負担したものと考えられる。

第二は、安政六年一二月三日に発生した遠州御前崎に二〇人のイギリス人が乗ったボートが漂着した事例である。[18] ただちに漂着地である地頭方村の村民が救助し、このときも中泉代官今川要作の指示で横浜に送還した。横浜に着いたイギリス人たちは、イギリス領事館の要請でしばらく運上所で保護することになり、その費用に関して領事館と交渉が行われた。その結果、地頭方村から横浜までの送還費用は中泉代官所が、運上所滞在中の食費や雑費は神奈川奉行所が負担することになった。

第三は、文久二年（一八六二）一〇月二日に発生したアメリカ船シウエリー号が常陸国鹿島沖で沈没した事例である。[19] 漂着地である東下村の領主常陸府中藩主松平頼縄が幕府に届け出たところ、軍艦朝陽丸が派遣されることになり、アメリカ領事館員を乗船させて救助に向かった。無事船員と積荷が横浜に届けられると、アメリカ領事から謝状が届けられ、事件から三ヶ月後の文久三年正月一六日には、アメリカ大統領から朝陽丸の士官と東下村に謝品として船中時計や望遠鏡がとどけられた。

以上の三例から、開港後の外国船救助は、近世以来の慣例、すなわち救助費用は村、送還費用は領主が負担し、それに対する謝礼は現金ではなく謝品が贈られる慣例が守られていたことがわかる。

この慣例を制度として整備し公布したのが明治三年(一八七〇)二月二九日の不開港場規則・難船救助心得方布告である[20]。このうち、難船救助之事の九項目が救助費用に関する規定である。それによると、救助にかかわる経費は「土地之入費」すなわち村の負担とするが、船の修理費用などについては、救助された外国人に持ち合わせがなく、後日経費を外国人に請求しないことに決まった場合は府藩県の負担とし、村と府藩県の負担の割合は外務省か開港場の役人が決定するとした。幕府を倒して成立した明治政府であったが、海難救助に関する慣例を含め対外政策については幕府の採った政策を引き継いでいたのである。

こうして、海難救助制度が整ったかに見えたが、外国船が日本人を救助する事例よりも、日本人が外国船を救助する事例のほうがはるかに多いため、救助費を救助者の負担とするこの規定は、日本側にとって不公平なものであることが判明した。この点を指摘したのが、五島や平戸といった外国船の事故が多発する土地を管轄する長崎県令宮川房之である。明治七年七月一〇日宮川は、外務卿寺島宗則に対して「困難船救助入費立方之義ニ付申上書」という意見書を提出した[21]。それによると、近年日本船の海外渡航が増加し、それにつれて外国船に救助される日本人が増えているが、その日本人とは長崎県民だけではないはずである。それにもかかわらず長崎県で外国船の海難事故が多発するため、長崎県民に負担がおしつけられ不公平である。将来失費を厭うた海辺の村々が難破船を発見しても救助しないことも予想される。そこで、海難救助に関する経費は村ではなくすべて県の負担とし、積荷の運搬に関する経費は船主が負担すべきである、と提案した。この意見に対して寺島は、救助費用を村の負担としていては、外国に対して信義を失う事態、すなわち難破船を救助せず見過ごすことが起きる可能性があるとして長崎県令の意見に賛同し、太政大臣三条実美に難船救助之事の改正を提案した。その結果、明治八年五月四日長崎県令の提案どおり、救助費用は県の負担、積荷の運搬費用は船主の負担と決定した。

こうして、難破船の救助費用はその土地で負担するという近世以来の慣例が改められ、県費負担ときまったのである。

（二）外国船が日本人を救助して日本の開港場に送還した事例

近世において、外国船による日本人漂流民の送還という事業は、日本との友好関係を結び通商条約の締結をめざす外国政府によって利用されてきた。そうした外国船への幕府の対応は、送還された漂流民を受取り、謝品を与えて感謝を伝えるが、友好関係や通商条約の締結は拒否するというものであった。幕府が漂流民の受取りを拒否したのは異国船打払令の施行期間だけであり、その代表例が天保八年（一八三七）のモリソン号事件である。

異国船打払令が撤廃されると漂流民の受け取りも再開され、その第一号となったのが弘化二年（一八四五）のマンハタン号事件である。房総沖で二グループの日本人漂流民を救助し江戸に向かったマンハタン号に対して、幕府は漂流民を浦賀で受け取りクーパー船長に謝品を贈呈した。[22] このように、日本人漂流民の救助費用は、日本側が支払うことはなく、救助した外国船が負担することになっていた。

和親条約調印直後の日本人漂流民の送還事例としては、安政元年（一八五四）三河国渥美郡江比間村永久丸の作蔵と勇次郎がフランス捕鯨船によって下田へ送還された事例があるが、[23] 送還費用についてはどちらが負担したかは不明である。

維新直後の事例としては、明治二年（一八六九）箱館港で榎本軍との戦闘中の軍艦朝陽艦が砲弾をうけ爆発したさいに、海に投げ出された船員をイギリス軍艦ペール号が救助した事例がある。(24) この行為に対して新政府は、外務卿沢宣嘉が天皇に代わりイギリス公使パークスに謝意を伝えるとともに、ペール号船長に太刀一振、船員の治療にあたった軍医二人に蒔絵を施した硯箱を一箱ずつ、救助活動にあたった士官に紅白紋縮緬を二疋ずつ贈呈した。

このように維新直後の日本政府も、日本人を救助し日本の開港場に送還した外国船に対しては、送還費用を支払わずに謝品を贈っていたのである。

(三) 外国船が日本人を救助して海外の日本領事館に送還した事例

外国船が日本人を救助した場合でも、直接日本の開港場に送還する場合と、海外の日本領事館に引き渡す場合では、費用負担の面で違いが出てくる。ここでは、サンフランシスコに送還された三例を見ていきたい。

最初の例が、文久二年(一八六二)六月尾州船の漂流民一一名がアメリカ船ビクトル号に救助されサンフランシスコにいるブルークスに引き渡された事例である。(25) 当時ブルークスはまだ領事に任命されていなかったが、日本政府の代理人的立場にあった。ブルークスは、ビクトル号船長への謝礼金とサンフランシスコから横浜までの船賃を立て替えて漂流民を横浜に向かうイテア号に乗せ、謝礼金二〇〇ドルと船賃三三八ドル一五セントの支払いを幕府に求めてきた。この謝礼金と船賃に関して幕府の外国奉行らとアメリカ公使ハリスとの交渉が文久二年七月四日善福寺で行われている。その席で外国奉行らは、和親条約第三条の規定に従えば謝礼金を支払う義務はなく送還費用もアメリカ政府が負担すべきであると主張し、またブルークスは何の権限があって独断で漂流民の送還を決めたのかとハリスに詰問した。それに対してハリスは、和親条約第三条は日本の沿岸で難破した場合を想定しているのでこの場合は適応されない、ブルークスは日本領事を自認し好意で漂流民を送還したのだから彼の要求にしたがって船賃を幕府が払うべきだと答えた。この対話を受けて幕府内部で評議が行われ、ビクトル号船長への謝礼として水晶と琥珀縞とともに船賃を支払うことにきまった。

二つ目の事例が、明治四年（一七八一）新宮藩の商船住吉丸の水夫四名がアメリカ船アンネイスムール号に救助されサンフランシスコに送還された事例である。[26] 当地の日本領事ブルークスはワシントンを訪問中で不在のため、代理の者が船賃を横浜で支払う約束で四名をグレートレハフリツキ号に乗せ横浜に送還した。四名の帰国後、この船賃の負担をめぐって外務省と大蔵省の協議が行われ、結局漂流民が属する府藩県が負担すること、救助者への感謝状や謝品は外務省が担当することに決定した。なお、この時もブルークスは四名を救助したアンネイスムール号の船長に一〇〇ドルの謝礼金を払っているが、これも外務省が負担することになった。

三つ目の事例が、同年兵庫県の商船住栄丸の水夫四名がアメリカ船チャイナ号に救助された事例である。[27] このときもブルークスは、チャイナ号船長に一〇〇ドルを謝礼金として支払い、四名を日本に送還した。この船賃については住栄丸の船主から上納する旨申し出があったが、県費で払うことに決定している。また、船長への感謝状と謝品については、すでに一〇〇ドルを払ってはあるものの、それに加えて船長には蒔絵箱と掛物、士官には測量道具、医師へは蒔絵箱を贈ることになった。

この他サンフランシスコに送還された事例としては二例ある。明治七年山口県の商船卯日丸を救助したアメリカ商船ゲイムコック号の船長には謝礼金一〇〇ドルと時計が、[28] 開拓使管下の商船幸嬉丸を救助したイギリス商船アツペーカヲパル号の船長へは、一〇〇ドルの謝礼金は受取りを断わられたものの、古銅花瓶と蒔絵を施した手箱が贈られた。[29] このように、外国船に救助され海外の日本領事館に引き渡される場合は、船長に一〇〇ドルの謝礼金と謝品が贈られる慣例が成立したことがわかる。また、日本領事館に引き渡された段階で送還が終わったと見なされ、それ以後の日本への帰国への経費は漂流民が属する県が負担することになったことがわかった。

こうして、在外日本領事館に引き渡された漂流民の帰国費用は県費で負担することが決まったが、これによって新たな問題が発生した。海外で居住している日本人漂流民が帰国を願い出た場合の帰国費用も、県費で負担するのかということである。その具体的事例が、明治九年南米ペルーの首都リマ在住の日本人伊助と亀吉の二人が、日本にいる親戚を通じて帰国を願い出た事件である。[30]二人は尾張国知多郡西端村居住の船乗りで、天保一一年(一八四一)七人の仲間と上方からの帰途紀州沖で遭難し、外国船に救助されてペルーの港町カイヤラに到着、そこから首都リマに送られた。その間四人が死亡、一人は商船に乗組み中国に渡り、リマに残った二人はそれぞれ妻帯して家庭を持った。明治六年日本とペルーとのあいだで和親貿易航海条約が結ばれ国交が樹立されたところ、二人はペルーを訪れた横浜商人杉山吉三という人物と出会い、この人物の仲介で故郷の家族と連絡が取れ、二人の家族から愛知県に帰国費用の手当申請がだされたのである。この問題の対応について政府内部で協議が行われ、結局、両人がペルーで残虐な扱いをうけているわけではないこと、それぞれペルーで生活が成り立っていることを理由に家族の申請を拒否した。

漂流民の帰国費用を県費、すなわち公費で負担するということは、海外にいる日本人漂流民の帰国願いを受理するか否かは、県や日本政府の判断によることになる。別稿で、海外渡航した者のなかで貧窮におちいっている者の帰国について、官吏や留学生など国家にとって有益な人物については日本政府が帰国費用を提供したのに対して、からゆきさんと呼ばれた売春婦や芸能民は帰国費用を出さずに遺棄する棄民を行ったことを論じたが、[31]日本政府は日本人漂流民に対しても同じような棄民策を採ったのである。

二　海難救助に関する条約改正

（一）　海難救助制度の問題点

前章でみたように、開港後の難破船や漂流民への対応は、外国人を隔離することはないものの、保護と送還という近世以来の制度と変わらないことがわかった。ただし、外国船を救助したさいの保護と送還に関する費用については、明治八年（一八七五）に地元の村から県が負担することに変更されたことがわかった。

ところで、この明治八年の改正によって、近代的な海難救助制度が完成したわけではない。まだ改正すべき点がいくつも残っていたのである。まず、この時期の海難救助制度の問題点について整理してみたい。

第一に、救助費用に関する日本側の負担過多という問題である。『日本外交文書』第一一巻事項二二「困難船漂民雑件」に付随している「内外難破船舶救助一覧表」は、明治元年以降明治一二年までに日本が救助した外国船と外国船に救助された日本船の一覧表である。それをみると、救助した外国船が四七隻、救助された日本船が三四隻と、単純に数を比較しただけでも外国船を救助した件数が多いことがわかる。また、外国船が日本船を救助した場合には、航海の途中日本人を付近の開港場に届けるのに対して、日本側が外国船を救助した場合は、乗組員を救助するだけでなく沈没した船体や積荷を引き揚げたうえで、役人や番人をつけて付近の開港場に護送することになるため、ここでも日本側の負担過多となっていた。

第二に、外国船の海難事故が発生する場所に偏りがあるため、その地域の村々の負担が大きい点である。先ほどの「内外難破船舶救助一覧表」のうち、外国船の事故四七件を、発生場所を道府県別に分類して多い順に並べると、開拓使管下の北海道で一〇件、千葉県の七件、五島や平戸をかかえる長崎県が六件、静岡県四件、開港場横浜を抱える神奈川県が三件となる。近世において日本の廻船の事故が多かったのが紀伊沖、遠州沖と常磐・房総沖といったところであるが、近代の外国船の場合も状況は変わっていない。これらの地域の村々は、頻発する海難事故のたびに動員され、船員や引き揚げた積荷を開港場まで護送していたのである。明治七年長崎県令が救助費用の県費負担を提案したことを前に述べたが、長崎県令はこのような救助に当たる村々の負担過多を問題にしたのである。そして、長崎県令の上申が受け入れられて明治八年の改正により救助費用は県費負担と決まったが、それでも乗員の救助や衣服・食料の提供などの初動は地元の村々で行うのであるから、地元の負担は軽減されこそしたが、なくなったわけではないのである。

第三に、沈没した外国船の船体および積荷に関する所有権の問題である。金指によると、近世以前には漂流民や漂着物は拾い上げた者が所有する慣例があったが、近世以降は漂着物に対する船主の所有権が保護され、漂流民とともに送還されることになったという[32]。この慣例は維新以後もそのまま遵守されたが、蒸気船の出現によってより一層重視されるようになっていた。つまり、蒸気機関を積んだ蒸気船は、沈没し蒸気機関としての機能は破壊されたとしても、鋼材としての価値は残っている。また船体と同様に積荷も、大砲などの武器や鉱山機械など引き揚げるだけの価値がある場合もあった。そのため、船体および積荷の所有権が保護されなければならいのである。ところが、木造帆船である和船に比べて蒸気船の比率が高い外国船の場合、引き揚げに当たっては専門のサルベージ業者による特別な技術が必要なる。そのため、船主が所有権の主張を続けた場合や、船主が国外に退去し連絡が取れない場合には、沈没した外国船を引き揚げることは不可能になり、そのまま放置される状況が生じたのである。それゆえ、沈没した船体や積荷の所有権について何らかの制限を設けなければならなくなったのである。

第四は、日本側の負担過多を抜本的に解消するためには条約改正が必要だということである。日米和親条約で救助費は救助した側が負担すると規定している限り、救助費用を救助された側に請求することは不可能である。金指はそれを実現したのがイギリスやアメリカと結んだ難破船救助費用に関する約定であるとしているが、金指の論考には条約改正に関する言及はない。また、朝鮮への漂流民送還に関して池内が、漂流船の積荷を売却して送還費用とした事例を紹介しているが[33]、これは朝鮮との間には条約が締結されていないから可能だったのである。難破船船救助費用に関する約定の協議過程と、条約改正問題を関連付けて論じる必要がある。

前章で紹介した明治四年住栄丸の水夫らがサンフランシスコから送還された事例において、ブルークスから救助した船長への謝礼金と漂流民の衣類・食料費、および帰国のための船賃を請求された外務省は、イギリスとアメリカの国内法を調査した。その結果、両国には救助費用の負担に関する法律はなく、事件のたびごとに救助料を算定するが、救助料は通常の償金よりも高額にしていること、その理由とは海難救助を奨励するためであることが判明した。それゆえ日本政府も海難救助を奨励するには、救助費用を村の負担から県費負担へと変更する明治八年の改正だけでは不十分であり、沈没した船体と積荷に対する船主の所有権を制限する点と、救助された者に救助費用を請求する点の二点に関して、条約改正と国内法の整備が必要なことに思い至ったのである。

（二）　条約改正と国内法の整備

救助費用の負担過多の問題については、日本政府も意識していたようである。明治五年（一八七二）ワシントン訪問中の岩倉具視ら日本使節団がアメリカ政府に提示した条約案では、第一一条に難破船救助に関する項目がある。その内容とは、無償で難破船を救助し欠乏品を補給すること、難破船の積荷を陸揚げする場合には関税を無税にするという二点とともに、引き揚げにかかる経費は船主側の負担とすることが含まれていた。

日本政府と同様にイギリス政府も、救助費用に関する問題に関心を持っていたようである。明治一〇年（一八七七）四月六日イギリス政府の命を受けた公使パークスは、外務卿寺島宗則と会談し、難破船救助に関する条約締結を提案し、四月一〇日には提案内容を書状にして提出した[34]。それによると、欧米各国の慣習では、「各国難破船救助之為仕払候諸入費ハ其国政府ヨリ受取ル」ことになっているので、イギリス船の救助にかかわる費用はイギリス政府が負担し、同様に日本船の救助にかかわる費用は日本政府が負担すべきである、という提案だった。

この提案は日本政府に受け入れられ、翌一一年一二月五日約定が締結された[35]。その内容は以下の三点である。第一に、救助した難破船乗組員の衣食費、開港場までの旅費、死体の引き揚げと埋葬、病人の治療費は、救助を受けた側の政府が支払う。第二に、難破船の船体や積荷の引き揚げと保管に関する費用は政府が支払う責任はなく、船体や積荷を受け取るさいに船主や荷主が支払う。第三に、救助に当たる役人や警察官の出張にかかわる費用は救助する側の政府が支払う。

イギリスと約定の締結に成功した日本政府は、外務卿井上馨に命じただちにアメリカ公使ビンガムと交渉を開始し、明治一三年五月一七日アメリカとも調印にいたった[36]。両国と締結した約定の特徴は、人の救助と船体や積荷などの物の引き揚げを区別したことである。近世では人も物も救助と送還は救助する側の負担であったが、この約定では、人の救助と送還は救助された側の政府が負担、物の引き揚げと移送はその物の所有者が負担することとしたのである。

しかし、この約定でも沈没した船体と積荷に対する所有権の有効期間に関する規定がない。次にこの問題について見てみよう。

沈没船の船主が国外に退去したため、所有権を放棄したと見なし積荷を引き揚げた事例が一件ある。明治三年千葉県白子沖で沈没したイギリス商船ダンスタン号である。[37]このときには船体と積荷に対する所有権の有効期間について国際的慣習の調査がおこなわれ、外務省と法学者ボアソナードの意見が一年と一日とすることで一致したため、日本のサルベージ業者田畑金之助によって引き揚げられた。日本政府は、国際的慣習にしたがって一年と一日が有効期間であると判断したのであって、条約や国内法などの法的根拠はなかった。それゆえ、あらためて条約締結と国内法の整備が必要となるのである。

イギリスと難破船に関する約定を結んだ直後から、日本政府は修好通商条約の改正交渉を本格的に開始する。交渉にあたったのは外務卿井上馨で、[38]明治一三年五月には関係各国に改正案を提示した。イギリスに示した改正案の第八条が海難救助に関する項目である。[39]それによると、難破した外国船の船体、船具、積荷などを売却した代金と船中で発見された書類は船主に引き渡す、船主やその代理人が不在のときは、事故がおきた国に駐在する領事官から引き渡しを要求されたならば、事故がおきた国の法律に従って引き渡すとあった。期間内であれば引き渡すということは、期間が過ぎたならば所有権は放棄されたとみなし、引き渡す必要がないということである。それゆえ、船主が不在で放置されたままの船体と積荷は、日本政府が国内法を整備して沈没船の船体と積荷に対する所有権の有効期限を設定すれば処理することが可能になる。この条文に関して欧米各国の反対意見はなく同意に達していた。

結局このときの交渉は失敗するが、明治二七年調印の日英通商航海条約の第一二条では、井上案の第八条がほぼそのまま採用された。[40]すなわち、日本の領海で難破したイギリス船の救助に関する手続きは日本の国内法に従って行うこと、沈没船の船体や積荷は、船主が不在の場合は国内法で定めた期限内であれば領事官に引き渡すこととなった。こうして、海難救助に関しては事故が起きた国の国内法に従うことが条約で確認されたのである。

次は国内法の整備である。明治三三年に不開港場規則難船救助心得方条目が廃止され、水難救護法が制定された。水難救護法の第三〇条が船主の沈没船に対する所有権の有効期間を決めた条文である。[41]それによると、有効期間は漂流物や沈没品を引き揚げたことを市町村長が公告した日から六ケ月とされた。
ここにいたり、ようやく条約と国内法が整備され、近代的な海難救助制度が成立したのである。

おわりに

これまで、近世から近代への移行期における漂流民の救助・送還について、費用負担に注目して検討してきた。その結果、漂流民の救助・送還費用については、救助する側の村費から県費へ、さらに救助された船の所属する国の政府に請求へと、船体や積荷の引き揚げと送還についても、救助する側の村費から県費へ、さらに船主に請求へと変化していったことがわかった。この変化は、日米和親条約の不備を修正するものであるとともに、欧米諸国のなかで生まれ世界各地に広められていった国際法への適応でもあった。そしてその到達点が日英通商航海条約であった。

最後に、今後に残された研究課題を二点あげたい。

第一は、清・朝鮮・琉球との漂流民の救助・送還制度の近代化の問題である。欧米諸国とは条約を締結していたため、この制度の近代化には条約改正という手続きが必要であった。一方、近世において清・朝鮮・琉球とは東アジア世界の慣例にしたがって漂流民を送還してきたが、これが近代以降どのように変化していくかを明らかにしなければならない。特に琉球については、琉球併合に関する清との外交交渉を含めて考えなければならない。

第二は、漂流民の救助・送還に関する条約交渉において、日本に先立ちイギリス側が改正を提案した理由についてである。漂流民の救助・送還費用を救助された側の政府が支払うことになると、イギリスにとって負担増になるはずである。それなのに改正を提案した理由を明らかにする必要がある。

条約改正交渉には、領事裁判権の否定、関税自主権の回復という日本側の要求項目と、外国人への内地開放という欧米諸国側の要求項目が注目されるが、その他にも今回取り上げた漂流民の救助・送還に関する費用負担など、忘れてはならない多くの論点が含まれていた。今後それらを総括的に検討する必要があろう。

注

（1）横山伊徳『日本近世の歴史5　開国前夜の世界』（吉川弘文館、二〇一三年）。
（2）今津浩一『ペリー提督の機密報告書』（有限会社ハイデンス、二〇〇七年）。
（3）文化八年（一八一一）国後島で捉えられ松前藩により抑留された事件。文化一〇年高田屋嘉兵衛の斡旋により釈放された。
（4）弘化三年（一八四六）難破したローレンス号乗組員一四名のうち七名がエトロフ島に上陸、松前藩により長崎に護送され翌四年オランダ船に引き渡された。
（5）上白石実『幕末の海防戦略』（吉川弘文館、二〇一一年）、同『幕末期対外関係の研究』（吉川弘文館、二〇一一年）。
（6）『日本外交年表並主要文書』（原書房、一九六五年）。
（7）加藤祐三『黒船前後の世界』（岩波書店、一九八五年）など。
（8）金指正三『近世海難救助制度の研究』（吉川弘文館、一九六八年）。
（9）荒野泰典『近世日本と東アジア』（東京大学出版会、一九八八年）。
（10）春名徹「東アジアにおける漂流民送還制度の展開」『調布日本文化』五、一九九五年三月、「漂流民送還制度の形成について」『海事史研究』五二、一九九五年七月、「幕末期の漂流民送還制度―琉球船の場合」『海事史研究』七〇、二〇一三年一一月、「近世から近代への過渡期における海難救助と費用負担」『海事史研究』七一、二〇一四年一一月。
（11）関周一『中世日朝海域史の研究』（吉川弘文館、二〇〇二年）。
（12）池内敏『近世日本と朝鮮漂流民』（臨川書店、一九九八年）。
（13）渡辺美季『近世琉球と中日関係』（吉川弘文館、二〇一二年）。
（14）及川将基「近世蝦夷地漂着者とアイヌ・松前藩―一七世紀～一八世紀を中心に」『史苑』七三巻一号、二〇一三年一月。

(15) 村守貢「幕末・明治期の国際海難事件と対外交渉」『弓削商船高等学校紀要』一〇、一九八七年。
(16) 上白石実「外国船救助の近代化―明治六年アメリカ蒸気船エリエール号塩屋埼沖沈没事件」『いわき明星大学人文学部研究紀要』二七号、二〇一四年三月。
(17) 難船第一冊。
(18) 同右。
(19) 難船第五冊。
(20) 外務省記録三・六・七・五「困難船及漂民救助参考書」。なお、『法規分類大全』「運輸門、船舶、難破船及漂着物」には、難船救助之事の部分だけが掲載されている。
(21) 外務省記録三・六・七・五「困難船及漂民救助参考書」。
(22) 平尾信子『黒船前夜の出会い―捕鯨船長クーパーの来航』(日本放送出版協会、一九九四年)。
(23) 「漂民聞書」『三河文献集成　近世上』(国書刊行会、一九八〇年)。
(24) 外務省記録三・六・七・一、日本国一冊。
(25) 難船第三冊。
(26) 外務省記録三・六・七・一、日本国一冊。
(27) 外務省記録三・六・七・一、日本国一冊。
(28) 外務省記録三・六・七・一、日本国三冊。
(29) 外務省記録三・六・七・一、日本国四冊。
(30) 外務省記録三・六・七・五。
(31) 上白石実「明治維新期旅券制度の基礎的研究」『史苑』七三巻一号、二〇一三年一月。
(32) 前掲注(8)。
(33) 前掲注(12)。
(34) 『日本外交文書』第一〇巻事項三。
(35) 『日本外交文書』第一一巻事項三。明治以降日本が各国と締結した条約の正文は現在外交史料館が保管しているが、その中にこの約定書は存在しない。

(36)『日本外交文書』第一三巻事項三。この条約の正文は日本では外交史料館が、アメリカでは国立公文書館が所蔵している。
(37)外務省記録三・六・七・一六。
(38)小風秀昌「条約改正と憲法発布」『日本の対外関係7　近代化する日本』(吉川弘文館、二〇一二年)所収。
(39)明治期外交資料研究会編『条約改正関係調書集』第一巻(クレス出版、一九九六年)。
(40)『日本外交年表並主要文書』(原書房、一九六五年)。
(41)『現行海事法令集』(海文堂出版、一九三八年)。

「女大学」言説の変遷とその評価

―「女大学」研究をめぐって―

安田千恵美

はじめに

太宰治の小説『斜陽』は戦後ある華族の女性が身を落としていく物語である。小説の後半、主人公かず子は不義の関係である上原という男の子供を産みたいと考える場面があるのだが、そこで太宰はかず子の心理を以下のように表現する。

あなたに、御相談してみたい事があるのです。
私のこの相談は、これまでの「女大学」の立場から見ると、非常にずるくて、けがらわしくて、悪質の犯罪でさえあるかも知れませんが、けれども私は、いいえ、私たちは、いまのままでは、とても生きて行けそうもありませんので、…（中略）だから私は、「女大学」にそむいても、いまの生活からのがれ出たいのです。(1)

ここで「女大学」とは、女の守るべき旧倫理徳目とその女性像という意味を持って使用されている。主人公かず子が「女大学」に反する行動へと向かっていくことが、即ちいわゆる華族の「斜陽」、そして退廃的なその欲求の中に女性の新しい生き方が描き出されるのがこの小説のクライマックスである。小説『斜陽』には、華族の子女であるかず子の教育・学びに関わる場面で和漢洋の書物がいくつか登場してくるが、その中でも、「女大学」は独特な使われ方をされている。小説の書き手と読み手との間で、封建的な「女大学」というイメージが了解されるものであることを前提として太宰はその語を用いているのである。

さて、ここで言われる「女大学」とは何であろうか。「女大学」と言えば、近世を代表する「女訓書」であり、女子用往来の代表格とされるもののことである。それは歴史学・教育学では周知のことであろう。しかし、厳密に言えば『女大学』という名の書物は存在しない。ふつう「女大学」と言うとき、それは貝原益軒述作の形式で流布した初板本系享保元年(一七一六)刊『女大学宝箱』のことを指すのだが、実際には『女大学宝箱』のほかに多くの異本が存在し、『女大学』『女大学教草』『女大学宝文庫』などの「女大学」という名を冠する近世刊行の史料群と、近代に書かれた『近世女大学』『新女大学』など異種「女大学」も存在する。それ以外にも「女大学」評論や文芸的「女大学」といったヴァリアントが近代以降急速に増加し、現代に至るまで刊行されている。これらの全てを総称して「女大学」と称するのだが、それだけでなく右の例に見たように、太宰が使用したような意味において、史料とは無関係に、形容詞的にある一定のイメージを内包するものとして文学上にあらわれる「女大学」も存在する。

このように書物名がそれ自体意味・価値を持ち、異なる媒体において使用される例は、近世社会においてはしばしば見受けられる現象であり、これを仮に一種の〈文学コード〉とした場合、具体的に「女今川」「女庭訓」などの事例を挙げることが可能である。両史料群においては、本来書物名であったものが、歌舞伎・浄瑠璃・浮世絵・双六・絵本・春本など様々な媒体を通じ、その名が一般に共有されるイメージとしていわば常識化していた。〈文学コード〉の有名な事例としては、「妹背山女庭訓」における「女庭訓」などが挙げられ現在も歌舞伎・浄瑠璃の演目として生き続けている。

今はその内容について詳述する余裕はないが、ある特定の史料・史料名という制限を越えて様々な娯楽学問分野において書物がそれぞれの小世界を形成することは近世後期の都市社会において見られる一つの特徴的現象である。勿論、「女大学」も例外ではないのだが、史料の残存状況から窺うに、その広がりは狭いもののように思われる。[2]筆者が興味を持ったのは、近世段階で「女今川」「女庭訓」に比べれば一般的な影響力は微弱に見える「女大学」が、近代に入ると支配的な力を持つようになったのは如何な理由によるものか、ということである。

本稿では、このような近代以降の「女大学」有名化現象を「女大学」言説として捉え、その成立過程の分析を試みる。時代別に「女大学」が如何に語られていたかを新聞史料を中心に検討し、「女大学」の時代性について若干の考察を試みる。テキスト分析ではなく、「女大学」というイメージそれ自体を対象として、言説の全体像の把握を目指す基礎作業を行いたい。茫漠としたものを追っていく作業で、論証の可否は聊か心もとないが、まずは近年の「女大学」研究を振り返り、主として近世史・教育史の成果により、①テクスト重視から書物全体を対象とする分析手法の変化、②近現代史的視点、という二つのトピックに着目し、現時点での論点を整理する作業を行う。

一 「女大学」の研究

「女大学」とは、教訓型女子用往来の代表格と目される『女大学宝箱』を初発とする諸本五三種もの書物の総称であるが、[3]その内容は変化に富み、特に明治期以降の「女大学」は近世に出版されたものとは性格を異にしている。「女大学」の初例は『女大学宝箱』(享保元年〈一七一六〉、大坂・柏原屋清右衛門板)であり、所謂「女大学」とは、この『女大学宝箱』の本文を出立点とする書物群のことを指す。この「女大学」を対象に近代以降多くの翻案・評論・文学が書かれ、同書は最も有名な「江戸時代的女訓書」という印象を世に与えることになった。近世において最も流通しており、広まりを多方面に見せた女子用往来には「女今川」があるが、近世において流通・流布した他女子用往来とは異なり、「女大学」は近世というよりむしろ近代において大きな影響力を発揮したと思われる。これが遠因となって現在の研究史上も「女大学」優位のもと研究が進んでいる現状を明らかにするために、まず「女大学」の先行研究を概観する。

戦前・戦時下における近世女子教育史の研究は、まず往来物の収集分類整理から始まった。岡村金太郎『往来物分類目録』（一九二五年）[4]や、女子用に特化した石川謙『女子用往来物分類目録』（一九四六年）[5]などがある。敗戦直後の女性史には、井上清『日本女性史』（一九四八年）がある。特にその後の女性史に強い影響を与えた井上は、近世女性について

どのてんをみても武家女性は人間としての最少の自由もほこりもうばわれていた。男子にれいぞくするどころか、どんな家内どれいもこれ以上どれい的ではなかつたのであろう。そして武家女性をこういうじょうたいにしばりつけておくための教訓書が無数に書かれた。その典型が「女大学」である[6]。

とし、女性の地位が著しく貶められていたという古典的な女性史の見方を示し、その史料的根拠を「女大学」と位置づけた。以来「女大学」は「女訓書」として、男性が女性に対し教訓を垂れ、三従七去といった厳しい性役割に閉じ込めるものとして機能したという女性側に立った閉塞感が指摘される傾向となった。とはいえ、八〇年代までの「女大学」研究そのものは少ない。それはおそらく、「女大学」は名のみ有名であって、当然女性を封建的家制度に縛り付ける教訓であるとして、それ自体の検討はあまり真剣にはなされない雰囲気・前提が存在したからだろう。

以上のような、「女大学」を旧倫理道徳や家父長的家制度の一環として捉えようとする見方に対して、より史料の実態に即してテクストの検討を試みる研究が九五年以降台頭してきた。同時に『女子用往来刊本総目録』（一九九六年）や『女大学資料集成』（二〇〇三年〜）[7]といった史料集の刊行が相次ぎ、史料閲覧環境は飛躍的に整備された。

特に『女子用往来刊本総目録』の意義は大きく、これまで全体像の把握が困難であった女子用往来物の数的実態が明らかとなった。それによると「女大学」は五三種、「女今川」は一六三種が近世で刊行されており、女子用往来の中でも「女大学」は刊行数も再板数においてもトップシェアとは言い難い(8)。

横田冬彦は、「「女大学」再考」(一九九五年(9))において、『女大学宝箱』の付載記事を用い、女性労働に特化した分析を行い、付載記事を視野に入れた書物全体の分析の必要性を主張し、本文テクスト以外からも近世の支配的言説を検討し、「女大学」の見直しを試みているが、ここで「女大学」を近世の代表的書物と見做している点が重要である。この横田論文を継承発展させた中村一代(二〇〇二年)は、『女大学宝箱』に掲載された女性労働・職業図は「女大学」のみに見られる特異性であると指摘した(10)。この付載記事を含めた書物全体の分析という視点を更に推し進めて、藪田貫は「『女大学』のなかの「中国」」(二〇一一年(11))において、「女大学」コンテクスト重視の比較論からの脱却を目指し、従来等閑視されていた挿絵の意味を検討し、商品としての書物として「女大学」を捉え直した。特に「『女大学』という図書はない」と明言したことの意味は大きいものであったが、ではなぜ本史料を検討対象としたのかについては、言及がない。そのような中、和田充弘は「『女大学宝箱』と『女中庸瑪瑙箱』」(二〇〇七年)において、「〈女大学中心史観〉が強調する従属的・男尊女卑的な女性像は、それと異質なものとも両立しうるような、部分的な構成要素の一つとして位置づけ直すべきだろう(12)」として相対化を試みている。〈女大学中心史観〉が蔓延しているために、「女大学」ばかりが比較・検討の俎上に上がっていたことは先行研究の厚さからからみても明らかである。かかる〈女大学中心史観〉の問題の端緒がいつ、いかなる形で始まったかについての検討が求められよう。

つまり、「女大学」研究の多くの方法論は、『女大学宝箱』を用いての内容分析であると言える。「女大学」というと即ち『宝箱』のことを指すため、「女大学」総体の把握がなされず、『女大学宝箱』検討のみ深化を遂げている印象がある。「女大学」全体を概観し総体を論じたものは、石川松太郎（一九七三年）（一九七七年）と小泉吉永（二〇〇三年）となる。[13]しかし、いずれも「女大学」そのものの概観にとどまっており、なぜ「女大学」のみが現在ように「近世的女訓」の代表例とされたのかについては考察が甘い。同様に後述するように福沢諭吉研究からも「女大学」は取り上げられるが、あくまで福沢の思想を追うという形に終始しがちで、なぜ「女大学」が近世的なものとされたのかという視点は欠けている。

繰り返すが、ここで問題となるのが、多くの「女大学」先行研究において、「女大学」を対象にする必然性が明らかではないということである。前提として〈近世の典型的教訓書〉は「女大学」であるという認識が未だ存在するために、「女大学」偏重の研究状況を招来してしまっており、女性向け書物（近世文言に従って「女書」という）全体の中に「女大学」が如何に位置付くかという視点が欠けているように思われる。

最後に、近年研究が盛んになっている一九世紀史的な視点から、「女大学」の近世近代における連続／非連続性を考えることも、今後検討すべき重要な課題の一つである。菅野則子は「近世～近代における「女大学」の読み替え」（二〇一〇年）[14]において、「女大学」肯定・否定の立場の具体的書き替え事例を元にその変遷を追い、どのような補足修正が行われたかを明らかにした。また、中嶌邦も「国家総力戦体制と「女大学」」（二〇〇六年）[15]において戦中期の「女大学」について論じている。これらは、近世近代の社会変容に伴い内容が変化することに着目したものであり、示唆的である。「女大学」の近代に与えた影響と果たした役割こそ、問われて然るべき論点の一つであろう。

以上のように、「女大学」をめぐる論点が現在提示されている。「女大学」研究はようやく史料としての総体を把握することが求められる段階に達したと思われるのである。

二　明治期の女子教育論―旧弊な道徳廃すべきか―

では、実際に右のような研究状況を醸成する前提となった近代において「女大学」が如何に語られたのか、言説を時代順に検討する。明治初期は女子用往来物にとって、大きな変革期であった。「開化」という社会変容により これまでの近世教訓や消息文がそのまま使えなくなり、多くの女子用往来がその内容を変化させ、「開化」ものとして世に出されたが、国定教科書の制定など学制の整備とともに往来物はその役割を終えていくのである。近世において一般的であり広く普及もしていたと考えられる女子用往来の多くは明治一〇年代までには姿を消していった(16)。このような明治期における近世由来の女書に関する言説は、現物をあまり知らない世代による婦人論・女子教育論として拡大していく。

明治二二年（一八八九）六月九日付読売新聞朝刊一面に「女学校と女生徒」と題し、「今の女学校廃すべし同権的女教育廃すべし日本の女子に適当なる教育は折衷女大学主義の教育なる哉」と出た。また、二年後の明治二四年（一八九一）八月二日付の朝刊には「山田大坂府知事女大学主義を学ばんとす」という記事も出て、その後明治三二年（一八九九）四月二四日付時事新報にも「女大学主義」という語が登場する。「女大学主義」についての内容や詳細が記されていないため、提唱者がいるのか自然発生的に生まれたのか、またその定義についても不明であるが、ここから分かる事は、明治中期には女子教育を語る際に「女大学」を学ばせるのではなく、その精神であるところの「女大学主義」の教育方法の是非を問うというふうに変化していったという事である。「女大学」条目といった本文テクストの細かい点よりむしろ、「女大学」の持つ教訓内容のエッセンスを拡大解釈し、発展させたものが「女大学主義」なのではないかと考えられる。近世の「女大学」とは異なり、教訓内容も含め「女大学」が近代的な解釈により、ある固定的なイメージを持つようになったのである。

明治三五年（一九〇二）九月二〇日付読売新聞には、

> 舅姑にいびられて嫁の入水
>
> 斯くて（嫁の［筆者註］）スエは針の筵に四カ月の憂き日数を過ごしつゝ月下氷人の死すとも親許へは帰る事ならずとの女大学を一日も忘るゝ事なく不運を涙の中に喞つのみなりしが去十三日の夜はさすがに耐え難てや遂に死を決して家を出で…恨みを残して空しく多摩川の露と消えたるものなるべく今に始めぬ姑残酷記すも忌しき極にこそ

とある。ここでは正統な「女大学」（享保板『女大学宝箱』の本文のこと）には存在しない「月下氷人の死すとも親許へは帰る事ならず」という教訓内容に従って離縁はせず悩み続け身投げしたと記事にされている。この例からは正統「女大学」にはない教訓内容であっても、近代で使用される「女大学」という語には、あらゆる「近世的」と考えられた教訓を包括して使われている様子が分かる。このような教訓内容の拡大解釈の背景には、近代に入り「女大学」は名のみ高名で、その書を実際に読んだ者は男女共に少なかったということが一因として考えられる。

「女大学」評論の嚆矢は明治三二年（一八九九）刊行の福沢諭吉『女大学評論』・『新女大学』である。時事新報では、儒教主義的な女性観・封建的な女性観のメルクマールとして「女大学」が用いられ、時事新報明治三二年一月二九日付には「新日本文明社会の女子が世に処し身に行ふべき大道を指示」した論説であるとの予告を掲載した。福沢の論説は週二回、その間は他論者による女性論や関係記事を掲載し、その反応や読者の投書および懺悔集の掲載を行い、波紋を呼んだ。時事新報明治三二年四月二四日付には「女大学の著者は封建鎖国時代の古人物にして其説く所の主義も亦決して著者の新発明に非ず」とし、「女大学」が支那流の古主義で、著者は益軒と思われていたことなどが分かる。更に「其書の流行と共にます〳〵其主義を伝播せしめて永く儒教の毒を流したるは女大学の著述」、「今日の男女輩には其書を見ざるものさへなきに非ずや」ともあり、「女大学」がおそらくその他の女書より当該期においては知名度が高かったことも窺える。このような「女大学」観を前提に時事新報では、当時の社会情勢とリンクする形で反「女大学」キャンペーンを行った。

このような動きに対し、反対論(東京朝日新聞・報知新聞・国民新聞など)が起こり、二〇〇年前の論説を今更評価する事に意味はあるのか、男性論として読み取るのはおかしいなどとして二派対立した。男にして「女大学」を読み、かつ評論する連中はもってのほかの過ちであるという主張の根拠として二宮尊徳『夜話』の

女大学は貝原氏の著なりと雖も、女子を圧する甚だ過ぎたるにあらずや。翁曰、然らず、女大学は婦女子の教訓至れり尽せり。婦道の至宝と云つ可し。斯の如くなつ時は、女子の立つべき道なきが如しと雖も、是れ女子の教訓書なるが故なり。婦女子たる者、能く此理を知らば斉はざる家はあらじ。舜の瞽瞍に仕へしは則子たる者の道の極にして、同一の理なり。然れども若し男子として女大学を読み、婦道はかゝる物と思ふは以ての外の過ちなり。女大学は女子の教訓にして、貞操心を鍛錬するための書なり。夫鐵も能々鍛錬せざれば折れず曲らざるの刀とならざるが如し。総て教訓は皆然り。されば男子の読むべきものにあらず[17]。

との引用が多用される。

このように活況を呈す「女大学」論争中ということもあり、明治三二年は「女大学」に関する新聞記事が最も多くなっている。同年四月九日付朝日新聞「女大学の論」では「福沢先生は近ごろ昔の女大学を取り来て大に反対論を時事新報紙上に掲げ居れり。先生は彼の書の説が今日の時勢に合はずとて之を攻撃せらるれど、其は大人気なき心地するなり。貝原とても今日の文明世界に生れなば斯くばかり頑固なる論は吐くまじ。彼の書の述ぶる所は著存生の頃の時世に適する様とて編みし者《(ママ)》なれば土台が已に相違し居れり。之を逐条に反撃するは酷に過る。」と反

論している。

このような記事以外にも、福沢の「女大学」論が広く読まれているという事を示す逸話として、同年五月二九日付朝日新聞「芸妓の婦人論」に、

(代議士が京の芸妓に対して〔筆者註〕)少しく東京女に習ひて客の待遇其他の躾をも研究すべし、汝等とて何時までも萍の根なき仕事に月日を送るものにあらざるべし、チト女大学にても読みて人の妻となりし時に恥かゝぬ用意せよやと戯言半分の漢語交りに滔々と述べ立つれば、小佳(芸妓の名〔筆者註〕)は一昨年高等女学校を卒業して内地雑居を目当てに芸妓となりしもの、由にて学者姐さんの評判高き丈ありて代議士の論鋒にビクともせず咳一咳膝押し進めて『貴郎は荀くも代議士ではありませんか民法施行されて妻は良人の奴隷にあらざることを明かに認められて居る今日古臭い女大学を読めとは如何に芸妓稼業の吾々とて聞捨てになりまへん女大学などを楯にしての議論は御免を蒙ります』との大気炎を冒頭にそれより三十分間許り息をも継がず述べたてし婦人論、兎にも角にも条理立ちて嘲弄交りには相手になれざる場合となり流石の代議士も芸妓に向って真面目の議論も恥かしく、驚き呆れてそこ〳〵に旅宿の帰り、エヽ馬鹿々々しいと直に臥床に入りて有り合はせし数種の新聞紙取り寄せ読むとも無く福沢翁の女大学評論といふもの読み行けば先刻の芸妓の婦人論其まゝなるに、代議士今は可笑しくなり『小佳め一杯喰はしやがつた、こんな種箱があるんだもの』

というように、ここでは福沢の「女大学」論に反対の立場を取ってきた朝日新聞も芸妓といった層にまで福沢の影響が表れていることを伝えている。

福沢の『女大学評論』発表後には、それに対する意見が多く出された。明治三三年(一九〇〇)五月一〇日付婦女新聞創刊号には、「女子教育上の大方針、今日もなお一定せざるが如し。益軒先生の女大学全く棄つべきか。福沢氏の新女大学全く今日に適するか。或は又他に適当なる女徳の標準あらざるか。本誌はまず之を研究せんとす[18]」

とあり、女子教育の方針として女子自身で新たな道を模索すべきであると「女大学」批評の潮流に乗っている。ちなみに、婦女新聞の主筆は福島四郎、明治期の女子教育論は主として男性が女性のために論ずべき事柄であった。

福沢の婦人論は、女子教育論と読み替えられ、死後も教育者を中心に「女大学」精神の必要性は論じられていく。明治四〇年（一九〇七）三月四日付朝日新聞「三田翁を懐ふ」には、「今、翁が無事であつたら、精神教育上、補ふとも少なからうと考えられる。而して時事の紙上に掲載した、女大学に関する思想なども、多少変化したこと、察せられる」と朝日新聞は変わらず「女大学評論」が極端すぎる論であるという姿勢を変えないばかりか、強調している。同じように明治四三年（一九一〇）には、東亜協会主催「女大学」研究会が『女大学の研究』として、東京帝国大学文科井上哲次郎、三輪田高等女学校教頭三輪田元道ら女子教育に携わる人々を中心に「女大学」について意見を述べた。これによれば「女大学の旨意を以て直ちに現代の女子を律せんとするは不可能事に属す」としながらも、「女性も「主君」を戴く日本国民であり」、その職分は「日本の臣民となる所の吾々の子供」を育てることにあり、国の為に死ねる子を育てるためには「何処迄も謙遜柔順と云ふ女徳」が肝要であり、我慢や自己犠牲の精神を芽生えさせなければいけない。そのためには「今日の社会状態に、尚ほ女大学の如きものが生きて働いて居って貰はなければならぬ」と結び、福沢の『女大学評論』に反論する形で「女大学」の教訓内容を認めている。これ以後も女子教育関係者は「女大学」を擁護する傾向があると言えるだろう。

時事新報における福沢の発言を契機に「女大学」を取り巻く論争は活発化したのであるが、それ以前に江戸・女子・教訓といえば即ち「女大学」であるという共通認識がこれらの人々の間に形成されていたことが問題であろう。

三　大正期の「女大学」評価―古き良き「女大学」―

社会状況によって評価の変わる「女大学」であるが、明治期に福沢の主張したネガティブなイメージとしてではなく、大正期には、新たな権威に寄り添い再評価されていく。大正元年（一九一二）一二月八日付朝日新聞には、「新宰相の奥様▽ハイカラは大嫌」において、新宰相夫人寺内たき子は「▲締りのある容貌は自から気質を表はして居る、極て厳格な家庭に育つた上に五六歳の頃から女大学や孝経などの稽古をした位の才媛で漢学の素養も可成深く、嘗て寺内総督が朝鮮人の教育方針を儒教主義に依ると決定したのも夫人にカブれたのだらうと云ふ下馬評が立つた位」の古式ながらも立派な女性であるとし、「故乃木大将夫人に似通った型である」と、ここではハイカラや贅沢を嫌い、質素にして「女大学」を読む夫人を称賛している。

大正二年（一九一三）刊行の『女大学通解』では、編者である内田節堂が「女大学」をこれまでの福沢・井上などの論考を参酌しながら「女大学」を「徳川時代に於ける女子教育の辞典」とし、「余は福沢先生の新女大学よりも益軒先生の女大学の方がよいと思っている」と述べた上で、「余は此書を普通の女に読ませたい、高等女学校程度位のものに読ませたい」としている。[19]

同じく大正二年刊行の『評釈女大学』において棚橋絢子は、（乃木夫人の）「貞烈なる精神は、今日の女子が是非とも学ぶべき亀鑑」と評されたのをよい機会として「昔の女子教育には、此の書が最も権威ある教科書となつて居た」が明治に入り福沢が「最も手強き痛評」を行い「此の書が疎んぜられるようになり、既に今日に至っては、殆どこれを顧る人にない」ようになったが、福沢の論は「女大学」だけはあまりに極端であると退け、「女大学」を再び学ぶ美徳を求めた[20]。

同年二月二三日付朝日新聞「隆裕皇太后▽服部文学博士談」では、「野心が有つたら此表面的の詔を言質として幼帝冊立の時権力を奮へば西太后に劣らぬ大飛躍をして摂政王を苦める事が出来たので有らうかと思はれる、之が無かつたのは意地は有り乍ら矢張日本の女大学式の優しい所が有つたのかも知れない」とある。この記事の中で非常に同情的に描かれている隆裕皇太后の性格描写にわざわざ「女大学式の優しい所」としているのは、「女大学」がプラスのイメージを持つ語となっていたからであろう。

これらの例からは、「女大学」の評価そのものが大正期に入るとそれまでの「旧弊な、古い、近世的」といったものから「日本的で良いもの」というふうに変化していることが窺える。

読売新聞大正二年九月一八日付の広告欄には『評釈女大学』の広告が掲載されており、記者は「あゝ本書を読んで体得服膺する婦人果して幾人かある世は末なり」と述べており、ここにきて「女大学」が古き昔のよい教えという扱われ方をするようになる一方、同新聞大正三年（一九一四）一〇月二四日の一面には「女子教育の方針　高等女学校長会議に計る」とあり、「古風の女大学的教育がこれ徹頭徹尾支那風の思想にして断じて時勢に適合せるものに非らず」と、支那批判の流れにそって排斥する動きも出てくる。

読売新聞大正三年五月二一日付には「昭憲皇太后陛下日夕御愛読の女四書を初め徳川時代女子教育の虎の巻女大学…女子の手からこれ取らざるを得ないもの許りである」と、同新聞大正七年（一九一八）五月三日付の広告には「日本人が書いた本で最も多く日本の女子に読まれた本は女大学である。今日まで二百年間に亘つて女子教育を支配し唯一の女訓と仰がれ」た、と「女大学」教訓に批判的な立場に立ち『女大学批評』を著した一條忠衛が、「女大学」のことを「唯一経典」と述べている。大正期においては女訓と云うと明治期より注目されていた近世的性格を有すると思われている「女大学」と、昭憲皇太后の「御愛読」として大正期にのみ突然クローズアップされた「女四書」があるのみのようである。

ちなみに、「女四書」とは「女誡」「女論語」「内訓」「女範（ないしは「女孝経」）」の四書のことであるが、これらは中国の女訓書であるにも関わらず、支那風を排斥する時局下においてもこの女四書に対してはそのような評が下されていないことも面白い。この「女四書」については、大正一〇年（一九二一）一〇月一五日付読売新聞広告『女大学と女四書の批評』を初めとして、一一月四日付朝日新聞広告、一一月五日付読売新聞広告、一一月八日付朝日新聞広告と他に類を見ない四度にわたって広告が出されていることも特徴である。これは、昭憲皇太后が「御愛読」されていたという後押しがあってのことであろうと考えられる。「女四書」がこのように取り上げられるのは大正期の数年のみに見られる現象である。「女四書」を取り巻く状況として、大正三年（一九一四）四月一〇日付朝日新聞に「▲女四書を取寄せ」ようと思ったが見当たらないので宮中に問い合わせたところ嘉永六年（一八五三）に出版されたものであるとのことが分かったので、漸くそれを手に入れた。皇后の下賜金で「其女四書を活字に印刷し生徒一同に配布」したら記念になる上「陛下の思召を最も善き手段に於て表現するものであると考へ早速之を実行致しました所生徒も喜び陛下も御嘉納あらせられた」というエピソードがあり、同五月一一日付朝日新聞広告には「昭憲皇太后附女四書」や、大正四年（一九一五）一月二一日付朝日新聞広告に「新訳女四書」とあり、これまで顧みられていなかった「女四書」が昭憲皇太后の崩御を契機に、その徳を偲ぶため本書が「御愛読」と知れるやいなや、新聞によればじつに六〇年ぶりに新刊が出版されていることからも関連性は明らかである。しかし、この「女四書」ブームは一過性のものだったらしく大正三年から大正一〇年までのことである。

大正期には「女大学」出版広告が読売新聞内では一一記事と群を抜いて多くなっており、大正期に「女大学」批評や注釈熱が再度高まりを示している一方で、次第に一般の女子には読まれなくなっていっている状況を憂い、明治期の井上らの言論を受けて「女大学」教訓の正しさを主として教育者が推進するようになる。

四　昭和期の「女大学」―派生作品の時代―

近世における「女今川」の派生作品の広がりとは異なり、「女大学」は歌舞伎・浮世絵・読本等の派生作品群に極めて乏しいということを指摘したが、昭和に入ると「女大学」の派生作品が散見されるようになる。文芸的「女大学」や映画、浪花節がラジオや演劇として上演された。このような派生作品を生み出すようになるということは、この時期に「女大学」が一般に認知された語として定着し、「女大学」イメージも固まってきたのだと考えられる。近世においては派生作品をあまり生まなかった「女大学」が、ここへ来て派生作品を多く持つようになることから、「女大学」が広く認知され享受された最盛期は近代であり、特に昭和期だったと言える。[21]

昭和二年（一九二七）二月一五日付読売新聞及び朝日新聞には「女大学」が浪花節でラジオ放演される旨が掲載されている。ラジオ放送は大正一四年（一九二五）に開始されたばかりのメディアであった。昭和七年（一九三二）一月一三日付朝日新聞内「ラヂオ」にて「浪花節女大学貞婦の鑑」、同年一一月七日付朝日新聞内「ラヂオ」にて「浪花節賢婦お貞の手柄」の放演告知が掲載されている。この浪花節は仙台家臣砂子の娘お貞という賢妻のおかげで夫が出世するという物語であり、「女大学」の教訓内容を多少なりとも反映したストーリーとなっている。付言するならば、「女今川」の派生作品である歌舞伎「泰平女今川」は「伽羅先代萩」をはじめとする伊達騒動ものの歌舞伎の嚆矢である。[22]この先例があるためか、「浪花節女大学貞婦の鑑」も仙台が舞台としているのかもしれず、この共通点からは近世からの連続性を垣間見る素材となる可能性がある。

昭和一一年（一九三六）一〇月二九日付朝日新聞及び一一月六日付読売新聞内娯楽に「新派男女優合同劇浜町明

治座」「三、当世女大学」と広告があり、「当世女大学」として演劇化されたようで、浪花節の人気が上々であったことが窺われる。

昭和五年（一九三〇）一二月二七日付読売新聞には「移る世相が喜びの種　五年目に蘇つた当世女大学」として「ワーナー無声版当世女大学（原名キス・ミー・アゲンもう一度接吻して頂戴な）」が「エロテツク過ぎる意味で五年間検閲に引つかゝつてゐた所、此程」検閲許可された作品であると紹介されている。同映画は翌年一月二〇日付朝日新聞「新映書評」に「「当世女大学」一九二五年のエルンスト・ルビツチのもの。検閲のゴテる事三ケ年有余、意外にも僅々六メートルのカツトで今日やつと世に出る事になつた。」として紹介されており、同年一月二七日付読売新聞「新映画」紹介でも当映画は取り上げられている。このように一見「女大学」とは全く関係ないストーリーのものに「女大学」名義を付してタイトルとする行為は、近世にも多く見られる。歌舞伎の「泰平女今川」然り、「妹背山女庭訓」然り、である。このような名付け行為が近世からのスタイル・法則にのっとっているということだけ指摘するに留めたい。

また、翻案ものと言ってよい異種「女大学」も作られた。読売新聞内婦人ページには昭和七年（一九三二）二月一四日「アメリカ嬢新女大学十ヶ條」が掲載された。

一、良人を選ぶには晴着を選ぶと同様に、綺麗なばかりでなく長持ちするものを選べ

二、心をきめる前に一度考へよ一度きめた以上は躊躇するな

三、相手をホンタウに愛すること

四、良人の靴下や、シヤツを繕つたり、三度の食事をととのへたりする気があるかどうかを先づ自分自身で考へて見ること

五、自分を知る如く又相手の男をよく理解すること

六、自分を愛する如く夫を愛せ
七、家庭にはいつ嵐が来ぬとも限らぬ、平常から覚悟してあわてぬこと
八、家庭を良人の楽園とし、良人が朝出勤するのを嫌がる程そして夕方は一刻も早く自分の家へ帰りたがるやうにすること
九、良人の趣味嗜好を自分の趣味嗜好にする様にせよ
十、夫婦生活は総て五分五分たる可きこと

このようなヴァリアントは、底本となる「女大学」が広く人々の中に知られていなければ起こりえない「遊び」の一種である。ちなみに「女大学」条目は一九条を基本とするので、既に「アメリカ嬢新女大学十ヶ條」は基本となる形式を逸脱しているのだが、それもご愛敬といったところだろう。

読売新聞内婦人の昭和八年（一九三三）三月七日付には「米国の新大統領夫人は日本の「女大学」で教育されて来た女性　上海事変による日貨排斥にもたゞ一人反対した」というものがあり、「（エレノア・ルーズヴェルト［筆者註］）夫人は日本婦人の淑やかさと忠実さに感心してゐますと語つて私（記者［筆者註］）の前に一冊の日本書籍を出し「これは英訳して貰つて、すつかり読みました」とはなした。私は何の書物だらうと幾分不審に思ひながら眼を注ぐと、それは日本の女大学の書物」であり、「エリナー夫人は常に大ルーズヴェルト氏の薫陶を受け、軽佻浮薄な行為を排斥せよと育てられてゐた夫人の淑やかさは、日本婦人そつくりで」あるとある。大正期の事例同様ここでも明らかに「女大学」が、近世的・旧道徳といった意味でなく、「日本的な」淑やかな女性を育む教訓として捉えられている。

昭和一三年（一九三八）、増補再版された『評釈女大学』では新聞広告も同時に出された。三月二四日朝日新聞上で再び棚橋絢子は「女大学」を「女の宝典」と称し、明治以後の「軽佻浮薄な外来思想に禍ひされて、一部の人々

はかゝる婦人を時代遅れのやうに言ふものもありましたが、これは甚だしい間違ひ」であったと強く主張し、やはり「女大学」は「今日非常時日本の婦人が、益々熟読玩味すべき教科書」であるのでこれを学べば「現下の難局を切り抜け、更に輝かしくも伸びゆく日本に一層の栄光を与へるもの」であると必要性を述べる。

読売新聞内「婦人」には昭和一五年（一九四〇）四月九日から一二日の四日間五回に渡って「当世女大学座談会」という連掲載が行われた。取り上げられたトピックは、それぞれ以下の通り。

・正しき性教育の必要　恋愛と処女性　結婚前の過失はどう解決するか
・家と家との結婚・子なき女去るべし　嫁に姑とは何かの教育姑を客観的にみる力を　養へ一人息子の戦死にみる悲しい例　危険な早婚奨励先づ育児の技術を知れ　農村と都会で異る母親教育乳幼児を育てる母へ
・良人よ反省すべし　あンまりだワ〝汚い着物だなア〟
・仄かになつかしむこの気持ちこそ夫婦喧嘩解消
・狭き門を突破せよ持ちたい経済的独立

女性問題についてあらゆるテーマを扱っているが、この座談会を「当世女大学」としているのは、それだけ「女大学」という語が定着しているからだろう。最早『女大学宝箱』の本文テクストとは関係なく、婦人問題を語る場合に使われているのである。

「女大学」教訓が拡大解釈・変容させられていることは繰り返しになるので措くが、「女大学」は一つの精神を表すようになり、それが戦時下の日本に全く適合するものとされた。読売新聞昭和一六年（一九四一）一月二三日付の夕刊には「政府が音頭取つて多産奨励の進軍享楽捨て、早婚礼賛」には「全日本女性から個人主義、享楽主義的な一切の気持を抹殺、追放して子供を産むことが国家に捧げる義務、家を守る使命であるといふかつての「女大学」の精神を近代化した精神としてうちこみ」とある。

明治・大正期においては読む者の少なくなっていることが憂われていた「女大学」であるが、昭和一六年四月一三日読売新聞には、岩手県宮古市鍬ヶ崎女子青年学校で「女大学」を教科書として採用した旨が掲載されている。また昭和一九年（一九四四）二月六日付朝日新聞広告には、『女大学』（平原北堂）が「戦時下女子の必読書・全国百余校の指定読本」であると銘打たれており、教科書とまではいかずとも「指定読本」という形で「女大学」は全国に浸透していたようである。

昭和戦時下における「女大学」を取り巻く状況で初めて「女大学」に非難のニュアンスがなく礼賛されるようになり、「女大学」批判をする者は西洋かぶれであると変化するが、「女大学」の精神が国家に利用され、往来物としての「女大学」との乖離が決定的となった。学校の指定読本として「女大学」が指定を受けていたり、教科書として採用されていたり、派生作品の成立等の様々な形で昭和初期は最も「女大学」が人々の身近にあった時期であった。ゆえに「女大学」のハイライトは昭和初期にこそあると解することができると思うのである。

五　戦後〜現代の「女大学」—沈黙の「女大学」—

GHQ占領下にあった昭和二〇年（一九四五）から昭和二七年（一九五二）の七年間は「女大学」に関する言論・出版活動が一切存在しないことが特徴である。

読売新聞昭和二九年（一九五四）二月二四日には汚れたハンカチを夫に持たせたままにするのは妻の怠慢であるとの投書を受け「妻の立場と夫のあり方」について掲載しており、その中で「こういう言い方は昔の女大学式のそれであり、一歩あやまれば女性の地位を戦前に逆戻りさせる危険性を孕んでいる」としている。ここでは「女大学」

を昔のものとしてネガティブな使い方をされている。

では、ここで言う「昔」とはいつのことであるのか。そのヒントとなるのが、昭和五四年（一九七九）七月二五日付夕刊の記事である。「戦前の女大学」と題し、近年の風潮を「文部省調査では若者の伝統、保守回帰が相当進んでいるので、古いモラルがかえって新鮮な魅力なのだろう」としている。当該期の「女大学」には、近代の持つ「女大学」＝近世の唯一経典イメージではなく、封建的家制度の戦前イメージで語られており、「女大学」イメージの変化が確認できる。

また戦後の「女大学」出版の特徴としては、文学的「女大学」出版の割合が高いということが言える。ここでの「女大学」は「近世的教訓」という意味で用いられているのではなく、単に女性用の教訓という程度の意味で用いられており、内容にも儒教的・封建的・家制度を感じさせるものではない。その後、石川松太郎などにより、「女大学」研究が行われ始め、史料として研究される時代に入っていった。昭和五二年（一九七七）二月二〇日付読売新聞「江戸散歩」では、「実用と道徳教えた寺子屋教育」として「女子には「女今川」「女大学」などが使われた」と歴史的に女子用往来が扱われ、説明されている。ここに来て「女大学」は生きた意味で使用される現代語としてではなく、歴史用語として「江戸時代の」女子用教訓書という固定された意味となったようである。ここには近代において「女大学」が果たした役割がすっかり抜け落ち、「女大学」はその実態と必ずしも即しない形で、近世の庶民教育の書というイメージで定着した。

おわりに

福沢諭吉『女大学評論』・『新女大学』とそれを掲載した時事新報の論壇を契機に、近世の女性教育を表象するものとして「女大学」は広く認識され、批判的な眼差しで語られるようになる。明治後期になると一部の論者によって福沢の女性論に対する批判が展開され、「女大学」もその主張の中で再評価される。大正期には、「女大学」の評価がそれまでの「旧弊な、古い、近世的、封建的」といったものから「日本的で良いもの」というふうに変化し、「女大学」批評や注釈熱が再度高まりを示している一方で、次第に一般の女子には読まれなくなっていっている状況を憂い、明治期の井上らの言論を受けて「女大学」教訓の正しさを主として教育者が推進するようになる。昭和初期には浪花節や映画などの多様な形態に派生し、一般大衆にも浸透していく様子がみられる。そして、太平洋戦争を目前にした時期には「日本に一層の栄光を与えるもの」として礼賛されるものとなる。このような近代以降の「女大学」は、もはや往来物としての「女大学」とは無関係であるといってよい。その反動的な結果であろうか、戦後の「女大学」イメージは「戦前のもの」という文脈で捉えられるようになる。戦後文壇の無頼派として活躍した太宰治が華族子女かず子の新生をデカダンの色彩で描き出す時、前提とされた「女大学」も、このような意味においてであった。

以上、「女大学」言説の変遷を新聞史料を中心にみていった。ここで「女大学」を巡る議論とその意義についての考察を加え、結論としてみたい。

「女大学」言説をめぐる歴史は、その言論界における積極的意味を評価するならば、国際化される近代日本とそれに伴う女性の社会的状況・位相を巡ってのせめぎあいの過程であったと言ってよいだろう。実在の『女大学宝箱』テキストから遊離しつつも、「女大学」という存在は重要な議論の柱として機能していた。しかし、現代の価値観からすると、その議論の土壌それ自体がすでに遠い過去のように思える。「女大学」という言葉が時代遅れのように響くのはなぜであろうか。それは現代の女性は福沢の描いたパースペクティブを越えて、既に大方社会化された存在であるためではないだろうか。今や男女同権は常識であるし、その社会進出も益々日進していく。このような状況と本稿で扱った「女大学」言説を比べてみるとき、後者には明らかに見落とされたもの、いわば偏見というべきものがある。それは只管に近世女性が、男社会によって作られた教訓を受動する存在であったという大前提である。

では、近世史的立場からこの言説をどう乗り越えるべきであろうか。そのために最も喫緊の課題は、近世女性の自発的側面の正しい評価を行うことである。つまり、書物・往来物を眼の前にしていた筈の、自学する近世女性〈学ぶ女性〉の実像の鮮明化である。

筆者は以上の考えから「女大学」よりも「女今川」を重要視し、研究の中心に据えている。もはや紙面の猶予はないが、「女今川」とは「今川になぞらへて自を戒む制詞の条々」という内題を持ち、女性が自戒するスタイルをとる書物であり、その作者は女性であり、近世のベストセラーであった。(23) そのため、筆者は近世において「女大学」よりも質・量ともに影響力が強かったのはこの「女今川」であったと考えている。

このような女書を総体的に見ていき、大きな視野で近世女性を取り巻く状況、自学する女性像の構築が成されて初めて近世↓近代↓現代を貫通した新しい女性のあり方についての議論が可能になるであろう。「女大学」言説、「女大学」偏重の研究史はそれ自体見直されなければならない。また、女性史＝女性をめぐる史的叙述、も日々新たにされなければならない。今後それを担うべき主役は我々、社会化された女性であるはずなのだから。

注

本稿で引用した新聞史料は特に注記がない限り、「ヨミダス歴史館」明治・大正・昭和（https://database.yomiuri.co.jp/rekishikan/）、朝日新聞「聞蔵Ⅱビジュアル」（http://database.asahi.com/library2/main/start.php）を利用した。なお、句読点を適宜補い、旧字は新字に改めた。

（1）太宰治『斜陽』（新潮文庫、二〇一四年〈初版一九四七年、新潮社〉）、九六、九八頁。
（2）「女大学」世界にあたるものとして、番付・人情本・春本がそれぞれ一点ずつあるのみ、重板再板の様子も見られず、「女今川」「女庭訓」と比べ、広がりを感じにくい。
（3）小泉吉永編『女子用往来刊本総目録』（大空社、一九九六年）。
（4）岡村金太郎編『往来物分類目録』（啓明会事務所、一九二五年）。なお、岡村の収集したコレクションは東京大学総合図書館に所蔵。
（5）石川謙『女子用往来物分類目録』（大日本雄弁会講談社、一九四六年）。
（6）井上清『日本女性史』（三一書房、一九四八年）一四六頁。
（7）小泉吉永編『女大学資料集成』（大空社、二〇〇三〜二〇〇六年）。
（8）前掲小泉吉永編『女子用往来刊本総目録』と筆者の調査の結果を足した数値である。今後も史料発掘は続いており、増加し続けるものと思われる。
（9）横田冬彦「『女大学』再考」脇田晴子・S・B・ハンレー『ジェンダーの日本史』下（東京大学出版会、一九九五年）所収。
（10）中村一代「女訓書付載記事の研究」『日本文化論年報』〈神戸大〉五、二〇〇二年。
（11）藪田貫「『女大学』のなかの「中国」」『比較史的にみた近世日本』（東京堂出版、二〇一一年）所収。同「商家と女性」『身分の中の女性』（吉川弘文館、二〇一〇年）所収。
（12）和田充弘「『女大学宝箱』と『女中庸瑪瑙箱』」『関西教育学会研究紀要』七、二〇〇七年、三九頁。
（13）石川松太郎『女大学集』（平凡社、一九七七年）、同『日本教科書大系』（講談社、一九七三年）、前掲小泉吉永編『女大学資料集成』など。
（14）菅野則子「近世〜近代における「女大学」の読み替え」『思想と文化』ジェンダー史叢書三、（明石書店、二〇一〇年）所収。「岸田俊子と「女大学」」『帝京史学』二五、二〇一〇年。
（15）中嶌邦「国家総力戦体制と「女大学」」『女大学資料集成』別巻（大空社、二〇〇六年）所収。
（16）新聞記事の中にも近世の女書として「女大学」と「女今川」が並列に扱われている記事がいくつかあるが、それらは明治一二年までには姿を消し、「女大学」をして近世女書の代表格とされるようになる（大正四年の記事もあるが、突発的な記事であり、連続性が見られない）。時期的にも女書出版／女子教育論の高まり／言説がリンクしていることが分かる。

(17) 福住正兄『二宮翁夜話』巻四(一九〇九年、報徳社)、一五五条。及び、児玉幸多編『日本の名著』二六(一九七〇年、中央公論社)、三〇二〜三〇三頁参照

(18) 『婦女新聞』一(不二出版、一九八二年)。

(19) 内田節堂編『女大学通解』「緒言」(一九一三年、婦人修養館)、一〜六頁。小泉吉永辺『女大学史料集成』十六巻(二〇〇四年、大空社)参照

(20) 棚橋絢子『評釈女大学』「はしがき」(一九一三年、実業之日本社)、三〜六頁

(21) 派生作品を生む女訓書は多く、近世では「女今川」や「女庭訓」の歌舞伎や錦絵、人情本、番付などが出されている。成功を収めた書は概ね類板・重板はさることながら、派生作品群も生み出すものである。しかし、近世において「女大学」関連の派生作品は少ない。このことの意味を問わなければならない。

(22) 「泰平女今川」は、この伊達騒動をはじめて扱った歌舞伎狂言と言われており、初演は正徳三年(一七一三)正月に江戸の中村座において上演された(渥美清太郎編『日本戯曲全集十六　伊達騒動狂言集』〈春陽堂、一九二九年〉)。

(23) 拙稿「「女今川」成立考」『史苑』七三―一、二〇一三年。

ソメイヨシノをめぐる言説とその実像

秋山　伸一

はじめに

毎年冬の寒さがゆるみ、春の気配を感じるようになる二月下旬以降、テレビ・ラジオの気象情報や報道番組、あるいは新聞の紙面を桜の開花予測が賑わせ始める。周知のとおり、その標本木となっているのが桜の一品種ソメイヨシノである。気象庁による開花予測は、二〇〇九年を最後に取りやめとなったが、民間事業者や様々な団体による地域ごとの開花予測は、むしろ年を追うごとにヒートアップしているように感じられる。

さて、〝桜前線〟という用語が日本全国で通用し、また地域ごとの開花予測が可能なのは、全国各地に多くのソメイヨシノがまんべんなく分布（一部の地域を除く）していることはもちろん、ソメイヨシノが接ぎ木等によって増やされるクローン植物だからである。つまり、世の中に存在するすべてのソメイヨシノが同じ性質を持つため、同一の環境下では毎年同じように生長し、芽吹き、開花し、散っていくわけである。

数多い桜の品種のなかで、知名度が最も高く、また全国に植栽されている桜のうち八〇パーセント以上を占める[1]と言われているソメイヨシノであるが、その一方で誕生や伝播に関しては、〝謎のベール〟に包まれた品種でもある。もちろん、ソメイヨシノの誕生に関しては、戦前期より近年まで、植物学・遺伝学・歴史学などの立場から豊富な研究蓄積があり、多くの学説が提起されてきた（後述）。それにもかかわらず、①ソメイヨシノの父親と母親の品種は何か？②自然交配で誕生したのか、それとも人工交配で誕生したのか？③誕生時期はいつか？④誕生場所は限定できるのか？⑤なぜ短期間で全国に伝播したのか？という基本的な事項について明快な解答は得られていない。ことにソメイヨシノが誕生した時期に成立したと考えられる歴史資料が皆無であるという事情も手伝って、ソメイヨシノにまつわる諸相を見えにくくしていると言わざるを得ないのである。

そこで、小稿では、これまでのソメイヨシノにまつわる言説の大きな流れを振り返るとともに、やや視点を変えて、今まで分析対象にならなかったソメイヨシノの呼称変化と、日本全国への伝播の様相に光をあてる。ここを突破口として、ソメイヨシノ研究の今後を見通してみたい。

一　ソメイヨシノをめぐる言説

原色図鑑シリーズで知られる保育社が出版した『原色園芸植物図鑑〔V〕』（初版発行一九六七年）では、ソメイヨシノのことを「そめいよしの」の項目を立てて、写真図版とともに以下のように解説している。

【資料1】

現在日本の各地に最も多く見られるサクラで、生長が早く栽培が容易であるため、昔からのヤマザクラやサトザクラと変えられた。高さ一〇ｍぐらいで、樹皮灰黒色。葉はだ円形または広卵形で鋭頭、鈍脚。葉の裏面葉脈上と葉柄には伏毛がつく。花はほとんど白色で、がくに軟毛があり、花柱にはわずかの毛がつく。

ソメイヨシノは江戸末期に江戸市内の染井から出たもので、花がにぎやかにさくので喜ばれ、吉野桜とよばれたが、後に吉野の桜はヤマザクラであることが明らかにされ、ソメイヨシノとよばれるようになった。この桜はどこから出たか疑問にされていたが、朝鮮済州島で採集されたサクラがドイツの分類学者により、本種に近いものとされたため、済州島が原産地かと考えられた。しかし、江戸末期にこの島との交通は考えられないことで、後年、小泉源一博士が同島を論査したところ、一本のソメイヨシノの自生品を発見した。しかし、個体数が少ない点に疑問がもたれた。なお、同島には朝鮮山桜の他にオオヤマザクラ（P.Sargentii）、エドヒガンが自生しており、小泉博士発見の木はオオヤマザクラとエドヒガンの雑種として偶然生じていたものと考えられた。その後、竹中博士（一九六二）は済州島説に疑問をもち、オオシマザクラとエドヒガンとの雑種をつくりソメイヨシノと同じ性質のものを得て、ソメイヨシノはこの二つの雑種であるとの結論を発表し、染井の植木師が作出したとも考えられるとした。なおソメイヨシノの染色体数は2n=16である。

〔文献〕竹中要：植物学雑誌七五：二七八〜二八七、一九六二

植物学的特徴とともに、ソメイヨシノの誕生に関しても詳細に記されていることが興味深い。ここでは、「文献」欄で掲げられている当時の最新研究と思われる竹中論文（後述）を典拠として全体をまとめている様子が窺われる。

一方、小学館が出版した『日本国語大辞典』（初版発行一九七二年）では、ソメイヨシノを「染井吉野」と表記して、次のように説明している。

【資料2】

バラ科の落葉高木。エドヒガンとオオシマザクラの雑種に由来するサクラ。生長が早く、花着きがよく華麗なため、最もふつうに各地で栽植されているが、樹の寿命は短い。高さ七メートルくらいになる。葉は楕円形で長さ五センチメートルくらい。花は一重、葉に先立って開き、初め淡紅色、後ほとんど白くなり、花梗や萼（がく）には若枝や若葉とともに軟毛がある。幕末に江戸染井（現在の東京都豊島区駒込）の植木屋から出て、明治になって東京にひろまり、初めヨシノザクラといわれたが、吉野山には全く無いのでソメイヨシノと改名

された。ヨーロッパ・アメリカにも移植されている。学名はPrunus Yedoensis。

必要最小限の植物学的特徴の記述とともに、その誕生や伝播に関する事項、命名の理由が記されている。そして、用例として明治四四年（一九一一）発刊の若月紫蘭著『東京年中行事』の一部が採用されている。この文章には、二〇世紀はじめの東京における〝桜の品種事情〟が端的かつ網羅的にまとめられているので、以下全文を紹介しておく。(2)

【資料3】

東京の桜は俗に吉野桜と言えども、吉野の山桜とは何の関係もない。学者はこれに染井吉野と言う名前を付けている。もと江戸時代に於て、巣鴨の近所の染井の植木屋が、人工を以て作り出したもので、古来吉野の桜が天下一品と称せられていた処から、この名を利用して売り出した処が、それが東京付近の地味に適って盛んな繁殖を見るに至った。東京の桜を俗に吉野桜と言う説は真に近い。兎に角旧幕の頃に染井の植木屋が多く苗木を作って、江戸の内外に植えたものであると言うことは事実であって、十年ばかり前まではこの桜は東京及び付近に限られていたのであるが、今は交通の便が開けて東京ならずともポツポツと他国にも見られるようになった。染井吉野の特長とも見るべきは、花が咲いてから葉が出ること、咲き立てには薄紅色を帯びているが、十分に咲くと真白に見えて見事であること、花の軸には沢山の毛が生えていること、木の枝が広がっている事などであって、従って本当の山桜とは一見ただちに区別がつくのである。そしてこの染井吉野は木が早生の方で、花も極めておびただしく、枝ぶりも至って面白いから、公園向きとしては至極結構であるが、惜しいことは木の寿命が短くて、二、三十年も経つと段々に枝が枯れて、木の姿が次第に見苦しくなると言う欠点がある。今の東京の桜の大部分はこの染井吉野で、向島江戸川植物園その他市内の桜の多い所はすべてこの種の桜であることは前にも言った通りである。

明治時代末期、主として東京の桜樹の主流となりつつあったソメイヨシノ（染井吉野）の説明に終始する内容となっている。この記述がなされてから一〇〇年以上経った今日でも、奈良県の吉野山の山桜とソメイヨシノの関係、ソメイヨシノ開花の特徴、さらに東京およびその周辺における桜樹の植栽状況を説明する際は、この内容の域を大きく逸脱することはない。なお、【資料3】文中の「巣鴨の近所の染井の植木屋」とは、かつての武蔵国豊島郡上駒込村染井（現東京都豊島区駒込）に集住していた植木屋たちのことを指し、彼らは一年を通して植木や草花、鉢植え類を栽培・販売していた。万延元年（一八六〇）に来日したイギリスの植物学者ロバート・フォーチュンは、「私は世界のどこへ行っても、こんなに大規模に、売物の植物を栽培しているのを見たことがない。」と滞在記である『江戸と北京』に記している。(3)

また、【資料3】の「学者はこれに染井吉野と言う名前を付けている。」の箇所は、明治三三年（一九〇〇）の植物学者藤野寄命による上野公園に植樹されている桜樹に関する報告書（『日本園芸界雑誌』）のなかで「そめいよしの」を初めて用い、さらに翌三四年植物学者松村任三によってPrunus Yedoensis Matsumura（プルヌス・エドエンシス・マツムラ）という学名が与えられたことを指している。

実は、ソメイヨシノ誕生をめぐるいくつかの検討素材のなかで、確固たる歴史資料の裏付けのもと、当事者と年代が確定しているのはこの二つの事項のみと言ってよいほどである。それゆえに、ソメイヨシノに関する他の検討素材の多くが〝謎のベール〟に包まれ、議論百出となっているのであろう。

次に掲げる資料は、明治三八年（一九〇五）四月に発刊された『園芸界』に収録された久田二葉「桜花の品類」という論考のなかで引用されている寺崎七草なる人物の文章である。(4) 明治三三年に藤野寄命が「そめいよしの」を公刊された刊行物のなかで初めて用いて（後述）以降、管見の限り最も古い「染井吉野」文言使用例として掲げておく。

【資料4】

東京に吉野の桜と云ふのがある、隅田川の土手などにもあって、色の薄いものである、アレが吉野にあるかと云ふと無い、吉野ばかりでなく関西地方にはないのである、さらばナゼ吉野桜と云ふかと申すと、染井吉野と云ッて、東京附近の植木屋が持って来たので、其の植木屋の名前で、染井吉野と云ふのだそうで御座います。ところが伊豆の大島には沢山ある、果たして此処から拡つたものかどうか分り兼る、兎に角静岡からアチラにない。そうして吉野にあるのは山桜で、若い木がぽつぽつあるの丈けです。

第1表　ソメイヨシノ誕生をめぐるおもな学説と提唱者

	学説要旨	提唱者	典拠
1	ソメイヨシノの原産地は伊豆大島とし、江戸時代に染井の植木屋に移植させ、それ以降東京市内でも栽培されるようになった。	三好学	『最新植物学講義　下巻』1905年
2	ソメイヨシノの原産地を済州島とした。	小泉源一	「そめゐよしのざくらノ自生地」『植物学雑誌』第27巻、1913年
3	ソメイヨシノはオオシマザクラとエドヒガンとの雑種ではないかと推測した。	E.H.ウィルソン	『The Cherries of Japan』1916年
4	ソメイヨシノの原産地は済州島とし、幕末の頃に誰かによって奈良の吉野へ献木、その後江戸へ伝わったのではないかとした。	小泉源一	「染井吉野桜の天生地分明かす」『植物分類・地理』第1巻2号、1932年
5	ソメイヨシノはオオシマザクラとエドヒガンとの雑種で、原産地は伊豆半島とした。	竹中要	「サクラの研究(第一報)ソメイヨシノの起源」『植物学雑誌』第75巻、1962年
6	ソメイヨシノは染井の植木屋河島権兵衛が伊豆半島の山中から採集してきたか、自らの植溜で交配して作り出したか、いずれかであろうとした。	鴻森正三	『THE・桜　続染井吉野桜の起源』1985年
7	ソメイヨシノは染井で1720～35年頃に伊藤伊兵衛政武によってオオシマザクラを母とし、エドヒガンを父として交配・育成されたものであろうとした。	岩﨑文雄	『染井吉野の江戸・染井発生説』文協社、1999年

ソメイヨシノの分布が東京付近に限られていること、奈良県の吉野地域はもちろん、関西地方にもないのになぜ「吉野」が名称に付されているのかについて説明がなされている。ただし、寺崎は「東京附近の植木屋」＝「染井」を地名ではなく、人名もしくは屋号的なものと理解しているかのようで、「染井吉野」本来の意味を必ずしも正確に理解していないようにも読める。

いずれにせよ、【資料3】、【資料4】ともに桜の和名としてソメイヨシノが用いられて間もない時期の文章であり、世間一般にはまだソメイヨシノが認知されていない頃の状況であると言える。

二〇世紀に入ると、ソメイヨシノの誕生をめぐって学術的な研究が現れるようになる。第1表は、おもな学説とその提唱者を一覧にしたものである。前述したように、ソメイヨシノは誕生当時の資料が皆無であると思われるため、推測に次ぐ推測により学説が構成されている場合が多い。それでも大きな流れとしては、長年にわたって行われてきたソメイヨシノの原産地（原木）探しが行き詰まったことにより、染井の植木屋による人工的な交配も視野に入れながら近年は検討が進められていると言える。(5)

二　ヨシノザクラからソメイヨシノへ

すでに多くの先行研究においても指摘され、また小稿のここまでの検討からも窺われるように、ソメイヨシノはその和名が確定するまではヨシノザクラや単にヨシノと呼ばれていた。前節で取り上げた植物学者藤野寄命が、明治三三年に桜樹に関する報告書のなかで「そめいよしの」を初めて用い、(6)翌年学名が与えられると、数年後に各種出版物において「そめいよしの」や「染井吉野」が使われるようになり、以降徐々にソメイヨシノが浸透するようになったのである。本節では、ヨシノザクラからソメイヨシノへの呼称変化について検討することにする。

（一）和名としてのヨシノザクラの誕生

第2表は一九世紀から二〇世紀初頭（明治年間まで）にかけてのソメイヨシノ（ヨシノザクラ）の植樹に関する記述を中心に、ソメイヨシノ（ヨシノザクラ）の誕生・伝播を考える際に有効だと思われる情報を、数冊の参考文献の記述を中心に一覧にしたものである。[7]

まず、和名としてのヨシノザクラの初見資料は、本草学者岩崎常正による文政七年（一八二四）序『武江産物志』所収「遊観（はなみ）類」の「桜」の項目にある「芳野桜　上野」という部分である。[8] つまり、ヨシノザクラは、桜の花見場所として広く知られる上野の「産物」と認識されていたことになる。本書は、江戸および江戸近隣における野菜・果実・薬草類の産地を載せることを中心としたもので、「産物」の範疇に花見の場所も含まれていることが特筆される。「芳野桜」の音は「吉野桜」に通ずるため、同一の桜と考えてよかろう。

続いて確認できるのは、天保一二年（一八四一）序蜂屋椎園『椎の実筆』所収の記述「桜の名寄」全三九品種の中の「芳野桜　上野四軒寺町にあり」という部分である。[9] これは佐々木花禅なる人物が「彼岸桜」、「山桜」など桜の品種を江戸および周辺地域の植栽（花見）場所とともに書き上げたものである。なお、上野四軒寺町は現在の東京都台東区上野七丁目付近に該当すると思われ、前掲の『武江産物志』と同様、「上野」がヨシノザクラ発祥を考える際のポイントとなってきそうである。

次に明治七年（一八七四）の服部雪斎によるスケッチに注目したい。雪斎は一九世紀後半を中心に活躍した博物画家であり、この時期文部省博物局（博覧会事務局）に勤務していたことが判明している。タテ二一〇ミリメートル×ヨコ一四六ミリメートルの和紙に描かれ彩色が施されているスケッチの右側には、「サクラ　ヨシノト称スルモノ　上花」、「明治七年四月十二日写」と記されている。「ヨシノト称スルモノ」が「吉野桜」を示し、「上花」は美しい花の意であることは間違いないところであろう。また、花の付き方や花弁の色づかいなど、現在の植物図鑑に描かれるソメイヨシノに酷似しており、両者を同一の桜と判断できる。スケッチ地点が記されていないのが残念であるが、この時期雪斎が属する博覧会事務局は現在の東京都千代田区内幸町に所在していたため、桜の開花にあわせて雪斎が東京府内のいずれかに出向き描いたものと思われる[10]。

また、明治一七年（一八八四）三月には江戸川（現神田川）沿いに初めてソメイヨシノ（ヨシノザクラ）が植樹されたが、その経緯を明治三九年（一九〇六）一一月発刊の『風俗画報』では、「江戸川の沿岸に始めて桜を植附けたるは、去る明治十七年の春三月なりとす、当時西江戸川町に住ひて麹町区長を勤め居たる大海原某と呼べる人、江戸川の風致を添えむとて、同町の米屋大塚幾蔵と相談の上、率先して自宅前の川緑に吉野桜の根を下ろせしより、（中略）同町の地主を勧め、染井より吉野桜を取寄せて町内の川緑に植うることゝせしに（後略）」と説明している。江戸川の「風致」（おもむきのある風景の意）を考慮して植樹したこと、前述した植物生産地の染井からヨシノザクラを取り寄せたことが記されている。この時期の刊行物に染井からヨシノザクラを取り寄せたことが記されていることは、その誕生にまつわる詳細を考えていくうえで重要である。

このほか、第2表には藤野寄命による報告書が公になる明治三三年までに、全部で三二件の「吉野桜」に関する記事を確認できる。多くが堤防や公園などへの数百本を単位とする植樹であり、並木（群）としてソメイヨシノが観賞対象となっていると思われること、そして初見の上野をはじめ、現在の東京二三区内での事例数が多いことが特徴となっている。

ところが、明治三四年の学名付与以降、堤防や公園などへの並木状の植樹という傾向は変わらないものの、植樹

第2表　ソメイヨシノ(ヨシノザクラ)誕生期関係年表

	和暦	西暦	場所(現在地)	できごと(歴史叙述など)	出典
1	文政7年	1824	東京都台東区	「芳野桜　上野」の記述(「遊観(はなみ)類」の項目に所収)	岩崎常正『武江産物誌』
2	天保12年	1841	東京都台東区	「芳野桜　上野四軒寺町にあり」の記述(「上野四軒寺町」は現台東区上野七丁目付近)	蜂屋椎園「椎の実筆」(『随筆百花園』第11巻、262頁)
3	天保13年	1841	—	坂本浩雪画「浩雪桜譜」136種のなかに、「芳野桜」と題された桜の図があるという	『東京市史稿　遊園篇第3』751～754頁
4	弘化4年	1847	—	坂本浩雪画「十二ヶ月桜花図」(世田谷区立郷土資料館蔵)で、「四月 吉野」と題された桜の図が描かれる	埼玉県立博物館編『特別展図録桜花爛漫』22頁
5	弘化年間	1844～48	東京都墨田区	隅田川沿い須崎村の堤に吉野桜を植栽(「有志者須崎の堤に吉野桜植る」の記述)	有岡利幸『桜Ⅱ』70頁
6	嘉永年間	1848～54	東京都墨田区	隅田川沿い寺島村の堤に吉野桜を植栽(「寺島の堤へも又吉野桜・山桜等を植」の記述)	有岡利幸『桜Ⅱ』70頁
7	安政年間	1854～60	東京都墨田区	隅田川沿い墨田村の堤に吉野桜を植栽(「安政のはじめ又墨田村の有志者吉野桜を数多うゑたり」の記述)	有岡利幸『桜Ⅱ』70頁
8	明治7年	1874	—	服部雪齋の桜のスケッチに「ヨシノト称スルモノ上花」、「明治七年四月十二日写」とある(文部省博物局勤務時のもの)	牧野記念庭園記念館展示資料(2012年6月10日秋山見学)
9	明治9年頃	1876頃	東京都台東区	上野公園にソメイヨシノが植栽されたという	平塚晶人『サクラを救え』86頁
10	明治12年	1879	福島県郡山市	開成山公園にソメイヨシノが植樹	平塚晶人『サクラを救え』110頁
11	明治13年	1880	東京都北区	2月飛鳥山公園に芳野桜300本を植栽	有岡利幸『桜Ⅱ』72頁

12	明治14・15年頃	1881・82頃	東京都葛飾区	旧小岩村から金町村までの江戸川堤にソメイヨシノを植樹	佐藤太平『桜の日本』（雄山閣）108頁
13	明治15年	1882	青森県弘前市	弘前城公園にソメイヨシノを植樹（旧弘前藩士菊池楯衛による）	弘前市緑の協会ホームページ、現地説明板ほか
14	明治16年	1883	東京都江東区	5月深川公園そば不動堂脇の地ならし工事終了後、吉野桜83本ほかを植栽	有岡利幸『桜Ⅱ』73頁
15	明治16年	1883	東京都隅田川堤	10月にソメイヨシノ1000本の植栽が完成（成島柳北らの運動による）	有岡利幸『桜Ⅱ』12頁
16	明治16年	1883	東京都港区	12月に芝公園内丸山下東照宮脇などに合計100本のソメイヨシノを植栽（巣鴨村出稼植木渡世内山仁三郎の献木による）	有岡利幸『桜Ⅱ』74頁
17	明治16年	1883	埼玉県熊谷市	荒川熊谷堤にソメイヨシノが植樹	平塚晶人『サクラを救え』110頁
18	明治17年	1884	東京都文京区	江戸川沿いに吉野桜を植樹（「染井より吉野桜を取寄せて」の記述）	『駒込・巣鴨の園芸史料』119頁『風俗画報　353号』（明治39年）
19	明治17年	1884	長崎県大村市	大村公園にソメイヨシノ、オオムラザクラ、クシマザクラを植樹	『日本のさくら』162頁
20	明治18年	1885	東京都台東区	4月に浅草公園第6区の三間幅道路両側へ吉野桜204本を植栽	有岡利幸『桜Ⅱ』74頁
21	明治18年	1885	山口県岩国市	吉香公園にソメイヨシノを植樹	『日本のさくら』160頁
22	明治18年頃	1885頃	東京都台東区	植物学者藤野寄命が上野公園の桜を調査する	岩﨑文雄『染井吉野の江戸・染井発生説』（文協社、1999年）5頁ほか
23	明治19年	1886	山口県岩国市	『藤田葆（しげる）日記』明治19年1月21日部分に「堅皮吉野桜　二百本御買下シ相成り植方アリ」の記述	杉山京子氏のご教示による

24	明治19年	1886	東京都台東区	4月に浅草公園第1、4、6区地内において吉野桜190本を植栽(前年植栽分の多くが水害により枯死したため)	有岡利幸『桜Ⅱ』74頁
25	明治20年	1887	東京都港区	芝公園の枯木植え替えで吉野桜合計40本を各所に植栽	有岡利幸『桜Ⅱ』16頁
26	明治21年	1888	東京都北区	4月飛鳥山公園に吉野桜100本を植栽	有岡利幸『桜Ⅱ』16頁
27	明治21年	1888	東京都千代田区	4月麹町公園に目通り九寸の吉野桜を14本植樹	有岡利幸『桜Ⅱ』16頁
28	明治21年	1888	東京都港区	4月芝公園に吉野桜を114本植樹	有岡利幸『桜Ⅱ』16頁
29	明治21年	1888	東京都台東区	4月浅草公園に吉野桜を144本植樹	有岡利幸『桜Ⅱ』16頁
30	明治23年	1889	—	植物学者藤野寄命が『上野公園桜品図説(公刊されず)』のなかで「そめいよしの」を初めて用いる	平塚晶人『サクラを救え』84頁
31	明治25年	1892	神奈川県秦野市	秦野市立南小学校開校時、校庭にソメイヨシノを植樹	秦野市ホームページ
32	明治31年	1898	神奈川県川崎市	多摩川の堤防が改修された折、日清戦争の勝利を記念して近隣の農民たちが植えたもの	平塚晶人『サクラを救え』29頁
33	明治33年	1900	—	植物学者藤野寄命が『日本園芸界雑誌』のなかで「そめいよしの」を用いる	『駒込・巣鴨の園芸史料』116頁『日本園芸会雑誌　92号』(明治33年)
34	明治34年	1901	—	松村任三によってPrunus Yedoensis Matsumuraという学名がソメイヨシノに与えられる	岩﨑文雄『染井吉野の江戸・染井発生説』(文協社、1999年)5頁ほか
35	明治34～36年	1901～03	青森県弘前市	弘前城公園にソメイヨシノを植樹(旧弘前藩士内山覚弥の発案による)	弘前市緑の協会ホームページ
36	明治37年	1904	—	高木孫右衛門作「桜花集」に「吉野桜」の記載がある	『豊島区立郷土資料館　常設展図録』40頁

37	明治39年	1906	山形県鶴岡市	鶴岡公園に植樹	高木博志「桜とナショナリズム」151頁
38	明治39年	1906	岩手県盛岡市	高松公園へ桜植樹（日露戦争戦勝記念）	高木博志「桜とナショナリズム」151頁、『日本のさくら』147頁
39	明治40年	1907	茨城県土浦市	土浦市立真鍋小学校校庭に桜の苗木を植樹（校舎の新築記念）	土浦市ホームページ
40	明治40年	1907	宮城県柴田郡柴田町	船岡城址公園・白石川堤に桜を植樹（日露戦争戦勝記念）	高木博志「桜とナショナリズム」151頁
41	明治41年	1908	群馬県藤岡市	桜山公園に桜を植樹（日露戦争戦勝記念）	高木博志「桜とナショナリズム」151頁、『日本のさくら』149頁
42	明治41年	1908	青森県大湊市	現宇田児童公園にソメイヨシノを植樹（東宮行啓記念）	「大湊水源池公園と宇田児童公園のソメイヨシノ」
43	明治41年	1908	群馬県藤岡市	虚空蔵山上に桜樹染井1500本を埼玉安行より移植（寒桜山）	佐藤太平『桜の日本』（雄山閣）208～209頁
44	明治42年	1909	新潟県上越市	現高田公園に桜を植樹（陸軍第十三師団の入城記念）	高木博志「桜とナショナリズム」151頁
45	明治43年	1910	—	桜香園主河島銀蔵作の桜の番付に「吉野桜」の記載がある	豊島区立郷土資料館収集園芸関係史料（コピー）にあり
46	明治43年	1910	千葉県成田市	旧高岡村内池水沿いに吉野桜約200本を植樹	『桜の日本』192頁
47	明治43年	1910	青森県大湊市	現大湊水源地公園にソメイヨシノを植樹（教育勅語下賜10周年記念）	「大湊水源池公園と宇田児童公園のソメイヨシノ」
48	明治43年後	1910後	大阪府大阪市	生国魂神社境内に染井吉野の若木若干本を植樹（火災による焼失後有志による）	佐藤太平『桜の日本』（雄山閣）380頁
49	明治44年	1911	奈良県大和郡山市	現郡山城址公園に桜を植樹	高木博志「桜とナショナリズム」151頁

場所は全国各地に広がっているように見える。もちろん、第2表は、数冊の文献から読み取れる事例を、筆者の判断で収集し作表したものであるため、そこから読み取れる内容を安易に結論とすることは避けなければならないが、新たに誕生した植物が全国に伝播していく傾向を考える場合興味深いものがある。この点はさらに追究していく必要があろう。

さて、前節で掲げた【資料3・4】の記述、そして第2表の内容などを勘案して、ヨシノザクラの誕生と伝播の経緯をまとめると以下のようになろう。すなわち、一九世紀前半に誕生したヨシノザクラは、江戸近隣の染井（現東京都豊島区駒込）の植木屋によって売り広められ、生長が早く花付きが良いこともあって、近代以降東京府内の堤防や公園に多くの本数が植樹された。その後、植物学者藤野寄命がヨシノザクラの普及に貢献した植木屋が居住する地名を冠して、明治三三年に「そめいよしの」の名称を初めて用い、翌三四年に松村任三が学名を与え、以降全国的に植樹されるようになったのである。

（二）書籍・雑誌類に現れるソメイヨシノ

書籍・雑誌類でソメイヨシノが初めて現れるのは、管見の限り【資料4】に掲げた寺崎七草なる人物の文章においてである。この文章は明治三八年（一九〇五）四月発刊の雑誌に引用されているため、実際に書かれたのはそれより以前ということになる。

続いて、「染井吉野」が現れるのは明治四一年（一九〇八）に読売新聞社から発行された久田賢輝著『続園芸十二ヶ月』においてである。「三月　桜花の品類」の部分、「東京に吉野の桜と云ふのがある。」の一文で始まる説明であるが、実は【資料2】で掲げた寺崎の文章と同一なのである。つまり、【資料4】が所収されている「桜花の品類」

を執筆した久田二葉と、『続園芸十二ヶ月』の著者である久田賢輝とは同一人物であり、「二葉」は号であることが判明する。[11] 久田と寺崎との関係はよくわからないが、明治年間においてはソメイヨシノという品種名が表記された書籍・雑誌類はごく僅かであったようである。

この傾向は大正・昭和初年を経ても大きな変化はなかったようで、昭和一〇年（一九三五）に雄山閣から発刊された佐藤太平著『桜の日本』では、例えば上野公園の桜樹に関する記述で、「明治初年以来度々桜の植継が行はれてゐたが、現在公園中の桜の種類としては、吉野・彼岸・山桜・八重等約二千五百本内外の桜樹が全山を蔽うてゐる。勿論是等の大部分は染井吉野で、其他は極めて尠い。（中略）併し今日上野全山の桜と云へば染井吉野で、竹の台美術館前の広場歩道の両側には明治初年頃植ゑた其老木が残っているが、其他は殆んど若木である。（中略）山桜も吉野の散りかゝった頃所々に葉桜と共に散見される。」とあるように、「染井吉野」の略称として「吉野」、あるいは「吉野桜」が使用されていることが確認できる。[12] ソメイヨシノは、少なくとも戦前期まではヨシノザクラやヨシノとともに、呼称としても同じ桜として扱われており、ソメイヨシノという和名が広く周知されるようになったのは、後年になってからのようである。

（三）新聞記事に現れるソメイヨシノ

新聞記事のなかで初めて桜の和名としてのソメイヨシノが現れるのは、明治四〇年（一九〇七）一〇月一四日の『東京朝日新聞』朝刊においてである。[13] 政治家であり文筆家でもあった村松柳江（恒一郎）[14] による「戦捷紀念　桜樹栽培の記」のなかで、日露戦争後に自身へ下賜された「行賞」の使い道として、「余は即ち此趣意に於て我郷（筆者註：愛媛県宇和島）の先輩友人諸氏に謀（諮）り東都の名花たる『染井吉野』と称するもの五〇〇株を移植する事とし（後略）」という部分で確認できる。東京地方の「名花」としてソメイヨシノを理解し、それを自身の故郷に植樹することで地元の人々に花見を楽しんでもらいたいという文脈である。ソメイヨシノがまだ一般に認知されていないためであろう「染井吉野」がカギ括弧で括られ、さらに「と称する」という表現になっている。

次に現れるのは大正二年（一九一三）三月二四日、『東京朝日新聞』朝刊の「帝都を飾る桜花」という記事においてである。ソメイヨシノに関する特徴が詳細に記されているので、長文ではあるが以下全文を掲げる。

【資料5】

花の都として誇った東京の桜も、向島などを始め近来著しく荒廃して来たのは遺憾の事であるが、東京に最も多く又最も能く地味に適するといふ染井吉野は、樹齢も極めて短く、植え付けてから早きものは廿年、能く長寿を保つものと雖も四十年餘にして枯死するのが常である。而も夫等は餘り根を踏み固めず、損傷虫害等のない場合であって、何等か故障のある場合には更に生命を短縮されるのである。故に桜は街樹として不適当なることを免れない。殊に車馬の交通頻繁な道路や狭隘な通路に植栽する街樹としては欠点の多い樹木である。子供等が戯れに木を打ち、若くは切って傷を付けた場合や、車等が当って皮を剥いた時に若し他の木だったなら、其箇処が癒えるから少し位の事は敢て其樹木の生命には差支ないけれども、桜は少しの傷でも一度受けると容易に恢復しないのみならず、雨に当り風に晒される度毎に段々幹深く腐れ込んで、遂には其生命を危殆に陥れる事が多い、之を補ふ為に一々植付ける手数は中々面倒な次第でもあり、経済的の見地から見るも策の得たるものでないから、何とかして之を改良するの方法もがなと東京市で種々攻究した末、同じ桜でも比較的丈夫な山桜の台を取って之に吉野桜なり八重桜なりを接ぐ事にした。東京附近で山桜の沢山あるのは小金井のみであるが、東京市では即ち数年前に小金井の山桜から取った台□に染井吉野を四千餘本と埼玉県から買入れた数種の八重桜二千本とを接木と為し、雑司ヶ谷、渋谷其他の街樹苗圃にて栽培して居る。今や其丈六尺餘に達してゐる。街樹を担任して居る東京市技手の語る所に拠れば、今後三年目からはそろそろ是等の桜の木を取って向島なり江戸川なりに移植されるといふ、元来桜の短所としては以上の如きものがあるけれど、其長所とも言ふべきは若木の時に於て成長が早く、ずんずん大きくなって盛に花を開かせる。されば今六尺餘りの若木は三年の後からはどんどんと植付けられ、而もそれが普通の染井吉野よりも長寿を保つとせば、今後東京市に於ける桜花は益其妍を誇るに足るべきであろう。従来毎年約百数十本の補植は皆請負人をして植付けを為さしめたので、単に補植に過ぎなかったが、之からは数に於ても大に殖やすと云ふから益有望な訳である。一般に山桜の樹齢は少くも三百年とされてあるが、其台を取った染井吉野は果して何の位の樹齢を保つか未定ではあるが、普通の吉野桜よりも丈夫な事は疑ふべくもない

ソメイヨシノは樹齢が短く、種々の条件がよくても四〇年程度で枯死してしまうので、街路樹には向いていないこと、そのため、桜のなかでも丈夫な山桜を台木にしてソメイヨシノや八重桜が接がれ、郊外の「街樹苗圃」で栽培が試みられていること、そして今までよりも丈夫なソメイヨシノが根付けば、東京市内の桜花はよりいっそう美しさが増すことになり、それを期待したいという論調でまとめている。

この記事は、「染井吉野」にまつわる内容が中心になっているが、ところどころに「八重桜」や「吉野桜」という桜の種類に関連する文言も確認できる。このうち「八重桜」については、桜の和名としてではなく、一重桜一般に対する「八重桜」として理解できる。一方の「吉野桜」については、「染井吉野」と同じ意味で用いられており、これは「山桜の台を取って之に吉野桜なり八重桜なりを接ぐ事」の部分を「山桜から取った台□（欠損）に染井吉野を四千餘本と埼玉県から買入れた数種の八重桜二千本とを接木と為し」とより詳しく説明しているところからも確認できる。つまり、この時期、先に掲げた書籍・雑誌類の場合と同様に、新聞記事においても「染井吉野」と同じ意味で「吉野桜」が使用されていたことがわかる。

右の記事から一〇年後の大正一二年(一九二三)三月七日、『読売新聞』朝刊にて「東京名物彼岸桜が無くなり五色桜と染井吉野が移植される」という見出しで次のような記事が掲載されている。

【資料6】

花の季節も間近になった東京市の桜は、年々減少して行くので、保護会では毎年これが栽培に骨を折ってゐるが、市公園課では一層の大馬力で幼木の植付けに忙しい。先ず今年の植付けは向島、江戸川、飛鳥山へ染井吉野桜を四百本植付ける筈で、更に三四年の中には荒川の五色桜種を二千五百本移植するといふから、頓て上野の彼岸桜に代ってしまふであらう。日比谷公園の市川技師は「彼岸桜は土質と通風が悪くなったので現在の東京では保護することができなくなり、殆ど枯れてしまった。之に反して伊豆大島桜は弁も大きく東京に適してゐるので段々株数も多くなって来てゐる。山桜、八重、五色などもそれに次ぎ、八重は日比谷公園に八百本から植わってゐる。何分桜は保護を怠ると減る許りなので、これからは桜一本々々にも保護宣伝札を結びつける事になってゐる」と語った。

東京市の桜樹の減少傾向に対処するため、東京市公園課による種々の工夫が記されている。古典的な桜樹を上野公園の彼岸桜で象徴させ、それが新種の五色桜やソメイヨシノ(和名として「染井吉野桜」を使用)へ変わっていくであろうことを見通す論調となっている。

実は、これより以前、ソメイヨシノと思われる桜樹の記事が明治四一年(一九〇八)四月三日の『東京朝日新聞』朝刊に掲載されている。「東京の桜、京都の桜」と題され、両地方に咲く桜の特徴を対比したものである。京都の桜を「吉野桜」に代表させ、実際にはヤマザクラの学名や特徴等が記されている。一方、東京の桜については、「染井桜」なる桜を代表とし、「東京の桜は賑やかにして秀麗、向島、飛鳥山、江戸川の両岸を首め山の手一帯花なからぬはなく」と分布状況を説明、「学名をPrunus Yedoensisと称し、一般に染井桜又は染井の吉野桜と云ふ」としている。ここに現れる「染井桜」・「染井の吉野桜」は明らかにソメイヨシノの特徴を解説したものである。

以上みてきたように、明治三四年にソメイヨシノという学名が与えられた後も、〝正しい〟和名がすぐに定着したわけではなく、先の「染井桜」といった類似の名称を経ながら徐々にソメイヨシノという名称が浸透していったのである。殊に書籍・雑誌類では確認できなかった「染井桜」なる名称は、おもに記者による取材活動によって文章化される新聞というメディアならではの所産と言えるだろう。[15]

なお、明治時代からの『読売新聞』記事のデータベースである「ヨミダス歴史館」を用いて「ソメイヨシノ」・「染井吉野」の文言で検索すると、明治七年（一八七四）から昭和六四年（一九八九）までの間に一七七件がヒット、（上記と数年間の重複時期があるものの）昭和六一年から平成二七年（二〇一五）四月二七日までで五〇七六件がヒットした。また、同じく『朝日新聞』記事のデータベース「聞蔵Ⅱビジュアル」を用いて「ソメイヨシノ」・「染井吉野」の文言で検索すると、明治一二年から昭和六四年までの間で合計五八件がヒット、（上記と数年間の重複時期があるものの）昭和六〇年から平成二七年四月二八日までで六九〇六件がヒットした。これらの数字は、大雑把な傾向ながら、新聞記事のなかでソメイヨシノという文言が頻繁に使用されるようになったのはここ三〇年間程度であること、すなわち、桜の開花時に「ソメイヨシノの開花」と桜の和名で新聞記事に表記され、広く一般にソメイヨシノが知られるようになったのは比較的最近のことであり、それまでは単に「サクラ（桜）」という記載に留まっていたことを推測させる。

三　通信販売カタログにみるソメイヨシノの特徴

明治八年（一八七五）、農学者の津田仙が学農社を興し、翌年から『農業雑誌』を出版。同年発刊の第八号で種苗の通信販売を始め、これが日本初の通信販売とされている。[16]その後、全国の種苗商や生産者によりカタログによる通信販売が盛んになっていく。

明治二七年（一八九四）一月発刊『農業雑誌』五〇四号所収「内外有益苗木類定価表」には「花桜　各種」の項目があり一〇〇本につき三円五〇銭との記載がある。ただし、ソメイヨシノ・ヤマザクラといった種別までは記載されておらず、またそれ以前の『農業雑誌』には、通信販売（広告）の記述はあるものの、桜の苗木の記載は確認できない。

通信販売カタログ類のなかで、ソメイヨシノ（ヨシノザクラ）が最も早く現れるのは、管見の限りでは明治三〇年（一八九七）一月発刊、東京市赤坂区高樹町一一番地の学稼園による『種苗定価一覧』においてである。[17]同書所収「〇観賞植物之部」、「花桜の種類」の項目に「吉野桜　薄色　三銭」の記述が確認できる。「吉野桜」は和名、「薄色」は花弁の色、「三銭」は苗木一本の値段を指している。

さて、一九世紀後半から二〇世紀前半にかけて発刊された通信販売カタログ類は、現在では貴重な歴史資料となっている。今回小稿の執筆にあたり、新潟県立植物園の倉重祐二氏より明治四〇年（一九〇七）を上限とし、昭和二五年（一九五〇）を下限とする九〇点余に及ぶ氏の通信販売カタログコレクション（以下、倉重コレクションとする）を調査させていただく機会に恵まれた。倉重コレクションは、東京・埼玉・新潟・京都・兵庫などの種苗通信販売業者が発刊した種苗関係商品の数々が掲載された通販カタログを集めたものであり、点数的には東京・埼玉・兵庫の割合が多くを占めている。今回倉重コレクションの記載のなかからソメイヨシノに限定し、カタログの発刊時期、ソメイヨシノを表す和名文言、ソメイヨシノの特徴等の記述、苗木の値段等の文字情報を抽出し比較検討していきたい（紙幅の関係で作成した一覧表の掲載は叶わなかった。ご了承願いたい）。

まず明治四〇年から昭和二五年までの全体を通して言えることとして、ソメイヨシノを表す和名文言は圧倒的に「吉野桜」が多いことである。「吉野桜」の説明として明治四二年（一九〇九）発刊の『植物月報　第一九号』（埼玉県北足立郡安行村の安行植物園）では、「吉野桜は花麗しく生長迅速真に之林界の日本武士！！　純粋の桜色一重咲にて花付最も宜く爛漫雲霞の如く最も壮観を極む、真に百花の王と云ふべきなり、樹性強健生長最迅速旺盛なり、故に公園庭園及道路の並木等は勿論、山林用としては本種に及ぶものなく、殖林家も娯楽家も奮て一挙両得の本種を盛に御植付あらん事を切望す、又古来より日本の名花として日本武士の神髄として我が大和民族の海外に誇りとせる本種を植栽して、諸事の紀念とするも亦興味深きことならずや」との記述がなされ、桜花の美しさはもちろん、生長の早さ、花付きの良さ、樹木の強さを強調しつつ、公園・庭園・街路樹など広い用途に対応でき、日本の名花として記念樹にも適していると宣伝している。樹木の強さのことなど宣伝内容に気になる箇所はあるものの、概ね先に掲げたソメイヨシノに関する言説や、文字情報が表現する内容に沿ったものと言えるだろう。

「吉野桜」という名称以外にも、「大吉野桜」、「本吉野桜」といった名称も数か所見られるが、これらはカタログ掲載の前後関係等から考えて、いずれも「吉野桜」と同じ意味で用いられているものと判断できる。

倉重コレクションのなかで最初にソメイヨシノの名称が現れるのは大正一五年（一九二六）発刊の『武蔵野花園営業案内』（埼玉県北足立郡安行村の武蔵野花園）においてである。本資料表紙裏に「謹んで皇孫殿下の御誕生を祝す」と記され、記念樹として植樹するのに相応しい樹木全一〇種のなかのひとつとして「染井吉野桜」の記述が確認できる。これは当時の皇太子裕仁と同妃良子との第一子である照宮成子（のちの東久邇成子）が大正一四年（一九二五）一二月に誕生し、これに祝意を表す記念樹植樹の宣伝として掲載されたものと考えられる。

ただし、これ以降「染井吉野（桜）」の記載が定着するかと言えばそうではなく、次に現れるのは昭和一三年（一九三八）発刊の『カタログ　昭和十三年春』（兵庫県川辺郡川西町の福井農園）においてであり、しかもそこでの記述は、「染井吉野とも云ふ、桜樹中性質極めて強健、容易に成長すべく（後略）」というように、「吉野桜」の別称として使用されている。そして、昭和一六年（一九四一）発刊の『昭和十六年秋季　種苗案内』（東京市瀧野川区瀧野川町の帝国種苗殖産株式会社）に「吉野桜（染井吉野）」と記載があるのを最後に、倉重コレクション中最も新しい昭和二五年発刊の『秋のカタログ　農林種苗便覧』（東京都北区滝ノ川町の日本農林種苗株式会社）においても確認できない。

倉重コレクションのソメイヨシノ記載部分のうち、殊に日露戦争後、および大正・昭和の改元時の数年間には、記念樹としての用途で植樹を推奨する記載が目立つ。昭和三年（一九二八）『秋季植物総目録　商報』（兵庫県川辺郡山本の大正園植物場本店）には、「御大典記念樹　桜と楓」の部分に「牡丹桜」とともに「吉野桜」が名を連ね、「花一重強健桜花中の王」との説明が付されている。やはり生長の早さや花付きの良さが記念樹として相応しいと評価されているのであろう。

また、ソメイヨシノの伝播を考える際、記念樹という用途とともに忘れてならないのは、その苗木値段が廉価であることである。先に掲げた明治三〇年（一八九七）の学稼園『種苗定価一覧』では、「天の川」（五銭）、「紅普賢象」（四銭）をはじめとする全一五品種の桜樹のなかで、「吉野桜」は唯一苗木一本あたり三銭の代価となっている。また大正一四年（一九二五）八月の福岡県久留米市東町の赤司広楽園『営業案内』では、「楊貴妃」、「車返し」をはじめとする全一五品種のうち、ヨシノザクラ以外は苗木一本二〇銭なのに対して、「吉野桜」の「一年苗」は一本一二銭、一〇本で一円一〇銭、一〇〇本で一〇円と記され、且つ「薄色一重大輪、樹性特に強壮、成長最も迅速にして堤防路傍の並木、学校、官衙、公園等の如き広き場所に植うるに適す」と詳細な説明まで付されている。さらに、昭和一三年（一九三八）の大阪府池田町尊鉢の宝塚植物園『園芸カタログ　昭和十三年秋季号』には、五〜六尺の苗木の五〇本代価が、「枝垂桜二〇円」、「彼岸桜一八円」、「寒桜一七円」、「山桜一〇円」、「八重桜八円」に対し、「吉野桜四円」となっている。

もちろん、カタログによる通信販売を実施する各園（会社）により、販売に力を入れている種類、販売時期などは異なるのであろうが、ヨシノザクラの廉価性はどのカタログを見ても全期間を通して言えることであり、イチョウやモミといった記念樹に相応しい樹木のなかでも最も廉価な部類に属している。

ソメイヨシノは、今なお公立学校や公園等に決まって植えられ、我々は比較的容易に目にすることができる。平塚晶人はソメイヨシノが全国で普通に植えられるようになるのは、日露戦争の勝利を記念して、明治三九年（一九〇六）とその翌年に各地で一斉に植えられて以降のことで、堤防の完成や公園の新設時の記念に植樹されたとする。[18]このことは通信販売カタログでの「堤防路傍の並木、学校、官衙、公園等の如き広き場所に植うるに適す」（前掲赤司広楽園『営業案内』）という宣伝文言とも符合する。つまり、植樹行為という官民どちらかというと官が主導する施策において、限られた予算のなか費用を抑え、かつ生長が早く、見栄えの良い、すなわち費用対効果の高さを最も期待できる桜樹がソメイヨシノだったのである。

四　ソメイヨシノの伝播と植樹　〜むすびにかえて〜

明治二五年（一八九二）三月一六日付で、ソメイヨシノ（ヨシノザクラ）の苗木一〇〇本を二円五〇銭で北足立郡日進村（現埼玉県さいたま市）の山崎又五郎から購入した同郡大宮町（現埼玉県さいたま市）の大宮氷川神社の神主西角井正一は、同年四月八日付で秩父郡大宮町（現秩父市）の秩父神社、秩父郡小鹿野町（現小鹿野町）の小鹿神社、秩父郡吉田村（現秩父市）の椋神社、秩父郡藤谷淵村（現長瀞町）の宝登神社の四人の祠官あてに「吉野桜　弐拾五株」ずつを「献納」している。[19]「献納」に至るまでの詳細や「献納」後の各神社での桜樹の扱い方まではわからないが、当時埼玉県唯一の勅祭社であった氷川神社から秩父郡の四社に対して渡されたものと理解できよう。ソメイヨシノの伝播経路を考える際、前節で想定した官の施策によるもの以外の手段のひとつとして、ここで紹介した伝播（植樹）方法は示唆的である。

また、少し時代は降るが、大正一〇年（一九二一）四月一二日午後一時五〇分より開会された東京市議会第一〇四号議案にて、「吉野桜寄附受領ニ関スル件」が扱われ、「各員異議ナシ」と議事録には記されている。[20]また、昭和二年（一九二七）三月二三日の東京市参事会の第九〇号議案「寄附受領ノ件」では、飛鳥山公園に植樹するための吉野桜一〇〇本（「此見積価格金六百円（運搬植付費共）」との記載あり）の寄付の申し出が、北豊島郡王子町（現東京都北区）の加藤恒吉ほか九名からあり、同日受領する旨の議決をしている。[21]前者の詳細はわからないが、後者の内容に引き付けて考えると、前者もまた有志からのソメイヨシノ（ヨシノザクラ）の寄付行為と考えられる。これらの事例は、ソメイヨシノが伝播・普及していく過程において、個人・団体有志からの寄付行為も視野にいれていく必要があることを示している。

ところで、ソメイヨシノが各地へ植樹される事情について考察した高木博志は、近代以降における弘前城(公園)への桜の植樹は、まず明治二八年(一八九五)に開園した公園の風致上の整備を目的としたもので、その後日清戦争を経て、皇太子の成婚記念の祝意表現としての桜樹の植樹や、日露戦争の戦勝を記念した桜樹の植樹へと移行していくことを指摘、ただそれは国家を単位としたものではなく、弘前市という一地方都市を単位としたナショナリズムであったとしている。[22]

小稿では、前節までの検討のなかで、官民どちらかというと官主導で実施することが多い植樹行為において、費用対効果の高さを最も期待できる樹木としてソメイヨシノが選ばれたことを明らかにした。そして、本節では、同じ植樹行為でも官によるものではなく、高木が指摘するナショナリズムとはやや距離をおいた事例として、埼玉県における神社関係を利用した伝播のあり方と、東京市における寄付行為による植樹のあり方について紹介した。

もちろん、全国各地多様な植樹方法でソメイヨシノの「並木」や「群」は広がって行ったと考えられ、小稿ではそのごく一端(の可能性)を提示したに過ぎない。この先伝播の具体的事例の収集を進めるとともに、その過程において冒頭で指摘したソメイヨシノ誕生にまつわる手がかりを探りながら、ソメイヨシノがまとう〝謎のベール〟を少しずつ剥いでいく必要があろう。今後の課題としたい。

注

(1) 岩﨑文雄『染井吉野の江戸・染井発生説』(文協社、一九九九年)、一一〇頁。有岡利幸『桜Ⅱ』〈ものと人間の文化史一三七-Ⅱ〉(法政大学出版局、二〇〇七年)、六〇頁。ソメイヨシノに関する詳細については、ここに掲げた二冊と、平塚晶人『サクラを救え』(文藝春秋、二〇〇一年)に詳しい。小稿の以下の記述においても、個々には掲げなかったが、これらの先行研究に負うところが数多くあった。

（2）若月紫蘭著『東京年中行事』〈平凡社東洋文庫一〇六〉（平凡社、一九六八年）、二〇一～二〇二頁。

（3）ロバート・フォーチュン著〔三宅馨訳〕『江戸と北京』（廣川書店、一九六九年）、一〇九～一一〇頁。

（4）『園芸界』第四巻（春陽堂、一九〇五年）、五八頁。

（5）千葉大学大学院園芸学研究科の中村郁郎は、ソメイヨシノは植物学的にはエドヒガン（♀）とオオシマザクラ（♂）の雑種であるとし、エドヒガンの園芸品種を母親とし、オオシマザクラの園芸品種を父親として交雑により明治維新より前に誕生したものと考えられるが、誕生時期までは絞り込めないとする（中村氏からのご教示による）。そして、二年前にソメイヨシノの原木が東京都立上野恩賜公園内小松宮像そばにあるとの見解を発表（二〇一五年三月一三日付、『東京新聞』、『朝日新聞』、『毎日新聞』いずれも都内版に掲載）している。この中村氏の見解は、染井の植木屋伊藤伊兵衛政武（一七一五～没年不詳）が、人工交配によって誕生させたソメイヨシノのうち何本かを現在の上野公園内小松宮像そばに植え、数年間様子をみたのち、最も見栄えの良い物をソメイヨシノの原木として採用し増やしていったとするものである。ただし、この見解については、①小松宮像そばの原木とされる樹齢二五〇年以上のものよりも、青森県弘前市の弘前公園内に所在する明治一五年（一八八二）に植樹された樹齢一四〇～一五〇年と思われるものの方が老木性を感じるのはなぜか　②小松宮は明治三六年に死去し、その銅像は同四五年に建立されており、そのそばに所在する複数の桜樹は銅像建立時に植えられたものではないのか、すなわち中村氏が原木とされるソメイヨシノの樹齢は一〇〇年程度ではないのか　③そもそも伊藤伊兵衛政武が、なぜ現上野公園内（当時の寛永寺境内）にソメイヨシノの苗木を植えなければならなかったのか、という疑問が残る。一方、森林総合研究所の勝木俊雄は、ソメイヨシノの片方の親はエドヒガン、もう片方の親はオオシマザクラとヤマザクラが交雑したものではないかとしている（サイエンスZERO、NHKEテレ、二〇一五年四月五日放送）。また、岩崎文雄は、一七二〇～三五年頃に染井の植木屋伊藤伊兵衛政武が人工交配によってソメイヨシノ（ヨシノザクラ）を誕生させたとしている。しかしながら、元文四年（一七三九）六月、伊兵衛政武が七三歳の時に成立した『本艸花蒔絵』（全二〇巻）巻一四に所収されている桜の品種四〇種の中に残念ながらソメイヨシノ（ヨシノザクラ）は登場せず、また花弁のスケッチも似たものは見られない。同書は、長年にわたって植物栽培と販売に携わり、多くの園芸書を編んできた伊藤伊兵衛三之丞・政武父子の〝思い〟が網羅された植物図譜の集大成と評価できるものであり、自ら誕生させた新品種をこの図譜に取り上げないことはきわめて不自然なことである。そこで、筆者は後掲第2表の内容等も勘案して、一九世紀前半期にソメイヨシノ（ヨシノザクラ）が誕生した（偶然的なものか、意図的なものかについては、現段階では保留）と想定し、伊藤伊兵衛政武の直接的な関わりはなかったものと考えている。

（6）藤野寄命は、明治一八年（一八八五）頃に上野公園で行った桜の調査成果を明治二三年（一八九〇）段階でまとめ（第2表参照）、その中で「そめいよしの」を用いている。ただし、公刊には至らず、明治三三年（一九〇〇）の『日本園芸界雑誌』への掲載を待つことになる。小稿では、ソメイヨシノが呼称としていつごろ広く普及していったのかを問題関心としているため、公刊された書籍への掲載時期を重視した。

（7）第2表には品種名としてのソメイヨシノ（ヨシノザクラ）の記述だと判断できるものに限って記載した。単に「桜」といった記述の場合や、文脈としてソメイヨシノ（ヨシノザクラ）とは判断しかねる場合は記載していない。なお、本表は完成版と言えるものではなく、中間報告の段階である。今後も研究を進めより充実させていきたい。

（8）岩﨑常正『武江産物志』〈日本科学古典叢刊〉（井上書店、一九六七年）、九丁表部分。なお、菊岡沾凉による享保二〇年（一七三五）『続江戸砂子温故名跡志』所収「一、名木類衆」の「三、桜樹部」には、「○吉野桜　上野にあり〔屏風坂の上り口、左りの山岸にあり、慈眼大師、吉野のさくらの苗木を植おかれしと也〕とあり、『武江産物志』の成立よりも約九〇年早く「吉野桜」の文言を確認できる。ただし、ここで言う「吉野桜」は奈良県の吉野地域から得られた山桜の苗木を天海（「慈眼大師」）によって上野に移植したものと読み取れるため、桜の品種としてはソメイヨシノではなく山桜であると判断した。このように「ヨシノザクラ」という名称は、品種名を指す場合と、現奈良県吉野地域に咲く桜を指す場合があり、その違いは文意・文脈から判断せざるを得ない場合が多く、注意を要する。

（9）『椎の実筆』での記述については湯浅淑子氏のご教示による。なお、近世後期に成立したと推測される柴田是真「桜華百色」という写生画〈横溝廣子他編『柴田是真の植物図』〈光村推古書院、二〇一三年〉〉にも、「芳野」の名称でヨシノザクラと思われる桜花が描かれている。

（10）閲覧にあたり、所蔵者の牧野淳一氏および練馬区立牧野記念庭園記念館の田中純子氏の協力を得た。記して謝意を表したい。

（11）ブログ「琴月と冷光の時代　童謡・唱歌・お伽・童話に尽くした人たち」所収「新聞記者とお伽噺　1井上江花との出会い」（http://rasensuisha.cocolog-nifty.com/kingetsureikou/3/index.html）。二〇一四年一二月二日閲覧。

（12）佐藤太平『桜の日本』（雄山閣、一九三五）三〇〜三一頁。

（13）ここでは、『朝日新聞』記事のデータベース「聞蔵Ⅱビジュアル」、および『読売新聞』記事のデータベースである「ヨミダス歴史館」に収められている当時の記事画像を用いた。

(14) ウィキペディア「村松恒一郎」による(https://ja.wikipedia.org/wiki/村松恒一郎)。二〇一四年一二月二日閲覧。
(15) 平塚晶人『サクラを救え』(前掲)、九〇頁には、明治四二年(一九〇九)の上野への植樹例が紹介され、染井桜一七六本、吉野桜一〇〇本、山桜二五〇本が新たに植えられたとしている。「染井桜」・「吉野桜」・「山桜」の併記の意味については、今後の課題としておきたい。
(16) 倉重祐二「にいがた花力　ボタン」『財団法人新潟経済社会リサーチセンターセンター月報』、二〇一一年。
(17) 国立国会図書館所蔵(請求記号:四〇-四五四)。
(18) 平塚晶人『サクラを救え』(前掲)、一一〇頁。
(19) さいたま市大宮区高鼻町西角井家文書八三六二号(埼玉県立文書館寄託)。
(20) 東京都公文書館所蔵(請求記号:D四二三-三〇四、F四、一一)。
(21) 東京都公文書館所蔵(請求記号:D三五七-三〇七、F四、一一)。
(22) 高木博志「桜とナショナリズム」西川長夫『世紀転換期の国際秩序と国民文化の形成』(柏書房、一九九九年)所収。

【付記】成稿にあたり、倉重祐二氏・坂﨑信之氏・杉山京子氏・中嶋久夫氏・中村郁郎氏より貴重なご教示・ご協力を得た。末筆ながら記して謝意を表したい。

現在日本の国境問題を近世国際関係論から考える

荒野　泰典

はじめに―「領土」問題への関心―

昨今の国境問題（北方四島・竹島（独島）・尖閣諸島）について近世日本の国際関係史の立場から報告をというメトロポリタン史学会からのお話を快諾したのは、近世の「四つの口」（長崎・対馬・薩摩・松前）の内三つまでが係争地に関わっていることを踏まえて、この機会にこの問題について考えてみたいと思ったからだった。私自身がこの問題に正面から向き合うことを先延ばしにしていることは、常日頃自分でも気づいてはいた。しかし、約三〇年前に「鎖国」に替えて「海禁・華夷秩序」という対概念で近世日本（と東アジア）の国際関係を脱構築することを提案して以来、その作業に専念せざるをえず、他のテーマに力を注ぐ余裕はあまりなかった。しかし数年前に文科省の高校向けの学習指導要領から「鎖国」が削除されるなどその成果も徐々に表れており、私自身の研究も、近世日本国家の歴史的類型については、「海禁・華夷秩序を編成原理とする、複数の国家と地域からなる東アジアの小帝国」というところまでたどり着いて、一段落した感がある。さらに、このシンポジウムの報告者候補として挙がっている方々とのジョイントも魅力的だった。

私はこれまで現在の国境問題について、例えば村井章介や池内敏のようにそれ自体について実証的な研究(1)をした経験はなく、独自の見解を持っているわけでもない。しかし四〇年近く日本を中心に東アジアの国際関係について研究してきた経験に照らして、何がしか報告できることはあるだろうと考えた。村井の「境界」に即した歴史叙述（境界史）の提言と実践、竹島問題を慎重かつ詳細に検討した池内の結論には強く同意するとともに励まされた。池内は、「竹島（鬱陵島）および周辺海域の資源をめぐる紛争に絞って見るかぎり、中央政府レヴェルでは、問題解決に際しては、日朝間における友好関係維持を優先させることに判断基準が置かれた。それは一七世紀末から一九世紀末に至るまで変わらなかった。」〔傍線荒野〕と結論づけている（ただし、本稿でも述べるように、この政策基調が堅持されたのは徳川政権の間だけ、つまり一九世紀後半までで、その頃には征韓論の萌芽が見られると私は考えている）。また、研究対象の対馬や沖縄、北海道などを訪れて見聞したことやこの間の変化など、考えさせられることもすくなくなかった。

その一方で、これらの国境問題に関してくりかえされる当事者（双方の政府等）の言説やマスコミなどの扇情的でステレオタイプな報道には違和感を持つことが多かった。その違和感は、近世の国際関係を研究するうちにほとんど皮膚感覚のように身についた当時の境界領域のあり様についての、おそらく多くの研究者が共有しているはずの常識にそぐわないものを感じることから来ていた。その代表的な例が「固有の領土」言説であり、その根拠を歴史に探ろうとする営為も、境界領域に関してはさほど意味があるようには思えなかった。どちらとも言い難いか、あるいはどちらにも属さない地域で、それゆえにその地域でなければできない独自の歴史的役割とアイデンティティを持つ人々が暮らしているだからだ。例えば、北方四島をふくむ現在の北海道は、明治二年（一八六九）までは「蝦夷地」と呼ばれる「異域」（日本に属さない地域、一種の外国）とされていた。この地域は、本来はアイヌなどの先住民の生活圏「アイヌモシリ」（アイヌの母なる大地）であり、日・中（清）・露の間に位置する広大な境界領域でもあって、おのずから周辺地域との交流を媒介するルートともなった。「竹島」（韓国での独島）は鬱陵島の一部であり、この島々は中世以来日朝双方の、この島々を生活圏の一部とする人々が混在（あるいは共同利用）する境界領域だった。一九世紀前半には、これらの島を出会いの地とする密貿易事件（天保七年〔一八三六〕会津屋八右衛門事件）も起きた。このような地域を周辺の国や政府が「固有の領土」として排他的に囲いこむこと自体に無理があり、国際紛争の火種になりがちである。

境界領域は周辺地域のヒト・モノ・情報が集まる場であり、その数量と密度が増すと都市が形成され、さらに国家に発展する場合もある。マラッカ王国（一五世紀～一五一一年）や琉球王国（一五世紀～一八七九年）などは国家を形成したケースである。この地の人々はその役割に根ざす独自のアイデンティティを持っていた。近代以後「日本」（本土の政権）は、近世までの琉球の存在形態を「日中両属」と語るようになる。しかし琉球自身の立場は違っていた。よく知られている事だが、琉球の王宮首里城正殿に掲げられた「万国津梁の鐘」（一四五八年）に刻まれた文言は、その典型である[2]。すなわち、「琉球国は南海の勝地にして、三韓〔朝鮮〕の秀を鍾《あつ》め、大明〔中国〕を以て輔車となし、日域〔日本〕を以て脣歯となす。此の二中間に在りて湧出するの蓬莱島なり。舟楫を以て万国の津梁となし、異産至宝は十方刹に充満せり」、と（原漢文、読み下し・解釈は高良倉吉による）。「輔車」と「脣歯」は、ともに近い仲で互いに深い利害関係があることを示す。この時期の琉球は明と周辺諸国との中継貿易で栄え、琉球船の航跡は、中国を扇の要として、北は日本・朝鮮から南はマレー半島の港市国家マラッカにおよんだ。ここに謳われているのは、中国や朝鮮・日本との三国との緊密な関係を国家存立の基盤としていること、言い換えれば琉球によってこれら三国の関係は維持されているという自負心、すなわち誇りであって、単純な従属の意識ではない[3]。

その意識は、島津氏の侵略（慶長一四年〔一六〇九〕）と属領化の後も変わることなく保たれた。豊見山和行はそれを、琉球王府の、「大和《やまと》」（日本・薩摩）と「唐《とう》」（中国）の「御取合《うとぅいえー》」（交際、外交）を「飼い慣らす」（上手に治める）いう表現に見出している[4]。その表現は、王府がみずからを外交と王国統治の主体と認識していたことを示している。それが、明治政府による琉球の「廃藩置県」（いわゆる「琉球処分」、明治一二年〔一八七九〕）に対する支配層（王族・士族）の、ねづよい抵抗の理由である。

そして今なお日本政府は、基地負担の軽減を言いながら沖縄の人々を苦しめている根源である日米地位協定[5]には触れようともせず、米国に率先してへつらい、オスプレイを配備し、さらに普天間基地の辺野古移転を県民の明白な意志（平成二六年［二〇一四］の知事選の結果）も無視して、「粛々と」進めつつある。その手口は、かつての「琉球処分」に変らない。その一方で、駐留米軍向けの多額の税金投入について、国内向けには「思いやり予算」などと言い繕う。そのあり様は、唐や明への朝貢使節を当時の政権が「遣唐使」・「遣明使」と称したのと同レヴェルかそれ以下である。

一　問題点の整理―米国の「あいまい」政策・「固有の領土」言説・係争地域からの視点―

現在の日本に直接関わる三つの領土問題について、諸先学の仕事に学びながら、私なりに問題点を整理してみると、以下の三点になる。

（一）現在の領土問題と米国の「あいまい」政策

現在日本の三つの領土問題は、サンフランシスコ平和条約（昭和二六年［一九五一］）において、旧日本帝国の広大な領土の内日本に残される個々の領土の厳密な範囲や最終的帰属先は明記されず、さまざまな「未決の諸問題」が残されたことに端を発している[6]。この条約は、日本と米・英・カナダをはじめ四九か国による取決めでありながら、領土問題の係争相手国のソ連（現ロシア、以下同）・「中国」（中華人民共和国・中華民国）・「朝鮮」（朝鮮民主主義共和国・大韓民国）などは参加していない（条約を承認していない）。未決の諸問題が残された理由は、欧米で始まった冷戦に日本とアジア太平洋地域が巻きこまれたためで、同条約はその副産物である。米国のアジア戦略において日本を西側に囲いこむことが戦略的に最重要な課題となり、日本を包囲するような形で、北方領土（ソ連）・竹島（韓国）・台湾（中国）の三か所に紛争の火種（未解決の場所）が残された。それと同年に日米安保条約、翌二七年には日米行政協定が国会の承認を経ないで結ばれ、日本は、米軍将兵・軍属・家族の刑事裁判権を認められないなど、属国に等しい「地位」に置かれた。さらに、昭和四七年（一九七二）に沖縄が日本に返還されると、尖閣諸島が日・台・中三国の係争の対象として浮上し、現在に至っている。

米軍の沖縄施政返還に当たって、台湾政府は「釣魚台諸島」（尖閣諸島）は地理・歴史・実態から見ても「中華民国」（台湾）の領土であるとして、返還を強く求めた。これに対して、米国は尖閣諸島の施政権は日本に返還するが、領有権のありかについて判断を留保する（中立的な立場を採る）という立場にとどまった。サンフランシスコ条約の場合と同じ手口で、中・台へ配慮する姿勢を見せながら、沖縄近辺での「領土係争」によって米軍の沖縄駐留をより正当化させることを狙ったものだった。実際に、尖閣諸島（ただし三島のみ）の「国家買い上げ」（いわゆる「国有化」、平成二四年［二〇一二］以後事態はそのように動き、県民の強い反対にもかかわらず、まずオスプレイが配備され、米軍普天間基地の辺野古移設が「粛々」と進められようとする一方で、集団的自衛権の行使容認など、なし崩しに平和憲法の空洞化が進められようとしている。

このような米国の「あいまい」戦略は三か所の領土問題に共通しており、豊下によれば「オフショアー・バランシング offshore balancing」戦略の典型例だという。(7) つまり、対岸（海の向こう）で強力な勢力が台頭してくると同じ地域内でそれに対抗する別の勢力を育て、支援し、二つの勢力間に緊張関係を高めさせて、自らは此岸（海のこちら側）で安全と影響力を確保するというもので、かつての大英帝国の「大陸政策」から現代の米国の中東政策などにまで共通する戦略であるという。それを踏まえてみると、日本を取り巻く三つの領土問題における米国の言動は判で押したように同じであり、平成二六年（二〇一四）四月に来日したオバマ大統領も尖閣は安保条約の対象と述べるにとどまった。領土問題と日米安保体制は車の両輪のように、米国の太平洋戦略を担って（あるいは、担わされて）きたと言ってよい。そのことがこの問題の解決を阻んできた。日本政府が領土問題の解決を本当に望むのであれば、主体性をもって安保体制を相対化しつつ、多元的な外交を展開すべきである。まず日本政府が手をつけるべきは、日米地位協定（昭和三五年［一九六〇］）を改定して、明治期並み、あるいはそれを越える不平等条約状態から脱却することだろう。

（二）「固有の領土」言説の非歴史性

対立する双方の政府・関係者、さらにはマスコミや評論家などまで、それぞれの係争地について異口同音に「固有の領土」という主張をくりかえし、その根拠を歴史に求めようとしている。この言説は、欧米のみでなく、日本をふくむ東アジアにおいても歴史的根拠が薄い。国境線を引くという極めて近代的な行為の根拠を前近代の史実に求めるという行いそのものが、歴史への冒涜に等しいのではないか。和田春樹によれば、(8)この言葉は昭和三〇年（一九五五）に日ソ国交交渉で日本が四島返還を要求する時に外相重光葵が使い始めた。日本の要求はソ連に拒否されたが、日本政府はその要求の是非を米国政府に問い合わせた。サンフランシスコ条約で日本にクリル諸島（千島列島［千島列島は南・北に分けられ、両島は南千島に属するとされていた］）を放棄させたのは米国だったからだ。その経緯からか、米国の回答はあいまいなものになった、すなわち「エトロフ島とクナシリ島は（北海道の一部であるハボマイ群島とシコタン島とともに）常にJapan properの一部を成してきたものであり、日本の主権下にあるものと当然認められなければならない」、と。この立場が米国の戦略であるという説はすでに紹介したが、それが外務省訳で新聞に発表され、その際にJapan properの訳語として「固有の日本領土」があてられた。以後この言説が定着し、やがて係争相手の韓国や中国でも使用されるようになった。

和田春樹はこの外務省訳を「曲訳」とする。Japan properは、普通ならば「日本本土」の意味だが（『岩波 英和大辞典』一九九二年）、これらの島は「本土」（the mainland, the country proper）ではない。この言葉を日本側がソ連との交渉で使った時、ソ連側は「日本国民にとって死活的に必要な」領土と訳しているという。この報道に対して、ある新聞の投書が、北方四島をふくむ北海道はもともと先住民が共有していた土地である、それを日本固有の領土と主張できるかという疑問を投げかけた。それに対して、当時の外務省広報課長が「固有の領土」とは「一度も他国の領土となったことがない」という意味と説明したという。これらの説明を総合すると、蝦夷地（アイヌ等の先住民）は「本土」（日本人）ではないが、その周縁にあって日本の「主権下」（支配、もしくは密接な、欠くことのできない関係）にあり、外国の支配を受けたことのない地域（もしくは人々）という説明（言説discours〔仏〕、discourse〔英〕）となる。米国側のJapan properと外務省の「固有の領土」には、近世以来の蝦夷地（アイヌ）観が投影されているとみてよいのではなかろうか。まだ仮説の段階だが、私は「固有の領土」言説は、近世の「撫育」観（あるいは言説）(9)の近代的な表現、つまり焼き直しと考えたい。

すなわち、近・現代の日本政府は、近世的な「蝦夷地（アイヌ等）」認識をそのまま継承しており、それが旧土人保護法（明治三二年〔一八九九〕～平成九年〔一九九七〕）の廃止を遅らせるとともに、アイヌ民族の歴史的性格の規定（あるいは認識）を欠いたままであることなど、「アイヌ新法」（平成九年）の内容を中途半端なものにした。「固有の領土」言説は係争の相手国の立場を無視（あるいは、否定）するだけでなく、これら境界地域を生活圏とする人々の存在（主体性）を視野の外に置くことで成り立つ。この言説は、これまでの検討から日本生まれの可能性が高いが、生まれてほどなく係争の相手国も同様の主張を始めた（ように見える）ことから、同じ問題を抱えていることは間違いないだろう。この問題は、それぞれの国内のナショナリズムを刺激して問題の解決を阻害するとともに、武力衝突を誘発する危険性を孕んでいる。この言説からの解放、そのための日本人、だけでなく係争関係にある当事者諸国の「国民」の意識改革が求められている。[10]

（三）係争地域からの視点―「区切って領有する」ことを越える方向性―

この問題は、係争地を生活圏としている人々の立場から見るという視点を抜きにしては語れない。これらの人々のことは、対立する政府（あるいは国）より切実な当事者であるにもかかわらず、忘れられがちである。尖閣の問題が注目され始めた頃―まだ国有化以前だったと記憶しているが―TVのニュースが、その海域を漁場としてきた石垣島の漁民が、海を見ながら「国は（自分たちを―筆者注―）守ってくれない」とつぶやく映像を流した。それとほぼ同じころ、別の放送局がこの海域を漁場としてきた台湾の漁民たちの現状を報じた。彼らにとって、この海域で漁ができるか否かは、まさに死活問題である。新崎盛暉はそれらを踏まえて、まず、「欧米近代が持ちこんだ領土概念から抜け出し、地域住民の生活圏に視点を移し、紛争を平和的に解決する方途を模索すること」、とりあえず、現状は変えず、「固有の領土論」を棚上げして、これらの地域を生活圏としてきた人々の話し合いを通じて、「共存圏の構築」に努力することを提案する。[11]

話し合いには、国家の代表ばかりでなく、例えば、尖閣諸島に関しては日中両国の関係者の他、地域としての沖縄・台湾の歴史家や漁業関係者の参加が不可欠とする。それが、一見迂遠なようだが最も現実性のある方向と、私にも思える。それが夢物語でないことは、原貴美恵の紹介する、北欧バルト海のフィンランドとスエーデンの中間にあるオーランド諸島の成功例が示している。[12] 和田春樹や豊下楢彦、保阪正康・東郷和彦など、ここまで私が依拠した方々も、軍事衝突を回避し、話し合いで懸案を解決する方向を示している。その前提として、異口同音に提示されているのが「固有の領土」言説、あるいは「国境」の「呪縛」[13]からの解放と日米安保体制の相対化の必要性であり、それらの議論の中心には何よりも係争地を生活圏としている人々の立場が据えられなければならないという認識である。

この課題、つまり、現在の領土問題をことさらにアポリア（難問）にしている種々の言説からの解放ということについてであれば、近世日本の国際関係の実態を紹介することで、何がしかの寄与ができるのではないかと私は考える。先に述べたように、現代日本（政府）が「固有の領土」と称する地域は、当時の「日本」の直接の領土（本土）ではなかったし、「本土」の境界（国境）そのものも古代以来変化してきたからである。[14] 有史以来「日本」が、領域（国境）も住民も変わらず現代に至っていると考えることは、歴史的ではない。

さらに、これから述べるように、近世日本は古代以来初めて中華世界から自立して、自己を中心とした華夷秩序、すなわち「日本型小帝国」を構築し、そのことによって三〇〇年近く内外の平和を維持した。三〇年ほど前までは、この平和と近世日本の「鎖国」、すなわち「太平の眠り」＝停滞性とが漠然と、あるいは意図的に結びつけられ、否定的な「負」のイメージで語られてきた。しかし次節で述べるように、世界的にも稀な（と思われる）長い平和は、「鎖国」による偶然の賜物ではなく、この「小帝国」の政治・経済・外交のシステムと国際紛争の回避（「避戦」政策）という主体的な選択の結果であった。一九世紀の日本が周辺諸国・地域との貿易を通じて繁栄していたことは明白であり、それが「開港」（いわゆるペリー艦隊による「開国」）以後の急速な近代化の基盤ともなった。[15]

数年前に文科省の学習指導要領から「鎖国」という言葉が削除されるなど、この三〇年余りの間に近世日本の国際関係の研究は著しく進展した。その成果を踏まえ、本稿では、まず、近世日本の「小帝国」の国際関係の概要を提示し、それが平和維持のシステムとして現実に機能したことを確認する。次いで、その国際関係の「近代化」(解体・再編)にともなって、この国が国際紛争の連鎖に巻きこまれて行ったことを概観し、いわゆる「領土問題」の歴史的意味と今後について考える。

二　近世日本の国際関係と平和維持システム

(一) 日本型小帝国の構造と特徴―政治的な関係から―

「海禁・華夷秩序」体制を編成原理とする近世日本の国家体制＝日本型小帝国は、一六四〇年代の初めまでにその大枠が形成された。それが明清交替(正保元年[一六四四])・清の覇権確立と遷界令の解除による「唐船」(中国船)の中国本土からの長崎来航(貞享二年[一六八五])、さらに日本の「正徳新例」(正徳五年[一七一五])、特にその信牌制度に関する清朝との合意の成立(正徳六年[一七一六])を経て、東アジアの国際社会に定着した。[16]その体制は欧米五か国との和親条約の締結(安政元年〜二年[一八五四〜五五])まで維持された。その関係性を日本を中心に図に表したのが、図Ⅰ・Ⅱである。図Ⅰが外交等の政治的関係を、図Ⅱが、貿易を中心とした経済的な関係を表している。

まず、図Ⅰを見る。これから、近世日本の国際秩序の特徴は、以下の八点に整理することができる。[17]

①近世日本では四つの海外に向けて開かれた窓口(四つの口)が設定されていた。それらの「口」は、それぞれに

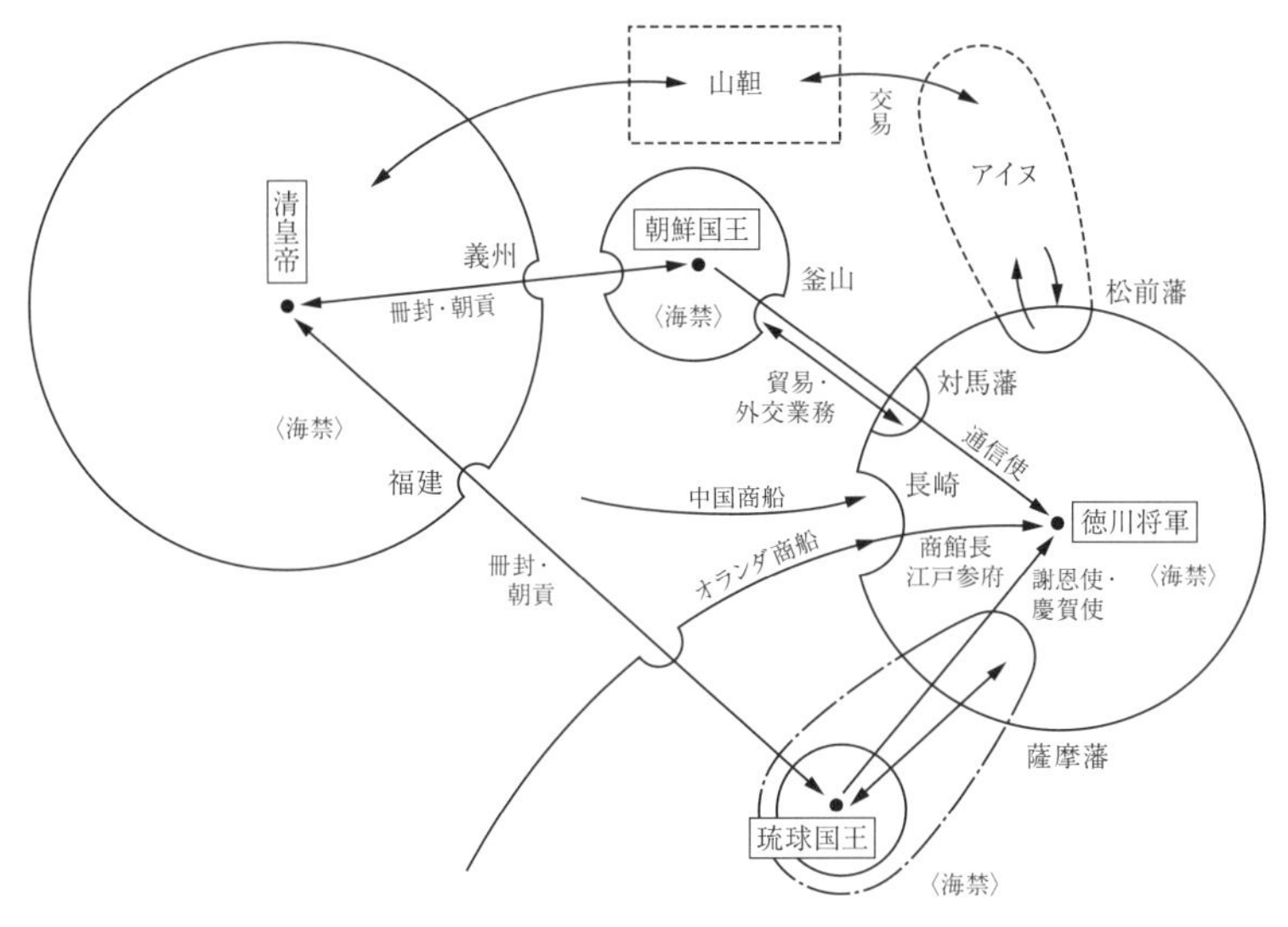

（註）(1) 釜山・義州以外の朝鮮の交易所（会寧・慶源）と、清のロシアとの交易所は本図では省略した。
(2) 清の海禁は1717年以降。

図Ⅰ　近世日本の国際関係 —18世紀を中心に—

特定の関係相手を持っていた。すなわち、長崎での中国人・オランダ人、薩摩での琉球、対馬での朝鮮、松前での蝦夷地（アイヌ・ギリヤーク＝ニブフ［カラフト］などの先住民）である。

②徳川将軍は権威を担う天皇と並ぶ実質的な「国王」（ヨーロッパ人は「皇帝[18]」と呼ぶ）として国際関係全体を統括していた。そのもとで、日常的な関係（外交折衝や貿易）は直轄都市（長崎）と三大名（藩）、すなわち、琉球（島津・薩摩藩）・朝鮮（宗・対馬藩）・蝦夷地（松前・松前藩）が「役」として排他的に担い（長崎は「公役」・藩は「異国押えの役」、あるいは「家役」（軍役））、その見返りとして、そこから得られる貿易利潤をはじめとする諸利益を独占的に享受していた。すなわち、徳川将軍は、それぞれの国際関係を直轄都市と三大名との「御恩」と「奉公」の関係（封建的主従関係）を通じて統括（支配）していた。その点は、官僚機構を通じて国際関係などを統括した中国・朝鮮・琉球などと質的

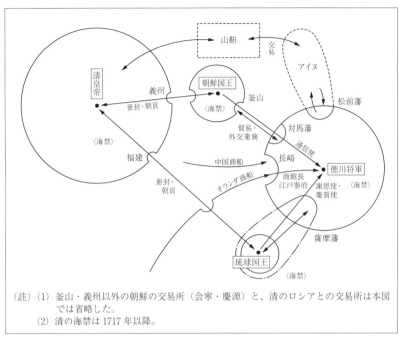

に違っていたが、幕府内にも老中以下に外交に携わる役職があり、彼らと各「口」の都市と大名（藩）が連携して国際関係を運営した。

③その一方で、徳川政権は、寛永一二年［一六三五］以来「海禁」体制をとり（〜慶応二年［一八六六］）、国際関係を上記の「四つの口」に限定し、それらの「口」で特権を与えられた者以外の一般の「国民」が、私的に国際関係に関わることを禁止した。なお、寛永一二年のいわゆる「鎖国令」によって「日本人」の「海外渡航」が「禁止」されたと、長く考えられてきた。しかしこの史料は、山本博文が明らかにしたように、「鎖国令」（「鎖国」を命じた全国的な法令）ではなく、幕府老中らから任地に赴く長崎奉行に与えられた「条々」（業務命令書）である(19)。従って、この条文の「日本人異国江遣申間敷《つかわしもうすまじく》」の「日本人」は同奉行の管轄地域である長崎から出港する日本人、つまり朱印船（この時期は奉書船）の乗員、「異国」（海外）は東南アジア方面と考えられる。奉書船の停止を具体的に言い換えたもので、すべての日本人の海外すべてへの渡航を禁止したものではない。こう考えれば、この禁令と近世を通じて朝鮮・琉球・蝦夷地、すなわち「異国」に「日本人」が多数渡航していた史実との矛盾も解消される(20)。この処置の歴史的意味については、後にあらためて述べる。

④それを東アジア全体で見れば、日本・中国・朝鮮・琉球の各国において、それぞれの王権が「海禁」政策を通じて国際関係を独占し、それによって構築された国家間ネットワークによってこの海域全体に秩序と平和をもたらした、ということになる。そのネットワークによって安定した国際関係が維持され、彼我の漂流民が保護され、それぞれに送還されるようにもなった。その関係における徳川将軍の地位の表象として、朝鮮通信使や琉球国王の使節（謝恩使・慶賀使）の来日、オランダ商館長の江戸参府、長崎での来航中国人代表の長崎奉行への八朔礼、アイヌ代表の松前藩主へのウイマムや幕府巡検使へのオムシャなどの服属儀礼があった。それらは、天皇＝将軍を頂点とする日本型華夷秩序（日本型小帝国）を目に見える形で示し、それによって同政権の国内における正当

性と権威が担保された。

⑤しかし、近世を通じて、日本と中国政府（明・清）との間に国家権力同士の直接の外交関係はなかった。最後の遣明使節（天文一八年［一五四九］）以後両国の外交関係が成立するのは日清修好条規（明治四年［一八七一］）によってである。この間の日中関係は、近世を通じて、民間レヴェルの「通商」（貿易）のみの関係で推移した。徳川政権は、豊臣政権の政策を継承して、明との国交回復を外交政策の中心に据えた。しかし徳川政権は、前政権（室町・豊臣政権）の経験を踏まえて、自己を中心とする国際秩序（日本型華夷秩序）の盟主として、明と対等な関係を結ぶことを望んだが成功しなかった（後述）。そのため、中国（明）とは外交関係のないまま、つまり民間レヴェルの「通商」関係にとどめ、明清交替（正保元年［一六四四］）後の明の遺臣勢力による抗清行動への援助要請にも応じなかった。

さらに、明清交代が完了（清の覇権の確立、貞享元年［一六八四］）して、清が遷界令（寛文元年～貞享元年［一六六一～八四］）を解除し、翌年から中国本土の「唐船」（華人系の船）が、合法的に大挙して長崎来航するようになったが、徳川政権は清との外交関係を開こうとしなかった。当時は明清交替を「華夷変態」と見なしたように、清を「夷」とする見方が強かった。周知のように、中国との合法的な貿易ルートの再構築は豊臣政権以来の統一政権の宿願だった。しかしそれが、他律的（つまり、日本側が関与しない形）ながら果された以上は、国際紛争の原因となりかねない清と新たな外交関係を開くという冒険をする必要がなくなったためと考えられる。こうして近世日本は、自己中心的な国際秩序をもつ「小帝国」として、中国（明・清）を中心とした「中華世界」から政治的に自立した。それが独自の外交政策の展開を可能にし、長く平和を維持するための主体的な条件となった。

⑥清は女真（満州）族の王朝で、明の華夷秩序のもとでは「夷」とされており、明清交代（清による中原征服）は周辺諸国から「華」が「夷」になった（その逆も可）、すなわち「華夷変態」と受けとめられたが、清自身は「華」

の担い手、かつ保護者として振る舞った。日本・朝鮮・ヴェトナム・琉球など周辺諸国・諸民族も同様の（「華夷変態」という）感覚を共有し、持続する東アジアの平和のもとで、緩やかに発展しながら、それぞれに伝統文化と「小中華意識」（エスノセントリズムに根ざした自律・自尊的な国家意識）を成長させていった。日本の「小帝国」（華夷的）意識もその一つであり、それが一九世紀後半の各国の欧米諸国に対する「攘夷」的動向の前提となる。

⑦それらの関係は、一八世紀末から一九世紀初めにかけての「外圧」の顕在化（ヨーロッパ資本主義勢力の登場）のなかで、東アジア国際社会の伝統にもとづく、「通信」（朝鮮・琉球）・「通商」（中国・オランダ）・「撫育」（蝦夷地）の三つのカテゴリーとして、理念化された。しかしそれ（一六四〇年代）以前から、カテゴリー毎に決められた東アジア国際社会の伝統的な基準にもとづいて、それぞれの処遇が決められていた。例えば、朝鮮通信使、琉球謝恩使・慶賀使などの国王使節の場合は、「国王」同士の互恵の関係にもとづいて、日本国内の江戸までの旅程の運送・宿泊などの経費、さらに漂流民の救護・送還の費用なども日本側が負担した。それに対し、「商人」待遇のオランダ人の江戸参府は、長崎滞在と貿易を許されていることへの謝恩のためというタテマエであり、江戸・長崎間の旅費や宿泊費・運送費等はすべてオランダ側の自弁である上に、将軍・幕閣とその家族などに対する多額の贈り物が義務づけられていた。長崎においてオランダ人は、出島の借家人として「大家」である出島町人（出島築造に出資した町人二六人の後裔で、二五人）に賃貸料を払って滞在し、飲食や遊女の揚げ代、商品の荷役から漂流船の救助・廻漕費用まで彼らの負担だった。これらは「遣捨」（ツカイステ、あるいはケンシャ）として一括され、彼らの輸入品総額から差し引いた額が、日本からの輸出品の総額とされた。この方式は、「唐人屋敷」（元禄二年［一六八九］～万延元年［一八六〇］）に収容された「唐人」（中国人）にも適用された。それは当時頻発していた「唐人」の「沖買い」（長崎周辺の沖合で、日本人と出会って行う密貿易）対策の一つだった。[21] その施策（幕府が直接唐人支配について指示すること）を可能にしたのが「唐人」の来航が国際的に合法となった（清の

海禁解除）という国際環境の変化だった（既述の⑤参照）。

⑧幕末開港後に和親条約を結んだ後のアメリカ合衆国・イギリス・ロシアなども「通信」のカテゴリーに入れられた。そのことは、この体制が「開港」後すぐに解体したのではなく、東アジアと欧米との二つの方式が併存（あるいは競合）した段階があったことを示唆している。[22] この併存状態が欧米的な国際関係に一元化される過程も興味深いテーマだが、その具体的な検討は今後の課題としておきたい。

（二）近世日本の貿易構造と日本市場圏の自立

次に、これらの関係を、日本を中心とする貿易関係から観察してみよう。図Ⅱを参照されたい。

この図からは、とりあえず、以下の六点を指摘しておきたい。[23]

①それぞれの「口」では、直接接触している相手との貿易と同時に、それぞれの相手を媒介にして、中国市場と繋がっている。つまり、「四つの口」による経済圏は、それぞれの「口」を中心とする局地的な市場圏と、中国と日本の市場を結ぶ東アジア域内の広域的な市場圏の複層からなっている。

②この経済圏は例えば、バタビヤから来航するオランダ船や唐船の一部を通じて、一方では、東南アジア海域からインド洋、他方では、フィリピン（マニラ）・アカプルコの太平洋ルートを通じてアメリカ大陸へ、また、北方地域を通じて、ロシア・アメリカ大陸北方の双方に、つまり、地球的世界に通じていた。

③日本市場は直接には東アジア域内の、さらにそれらを通じて地球的世界の国際市場とゆるやかに繋がり、国内市場と連動しながら貿易品の内容も数量も変化した。もっとも大きな変化は一七世紀末から一八世紀の初めにかけて起き、貿易品の主体がそれまでの貴金属や中国産生糸・朝鮮人参などの高価な商品に代わって、庶民向けの大

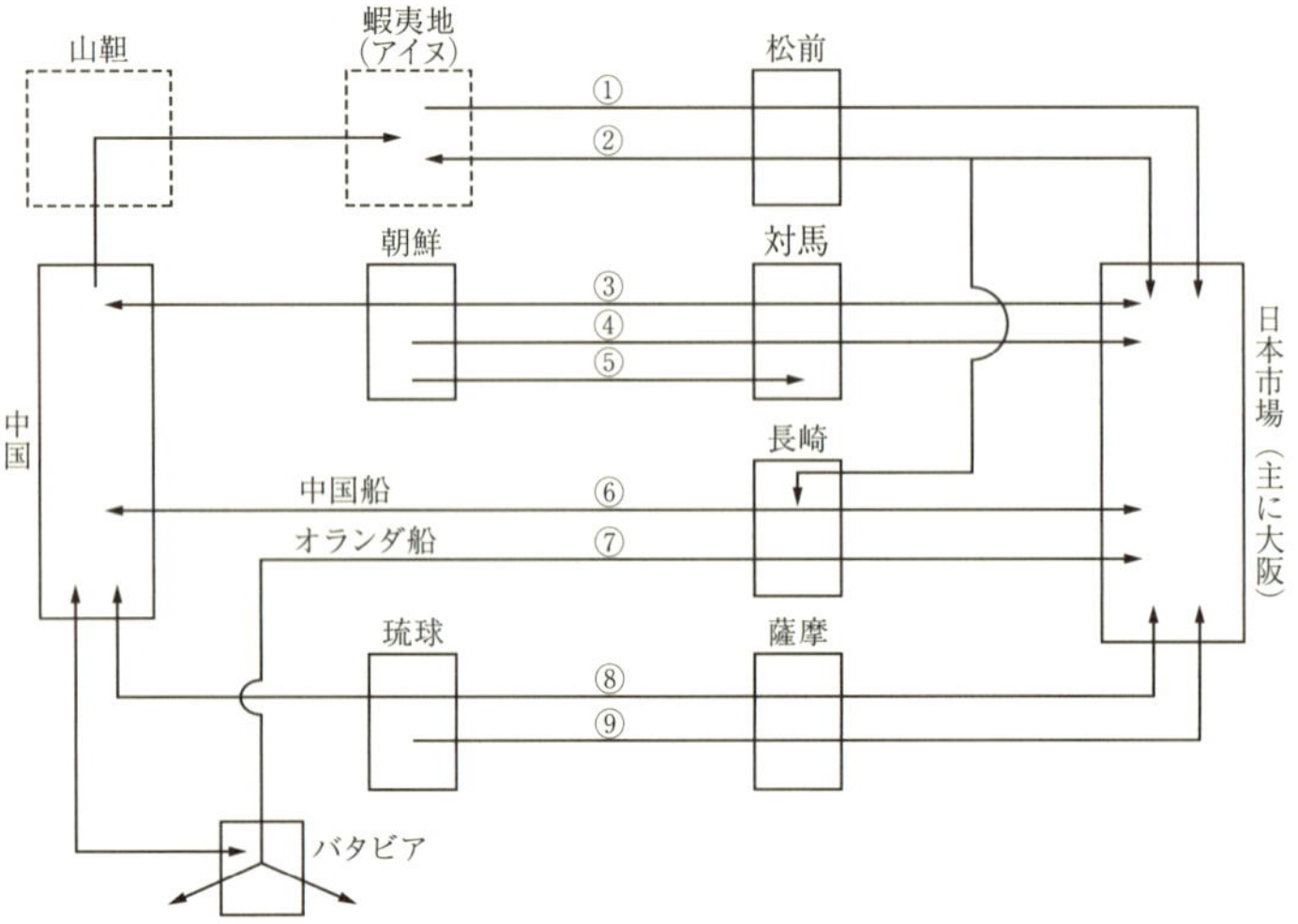

（註）(1) ①→鷹・金（〜 17 世紀半ば）、本材（17 世紀末）
②米・日用品など↔海産物・毛皮など
③生糸・絹織物↔銀（〜 18 世紀初）、薬種・毛皮など↔銅（18 世紀半ば〜）
④人参（〜 18 世紀半ば）、木綿→
⑤米→
⑥生糸・絹織物↔銀・銅（〜 17 世紀末）、絹織物・薬種ほか↔銅・海産物（18 世紀〜）
⑦生糸・絹織物↔銀（〜 17 世紀末）、絹織物⇔銅（〜 17 世紀末）
⑧生糸・絹織物↔銀（〜 18 世紀半ば）、薬種・絹織物ほか↔銅・海産物（18 世紀半ば〜）
⑨砂糖→
(2) 蝦夷地の重要性は、18 世紀に入り、海産物が長崎の中国貿易の主要な輸出入品となり、またそのころ農業における金肥（魚肥）使用が盛んになって、特に増大。
(3) 琉球は、このほかに 1 万石余の貢米を上納（薩摩藩へ）。
＊荒野泰典『近世日本と東アジア』（東京大学出版会、1988 年）による。

図Ⅱ　近世日本の貿易構造 —18世紀を中心に—

量消費を対象とする、より安価な商品に変わる。例えば、輸出品は金銀から銅や海産物（煎海鼠・昆布・鱶鰭などの中華食材）・樟脳・陶磁器など、輸入品は、砂糖、絹・綿織物、薬種（漢方薬の材料）などで、それまでは貿易船の「脚荷」・「底荷」として副次的に輸出入される商品だった。これ以後は地球レヴェルで取引される主力商品となる。この点に注目して島田竜登は、「バルク貿易の時代」の始まりと規定している。[24]

「バルク」bulkとはバ

ラ荷あるいはその種の貨物を意味し、日本語の「脚荷」・「底荷」、つまりバラストに対応する言葉である。同時代の地球の各地域では、砂糖や毛皮・綿織物・紅茶・コーヒーなどが、同様の歴史的役割を果すようになる。その背景には、欧米世界の庶民生活の水準の向上（生活革命）にもとづく消費レヴェルの変革（消費革命）があり、それとほぼ同じ変化がこの時期の東アジアにおいても始まっていたと考えることができる。

④貿易内容の変化によって輸入されなくなった生糸（白糸）・朝鮮人参などが、約半世紀の努力の結果国産されるようになった。さらに生糸や朝鮮人参は、幕末開港後には主要な輸出品にまでなっている。砂糖の精製にも成功して、「和三盆」などが大量に流通するようになり、一九世紀には輸入砂糖だけでなく琉球・奄美産の黒糖にも値崩れを起こさせるほどになる。[25] 近世日本の生産力の発展は、琉球・蝦夷地などとの関係を深めながら、木綿・陶磁器、さらに黒糖（琉球・奄美産）、生糸・朝鮮人参・白糖（日本）など中世以来の輸入品を国産品に変えるという、質的な転換をともないつつ進行した。それは日本の市場圏が、技術移転と創意工夫によって、中世以来の中国・朝鮮市場圏への依存体質を克服する過程であった。[26]

⑤一八二〇年代の日本をつぶさに観察したフォン・シーボルト（一七九六—一八六六）は、当時の欧米で一般的になっていた、「鎖国」は「国民」の貧困につながるという予断をくつがえして、「鎖国」は、結果として、日本の国内産業と独自な文化の発達を促し、貿易関係においても「外国に依存する度合いはますます少なくなっている」と述べている。「日本は現在、広い意味で一個の世界を形成しており、ヨーロッパとの貿易がなくても国民の繁栄を損うことなく存立できる。中国との貿易はとるに足りないものであるが、これによってその他の旧世界とのつながりを十分保持できるし、また国民が慣用している外国からの必需品は十分間に合う。それが（訳文のまま）なければ、日本には外国貿易がまったくないというわけではない。朝鮮・琉球・蝦夷・千島などの保護国および近隣諸国を植民地として、これらと盛んに貿易を行っている」（『日本』第四巻一七一—一七四頁）。

表Ⅰ　人口・耕地・実収石高推移表

時期	人口・N（万人）	耕地・R（千町）	実収石高・Y（千石）	Y/N（石／人）	Y/R（石／反）
1600	1,200	2,065	19,731	1.644	0.955
1650	1,718	2,354	23,133	1.346	0.983
1700	2,769	2,841	30,630	1.106	1.078
1750	3,110	2,991	34,140	1.098	1.141
1800	3,065	3,032	37,650	1.228	1.242
1850	3,228	3,170	41,160	1.275	1.298

（註）本表は、石井寛治『日本経済史　第２版』（東京大学出版会、1991 年）によるが、表そのものは、速水融・宮本又郎「概説 17 ～ 18 世紀」（『日本経済史』（岩波書店、1999 年）44 頁所収の表によって作成されたものである。

彼はこのような関係を、日本を中心とした「広い意味で一個の世界」とみなしており、それは私の言う「日本型華夷秩序」（＝日本型小帝国）の内容にほぼ等しい。ケンペルなど江戸時代に来日した他のヨーロッパ人と同様に、シーボルトも、当時の日本を複数の国家と地域から構成される「帝国」とみていた。

⑥上述のように彼らは、日本が周辺諸国・地域との密接な関係を保っていることとを明確に認識していた。それにもかかわらず、シーボルトも日本を「鎖国」とし、それは世界の潮流からして「開国」しなければならず、しかもオランダの主導でなされなければならないと述べる。つまり、シーボルトの言う「鎖国」も、ヨーロッパ諸国との関係が厳しく制限されていることを指摘しているにすぎないのだが、彼のこの報告によって、オランダ国王のいわゆる「開国」勧告の使者が来日（天保一五年［一八四四］）することになる。既述のように、日本が周辺諸国・地域と密接な関係を維持しており、わずかに欧米との関係を厳しく制限しているだけであるのに、それをあえて「鎖国」と断定し、「開国」の必然性を強弁するところに、「鎖国」・「開国」という概念の言説性が明瞭に表れている。こうして、まず、欧米において「鎖国」と「開国」という二つの概念が、正対負・明対暗・文明対未開（あるいは非文明）などのように相反する価値を付けられた一対の概念として結びつけられ、前者

（鎖国）を否定し、後者（開国）を是とする、一つの言説（「鎖国・開国」言説）がまず欧米世界で定着したことが確認できる。この言説が、日本をふくむ東アジア世界に対して欧米諸国が、「自由貿易」＝「開国」を要求する彼らの独善的な「正当性」（理論的根拠）を提供することになる[27]。

さて、以上をまとめると、近世の日本は東アジアとの政治的・経済的な関係性のなかで生きており、さらには、東アジアという地域を媒介にして地球的世界ともつながっていた。これらの関係は、文化的・社会的な交流のパイプでもあった。紙幅の関係で多くは紹介できないが、長崎を通じて輸入された中国の白話小説が近世の黄表紙本に多くの題材を提供した著名な例や、日本最初のコレラが中国・朝鮮・対馬経由で伝播したこと（従来は、バタヴィア・長崎経由とされていた[28]）などは、数多ある事例のなかのほんの二例にすぎない。これらは庶民も構造的に国際関係と無縁でなかったことを、端的に示している。

ちなみに、シーボルトの証言を裏づけるデータを以下に示しておこう（表Ⅰ）。見られるように、近世を通じて人口・耕地面積・実収石高ともに増え続け、近世初めに比較すると、ペリー来航直前に、人口は約三倍、耕地面積・実収石高ともに一・五倍に増えている。近世初頭に主要な輸入品だった商品（生糸・朝鮮人参・白砂糖など）が、この日本経済圏のなかで生産できる、つまり、ほぼ自給できるようになり、開港後は生糸や緑茶のように、主要な輸出品になったものもある。それは、「国民」の「粒々辛苦[29]」の賜物であることはもちろんだが、それはかつて考えられてきたように、「鎖国」による「アウタルキー」（自給経済）状態のもとで実現したのではなかった。すでに見てきたように、近世日本は周辺地域・諸国と政治・経済・文化などの各分野において密接な関係を保っていた。特に国内の経済発展は蝦夷地・琉球（奄美もふくむ）などからの収奪と連動していた。そうして、日本市場圏は中国を中心とした経済圏から自立し、自己を中心とした経済圏を構築した。その関係性は近・現代の日本のあり方と基本的に変わらない。それが幕末の開港の衝撃を受け止め、迅速な近代化を支える社会の底力の源ともなった[30]。近世日本は東アジア世界を媒介に緩やかに、しかし主体的に地球的世界とつながりを保ちながら平和を維持し、それによって経済的・文化的成熟を果たし、近代を迎えたのだった。

(三) 平和維持体制としての近世日本の国際関係

世界でもまれな近世日本の二〇〇年を越える長い国内外の平和は、これまでの整理からもうかがえるように、徳川政権の主体的な国際紛争回避の選択(あるいは政策)と、それを可能にした国際関係のあり方によるものだった。それを国際関係論的な観点から、①徳川政権の国際的正当性の確保、②国際紛争回避の政策、③柔構造としての国際関係の統括システム、の三点について整理しておきたい。

① **徳川政権の国際的正当性をめぐって**―日本型華夷秩序と政権のアイデンティティー―

ここで言う国際的正当性には、周辺諸国から正当な政権担当者として認められることとともに、それによって国内支配の正当性を国内勢力から認められる、という二つの面がある。それら両面の関係性は、豊臣政権の後継者である徳川政権の日朝講和の過程に端的に表れている。この時期の徳川政権の対外政策は、大まかに、(a)東アジア諸国・地域(明・朝鮮・琉球・蝦夷地)との国際関係の修復と整備、(b)東南アジア諸国との国際関係の樹立、(c)ポルトガル・イエズス会対策を軸とした対ヨーロッパ・キリスト教政策の三つに分けることができる。徳川家康は、それぞれの地域の王権と外交関係を結ぶことで、課題の解決を図るというオーソドックスな手法を採った。上記a・b・cの内、東南アジアとヨーロッパ諸国に関してはほどなく外交関係が成立し、それにもとづいて東南アジア各地の港市に朱印船が通うようになった(b)。ヨーロッパ勢力についても、同政権の積極的な働きかけによって、ポルトガル勢力に加え、スペイン・オランダ・イギリスの勢力が新たに来航するようになった（c）。（a）の内、蝦夷地に関しては松前氏に前政権以来の権益を認めて、「北の押え」を安定させるにとどめた。[31] 他の三国との関係修復については、秀吉の侵略戦争を挫折（失敗、あるいは敗戦）という形で終わらせないことが、必須の要件だった。その点に「武威」の政権としての豊臣政権（とこの戦争に参加した諸大名）の「国体」（国家とそれを担う領主の体面）がかかっており、それを守れるか否かが秀吉の後継者としての家康の試金石だったからである。[32]

この課題に対して家康は、まず、日本軍の撤退に際して撤退後の「講和」交渉の約束をとりつけさせ、交渉に際しては「講和が調《ととの》わなかった場合はふたたび出兵する」というスローガン（「不調再征」言説）を掲げ、それと同時に朝鮮の要求に最大限応じるなど、硬軟織り交ぜたたくみな戦略で臨んだ。そして、日朝講和（慶長一二年［一六〇七］）と琉球征服（慶長一四年［一六〇九］）によってこの課題はなかば果され、国内的には琉球征服は「不調再征」言説を実証するものと受けとめられたと私は考える。[33]

これに（b）・（c）の実績も踏まえて、同政権は明に対して直接・間接に国交回復の働きかけを強めた。しかし二〇年代頃までにはその失敗が明らかになり、二〇年代にはその現実を踏まえて、それまでに展開した国際関係をよりどころに、明との外交関係を欠いた形まま、周辺諸国・地域と来航諸勢力との諸関係を華夷主義的に再編成し、古代以来初めて中華秩序に一定の距離を置き、海禁と華夷秩序を編成原理とする「小帝国」として自立する方向を選んだ。それが明清交替（正保元年［一六四四］）後の東アジアの変動から一定の距離を保ち、紛争に巻きこまれることなく、国内外の平和を保つことができた主体的な理由と考えられる。それを内面から支えたのが、古代以来培われたエスノセントリズム（自文化中心の意識）にもとづく中国王朝への従属（朝貢）を潔しとしない意識であり、[34]「四つの口」を通して、国内市場に欠かせない「非自給物資」[35]を獲得できるシステムを構築しえたという客観的な条件だった（本稿二—（一）②）。

しかしこの段階（一六四〇年代）では、長崎に集中させた華人商人団（その中心は鄭氏政権）については、出島に囲いこんだオランダと違って、「市中雑居」を黙認せざるをえなかった。彼らは国際的には明政府の「海禁」（日本との往来の禁止）に反した非合法な存在であり、徳川政権は自らの「国体」に配慮して、彼らの支配は九州各地の大名や長崎等の都市を介した間接的なものにとどめざるをえなかった。清の遷界令（による「海禁」）の解除によって中国本土から中国船が合法的に来航するようになってようやくその枷《かせ》が外れ、幕府の直接の命令により、抜荷対策の一環として「唐人屋敷」を設定するなど、公然と唐人統制策が実施されるようになった（本稿二―（一）⑤）。その関係性は、「正徳新例」（正徳五年［一七一五］）の信牌問題に対処した新井白石の姿勢に端的に表れている。周知のように、信牌問題は日清間の国際紛争に発展しかけた。そのことに動揺する幕閣に対して、信牌制度の国際的な正当性を主張して譲らない政策立案者白石の強硬な姿勢と、康熙帝の実際的で合理的な判断（後述）が目立つ。白石の姿勢は、「天下の悪は一而已《ひとつのみ》」（天下の悪は一つだけ）という確信、つまり法による支配という普遍的原理に対する確信に支えられていた。さらに、この言葉の次には、「我我《われわが》国法に従はさらん者の来る事を許さす、いかんぞ又彼法を犯す者の来る事を免すへき」（我々は日本の法に従わない者の来航を許さない、ましてや中国の法を犯す者の来航を許すことができようか）という言葉が続く（傍線荒野）（新井白石「折たく柴の記」）。白石の姿勢は、日本が国際的に見ても恥じるところのない法治国家であるという現実に支えられていた（実は、清の展海令によってようやくそうなったのだが）。それとともに、康熙帝の柔軟な対応は、一八世紀初めの長崎が「華夷未分」の状態（「諸民族雑居」、すなわち「倭寇的状況」）を脱却したことを密偵の報告により確認して、日本に対する警戒を解いたことによる。[36] この阿吽の呼吸ともいうべき両者の合意によって日清間の「通商」の関係が定着し、[37] それが日中間のみならず、東アジア全体の平和を保障することになった。こうして、豊臣政権以来の、日本を「倭寇的状況」（中国から見れば「華夷未分」の状態）から脱却させて、国際的に恥じるところのない、つまり国際的な正当性を持った国家を構築するという統一政権の課題が、国内でその政権が成立して後約一世紀におよぶ努力の後に果された。

② 国際紛争の防止システムとしての海禁体制

徳川政権の海禁政策は、国際関係の窓口（「開港場」や「交易所」）を四カ所に制限したこと（四つの口）と関係相手の選別と華夷主義的な編成、および日本人の東南アジア方面への出航の禁止（寛永一二年［一六三五］―慶応二年［一八六六］）にまとめることができる。「窓口」や関係相手の選別・規制は同時代の中国（明・清）や朝鮮でも同様に見られる、国際関係を効率的に管理・統制するための施策の一つである。東南アジア方面への日本人の渡航禁止、すなわち幕府の奉書船停止の目的は、三つあった。

一つは、朱印船（奉書船）を停止して、キリスト教宣教師の潜入ルートを鎖すこと。これは島原・天草の乱（寛永一四～一五年［一六三七―三八］）を経てポルトガル（マカオ）との断交に行きつく。島原・天草の乱がキリスト教は国内外の紛争の原因という言説を立証したと受け止められ、その言説は幕末開港後まで長く維持されたのだった。(38)

もう一つは、東南アジア方面で日本船（奉書船）が襲われたり、日本人が国際紛争に関わり、紛争が国内の秩序の混乱や崩壊に連動する（また、その逆のケースが起きる）ことの防止。これまでに、現地での紛争によってマカオ（慶長一六年［一六一一］）・マニラ（元和九年［一六二三］）・台湾（寛永九年［一六三二］）への日本人の渡航が禁止された。元和七年［一六二一］に幕府がオランダ人・イギリス人に対して、日本人の売買、武器・日本人船員の海外搬出、海上での略奪行為を禁止したのも、同じ目的だった。

三つ目が、日中貿易のバイパス（中継）貿易である、シナ海交易ルートの確保。この場合の幕府の考え方は幕閣酒井忠勝の次の言葉が明確に示している、すなわち「我々は他の人々［外国人―荒野注］の奉仕を受けることができる限りは、日本が自身の船を国外に渡航させることを必要としない」（『オランダ商館長日記』訳文編四上、一六三九年五月二十一二十三日）、と。これはポルトガルとの断交を最終的に決断する幕閣会議での忠勝の発言である。つまり、この決断は、この会議において、オランダがポルトガルと同じ程度に生糸・絹織物、薬種などが供給できること、「シナ人」（華人）たちも今以上に来航するようになること、さらに、朱印船を復活してもスペイン・ポルトガルの容赦ない攻撃を受けるであろうことの三点を確認した上で、なされた。このことから、徳川政権のシナ海域に対する政策の基調が、国際紛争の回避と日中中継貿易ルートの確保にあったこと、同政権の要求に適《かな》う存在として、オランダ〔東インド会社〕と「シナ人」が選ばれたことが解る。あらためて言うまでもないことだが、オランダの「策略」によって日本が「鎖国」に追いこまれたという言説[39]は、訂正される必要がある。

国際紛争の回避という政策の基調は、海禁・華夷秩序体制が定着した後も堅持された。それは近世に実施された二つの「異国船打払令」にも貫徹されている。異国船打払いについては、一八世紀初めの、いわゆる「三領沖」の唐船打払い（享保三～一一年〔一七一八―二六〕：事例A）と一九世紀前半のよく知られた「異国船打払令」（文政八年～天保一三年〔一八二五―四二〕：事例B）がある。ここでは二つの事例の共通点のみあげよう。まず、唐船（A）も「異国船」（B）もともに、沿岸部で「抜荷」（密貿易）（A）や私的な「交易」・「交流」（B）、さらには略奪・武力衝突など、安全や秩序の侵犯がみられた。次に、「唐船」・「異国船」はともに、それぞれの政府とは関係のない存在（賊船、あるいは漁船）と見なされ、それ故に、これらの異国船を打ち払ってもそれぞれの本国（清：A、英国など：B）との国際紛争に発展する可能性はないという判断のもとに、発令された[40]。

その逆に、「異国」船の背後に強力な国家があり、「打払」がその国との紛争や戦争に発展する可能性が高い場合には、実行されなかった。一九世紀初頭の蝦夷地でのロシアとの紛争（文化露寇：文化三～五年〔一八〇六―〇八〕）や英国軍艦フェートン号の長崎侵入（文化五年〔一八〇八〕）なども同様である。米国商船モリソン号に対する打払

（天保八年〔一八三七〕）に対する渡辺崋山らの批判も、同船を英国軍艦と勘違いしたことによる英国との紛争の懸念によるものだった。それ故に、オランダ船がアヘン戦争と英軍艦の来航の情報が伝えられると幕府は、直ちに「打払」から「薪水給与」に転換した（天保一三年〔一八四二〕）。ペリー艦隊の際にも打払うことはせず、「和親条約」を結んで国際紛争に発展することを防ぎ、しかも「通商」ではなく「和親」にとどめたことは、三谷博の評価のように、担当老中阿部正弘の外交的な成功と言ってよい[41]。しかし正弘は「打払」のための海防の準備を怠ったとして辞任した。さらに、「打払」（わ／え）なかったことによって「武威」の政権・徳川政権の威信が落ち、「処士横議」（人々が自由に政治について議論すること）・「攘夷」運動に時代を開くことになった。

他方、米国の世論は「和親」に納得せず、帰国したペリーは「通商」に至らなかったことを激しく非難され、ほどなく、「通商条約」締結のために米国総領事タウンゼント・ハリスが来日することになる（安政三年〔一八五六〕）。しかし国際紛争の回避という視点からこの経緯をみれば、徳川政権の「武威」は相手や状況に応じて使い分けるという実際的で柔軟な性格をあわせ持っており[42]、それが出会いがしらの武力衝突を回避した。かつ通商条約（安政五年〔一八五八〕）発効（いわゆる「開港」）後の居留地貿易（居留地貿易：安政五年〜明治三二年〔一八五八―九九〕）は、長崎の出島（オランダ）・唐人屋敷（唐人）のシステムを応用したものだった。これがいわゆる「非関税障壁」として、日本経済を資本主義化に向けてソフト・ランディングさせるのに有効だった[43]。

③ ショック・アブソーバー（緩衝〈衝撃吸収〉装置）としての「4つの口」――境界地域の歴史的役割の視点から――

近世日本の「四つの口」の国際関係の担い手は、前章で紹介した琉球と同様、境界的な存在だった。例えば、宗氏・対馬藩は幕府から朝鮮との関係を「家役」として担うと同時に、朝鮮側からも、中世以来の伝統を持つ「対馬島主」として、朝鮮の日本に向けたエージェント（利害の代弁者）の役割を持たされていた。その見返りとして朝鮮から許された貿易は中世以来の朝貢貿易の形態を残し、朝鮮に渡る貿易船は「使送船」（宗氏から朝鮮へ送る使者の船）の形態をとった。外交・貿易の日常的な諸手続きや業務は釜山の倭館で行われ、対馬藩の藩士や商人、水主・僧など約五〇〇名の対馬人が滞在していた（幕府普請役の調査による）。この施設も外国の使節を接待する名目で朝鮮によって設営され、渡海した対馬人には渡海料などの名目で手当が支給された。一方宗氏にとっては日朝間の平和がみずからの存続の基盤であることから、おのずから両国の軋轢を緩和する、一種の緩衝材の役割をする場合もすくなくなかった。

国書改竄事件（柳川一件：寛永四〜一三年［一六二七─三六］）は近世日朝関係における最大と言ってよい政治事件だが、同時に、宗氏の境界性と行動パタンの特徴をよく示している。既述のように、侵略戦争後の日朝講和問題は、表面上は日朝両政府の面子《めんつ》を立てる形でほぼ解決された（本稿二─（三））。しかしそれは両者を仲介した宗氏・対馬藩の双方の面子を立てるための種々の「工作」によって辛うじて「成功」したもので、そのうちの最大のものが、将軍と朝鮮国王の「国書」の改竄だった。この事件は、当時日朝関係を牛耳《ぎゅうじ》っていた家老柳川調興《しげおき》とその一党に罪を被《かぶ》せることで、宗氏を温存すると同時に、中世以来の朝貢使節的な通交の形態を一部手直しして、近世的な日朝関係がスタートした。朝鮮から派遣される国王使節の名目が名実ともに「通信使」とされるのは、これ以後である。それまでは「回答兼刷還使」（日本側が送った「国書」に対する朝鮮国王の「回答」と、侵略戦争時に連行された被虜人の「刷還」〔連れ戻し〕という名目）だったが、その事実も幕府には隠されていた。

これらの「工作」は幕府にとっては明らかに「不正」だが、それがなければ「講和」は成立せず、「不調再征」を掲げる徳川政権はふたたび日本軍を朝鮮に派遣せざるをえないことになる。それは日朝両国にとって不幸なことだが、先の侵略戦争で朝鮮貿易が断たれ困窮を極めた宗氏とその領民にとってはより深刻で、何としても避けたい事態だった。さらに「講和」の成否に、中世以来の宗氏の生命線である朝鮮に関わる権益もかかっていた。宗氏の

「工作」は日朝両国の平和と宗氏（と領民）の存立をはかるためのぎりぎりの選択だったと考えることができる。やや結果論になるが、戦後の講和交渉という難問は、宗氏の「工作」による「講和」の成立、さらに「工作」（＝「不正」）の発覚による「国書改竄事件」とその解決という過程を経て、近世的な日朝関係の成立へと軟着陸した。事件の解決後宗氏は、将軍家光に対して、「朝鮮之仕置以下」（朝鮮関係を取り締まり、秩序を保つこと）を「家業」として安堵された「御恩」に深謝し、「日本之御事を大切」にして、「朝鮮に心ひかれ」ることなく、誠実に職務を果たすことなどを記した五カ条からなる起請文を提出した。(44)

対馬藩の「家業」は廃藩置県（明治四年［一八七一］）まで持続した。しかしそれ以前の版籍奉還（明治二年［一八六九］）からは日朝関係も外務省（明治二年［一八六九］設置）の管轄下に入り、維新政権によって作成された「王政復古」通告の文書は、同藩の事前交渉の段階で朝鮮側から受け取りを拒否されて、早々に頓挫した。(45)宗氏対馬藩という緩衝剤を失って、日朝関係はふたたび二三〇年ほど前の日本軍撤退の状態に戻ったと言えるだろう。

近世の日朝関係はタテマエとしては対等な交隣関係とされていたが、日朝ともに国内的には相手を「一等下」に位置づけていた。日本側は通信使を「朝貢使節」であるかのような演出を施し、朝鮮側は日本情勢を探る「巡検使」と位置づけており（通信使行列の先頭の「巡視」と「清道」の旗など）、互いの自他認識の齟齬は埋められないまま幕末を迎えた。それを表面化させずに平穏を保つ役割を果たしたのが宗氏・対馬藩だった。境界地域もふくめた、各地域に成立した地方権力（村・都市・藩など）や国家（琉球王国）の主体性を生かしつつ支配する近世国家（幕藩制国家）の「柔構造」（柔軟な権力構造）の賜物だったと言うこともできる。近世の長い平和は、「鎖国」による偶然の結果ではなく、既述のような三つの特徴、すなわち、徳川政権の国際的・国内的な正当性に支えられた主体性、戦国と朝鮮侵略戦争の経験を踏まえた「避戦」の政策基調、境界地域もふくめた地方の主体性を生かす権力体系の柔構造、の賜物だった。そのあり様は、それらの権力が解体され、中央政府の一元的な支配のもとに置かれた後の、戦争に明け暮れた約一〇〇年間と極めて対蹠的である。近世日本の国際関係は、この視点から再評価することが必要である。(46)

おわりに―境界地域の可能性の掘り起し―

(一)国際関係の近代的再編の「成功」と「鎖国・開国」言説の定着―維新政権の国権拡張の歴史的背景―

これらの国際関係は、以下の経緯を経て、明治政府(外務省)のもとに「一元化」され、国境が確定された。それを、年表的に整理すれば、以下のようである。すなわち、ペリー来航(嘉永六年[一八五三])、米・英・露・仏・蘭五カ国との和親条約による「開港」(安政元~二年[一八五四―五五])、大政奉還(慶応三年[一八六七])、鳥羽伏見戦争・「王政復古」・欧米との条約遵守と和親を内外に通告(慶応四年[一八六八])を経て、太政官制による外務省設置(明治二年[一八六九])。廃藩置県・日清修好条規(明治四年[一八七一])・琉球王国を琉球藩(明治五年[一八七二])、台湾出兵(明治七年[一八七四])、千島樺太交換条約(明治八年[一八七五])・日朝修好条規(明治九年[一八七六])、琉球の廃藩置県(沖縄県設置)(明治一二年[一八七九])の過程である。

こうして明治維新政府は、近世日本が中国・朝鮮・琉球・蝦夷地・千島・小笠原諸島などの諸国・諸地域との国際関係を構築し、それを通じて成熟した市場圏を、それぞれの関係を近代的な国際関係に再編することで、確保した。あるものは近代的な条約関係に焼き直し(中国・朝鮮)、あるものは国家領域内に取りこむこと(琉球・蝦夷地・

千島・小笠原諸島）によって。こうして、近代日本国家の地理的・空間的な枠組みがほぼ確定した。しかしこの過程は、琉球・朝鮮をめぐる清との戦争（日清戦争明治二七～二八年［一八九四～九五］）、朝鮮をめぐるロシアとの戦争（日露戦争　明治三七～三八年［一九〇四～〇五］）を生み、それを契機に近代日本は欧米列強との帝国主義的な競争に踏みこんで行くことになる。(47)

かつて私は、歴史学研究会の運営委員会の「鎖国」概念の再検討の問いかけ―「鎖国」していたはずの日本が近代化に際して侵略性を持つようになるのはなぜか―に対して、以下の三点をとりあえずの回答とした。①欧米資本主義の東アジア諸国に対する「開国」（自由貿易）強制が従来の東アジア国際秩序解体の引きがねとなり、そのなかで日本＝幕藩制国家は、自己の「華夷秩序」（Ⅱ―〔1〕）解体の危機に直面した。この時期の対外的危機は、日本自体の危機であると同時に、周辺諸国・民族との関係分断の危機でもあった。それ（分断）が「危機」であるのは、それらの関係が「国家体系」（国家を再生産するための理念的・政治的・経済的な「大系」〔制度や組織、構造などのシステム〕）の一環だったからである（国家体系の非完結性）。②その対応は、それぞれの関係を近代的に再編する（「内国」化と条約締結）という形をとった。③その対応が「国権拡張＝対外侵略の様相」を帯びるのは、上述の国際秩序に連帯＝対等という意識がなく、資本主義への組みこまれ方が欧米列強の軍事力への屈服という形をとったためである。以上の論点は従来の「鎖国」概念とは相いれないものであったので、同時代の東アジアの国際社会の伝統に即して、国際関係の制限・規制に対しては「海禁」、国際関係の編成については「華夷秩序」という概念で再構築することを提案したのだった。(48)

以上の論点について、現在の私の立場から、いくつか補足・補正しておきたい。

まず、②の「国家体系の非完結性」という概念は、およそ「国家」なるものの普遍的性格の一つであり、いわゆる「鎖国」・「開国」という「対」（あるいは対偶）概念の言説性と歴史概念としての非適切さを端的に示すものなので、維持したい。原則として国家は一〇〇%閉ざせば存続できず、逆に完全に開くと解体せざるを得ない。つまり国のあり方を「開閉」の二項対立で語ること自体が歴史学的には無意味だったのである。現在は、それを前提として、徳川政権の正当性を可視化する国際関係のあり方として日本型華夷秩序（「小帝国」）（本稿二―（一））、および、欧米列強の自由貿易強制によって解体・分断の危機に直面した近世国家の再生産構造の経済的実態として「日本市場圏」を提示している（本稿二―（二））。

次に、③の「華夷秩序」に「連帯＝対等」という意識がないというのは、例えば「通信」という範疇がまさにそれ（対等）を外交形態として具体化したものであることを失念していたことによる速断（早まった論断）として撤回したい[49]。

それを認めた上であらためて当時の私の意図について補足すれば、タテマエばかりを強調し、近代以後の国権拡張を突然現れたそれ（タテマエ）に反するよくない傾向と糾弾する傾向に対する私の批判でもあった[50]。近世初期の日朝講和の段階からホンネとタテマエの二重構造は存在した、というよりもこのようなダブル・スタンダードが存在するのが古今東西の国際関係の常であると私には見える。そのことをまず直視し、近世日朝関係においても、それぞれのホンネとタテマがどのように絡み合いながら近代に連続して行くのかを解き明かす、という弁証法的なアプローチが必要である。このような、いわば精神分析的な手法を応用して問題解決の方向性を探る、というのが私の意図だった[51]。私は現在もその立場を変えておらず、外交など国際関係の研究には欠かすことのできない視点の一つと考えている。

さて私は、上記の①②③から幕末開港後の国際関係の近代的再編を考えてきた。その見方は今後も変わらないが、それだけでは維新政権の近代化と国権拡張路線に見られる性急さ、強引さは説明しきれないと考えるようになった。その契機は、「開国」言説の定着が日英通商航海条約（明治二七年［一八九四］）前後であるという上白石実の論証に接し[52]、その史実が、マイナスイメージとしての「鎖国」言説が定着するのも同じ時期であることに符合することが明確になったことだった[53]。それらの史実は、維新政権の近代化政策の「成功」（大日本帝国憲法：明治二二年［一八八九］、条約改正：明治二七年［一八九四］[54]）と軌を一にして、「鎖国・開国」言説が日本社会に定着したことを示している[55]。つまり、近代化政策の「成功」によって、初めて「国民」もふくめて、幕末「開港」が「開国」（伝統的な意味での、新しい国づくり）でもあったことを認め、あらためて、近世の体制が「鎖国」であったことを承認したということに気づかされたのだった。一九世紀末に「鎖国・開国」言説が日本社会に深く根を下ろした理由は、そこにあった。いいかえれば、それまで明治政権は、欧米列強の軍事的脅威のみでなく、国内的にも政権の正当性を疑われる理由があり、それに駆り立てられるように国権拡張と近代化に邁進せざるをえなかった。それは何かと考えた時に私が思い当ったのが、それまでに何度か引用したこともある、明治二年（一八六九）に岩倉具視が三条実美へ提出した上申書だった（同「外交・会計・蝦夷地開拓意見書」『近代日本思想体系一二 対外観』岩波書店）。

この年の初めに戊辰戦争は終わり、欧米諸国も維新政権を承認して、新政権の基礎は固まったように見える。しかしこの一連の経緯そのものが、維新政権の正当性が「天下の人」（国民諸階層）から疑われる原因となった。岩倉は上述の意見書で次のように述べる、すなわち、「天下の人」は王政復古後ただちに攘夷の令が下ると期待したが、あにはからんや、「和親」に転じ、欧米諸国の公使を参内させるなど、事態は旧幕時代より悪くなっている、かつての攘夷の主張は幕府を倒すための「謀略」だったのではないかとの議論が沸騰している、と。岩倉はそれを維新政権の「罪」であるとし、その対策として、今なぜ「和親」なのかということについての説明責任を果たすと同時に、領事裁判権などの不平等条約を改正して、幕府によって失われた「国威」を回復する、すなわち「万国対峙」を実現することとしかない、とする。

これが、領事裁判権など条約の不平等な内容に、部分的ながら具体的に言及した最初とされている[56]。この段階で、「開港」以来の「国威」の失墜という感覚と、領事裁判権などの不平等条約の具体的な内容が結びつき、「無知・無能」な幕府がペリーの恫喝によって結ばされた不平等条約という言説が定着し、条約改正による国家主権の回復（万国対峙）という国家目標が具体的な形をとったと考えられる。[57] しかし、明治二年はじめの段階でその危機意識を岩倉と共有していたのは、ともに維新政権の中枢にいた木戸・西郷・大久保ら少数の者たちだけだったらしい。彼らは政権の基盤固めと同時に、旧幕時代を手ひどく批判しながら、この課題実現のために邁進することになる。言い換えれば、この課題の実現によってようやく国民諸階層も、この政権の正当性を承認し、それとともに幕末の「開港」が、単に欧米諸国と国際関係を持つようになったというだけでなく、新たな国造り（「開国」の伝統的な意味）でもあったことに納得し、彼らは初めて深く安堵し、それを契機として、「鎖国・開国」言説が、近代日本人のアイデンティティの根幹として定着していったと考えられる。

小谷汪之が指摘する近代日本人の歴史意識の問題点（近代の「成功」による安堵感＝思考停止やアジアに対する優越感[58]）は、そのような経緯で近代日本人の自他認識や歴史意識を規定し、現代に至っている。「鎖国・開国」言説がそれを陰に陽に支えてきたことは、間違いない。まず、近世の国際関係の実態を知ることが、最近まで日本人を縛り、現在もまだ解放されているとは言えない「鎖国・開国」言説から脱却する方法であり、それは和田が提唱する「精神の革命」（意識改革）の第一歩でもある。

（二）近世的国際関係の再編と分断され、封じこめられる境界地域

この原稿を書きながら、対馬に関する二つの記憶が頭から離れなかった。一つは、対馬の外交権をテーマにした修士論文[59]を書いた後に、初めて対馬を訪れた時のことだ。近世史研究の仲間と一緒だった。対馬に着いた最初の

晩、民宿のおかみさんが、食堂に集合した私たちに、レコードで対馬の御当地ソング（らしい唄）を流した後で、おもむろに次のような挨拶をされた。「皆さん、ようこそ対馬へおいで下さいました。対馬というと国境の島で、私たちのことを半分朝鮮人のように思っていらっしゃるかも知れませんが、私たちはれっきとした日本人です、あなた方よりも日本人だと思っています……」。

それに続く彼女の言葉は覚えていないのだが、この言葉だけは今でも鮮明によみがえる。おそらく彼女は、本土を訪れた時や、対馬を訪れる観光客などから、「半分朝鮮」というような意味の言葉をくりかえし、あるいは判押したように聴かされたのだろう。そのような「本土」日本人の対馬・対馬人に対するまなざしは、先に紹介した柳川一件後の宗義成の起請の文言、すなわち、「日本之御事を大切」にして、「朝鮮に心ひかれ」ることなく、誠実に職務を果たすという言葉などからも窺える。境界地域に対する同様のまなざしは、既述のように、朝鮮中央政府の釜山とその周辺地域に対するまなざしにも通じる。

このことだけ取りあげれば、近世から現在まで変わらない、「中央」（本土）の「国境地域」（境界領域）に対する偏見としてかたづけられるかもしれない。しかし、近世の対馬は朝鮮との境界領域ではあっても、単なる「辺境」ではなかった。例えば、対馬藩儒者雨森芳洲（一六六八―一七五五）は、儒者として日朝関係に携わり、『交隣提醒』（享保一九年［一七三四］）などで朝鮮との「誠信」の交わりを説いたこと、朝鮮通信使の儀礼改革（「王号問題」や信使の待遇改善など）をめぐって、改革の推進者で同門の兄弟子新井白石と厳しく対立したことでも知られる。その彼が辺境の勤め先（対馬藩）からの脱出を願っていたことが、新井白石との往復書簡から知られる。しかし同時に彼は、朝鮮が中国（中華）と毎年往来しているので正確な情報を得られるとし、「三国」（中国・朝鮮・日本）の内で日本ほどすべてがいいかげんな国はないようだ、と書いている。ここには、対馬藩に奉職しているおかげで（世界や学問等についての）最新の情報に接することができるという自負が見てとれる[60]。対馬は「中央」から見れば「辺境」だが、同時にその地は、外の世界の情報や交流の最先端でもあり、同時に、そこを足場にした政治権力であるが故に果たすことのできる独自の役割がある。その自覚が、芳州に「交隣提醒」などの画期的な、現在においても十分通用する外交哲学を生み出させた。彼のこの立場は、先に紹介した琉球王府のスタンス（「大和《やまと》」と「唐《とう》」の「御取合《うとぅいえー》」を「飼い慣らす」）に通じる。近世日本の国際関係は、このような意識と機能を持った存在（「四つの口」の地域権力とその地の人々）の自律性を生かしながら、統括することで、運営されていた。それは藤田が提示した、近世日本の「泰平」（国内的な平和）を支えた幕藩体制の「行政力」とも通底する。[61]

近代以降の「外交一元化」は、それらの地域権力を解体し、境界領域を「内」と「外」に区切って「内」を「国境」で囲いこみ、それぞれの場で営まれていた国際関係を中央政府が接収し、一元的に掌握することで実現した。それにともなって、それぞれの地域は、それまでの「所務」（諸利益）、つまり自律の基盤も奪われて、「辺境」の一行政地域に再編成された。[62]その経緯は、近世の諸身分（職能集団）が、「四民平等」の掛け声のもとに、その職能が持っていた生活手段とプライド（アイデンティティ）を奪われていく過程と軌を一にしていた。

私が、石井正敏・村井章介両氏と語らって、対馬の史料調査を始めたのは、三〇歳の時だった。もう四〇年近く前のことだ。現在は、対馬の人口が減って四万人を切るか否かが問題になっているようだが、私が初めて訪れた頃は六万を切るかどうかが話題になっていたと記憶する。その頃は烏賊漁などが盛んで、その時期の対馬ではいたるところに烏賊が干されていて、歩くのも難しいほどだった。それがいつの頃か烏賊を見なくなり、椎茸栽培に活路を見出すということで、空港の土産物店などに干しシイタケが並ぶようになった。しかしほどなくそれも見かけなくなった。聞くところによると、中国産の安い椎茸におされて経営が成り立たなくなったためという。その一方で、離島振興法などで立派な建物や小中学校の校舎などは建つのだが、人をあまり見かけなくなった。政府の「猫の目」行政のもとで、日本のいたるところで限界集落化が進んでいる。ＴＶのニュースで、九州西海岸の漁民が、多勢に無勢で中国漁船に対抗できず、船を出すことができないと嘆くのを見たのも、ここ数年内のことだ。国境線で囲いこんだ内側で、無策のまま内部崩壊が起きつつある。

一〇年ほど前、たしか「対馬紀事」(平山東山、文化六年[一八〇九]編)の調査に訪れていた時のことだったと思う。対馬初めて訪れた頃から懇意にしてもらっていた民宿の御主人が、明日対馬を発つという情報が飛びこんできた。対馬がさびれて経営が成り立たなくなったので宿はたたんで、奥さんの里の福岡に引っ越すという話は、最初に挨拶に行った時に聞いていた。しかし、いつとは聞いていなかったので、急いで駆けつけた。なじんだ茶の間で飲みながらいろいろと話すうちに、ご主人が「もうどうにもならん、小泉に騙された!」と吐き出すように言われた。私にはその意味はよく解らなかったが、バブル崩壊後の、地方の切り捨てが進んでいる時だった。日本からの観光客が一向に増えず、韓国からの客に期待したが、むしろ裏目だったらしい。最近は、島内の仏像が盗まれるなど、むしろ被害の方が多いとも聞く。

しかしその一方で、国境を相対化して、かつての境界領域の活力を呼び戻そうという活動も始まっているようだ。歴史をふりかえれば、「倭寇的状況」(一六世紀半ば〜一八世紀初め)において、この地域(東アジア)の人々は民族や国境の枠を超えて連携し、新たな国際秩序を構築する原動力となった事例もある。[63] 一見混沌とした状況のなかにこそ、可能性が孕まれてもいる。国連の安保理事会などが有効に機能しなくなってきている一方で、境界領域の持つ本来の力を生かすことで、領土問題を見事に解決した先例(オーランド・モデル)もあり、解決のための方法についての魅力的な提案(新崎盛暉他)もなされている。私はそれらのお仕事に学びながら、とりあえず、境界領域もふくめ、近代世界が切りすててきた歴史の可能性を掘り起こす作業を続けたい。

注

（1）村井章介『境界をまたぐ人々』（山川出版社、二〇〇六年）。同『境界史の構想』（敬文社、二〇一四年）。池内敏『竹島問題とは何か』（名古屋大学出版会、二〇一二年）。

（2）高良倉吉『琉球王国史の課題』（ひるぎ社、一九八九年）。

（3）荒野泰典「東アジアの華夷秩序と通商関係」歴史学研究会編『世界史とは何か』講座世界史一（東京大学出版会、一九九五年）所収。

（4）豊見山和行『琉球王国の外交と王権』（吉川弘文館、二〇〇四年）。

（5）前泊博盛編著『本当は憲法より大切な日米地位協定入門』（創元社、二〇一三年）。

（6）原貴美恵『サンフランシスコ条約の盲点―アジア太平洋地域の冷戦と「戦後未解決の諸問題」―』（溪水社、二〇〇五年［新幀版二〇一二年］）。

（7）豊下楢彦『尖閣問題とは何か』（岩波現代文庫、二〇一二年）。

（8）和田春樹『領土問題をどう解決するか―対立から対話へ―』（平凡社新書、二〇一二年）。以下の「固有の領土」言説の由来に関する説明は、特に断るもの以外は、和田による。

（9）及川将基「「撫育」の論理と松前藩―非分禁止を中心に―」『立教日本史論集』七、一九九八年。

（10）和田、前掲注（8）書。保阪正康・東郷和彦『日本の領土問題―北方四島、竹島、尖閣諸島―』（角川書店、二〇一二年）。

（11）新崎盛暉「国家「固有の領土」から、地域住民の「生活圏」へ―沖縄からの視点」『「領土問題」の論じ方』（岩波ブックレットNo.86、二〇一三年）。

（12）原貴美恵「北方領土問題解決私案―北欧のオーランド・モデルから」岩下明裕編『日本の国境・いかにこの「呪縛」を解くか』（北海道大学出版会、二〇一〇年）所収。

（13）岩下明裕、前掲注（12）書。

（14）荒野「日本海から見た環日本海交流圏」姫田光義編『北・東北アジア地域交流史』（有斐閣、二〇一二年）所収。

（15）荒野「通史」同編著『日本の対外関係』七（吉川弘文館、二〇一一年）所収。

（16）荒野「通史」同編著『日本の対外関係』六 近世的世界の成熟（吉川弘文館、二〇一〇年）所収。

（17）荒野「開国とは何だったのか―いわゆる「鎖国」との関連で考える―」『開国史研究』一〇、二〇一〇年。

(18) 荒野「二人の皇帝—欧米人の見た天皇と将軍—」田中健夫編『前近代の日本と東アジア』（吉川弘文館、一九五五年）所収。なお、徳川政権自身も、日本統一の実績と諸国・諸地域との関係を、次のように表現していた。すなわち、「方今吾日本国主源家康、闔国《こうこく》を一統し、諸島を撫育し、文武を左右にし、綱常を経緯す、往古の遺法を遵《まも》り、旧時の烱戒《けいかい》に鑑みて、邦富み民殷《にぎわ》いて、九年の蓄を積み、風《ふう》移り俗易《かわ》りて三代の跡を追う、其の化の及ぶ所、朝鮮・安南・交趾・占城・暹羅・呂宋・西洋・柬埔寨等の蛮夷の君長・酋帥、各書を上げ宝を輸さざるはなし」（慶長一五年［一六一〇］「福建総督宛本多正純書簡」以心崇伝『異国日記』所収。）。東アジアにおいて「中華」と並び立つ「帝国」としての自覚（あるいは願望）、すなわち、古代律令国家以来の日本支配層が持ち続けた自画像の具現化が見られる。

(19) 山本博文『寛永時代』（吉川弘文館、一九八九年）。同『鎖国と海禁の時代』（校倉書房、一九九五年）。

(20) 荒野「江戸幕府と東アジア」同編著『日本の時代史』一四（吉川弘文館、二〇〇三年）所収。なお、同「通史」『日本の対外関係』五 地球的世界の成立（吉川弘文館、二〇一三年）所収。

(21) 荒野『近世日本と東アジア』（東京大学出版会、一九八八年）。

(22) トビ、ロナルド『近世日本の国家形成と外交』（速水融他訳）（創文社、一九九〇年［原著は、一九八四年］）。小風秀雅「一九世紀世界システムのサブシステムとしての不平等条約体制」『東アジア近代史』一二号、二〇一〇年。

(23) 荒野、前掲注（17）論文。

(24) 島田龍登「オランダ東インド会社のアジア間貿易—アジアをつなぐその活動—」『歴史評論』六四四、二〇〇三年。

(25) 真栄平房昭「砂糖をめぐる世界史と地域史」荒野他編『日本の対外関係』六（吉川弘文館、二〇一〇年）所収。

(26) 荒野、前掲注（21）書。

(27) ペリーは日本側に対して一貫して強硬な態度で臨んだが、それは「中国および日本の政府に対し、重要不可欠かつ根本的な国際法の要件を余儀なく認めさせることにおいては、すべての外国は完全に正当化される」という確信に支えられていた。中国に対するイギリスの行為（アヘン戦争）も、「正義また道徳上」の問題は残るが、「結果的に双方に利益をもたらした」として是認され、「唯一の誤りは戦争を継続しなかった」ことだとされる。なぜなら「外国人との、自由で拘束されない通商関係は必ず彼らの利益になる」からだ（「ペリー提督意見書」［一八五六年］『日本近代思想体系一　開国』［岩波書店、一九九一年］所収、二五頁）。ペリーの意見は、アヘン戦争に反対したグラッドストーンの有名な演説（坂野正高『近代中国政治外交史』［東京大学出版会、一九七三年］）と対照的である。同じ頃佐久間象山は、アヘン戦争に関して、欧米諸国の「天地公共の道理」（いわゆる「国際法」）に激しい不信感を表明しており、欧米諸国の「国際法」から日本の支配層が何をうけとることになるかを暗示している（荒野「「鎖国」の誕生—海禁と鎖国の間で—」『新しい歴史教育二　日本史研究に学ぶ』〔大月書店、一九九三年〕所収。）。ただし、ペリーの強硬姿勢の背景には、脆弱な兵站など彼の艦隊の弱点があったとの指摘もある（加藤祐三『幕末外交と開国』〔筑摩書房、二〇〇四年〕）。

(28) 荒野「コレラのきた道—中国・朝鮮ルートの検証—」『島嶼文化』二二、二〇〇二年。

(29) 山口啓二『鎖国と開国』岩波書店、一九九四年。

(30) 荒野、前掲注（15）論文。

(31) 紙屋敦之は、家康が蝦夷地についてそれ以上の措置をしなかったのは、朝鮮北部のオランカイでの女真の動向に対する警戒心によるとの興味深い仮説を提示している（同『大君外交とアジア』〔吉川弘文館、一九九七年〕）。

(32) 荒野、前掲注（20）論文。

(33) ここでは、その当否を問題にするよりは、家康の、国内情勢を見越した巧みな国際戦略とその政治的効果に注目したい。なお、朝鮮の講和使節（第一回「通信使」）を将軍秀忠がみずから箸をとって饗応したという逸話が、その重要性を端的に示している。この回以外に、そのような事例はない。

(34) その意識は、古代・中世の朝貢船を、その意味を薄める「遣」というを言葉を使っていることにも表れているが、その呼称（言説）の開始時期やその歴史的意義などの検討は、今後の課題としておきたい。

(35) 八百啓介「ヨーロッパ勢力と鄭氏一族」荒野ほか編『日本の対外関係』五（吉川弘文館、二〇一三年）所収。

(36) 岩井茂樹「「華夷変態」後の国際社会」荒野ほか編『日本の対外関係』六（吉川弘文館、二〇一〇年）所収。

(37) 荒野「通史」荒野ほか編『日本の対外関係』六（吉川弘文館、二〇一〇年）所収。

(38) この間の経緯と「島原・天草の乱」言説については、荒野、前掲注（20）論文、および、石井正敏・村井章介・荒野泰典・千葉功『対外交渉史』（山川出版社、近刊）の、荒野執筆部分を参照されたい。

(39) 岩生成一『鎖国』日本の歴史一四（中央公論社、一九六六年）。

(40) 荒野「通史」、前掲注（15）書。なお、事例Aについては荒野、前掲注（21）書、前掲注（16）論文。事例Bについては、三谷博『ペリー来航』（吉川弘文館、二〇〇三年）。藤田覚「近代の胎動」『日本の時代史』一七（吉川弘文館、二〇〇三年）。上白石実『幕末期対外関係の研究』（吉川弘文館、二〇一〇年）。

（41）三谷、前掲注（40）論文。

（42）私は、そのような外交姿勢を「武威の射程を測る」と表現した（同「日本型華夷秩序の形成」『日本の社会史Ⅰ』〔岩波書店、一九八七年〕所収）。やや文学的に過ぎる表現だが、今でもそれによって表現しようとした内容がまちがっているとは考えていない。

（43）井川克彦「居留地貿易と世界市場」荒野編、前掲注（15）書所収。

（44）荒野、前掲注（21）書。ここでは、起請文に見られる「日本」・「朝鮮」への言及の仕方に、境界的存在としての宗氏・対馬の位置が端的に表れていることを指摘しておこう。この言及の仕方は、徳川政権（あるいは中央政府）の宗氏と対馬に対するまなざしを踏まえたものである。同様のまなざしは、実は、朝鮮の中央政府の、日本人と直接交渉する役人や倭館のある釜山周辺の地域の住民に対するまなざしでもあった（荒野「釜山倭館の草梁移転─倭館移転を朝鮮側から考える─」『青丘学術論集　第三集』〔財団法人韓国文化研究振興財団、一九九三年〕）。

（45）荒野、同右書。

（46）「泰平」の国内的な条件については、すでに藤田覚『泰平の仕組み─江戸の行政と社会─』（岩波書店、二〇一二年）がある。藤田が指摘するのは「町・村」の主体性に依拠した幕藩権力の「行政」力だが、私は、そのあり様は近世社会を構成する全身分、つまり、士農工商とその「周縁」の社会集団（身分的周縁）すべてについて言えるし、それには「四つの口」の国際関係を担った一つの都市（長崎）と二つの藩（対馬・松前）・一つの藩（薩摩藩）と国家（琉球王国）にも該当すると考えている。

（47）荒野、前掲注（15）論文。

（48）荒野「日本の鎖国と対外意識」『歴史学研究　別冊』一九八三年、後に、前掲注（21）書に収録。収録に当たっては、「鎖国」とし（「」をつけただけ）、「鎖国」から「海禁・華夷秩序」に転換した経緯を説明している。その考えは今も基本的に変わらない。なお、私の提案について、「鎖国を「海禁」と言い換えただけという風に粗雑な要約をされがちだった。「鎖国」か「海禁」かという二者択一論で議論され、いまだにその名残りに出会う。しかし私は、当初から「海禁・華夷秩序」という、東アジアに伝統的な国際関係の特徴を表わす二つの概念で脱構築することを提案したのであって、上記の「置き換え論」は、拙稿・拙著を斜め読みしたとしか思えないような誤解・曲解である。当初からその問題点を指摘することができなかった私にも責任の一端はあるのだが（荒野「近世国際関係論と私─立教大学の二七年─」『史苑』七三─一〔通巻一八八号〕、二〇一三年）。

（49）外交にも人の言説と同様に、タテマエとホンネがある。私の誤りは、ホンネとタテマエの関係性についての私見を十分に説明しなかったことあり、仲尾宏らの批判もその点を衝いたものだった（同『朝鮮通信使―江戸日本の誠信外交―』〔岩波新書、二〇〇七年〕）。なお華夷秩序において、主従関係にある国家間にあっても、その関係を通して、共に地域を担う立場としての連帯感は確実に存在する（荒野、本論文注〔3〕論文）。

(50) 例えば、姜徳相「日本の朝鮮支配と民衆意識」『歴史学研究　別冊』一九八三年。

(51) 荒野「近世の日朝関係」歴史学研究会編『日朝関係史を考える』（青木書店、一九八九年）。

(52) 上白石実「鎖国と開国」、前掲注（15）論文。

(53) 大島明秀『「鎖国」という言説―ケンペル著志筑忠雄訳「鎖国論」の受容史―』（ミネルヴァ書房、二〇〇九年）。

(54) 近代化の「成功」という表現は、小風秀雅「近代国家と帝国国家」『日本の時代史』二三（吉川弘文館、二〇〇四年）所収、による。

(55) 荒野、前掲注（15）・（17）論文。

(56) 同史料解題。三谷、前掲注（41）書。

(57) 荒野、前掲注（15）論文。

(58) 小谷汪之「近代日本の自己認識とアジア観」荒野他編『アジアのなかの日本史Ⅰ』（東京大学出版会、一九九二年）所収。

(59) 荒野「幕藩制下における外交権の特質について―対馬・宗氏の場合―」（一九七六年度東京大学大学院人文科学研究科修士論文、未刊）。この成果の一部が、一九七七年度歴史学研究会近世史部会の報告となり（「幕藩制国家と外交―対馬藩を素材として―」『歴史学研究別冊』一九七八年：A論文）、また「大君外交体制の確立」『講座日本近世史』二（有斐閣、一九八一年：B論文）となった。なお、B論文は、拙著（前掲注（21）書）に収録したが、A論文は未収録。

(60) 荒野「雨森芳洲と対馬―ホンネとタテマエの間で―」『対馬の自然と文化』第二九巻、二〇〇二年。

(61) 藤田、前掲注（46）書。

(62) 荒野、前掲注（21）書。同「近代外交体制の形成と長崎」『歴史評論』六六九号、二〇〇六年。

(63) 荒野、前掲注（42）論文で提示した「倭寇的状況」は、シナ海域を生活圏とする人々の、国家や民族の違いを越えた「自由」な結びつきが生み出したもので、それがこの地域の国際秩序を変革する根源的な力となった。なお、同、前掲注（20）論文。

【追記】本稿は、首都大学東京における二〇一三年メトロポリタン史学会大会「区切って領有するということ―領土問題への歴史学的アプローチ―」での報告「現在日本の国境問題を境界領域の視座から考える―近世国際関係論の立場から―」を、原稿化したもの（同標題『メトロポリタン史学』一〇号、二〇一四年）に、大幅に加筆・修正を加えて、本論集に再録したものです。再録に当たり、快く転載を許された同史学編集委員会に感謝します。

79], Taipei, 1965. 張菼 - 南棲, 鄭成功紀事編年, 台灣研究叢刊, 台北

ZHANG Zongqia, *Zheng Chenggong congtan*, Xiamen, 2000. 张宗洽 , 郑成 功丛谈 , 厦門

ZHENG CHENGGONG DANG'AN SHILIAO XUANJI, Fuzhou: Fujian renmin zhubanshe, 1985. 鄭成功檔案史料選集, 福州, 福建人民出版社

ZHENG CHENGGONG MANWEN DANG'AN SHILIAO XUANZE, Fuzhou: Fujian renmin zhubanshe, 1987. 鄭成功滿文檔案史料選擇, 福州, 福建人民出版社

ZHENG Yizou [Juzhong], *Zheng Chenggongzhuan*, [17th-18th Century], in Zhu Jia (ed.) *Zheng Chenggongzhuan* (*Taiwan wenxian congkan*, n. 67) Taipei, 1960. 鄭亦鄒[居仲], 鄭成功傳, 諸家, 鄭成功傳, 台灣文獻叢刊, 台北

ZHENGSHI SHILIAO CHUBIAN (*Taiwan wenxian congkan*, n. 157), Taipei, 1962. 鄭氏史料初編, 台灣文獻叢刊, 台北

ZHENGSHI SHILIAO SANBIAN, (*Taiwan wenxian congkan*, n. 175, 2 vols.) Taipei, 1963. 鄭氏史料三編, 台灣文獻叢刊, 台北

ZHENGSHI SHILIAO XUBIAN, (*Taiwan wenxian congka*n, n. 168, 10 vols.), Taipei, 1963. 鄭氏史料續編, 台灣文獻叢刊, 台北

ZHENGSHI ZONGPU, in Xiamen Zheng Chenggong yanjiuhui - Xiamen Zheng Chenggong jinianguan, (ed.), *Zheng Chenggong zupu sanzhong*, Fuzhou: Fujian Renmin Chubanshe, 1986. 鄭氏宗譜, 厦門市郑成功研究会 - 厦門市郑成功纪念馆 , 郑成功族谱三种 , 福州 , 人民出版社

ZHU Jia (ed.), *Zheng Chenggongzhuan*, (*Taiwan wenxian congkan*, n. 67) Taipei, 1960. 諸家, 鄭成功傳, 台灣文獻叢刊, 台北

xueshu huiyi lunwenji, Nanchang, 1989, pp. 95-114. 李鴻彬, 鄭成功與南京之役, 鄭成功研究國際學術會議論文集, 南昌

LONG Xi - HUANG Dianquan (eds.), *Zheng Chenggong shiliao zhuankan, Tainan wenhua*, V/4, maggio 1957. 龍溪-黄典權, 鄭成功史料專刊, 台南文化

MEIJ Philip, *'T naervolgende, sijnde 't geene per memorie onthouden van 't gepasseerde in 't geweldigh overvallen des Chinesen mandorijns Cocxinja op Formosa en geduijrende ons gevanckenis., in Daghregister van Philip Meij*, Anno 1661, K.A. 1128

MOLEWIJK G.C., *'t Verwaerloosde Formosa*, Zutphen, 1991

P. RICCIO O.P. [Vittorio Ricci], *(Hecos de) La Orden Predicatores en el Imperio de China*, APSR [Archives of Province of the Most Holy Rosary]: fls. 1-30 (mns. Secolo XVII); fls. 81-213 (mns. Secolo XVII); fls. 1-393 (mns. Secolo XIX).

SHEN Yun, *Taiwan Zhengshi shimo*, Beijing, 1986. 沈雲, 台灣鄭氏始末, 北京

SHEN Yun, *Taiwan Zhengshi shimo* (*Taiwan wenxian congkan*, n.15), Taipei, 1958. 沈雲, 台灣鄭氏始末, 台灣文獻叢刊, 台北

SHI Lianzhu, *Taiwan shilu*, Fuzhou, 1980. 施聯朱, 台灣實錄, 福州

SHIJING BENZONG ZUPU, in Xiamen Zheng Chenggong yanjiuhui - Xiamen Zheng Chenggong jinianguan (ed.), *Zheng Chenggong zupu sanzhong*, Fuzhou, 1986. 石井本宗族譜, 厦門鄭成功研究會 - 厦門鄭成功紀念館, 鄭成功族譜三仲, 福州

STAPEL F.W., *De Gouverneurs-Generaal van Nederlandsch-Indië in beeld en woord*, Den Haag, 1941

STAPEL F.W., *Geschidenies van Nederlandsch Indië* (5 vols.), Amsterdam, 1938-40

STRUVE Lynn Ann, *The Southern Ming, 1644-1662*, New Haven - London, 1984

SUN Wenmin - Li Zhiting, *Ming Qing zhanzheng shilüe*, Nanjing, 2005. 孙文良 - 李治亭 , 明清戰爭史略 , 南京

TAIWAN ZHENG CHENGGONG YANJIU LUNWENXUAN, Fuzhou: Fujian Renmin Chubanshe, 1982. 台灣鄭成功研究論文選, 福州, 福建人民出版社

TEI SEIKŌDENTEI SEIKŌDEN, *in Dai Nihon shiryō*, Tōkyō: Shiryō Hensanjo, 1901 ~, 12, X 鄭成功傳, 大日本史料, 東京, 史料編纂所

WU Zhenglong, *Zheng Chenggong yu Qing zhengfujian de tanpan*, Taipei, 2000. 吳正龍, 鄭成功與清政府間的談判, 台北

XIAMENSHI ZHENG CHENGGONG JINIANGUAN - XIAMENSHI ZHENG CHENGGONG YANJIUHUI (eds.), *Zheng Chenggong zupu sizhong*, Fuzhou: Fujian Renmin Chubanshe, 2005. 厦門市郑成功纪念馆 - 夏门市郑成功研究会 , 郑成功族谱四种 , 福州 , 人民出版社

YANG Yanjie, "1650 zhi 1662 nian Zheng Chenggong haiwai maoyi de maoyie he lirun'e gusuan", in *Zheng Chenggong yanjiu lunwenxuan*, Fuzhou: Fujian Renmin Chubanshe, 1984, pp. 221-235. 楊彦杰, 一六五零至一六六二年鄭成功海外貿易的貿易額和利潤額估算, 鄭成功研究論文選,福州, 福建人民出版社

YANG Ying, *Congzheng shilu (Taiwan wenxian congkan*, 32), Taipei, 1958. 楊英, 從征實錄, 台灣文獻叢刊, 台北

P. DE ZEEUW J. Gzn., *De Hollanders op Formosa 1624-1662. Een bladzijde uit onze koloniale -en zendingsgeschiedenis*, Amsterdam, 1924

ZHANG Tan - NAN Qi (ed.), *Zheng Chenggong jishi biannian* [*Taiwan yanjiu congkan*, n.

II, 1641-1648: J.L.Blussé, W.E. Milde, Ts'ao Yung-ho (eds.) and with the cooperation of N.C. Everts, Den Haag: Instituut vor Nederlandse Geschiedenis, 1995

III, 1648-1655: J.L.Blussé, W.E. Milde, Ts'ao Yung-ho (eds.) and with the cooperation of N.C. Everts, Den Haag: Instituut vor Nederlandse Geschiedenis, 1996

IV, 1655-1662: J.L.Blussé, N.C. Everts, W.E. Milde, Ts'ao Yung-ho (eds.), Den Haag: Instituut vor Nederlandse Geschiedenis, 2000

Fang Youyi, ed., *Zheng Chenggong yanjiu*, Xiamen, 1994 方有義, 鄭成功研究, 厦門

Fu Lo-shu, *A Documentary Cronicle of Sino-Western Relations (1644-1820)*, Taipei, 1966

Gaastra Femme S., *De geschiedenis van de VOC*, Leiden - Walburg Pers, Zutphen, 1991

Gaastra Femme S., *The Dutch East India Company. Expansion and Decline*, Leiden, 2003

Gaikoku nikki, in Dai Nihon shiryō (293 vols.), 12, X, Tōkyō: Shiryō Hensanjo, 1901 ~ 外國日記, 大日本史料, 東京, 史料編纂所

Generale Missiven van Gouverneurs-generaal en Raden van Indië aan Heren XVII der Verenigde OostindischE Companie (Rijks Geschiedkundige Publicatiën, n.112), II, 's-Gravenhage, 1964

Gentili Tommaso Maria, *Memorie di un missionario domenicano in Cina* (vols. 3), Roma, 1887-88

Huang Congxi, *Zheng Chenggongzhuan, (Taiwan Wenxian congkan*, n. 25) Taipei, 1959. 黄宗羲, 鄭成功傳, 台灣文獻叢刊, 台北

Huang Congxi, Cixing shimo, (*Taiwan Wenxian congkan*, n. 25) Taipei, 1959. 黄宗羲, 賜姓始末, 台灣文獻叢刊, 台北

Huang Dianquan, *Zheng Chenggong shishi yanjiu*, Taipei, 1975. 黄典權, 鄭成功史事研究, 台北

Huang Yuzhai, *Ming Zheng yu Nan Ming*, Taipei, 2004. 黄玉齋, 明鄭與南明, 台北

Huang Yuzhai, *Zheng Chenggong yu Taiwan*, Taipei, 2004. 黄玉齋, 鄭成功與台灣, 台北

Huber Johannes, "Chinese Settlers against the Dutch East Indian Company: the Rebellion Led by Guo Huai-i on Taiwan in 1652", in E.B. Vermeer (ed.), *Development and Decline of Fukien Province in the 17th and 18th Centuries (Sinica Leidensia*, XXII), Leiden - New York -København - Köln, 1990

Huber Johannes, "Relations between Cheng Ch'eng-kung and the Dutch East India Company in the 1650s", in Leonard Blussé (ed.), *Around and about Formosa*, Taipei, 2003, pp. 209-241.

Ishihara Michihiro, *Kokusen'ya*, Tōkyō, 1964. 石原道博, 國姓爺, 東京

Ishihara Michihiro, *Minmatsu Shinsho Nihon kisshi no kenkyū*, Tōkyō, 1945. 石原道博, 明末清初日本乞師の研究, 東京

Ishihara Michihiro, *Tei Seikō*, Tōkyō, 1942. 石原道博, 鄭成功, 東京

Ka'i hentai, in *Dai Nihon shiryō*, Tōkyō: Shiryō Hensanjo, 1901-, 12, X 華夷変態, 大日本史料, 東京, 史料編纂所

Kishi Toshihiko - Arano Yasunori - Kokaze Hidemasa, *Higashi Ajia no jidaisei*, Hiroshima, 2005. 貴志俊彦,荒野泰典,小風秀雅, 東アジアの時代性, 広島

Li Hongbin, "Zheng Chenggong yu Nanjing zhi yi", in *Zheng Chenggong yanjiu guoji*

Tokugawa Bakufu", in François Gipoloux (ed.), *Gateways to Globalisation. Asia's International Trading and Finance Centres*, Cheltenham, UK-Northampton, MA, USA: Edward Elgar, 2011, pp. 51-62.

Carioti Patrizia, *Zheng Chenggong (Serie Minor)*, Napoli: I.U.O., 1995

Carioti Patrizia - CATERINA Lucia, *La via della Porcellana. La VOC e la Cina* (Centro Studi Martino Martini: Collana Orsa Minore), Genova: Il Portolano, 2010

Carioti Patrizia] BAI Di, Yuandong guoji wutaishang de fengyun renwu Zheng Chenggong, Guangxi, 1997. 白蒂, 遠東國際舞台上的風雲人物鄭成功, 廣西

C.E.S. [Coyett et Socii], *'t Verwaerloosde Formosa*, Amsterdam, 1675

C.E.S. [Coyett et Socii], *'t Verwaerloosde Formosa*, in Wm. Campbell (ed.), Formosa under the Dutch, Taipei, 1987

Chen Bisheng, *Xianwang shilu jiaozhu*, Fuzhou, 1981. 陳碧笙, 先王實錄校注

Chen Bisheng, *Zheng Chenggong lishi yanjiu*, Beijing, 2000. 陈碧笙 , 郑成功历史研究 , 北京

Cheng K'o-ch'eng, "Cheng Ch'eng-kung Maritime Expansion and Early Ch'ing Coastal Prohibition", in E. B. Vermeer (ed.), *Development and Decline of Fukien Province in the 17th and 18th Centuries (Sinica Leidensia*, XXII), Leiden- New York- København- Köln: Brill, 1990, pp. 217-244.

Cheng Shaokang, *De VOC en Formosa 1624-1662. Een vergeten geschiedenis* (2 vols.), Ph. Dissertation, Leiden, 1995

van der Chijs J.A. (ed.), *Dagh-Registers gehouden in't Casteel Batavia want passerende daer ter plaetse als over geheel Nederlands-India, 1624-1682* (31 vols.), 's Gravenhage - Batavia, 1887-1931

Chiu Hsin-hui, *The Colonial 'Civilating Process' in Dutch Formosa, 1624-1662*, Leiden - Boston: Brill, 2008

Coolhaas W.Ph. (ed.), *Generale Missiven van Gouverneurs-Generaal en Raden van Indië aan Heren XVII der Verenigde Oostindische Companie 1610-1671* (13 vols.), 's Gravenhage (*Rijks Geschiedkundige Publicatiën*, n. 112), 1960-2007

Letter by Frederik Coyett, to Zheng Chenggong in data 31 October 1660: Algemeen Rijksarchief Den Haag, V.O.C. 1232

Letters Exchanged between Zheng Chenggong and Federik Coyett, Algemeen Rijksarchief Den Haag, V.O.C. 1235

Letters Exchanged between Zheng Chenggong and Jacobus Valentijn, *Algemeen Rijksarchief Den Haag*, V.O.C. 1235

Copie translaat Missive van Iquan groot mandorijn in Aimoy en admirael ter zee over de provintie Hoccheo aen den grootmachtige Gouverneur-Generael Jacobi Specx, *Algemeen Rijksarchief 's-Gravenhage* (ARA), Koloniale Aanwinsten, 1885

Dai Nihon shiryō (293 vols.), Tōkyō: Shiryō Hensanjo, 1901 ~ 大日本史料, 東京: 史料編纂所

De Dagregisters van het Kasteel Zeelandia, Taiwan 1629-1662 (4 vols.), 1986-2000:

I, 1629-1641: Leonard Blussé - M.E.Van Opstall - Ts'ao Yung-ho (eds.), 's Gravenhage: Martinus Nijhoff, 1986

Bibliograghy

Algemeen Rijksarchief Den Haag, V.O.C. 1235

Algemeen Rijksarchief Den Haag, V.O.C. 1238

An Shuangcheng, "Qing Zheng Nanjing zhanyi de ruogan wenti", in Xiamen Daxue Taiwan yanjiusuo lishi yanjiushi (ed.), *Zheng Chenggong yanjiu guoji xueshu huiyi lunwenji*, Nanchang, 1989. 安雙成, "清鄭南京戰役的若干問題", 厦門大學台灣研究所歷史研究室, "鄭成功研究國際學術會議論文集", 南昌

Anhaizhi, Xiamen, 1983. 安海志, 厦門

Arano Yasunori, *Edo bakufu to Higashi Ajia*, Tōkyō, 2003. 荒野泰典, 江戸幕府と東アジア, 東京

Arano Yasunori - Ishii Masatoshi - Murai Shōsuke (eds.), *Kinseiteki sekai no seijuku, Nihon no taigai kankei* (7 vols.), VI, Tōkyō, 2010. 荒野泰典, 石井政敏, 村井章介, 近世的世界の成熟, 日本の対外関係, 東京

de Beauclair Inez, *Neglected Formosa*, San Francisco 1975

Blussé Leonard (ed.), *Around and about Formosa*, Taipei, 2003

Blussé Leonard - De Moor Jaap, *Nederlanders overzee*, Gethoorn-Meppel, 1983

Boxer Charles Ralph, *The Dutch Seaborne Empire*, London: Penguin Books, 1990

Boxer Charles Ralph, "The Siege of Fort Zelandia and the Capture of Formosa from the Dutch, 1661-1662", i*n Dutch Merchants and Mariners in Asia*, 1602-1795, London, 1988, pp. 16-48.

Campbell Wm., *Formosa under the Dutch*, Taipei, 1987

Cao Yonghe [Ts'ao Yung-ho], *Taiwan zaoqi lishi yanjiu*, Taipei, 1980. 曹永和, 台灣早期歷史研究, 台北

Cao Yonghe [Ts'ao Yung-ho], *Taiwan zaoqi lishi yanjiu xuji*, Taipei, 2000. 曹永和, 台灣早期歷史研究續集, 台北

Carioti Patrizia, *Cina e Giappone sui mari nei secoli XVI e XVII*, Napoli, 2006

Carioti Patrizia, *Guardando al 'Celeste Impero'... L'Avventura della VOC in Asia Orientale* (Looking for Chinese Empire... The VOC Adventure in East Asia), Trento: Centro Studi Martino Martini, 2012

Carioti Patrizia, "The Zheng's Maritime Power in the International Context of the 17th Century Far Eastern Seas: The Rise of a 'Centralised Piratical Organisation' and Its Gradual Development into an Informal 'State'", in Paolo Santangelo (ed.), *Ming Qing Yanjiu*, Napoli - Roma, 1996 (1997), pp. 29-67.

Carioti Patrizia, "The Zheng Regime vs. the Manchu Empire: The Significance of Vittorio Ricci's O.P. '*(Hecos de) La Orden de Predicadores en el Imperio de China*' (1676)", in Macau Ricci Institute (ed.), *Acta Pekinensia, Western Historical Sources for the Kangxi Reign*, in *Macau Ricci Institute Studies*, vol. 7, Macao P.R. of China, 2013, pp. 273-339.

Carioti Patrizia, "17th Century Nagasaki, Entrepot for the Zheng, the VOC and the

already at that time. In Valentjin's translations, the name Pompoan often appears referred to Chenggong.

32) *Algemeen Rijksarchief Den Haag*, V.O.C. 1235: ff. 884-894.

33) *Algemeen Rijksarchief Den Haag*, V.O.C. 1235: ff. 884-894.

34) C.E.S., *'t Verwaerloosde Formosa*, pp. 435-438.

35) C.E.S., *'t Verwaerloosde Formosa*, pp. 438-442.

36) C.E.S., *'t Verwaerloosde Formosa*, p.447.

37) C.E.S., *'t Verwaerloosde Formosa*, passim.

38) C.E.S., *'t Verwaerloosde Formosa*, pp. 455-456. *Algemeen Rijksarchief Den Haag*, V.O.C. 1238: ff. 519-798.

39) Irony of the fate, that same day when Zheng Chenggong celebrated the victory over the Dutch, in Fuzhou 福州the Manchu authorities proclaimed the execution of Zheng Zhilong 鄭之龍 , put to death in Peking after a long agony.

40) Hecos…, ff. 325-327. José Eugenio Borao Mateo (ed.), *Spaniards in Taiwan*, II: 1642-1682, p. 598. Patrizia Carioti, "The Zheng Regime vs. the Manchu Empire...", pp. 273-339.

18) Tommaso Maria Gentili, *Memorie di un missionario domenicano in Cina* (vols. 3), Roma, 1887-88, I, p. 292. According to his functions as Vicar-Apostolic, the Dominican Father Tommaso Maria Gentili (d. 1888) was for long time also in Manila, where he had at his disposal the numerous documents, chronicles, letters, manuscripts written by the previous missionaries; in this way, Gentili had access to several precious primary sources, including the manuscript by Vittorio Ricci (1629-1675). Referring to these important primary sources, Gentili wrote his very interesting Memorie…, where he extensively deals with Vittorio Ricci, and the events related to his mission. See the interesting biographical chapter related to Vittorio Ricci: T.M.Gentili, *Memorie di un missionario domenicano in Cina*, II, pp. 72-73.

19) Copy of the letter by Frederik Coyett, addressed to Zheng Chenggong, 31st October 1660: *Algemeen Rijksarchief Den Haag* (L'Aia), V.O.C. 1232: ff. 621-622.

20) C.E.S., *'t Verwaerloosde Formosa*, pp. 404-406.

21) C.E.S., *'t Verwaerloosde Formosa*, pp. 407-410, passim.

22) In the first days of February 1661 Zheng Chenggong assembled his generals and informed them why it was necessary to make a tactical withdrawal to Taiwan: Yang Ying, *Congzheng shilu, cit.*, pp. 184-185.

23) Yang Ying, *Congzheng shilu*, pp. 184-185.

24) C.E.S., *'t Verwaerloosde Formosa*, pp. 389-390, 462-463, 475, Fu Lo-shu, A Documentary Chronicle…, p. 436, n. 113.

25) Zhang Tan 張菼 - Nan Qi 南棲 (eds.), *Zheng Chenggong jishi biannian* 鄭成功紀事編年 [Taiwan yanjiu congkan 台灣研究叢刊 , n. 79], Taipei, 1965, pp. 133-134.

26) Wong Young-tsu, "Security and Warfare on the China Coast…", p.145.

27) Philip Meij, *'T naervolgende, sijnde 't geene per memorie onthouden van 't gepasseerde in 't geweldigh overvallen des Chinesen mandorijns Cocxinja op Formosa en geduijrende ons gevanckenis., Daghregister van Philip Meij*, Anno 1661, K.A. 1128: ff. 848-851. I thank Prof. Leonard Blussé van Oud Ablas and Prof. Tsao Yung-ho, for having kindly allowed me to consult many unpublished documents and sources, long before the publication of *De Dagregisters van het' Kaastel Zeelandia*. Concerning the nine months of siege until the surrender of Fort Zeeland, the Dutch sources -most of which still unpublished- give us numerous and detailed information; in the V.O.C. Archives of Den Haag, there are kept official letters and personal missives, diaries, chronicles, as well as documents and records concerning the Dutch trades, the policy of the United Company, etc. See also: J.L. Blussé - N.C. Everts - W.E. Milde - Ts'ao Yung-ho (eds), *De Dagregisters van het Kasteel Zeelandia, Taiwan*, IV: 1655-1662, Den Haag: Instituut voor Nederlandse Geschiedenis, 2000.

28) Van der Chijs J.A. (ed.), Dagh-Registers gehouden in't Casteel Batavia want passerende daer ter plaetse als over geheel Nederlands-India, 1624-1682 (31 vols.), 's Gravenhage - Batavia, 1887-1931 (see: 22-24 giugno 1661).

29) We mention on regard to this the corrispondence between Zheng Chenggong and Jacobus Valentijn -responsable of the surrender of Fort Province-, *Algemeen Rijksarchief Den Haag*, V.O.C. 1235: ff. 906-909.

30) See: 黃玉齋 Huang Yuji, 鄭成功與台灣 *Zheng Chenggong yu Taiwan* (Taipei, 2004).

31) Jacobus Valentijn translated in Dutch the missives by Zheng Chenggong to the Governor of Formosa, during the siege; unfortunately, the Chinese originals had been lost probably,

Geschiedenis, 2000, pp. 137-249.

8) The Zheng's ships were both warships and merchant-ships, according to the time and to the circumstances, The sea-trade networks controlled by the Zheng maritime organisation involved China, Japan, Macao (Aomen 澳門), Taiwan, the Philippines, Indonesia, and South East Asia in general, as far as the South India coasts. The Qing also realised how advantageous the mercantile side of his enterprise was to Zheng Chenggong. As early as 1652, they issued a clearance order enforcing the evacuation of the centres of Ningbo 寧坡, Wenzhou 温州 and Taizhou 台州. However, when negotiations broke down definitively, such measures became harsher and more radical: 6 August 1656 saw the first edict prohibiting navigation (coming, not surprisingly, straight after the defeat of the Jidu 済度 fleets in May of that year). See: Fu Lo-shu, *A Documentary Chronicle…*, pp. 20-21. After the Zheng defeat in Nanking, the Manchu regime began to hedge in and tighten their grip on Zheng Chenggong's bases with economic means. That same year, 1660, they ordered the evacuation of 88 tiny islands off Fujian 福建; moreover, they strengthened their grassroots control over the seaboard, placing military outposts in thirteen ports, and fortresses and watchtowers at intervals along the coast. The objective was to isolate Zheng, cutting off all possible contact between his bases and the continent to annul his ability to defend himself and offer resistance. See: Wong Young-tsu, "Security and Warfare on the China Coast: The Taiwan Question in the 17 thCentury", Monumenta Serica, XXXV, 1981-83, pp. 111-196, part. p. 144. See also: Cheng K'o-ch'eng, "Cheng Ch'eng-kung Maritime Expansion and Early Ch'ing Coastal Prohibition", in E.B.Vermeer (ed.), *Development and Decline of Fukien Province in the 17th and 18th Centuries* [Sinica Leidensia, XXII] (Leiden and New York and København-Köln, 1990), pp. 237-244.

9) C.E.S., *'t Verwaerloosde Formosa*, p. 392.

10) C.E.S., *'t Verwaerloosde Formosa*, p. 393.

11) C.E.S., *'t Verwaerloosde Formosa*, pp. 394-395.

12) Patrizia Carioti, "Portuguese Strategies of Expansion: Macao and Hirado Compared", in Evert Groenendijk - Cynthia Viallé - Leonard Blussé (eds.), *Canton and Nagasaki Compared, 1730-1830. Dutch, Chinese, Japanese Relations*, Leiden: Institute for the History of European Expansion, 2009, pp. 209-223; Patrizia Carioti, "The 1622 Dutch Attempt to Conquer Macao in the International Context of Early Seventeenth Century East Asia, *Revista de Cultura (Review of Culture)*, International Edition, n.15, 2005, pp. 123-137.

13) In those days, the guns made in Macao were very famous, because they were of excellent quality. This superior quality seemed to result from the fusion of the technical abilities and knowledge, both of the Chinese and the Portuguese technicians. For this reason some of the most qualified technicians of Macau were invited to Goa, to establish also there foundries of the same excellent level as in Macau; yet, the attempt failed: C.R. Boxer, "Portuguese Military Expedition in Aid of the Mings against the Manchus, 1621-1647", *Tien Hsia Monthly*, VII/1, agosto 1955, pp. 24-31 (1-13), part. pp. 4-6).

14) C.E.S., *'t Verwaerloosde Formosa*, pp. 383-412, passim.

15) C.E.S., *'t Verwaerloosde Formosa*, p. 400.

16) C.E.S., *'t Verwaerloosde Formosa*, p. 400.

17) C.E.S., *'t Verwaerloosde Formosa*, pp. 400-404.

a bad fall in his flight), he returned to Hiamuen (Xiamen 厦門) alone and most miserable. Even if some followed later, they only made him feel more afflicted than joyful, hearing from many lips the heart-wrenching tragedies of that day." In the Library Archives of the S. Thomas University of Manila, there exist three different copies of the manuscript by Vittorio Ricci. 1. P. Riccio O.P., *(Hecos de) La Orden Predicatores en el Imperio de China*, APSR [Archives of Province of the Most Holy Rosary]: fls. 1-30 (mns. 17 th Century); 2. *(Hecos de) La Orden Predicatores en el Imperio de China*, APSR: fls. 81-213 (mns. 17 th Century); 3. *(Hecos de) La Orden Predicatores en el Imperio de China*, APSR: fls. 1-393 (mns. 19 th Century). The Archives of Avila (APSR) also preserve an incomplete copy from the 17 th Century and a complete one from the 19 th Century. I used the 19 th Century manuscript: Hecos…, ff. 315-320. See also: José Eugenio Borao Mateo, *Spaniards in Taiwan*, Vol. II: 1642-1682, Taipei: SMC Publishing Inc., 2002, p. 595. Finally, see also: Patrizia Carioti, "The Zheng Regime vs. the Manchu Empire: The Significance of Vittorio Ricci's O.P. '*(Hecos de) La Orden de Predicadores en el Imperio de China*' (1676)", in Macau Ricci Institute (ed.), *Acta Pekinensia, Western Historical Sources for the Kangxi Reign, in Macau Ricci Institute Studies,* vol. 7, Macao P.R. of China, 2013, pp. 273-339.

4) Molewijk, *'t Verwaerloosde Formosa*, pp. 27-28.

5) C.E.S., *'t Verwaerloosde Formosa, op. cit.*, p. 388.

6) Yang Ying, the historian of Zheng Chenggong, reports: "(6th month of 11th year of the Yongli era, 1657) 'When His Highness [Zheng Chenggong] lived in Simingzhou 思明州 [Xiamen], the leader of the 'Red-haired barbarians' [the Dutch] from Formosa, Kuiyi [Coyett] sent the interpreter He Tingbin 何廷斌 [Pingqua] to Siming 思明, to place a request before His Highness. The Dutch asked to pay an annual tribute in exchange for authorisation to trade in Chinese ports. He took with him valuables from foreign parts. His Highness granted the permission. When in former years our vessels arrived [in Formosa], the 'Red-haired barbarians' often created difficulties. Thus, His Highness had issued a decree to every harbour and bay and to each police station and administrative centre of the Barbarian countries from East and West ordering all contact and trade with the island of Taiwan to be broken off. The embargo lasted two years ... goods became scarce and expensive (...)' His Highness granted them a licence to trade". See: 楊英 Yang Ying, 從征實錄 Congzheng shilu [台灣文獻叢刊 *Taiwan wenxian congkan*, 32)] (Taipei 1958), p. 113. Yang Ying's 'Veritable Records' is one of the most precious primary sources we have. Composed between 1649 and 1662, the text gives us important information about Zheng Chenggong, his organisation, his decisions, his private life. Yang Ying, in fact, was very close to Zheng Chenggong, and loyally followed him in any movement and action, from Xiamen to Taiwan, where unfortunately he fell ill. It is for this reason that Yang Ying's diary stops in that year 1662, albeit Yang Ying could get over the illness and die later in 1680. There exist several editions of Yang Ying's 'Veritable Records', apart from the quoted one, among which we mention the edition by 陳碧笙 Chen Bisheng, provided with many information and very useful explanatory notes: 陳碧笙 Chen Bisheng, 先王實錄校注 *Xianwang shilu jiaozhu* (Fuzhou, 1981). See also: Fu Lo-shu, A Documentary Chronicle of Sino-Western Relations (1644-1820), Taipei, 1966, pp. 21-22. C.E.S., *'t Verwaerloosde Formosa*, p. 389.

7) J.L. Blussé - N.C. Everts - W.E. Milde - Ts'ao Yung-ho (eds), *De Dagregisters van het Kasteel Zeelandia, Taiwan*, IV: 1655-1662, Den Haag: Instituut voor Nederlandse

p. 386. This work is an important primary source written by Frederik Coyett under the pseudonym C.E.S -'Coyett et Socii'-, and published in Amsterdam in 1675. After the Dutch surrender, Coyett was sentenced to death by the VOC authorities, for having lost the Formosa base; later on, this punishment changed into exile for life. After ten years of exile, Coyett was rehabilitated, and finally rehired by the United Company (yet, Coyett would have never gone to the Far East anymore). During the exile, Frederik Coyett wrote his *Neglected Formosa*, telling all his experiences in the Taiwan Island, and explaining -with many details- the events that provoked the Dutch defeat and Zheng Chenggong's victory. According to Coyett's opinion, in many cases the Dutch mistakes originated by United Company's policy of indifference toward the Dutch settlement of Formosa. Albeit Coyett attempted to defend his decisions and to justify his acts, the book, reach in detailed information, is certainly interesting. The 1675 edition is available also in the Library of Leiden University; in 1991 a new edition has been published: G.C. Molewijk, *'t Verwaerloosde Formosa*, Zutphen, 1991. There also exist two English translations of Coyett's work, that one by Campbell -which we often refer to-, and that one by Inez de Beauclair (*Neglected Formosa*, San Francisco, 1975).

2) On the evening of 7 September 1652, the Chinese prepared a sumptuous banquet to which the leading members of the United Company were invited: this was to be the occasion for revolt. Yet, a few wealthy Chinese merchants (who were not willing to lose their privileges) betrayed the rebels. The Governor of Formosa, Nicolaes Verburch (1650-53) was warned and the uprising was stifled only after two weeks of violent conflicts that caused the death or capture of 4000 men and 5000 women among the Chinese settlers. The Dutch suffered only two casualties. This revolt, led by Guo Huaiyi [known in Dutch sources as Gouqua Faij-it (Fayet)], has often been related to Zheng Chenggong. This is quite likely: the Dutch officers who were involved in the event felt certain that Zheng Chenggong had played some part in it. Following the revolt, the Dutch strengthened the island's defences, beginning construction of another fort at Sakkam (Chikan 赤崁) opposite Fort Zeland: Fort Province (1653). C.E.S., *'t Verwaerloosde Formosa*, p. 388. Zheng Chenggong, meanwhile, responded to the massacre of the island's Chinese residents with the embargo on Formosa.

3) The Dominican Vittorio Ricci describes the terrible Nanking battle, as it follows: "Cuesing's (Koxinga: Zheng Chenggong) militia was inside the first wall for 15 days. September was drawing in when, one morning, unexpectedly before sunrise, they found themselves surrounded by innumerable Tartar horses (which they said numbered to 400,000) of the Empire. Then, other soldiers emerged from inside the walls and so fell upon Cuesing's army that only he, with some others, escaped from the raging flood alive. He fled half-naked, swiftly first on horseback and later swimming with all his might. All the rest were dead and cut to pieces in the hands of the fierce Tartar who put to the sword those who had entered the metropolis. He speedily overran all the posts fortified by Cuesing where not one remained alive. While he cut down the army, others attacked Cuesing's fleet in the river and burned practically the entire armada. The furious current and tide and the north wind bore along the burning ships, of which only a few were spared because they were out at sea. Cuesing rowed toward the ships on a small boat. In a short time, what his power had built over a long period and at countless expense, was ruined: soldiers, sailors, horses, weapons, supplies, men and almost all his ships. Humiliated and badly wounded in the head (he had

Chenggong, who had no idea how word had reached the Dutch headquarters. He immediately took precautionary measures, putting many of the prisoners to death. During the following months, Caeuw's ships helped the Dutch resistance with operations of harassments and patrolling. The siege continued.

On 6 November, Coyett received a despatch from the Qing 清 offering to launch a joint attack against Zheng Chenggong on the bases of Xiamen and Jinmen and then proceed to Formosa.[36] On the 26, the Council of Formosa entrusted Jacob Caeuw with a message of joyful acceptance; Caeuw set off with some of the best-armed ships ostensibly to join the Manchu. Yet, finally, Caeuw deserted and took his ship to Siam. When the other vessels returned to Taiwan, Coyett and his companions knew that every hope of support from the Qing had been lost. Their disappointment was bitter, for the siege had been going on for seven months.[37]

In mid December, some Dutch soldiers betrayed the stronghold, revealing to Zheng Chenggong its vulnerable points. On 25 January, Zheng Chenggong launched a violent onslaught, forcing the Governor and Council to sue for peace. The conditions were agreed on.[38]

On 1 February 1662, Fort Zeeland capitulated: the Dutch settlement on Formosa had capitulated.[39]

Vittorio Ricci says:

> "And so Cuesing assaulted the land and seized without difficulty a small fort on the other side, called Chiacan (Chikan 赤崁), separated by a branch of the sea a league away from the main fort. Then with impressive boldness, he traversed the waters and took over the city and had the fort surrounded. This lasted for 10 entire months wherein several skirmishes on land and battles at sea took place, with the Chinese always earning a multitude of victories. Twelve soldiers, outraged with the Dutch, fled from the fort and offered to turn it over soon to Cuesing by seizing first the sentry box or turret, which was the fort's prime and eminent spot, from where the most damage could be done. Later, since they wanted to the scale the walls of the fort with the great multitude of soldiers who would always come from China to help, they miserably surrendered on 12 February 1662 (1 st) February 1662). All the Dutch shipped out with all their personal properties, leaving in the fort what was agreed upon, which was all the belongings of the Company (sumptuous and plentiful goods) and went to Jakarta.[40] "

1) C.E.S., *'t Verwaerloosde Formosa*, in Campbell (ed.) , *Formosa under the Dutch*, 1987,

flag and the Governor and some attendants (...) come out to sue for peace, I shall immediately order the cease-fire, so that you can have faith in my words. And when your commanders come over to me, with their wives and children, I shall have already given instructions to carry all my canons back to the ships. (...)

One word more. Once peace has been agreed, all your soldiers will have to leave the fortress immediately and my soldiers will occupy it, to take care of the site and all the living quarters therein. I shall see to it that none of your possessions will be damaged in the slightest. (...)

Finally, I know that it is the duty of the Dutch, having come so far to trade in this region, to seek to defend their fortress. I see no blame or crime in this action; on the contrary, I approve. Thus you have no reason to fear for having acted as you have done.

If I say something, if I make a promise, the whole world can trust me - noone can doubt that I will keep my word.[32] "

Coyett replied the next day with a firm refusal to surrender:

"(...) Yesterday evening at dusk we took due delivery of your letter (...)

We have perfectly understood its contents, but we cannot make other reply than the one we sent on the 10th instant: we are obliged, for the sake of our God, omnipotent and just - in whose help and assistance we firmly trust - and also for the good name of our Country and of the Management of the United East India Company, to continue to defend this Castle, even at the risk of our lives.[33] "

The only hope for the besieged lay in receiving help from outside: the *Maria* had succeeded to escaped the clutches of the Chinese fleet.

Contrary to the wildest imaginings of the besieged Dutch, an expedition to Taiwan had already been prepared in Batavia, but with very different objectives. Influenced by the vindictive report of Jan van der Laan, the authorities had suspended Frederik Coyett from office, together with the other high-ranking officials in Taiwan, and had nominated Hermanus Clenk as the new Governor. On 21 June the latter left Batavia to sail to Formosa and take up his new duties (…!).[34] Two days later the *Maria* arrived in port of Batavia, after many mishaps, and the VOC finally learnt of the true situation. They lost no time in fitting out a fleet, under the command of Jacob Caeuw, to go to the help of the besieged, which set sail on 5 July. Caeuw bore with him a missive annulling the previous orders and reconfirming Coyett and the other offices in their positions.[35]

The relief forces reached Taiwan on 12 August, to the astonishment of Zheng

Battle was joined, but in reality of the four Dutch ships only two, the *Hector* and the 's *Gravelande*, were warships. The former blow up, while the latter and the *Vink* managed to return to port, so that their crews could join in defending Fort Province. The *Maria* eluded the enemy forces and, in spite of the unfavourable conditions, after 50 days of dangerous sailing, arrived at headquarters in Batavia.[28)]

Zheng Chenggong was able to land his forces, and from 1 May, he laid siege to the two forts. On the 4 May, Fort Province surrendered, leaving Fort Zeeland as the only outpost defending the Dutch settlement.[29)]

The surrender

On landing, Zheng Chenggong had had some difficulty in finding sufficient provisions to feed his men, but with the capture of Fort Province he gained access to the grain that had been stockpiled there, making his situation much less fraught. Convinced, mistakenly, that no news of the siege could reach Batavia, he was in no hurry to dislodge the Dutch from their last remaining refuge, for launching assaults would have caused casualties among his own men; in addition, the besieged could not hold out indefinitely. Moreover, after years of intense fighting against the Manchu, and the recent ignominious defeat at Nanking, his men were tired and demoralised; they had shown no enthusiasm for leaving their homes and moving into unknown, hostile territory. Therefore, Zheng Chenggong concentrated his attention on organising and strengthening his position on the island, while at the same time putting pressure on the Dutch to surrender.[30)]

In a letter of 24 May 1661 addressed to the Governor Coyett, Zheng Chenggong wrote:

> "How can you Dutchmen, numbering only a few hundred, put up a fight aginst such overwhelming odds? Indeed you seem to be quite out of your senses.
> I, Pompoan,[31)] proclaim that it is Heaven's wish that everything may live and remain unharmed, without perishing. Thus I am convinced that the men should not lose their lives, which is why I have sent you so many letters. You should reflect carefully on the importance of your wives and your children, and your possessions too, being spared destruction.
> (...) I ask you to give due consideration to my words.
> First of all: if you leave the fortress before my canons begin to make themselves felt on its walls, then (...) I shall spare all your lives, and if anyone has a request, I shall grant it (...). I am telling the truth, and will not deceive you.
> Secondly: if after my canons have been battering the walls you raise the white

The enemy's appearance

Although the move to Taiwan was the only viable solution, Zheng Chenggong had met with strong opposition from his officers, to whom the island appeared wild and inhospitable, inhabited by primitive tribes.[22] Nonetheless, Zheng Chenggong had continued to prepare the move, taking advantage of information supplied by the interpreter He Tingbin 何廷斌 to reassure the scheme's opponents:

> "Last year [1659] the interpreter He Tingbin presented us with a map of Taiwan: cultivated fields and gardens for tens of thousands of *qing* 頃 ; fertile land for thousands of *li* 里 ; taxes and levies for hundreds of thousands of *liang* 兩 ; our people will be able to harvest there, build ships and produce tools, given our expertise in all this.[23] "

He Tingbin had taken part in the Dutch mission of 1657 and on that occasion had formed a close, secret relationship with Zheng Chenggong, agreeing to exact on behalf of the latter, unbeknown to the Dutch, a levy on the Chinese traders leaving Taiwan for the mainland, who would be subject to further taxation on arriving in Xiamen. In 1659, he was unmasked by Company officials and obliged to leave Taiwan, whereupon he moved to Xiamen and offered his services to Zheng.[24] In March 1661, following the departure of Jan van der Laan from Formosa, Zheng Chenggong gave order to proceed for his military expedition.[25] It was the ideal moment: the winter monsoons died away and no vessel could be sent from Taiwan to Batavia to get help.

The mighty fleet of Zheng Chenggong, comprising several hundreds ships and about 25,000 men, set off in April 1661.

Zheng Chenggong set sail with only enough provisions to afford the journey to Taiwan, maybe because of a shortage of grain in Xiamen. Forced by stormy weather, he had to stop in Pescadores, where sufficient supplies were not available. Therefore, he was compelled to put to sea again in dangerous conditions in order to reach Taiwan as early as possible.[26] Among other measures taken in anticipation of the attack, Coyett had ordered the sequestration of foodstuffs from the Chinese and their stockpiling in the fortresses, as well as the destruction of large quantities of grain (which it was impossible to store) to prevent the enemy laying hands on it. Thus, the situation for Zheng's troops was critical. Nevertheless, for the thousand or so Dutch on the island, the mere sight of such a vast and powerful fleet must have been frightening to say the least.

The Zheng fleets appeared off the Taiwan coast on 30 April 1661.[27]

expressing his desire to re-establish trading agreements with Taiwan, even stronger than before. He explained that the interruption of such links had been exclusively due to his conflicts with the Manchu, but as soon as possible, he would once again send his ships to Formosa. He then handed over a letter to the Governor of Taiwan in reply to the one he had received:[19]

> "(...) Your Honour is still in doubt as to my good intentions concerning Holland, since you suppose that I am making preparations to launch offensive actions against the Country of Your Honour; but this is clearly the result of listening to people of evil intentions. (...)
>
> Besides, when I am busy in preparations for war and such preparations are concluded, it is my custom to let it be known that I am going to launch an attack in the east, whereas my secret intention is to head west. How should it be possible, then, to know my thoughts, or allege intentions that have never been so much as whispered to anybody? Your Honour lends an ear and credence to any rumour; even that I have broken off trading exchanges. This is truly ungenerous on your part. The reason why there are so few junks on the seas is due to the onerous taxes on imports and exports that merchants are obliged to pay to the Country of Your Honour, which constitute a serious obstacle to trade, resulting in net losses rather than any profit (...)
>
> I trust in the impartial judgement of Your Honour to leave off any sentiment of discord or jealousy, and for the renewal of our erstwhile friendship.
>
> Just as soon as the Tartars [Manchu] become peaceable once again I shall give orders that trading vessels resume navigation, trusting that, in the interests of the merchants, Your Honour will do everything possible to benefit them and earn their gratitude, thereby greatly increasing their numbers.[20] "

The missive of Zheng Chenggong testified, with usual diplomacy, his peaceable and friendly intentions towards the VOC. Yet, Frederik Coyett was not convinced and once again opposed the departure of the expeditionary fleet. Others, however, with less experience of the deceits of the enemy, sided with van der Laan and wrote a document, against the Governor and in favour of the commander, to send to the authorities in Batavia. Actually, the letter was neither signed nor sent, but in the end, Coyett was forced to agree to the departure of Jan van der Laan and his officers for Batavia, while the reinforcements remained in Formosa and the expedition to Macao was called off. The Dutch stronghold could now count on about 1200 men and four ships, the *Hector, 's Gravelande, Vink* and *Maria.*[21]

concerning Macao. In concert with the opinion of the Council, Your Honour will undoubtedly give the matter the most serious consideration, bearing in mind that the one enterprise is quite as important as the other, and that we have no wish to lose the present opportunity to seize Macao; although, as things stand, the more urgent case must take precedence.[16] ' "

Van der Laan arrived in Taiwan at the end of September.

Internal disputes

From the outset, there was great tension between the two men, with diffidence and mutual dislike. Jan van der Laan, anxious to proceed to Macao, lost no time in expressing incredulity, giving biased and superficial interpretations of the facts that Coyett set before him, and concluding that there would be no attack on the Taiwan outpost. Nevertheless, since he took his orders from the Governor of Formosa, he had to wait until the latter gave permission to continue his mission. Yet, this permission was not forthcoming: Coyett had no desire to lose 12 ships and 600 men, which in effect doubled the forces he could call on. On the other hand, he could not keep the fleet in the port indefinitely. After numerous heated discussions, the final decision was put off until the following February (1661), in order to gather additional, more reliable information. It was agreed to send a representative to Xiamen, on the pretext of setting up new trading agreements, to try to discover Zheng Chenggong's real intentions concerning Formosa.[17] This mission set out for Xiamen on 31 October 1660.

It is interesting to read what Gentili writes on the matter:

"(...) At this time five Dutch ships appeared in the bay of Emoy (Amoy: Xiamen), coming from Taiwan, capital of the island of Formosa. This Dutch expedition bore an embassy aimed at making a commercial treaty with the King of those seas; but Cue-sing had among his projects the objective of conquering that island, which is the granary of China, so he took certain measures.

This project was already well known in Emoy. (···) Cue-sing feared that the missionaries could reveal his plan and thus introduced severe measures which he believed necessary so that no one (and in particular the missionaries) should approach the residence of the ambassador or the above-mentioned Dutch ships.[18] "

After taking every precaution about direct contacts between the Dutch delegates and eventual compromising informers, Zheng Chenggong acted as the consummate diplomat and welcomed his visitors with the greatest courtesy, in the Far East.[12] In fact, the United Company had by no means abandoned its long-standing scheme to take over that important base from Portugal, thereby eliminating Spain from the Far Eastern market. Besides, in Macao, there were excellent iron foundries for the manufacture of canons and firearms, which supplied the Spanish strongholds, and this was one more advantage to whet the Dutch appetite. From the first years of its presence in the Far East, the United Company had spared no efforts in intercepting Portuguese merchant ships carrying arms shipments to Goa.[13] Therefore, Coyett was convinced that the authorities in Batavia were much more interested in this objective than in strengthening the outpost in Taiwan.[14]

However, while there are certainly valid reasons for accepting the opinions expressed by the Governor of Formosa, we should also consider that it was very difficult for the Company to defend its position on the island, given the shortage of men and vessels. Furthermore, the VOC could not concentrate all its forces in Taiwan without putting at risk its other bases and its trade. Finally yet importantly, judging by the results achieved hitherto, the trading post had not fulfilled expectations: no counterpart, however small, had been established on the mainland, and all the Dutch shipments to the island were almost completely dependent on the Zheng.

In answer to the pressing requests of the Governor of Formosa, on 16th July 1660 Jan van der Laan was put at the head of a fleet of 12 galleons and 600 men with orders to reach Taiwan. He had to reinforce its defences until it was clear that there was no danger of invasion, at which point he was to proceed to attack Macao.[15]

Frederik Coyett's bitter comment reads as follows:

> "You can be certain that it was only in this perspective, for the furtherance of this scheme, that the authorities in Batavia decided to come to the aid of Formosa with a fleet. Thus on 16th July 1660 a certain Jan van der Laan was put at the head of a fleet of 12 galleons and 600 men, bearing orders to the Governor of the Council of Formosa in these terms:
>
> 'On account of the shortage of men, we would have had every justification for not embarking on such an undertaking during the current season if we had not been obliged this year to send such a sizeable land and sea expeditionary force to Tayouan [Taiwan]; if it turns out that all is peaceful there, the force must be employed to surprise Macao. Considering, however, that the threatened invasion of Formosa by Koxinga appears so uncertain, it is unlikely that our troops will be ordered to proceed, so that it will probably be necessary to postpone our plans

the renewal of trade with the Zheng fleets, and actually, there was no concrete proof behind the fears of invasion, just rumours circulating in the island's Chinese community. Thus, the Company representatives in Batavia looked with no little scepticism on the excessive preoccupations expressed by Coyett.[7)]

The Governor of Taiwan had every reason to believe an attack imminent. The defeat at Nanking and the drastic measures taken to cut off supplies to the bases of Xiamen 厦門and Jinmen 金門 had made the position of Zheng Chenggong and his organisation untenable. Taiwan represented not only a safe refuge from the assaults of the Manchu but above all a sure source of victuals and supplies to provide for Zheng Chenggong's forces. Furthermore, the ideal geographical position of the island would permit Zheng Chenggong to pursue his maritime trading activities and launch surprise attacks on the mainland from a safe vantage point.[8)]

When on 6 March 1660 a few influential members of the local Chinese community appeared in the offices of Coyett to warn him of the imminent arrival of Zheng's fleets, he immediately took a series of precautionary and defensive measures.[9)] Coyett sought to reinforce the military strongholds of Zeeland and Province with additional fortifications. He laid in stocks of provisions and set limits on cereal exports. He placed the Chinese community under strict control and brought Chinese residents living at a distance within the perimeter of the strongholds. With certain exceptions, he forbade any Chinese to enter the Dutch settlement and imposed a blockade on Chinese vessels.[10)] Finally, the Dutch Governor attempted, by means of lengthy interrogations of dubious legality, to obtain from the Chinese all the information in their possession. The answers, whether proffered or extorted, all pointed to the same conclusion: Zheng Chenggong was organising a vast military expedition to conquer Formosa.[11)] Hence, Coyett sent off urgent requests for assistance from the authorities in Batavia. Yet, their reply fell far short of what requested and actually required.

Guests from Batavia

In the context of the United Company's global policy, the strategic importance of the settlement in Taiwan ranked high, above all because its geographical position was ideal for intercepting and harassing the Spanish and Portuguese traders plying between Macao and Manila, as well as serving as a bridgehead linking Batavia and Deshima 出島. However, from the account of Coyett, it emerges that in the overall strategy of destabilising Spanish and Portuguese trade, the conquest of Macao would have signalled the supreme affirmation of VOC

A Bitter Defeat for the VOC:
The Conquest of Taiwan by Zheng Chenggong, 1661-1662

Patrizia Carioti
'L'Orientale' University of Napoli

Fears of invasion

As early as 1646, the Dutch on Formosa, on account of the serious developments taking place on the Chinese mainland, had begun to fear an attack by Zheng Chenggong 鄭成功 on their base on the island of Taiwan, in case of a victory by the Manchu.[1] These fears had continued to grow, first because of the rebellion of Guo Huaiyi 郭懷一 in 1652 - believed to have been instigated by Zheng Chenggong - and then in view of the aggressive commercial policies pursued by the latter.[2] As soon as news arrived of his defeat at Nanking 南京 (1659),[3] the Dutch Governor, Frederik Coyett (1656 to 1662), was convinced that invasion by Zheng's fleet was imminent.

Frederik Coyett had spent many years in the service of the Dutch Company. Coyett arrived in Batavia in 1645, after two years, he moved to Deshima 出島 (Nagasaki 長崎), and then to Taiwan 台灣, where he became Governor in 1656. Thus, he had considerable experience of company affairs in the Far East.[4] From the moment of his appointment as chief of operations in Taiwan, he had repeatedly warned his superiors in Batavia, headquarters of the Governor General Maetsuycker, of the extreme vulnerability of the site in the event of attack. Even with the addition of Fort Province facing Fort Zeland in the wake of the Chinese uprising of 1653, the defensive position was very weak, not least from a numerical point of view. In fact, the Dutch forces on the island were just sufficient to operate the two forts, and quite inadequate to protect the whole island or even the Dutch settlement itself, let alone organise shore patrols to fend off enemy invaders.[5]

However, with the cessation of the embargo, obtained through the diplomatic activity of Coyett in 1657, the troubled relations between Zheng Chenggong and the United Company seemed to have entered calmer waters, and the trading operations of the Dutch base in Taiwan had never recorded such healthy profits.[6] Yet, these facts made the authorities in Batavia underestimate the risk of an invasion by Zheng Chenggong: the increase in profits was precisely a result of

あとがき

本書の編著者である荒野泰典先生は、二〇一二年三月をもって立教大学を定年退職された。本書は、同大学・大学院、また関係する研究会等において先生の教えを受けた者たちが、長年の学恩に対してささやかなお礼と感謝の念を込めて編まれ、刊行にいたったものである。

荒野先生は、一九八六年四月より立教大学の教壇に立たれ、以来二六年間（一九八五年四月から八六年三月までの非常勤一年間を含めると二七年間）にわたり、ご自身の歴史研究と、後進の指導に尽力された。殊に国際関係史・対外関係史の分野では、従来の研究に一石を投じるグローバルな視点から多くの研究を発表・蓄積され、常に学界の第一線に立ち続けられている。

本書冒頭の「総説」においても、これまで日本史研究の分野ではあまり馴染みがなかった「言説論」、「言説学」を、先生ご自身の研究のあゆみと重ね合わせながら展開され、今後の日本史研究を進めていくうえで不可欠のものであると提唱されている。このように、退職後数年を経た現在もその活躍ぶりに全く衰えは見られない。私たちは、今後のご研究のさらなる深化・発展、およびご健勝を祈念するものである。

本書の刊行計画が具体化したのは、先生が還暦を迎えられた二〇〇六年にさかのぼる。同年六月中旬、卒業生の数名が先生の研究室へ出向き、以下の二点について荒野先生へ確認を行った。一つは、この年の先生の誕生日（九月一四日）までに還暦をお祝いする会を開催すること、もう一つは、荒野ゼミ卒業生を中心とする研究会を定期的に開催し、その成果を先生の定年退職時を目標に論文集として刊行することである。幸い二点とも先生から快諾を得ることができ、同年九月三日には「荒野泰典先生の還暦を祝う会」を立教大学太刀川記念館で開催、その数日前の八月三〇日に研究会の第一回が実施された。以降、全一〇回の研究会を開催、本書の執筆陣を含む卒業生らが論集執筆に向けての概要報告や、個別研究報告を行った。

以下、全一〇回の研究会について、開催日、会場、参加人数、報告者、報告テーマを掲げる。

第一回　二〇〇六年八月三〇日　立教大学五号館一会議室　参加者一五名
及川将基「近世日本北方の国境―比較国境史の視点から―」

第二回　二〇〇六年一一月一七日　立教大学太刀川記念館会議室　参加者一〇名
秋山伸一「雑司が谷鬼子母神門前の『観光地』化について」

第三回　二〇〇七年二月四日　立教大学一二号館三会議室　参加者一〇名
辻まゆみ「茶屋四郎次郎家の江戸時代」

第四回　二〇〇七年四月二一日　立教大学一三号館会議室　参加者七名
上白石実「開港期幕政史の研究～海防と流通～」

第五回　二〇〇八年一月二六日　立教大学荒野研究室　参加者一二名
荒野泰典「近世国際関係論の構築―博士論文構想報告」
上白石実「厳原八幡宮本『津島紀事』について」

第六回　二〇〇八年七月二〇日　立教大学荒野研究室　参加者一〇名
加藤光男「房川渡中田（通称栗橋）関所にみられる関所制度の変遷」

第七回　二〇〇八年一一月二二日　立教大学荒野研究室　参加者九名　※研究会後論集刊行打ち合わせ
村井文彦「馬の見方・感じ方　前近代を中心に」

第八回　二〇〇九年二月二八日　立教大学荒野研究室　参加者一二名
田中葉子「台場をめぐる黒船かわら版の検討」
第九回　二〇〇九年一〇月二四日　立教大学荒野研究室　参加者八名
田中葉子「黒船かわら版の総合的研究」（博士論文構想報告）
第一〇回　二〇一〇年二月二一日　立教大学一二号館一会議室　参加者一三名　※研究会後論集刊行打ち合わせ
矢森小映子「一九世紀における藩士の対外認識と自藩意識─田原藩家老渡辺崋山を事例に─」

第一〇回の研究会開催後は、執筆者各々が執筆作業に入り、途中二〇一一年一一月二八日には、原則として執筆者全員参加の論集執筆中間報告会を立教大学五号館五二〇七教室で実施した。その際、荒野先生が退職される二〇一二年三月からなるべく日を置かずに論集を発刊することを確認し、以降は編集委員の上白石実・田中葉子・及川将基・小緑一平・秋山が中心となって、刊行に向けて種々の打ち合わせや手続きを行ってきた。この間に論集の出版を株式会社溪水社様にお引き受けいただけることになり、執筆者および編集委員一同が、早期の発刊に向けてモチベーションを高めていく環境が整ったわけである。

しかしながら、編集委員による執筆者からの原稿の集約と調整等に思いのほか手間取り、結果として本書の発刊が大幅に遅れてしまい、荒野先生はもちろん、早い段階で原稿を提出していただいていた執筆者の方々には多大なご心配とご迷惑をおかけしてしまった。編集委員を代表しこの場を借りて深くお詫び申し上げたい。

荒野先生は、立教大学在任中、文学部史学科の専門科目であった「日本史実習」のほか、各地のフィールドワークやその際の聞き取り調査に力を入れ、そこでの成果をまとめていく作業も重視されていた。たとえば、『諸民族雑居の風景─十六・七世紀の平戸を読み、かつ歩く─』〈一九九四年度日本史実習近世班報告書〉、『有明海域世界の叛乱―「島原・天草の乱」を読み、かつ歩く（一）―』〈一九九六年度日本史実習近世班報告書〉をはじめとする報告書は、印刷したのち調査地域へ還元され、また大学図書館に配架されて学生たちの利用に供されている。その中の一冊でもある新潟県東蒲原郡上川村（現東蒲原郡阿賀町）調査の際には、調査が長期にわたり、また、ぜんまいなどの山菜が豊富な山深い地域を丹念に調査してきたという自負もあったのだと思う、そこに集った六～七名の集まりを「ぜんまいの会」と命名し、先生はこの名称を気に入り親しみをもたれていた。

実は、本書刊行のきっかけとなった全一〇回の研究会（前掲）にも気の利いた名称を付すことを先生は楽しみにしており、第一回及川報告後の質疑応答時にもこのことを口にされていた。この時は時間切れにより名称は決まらず、そのあとの「打ち上げの場」にこの大きな課題は持ち越された。しかしながら、当日は、第一回の研究会。必然的に参加者の多くは久しぶりに顔を合わせた卒業生たちである。「打ち上げの場」は一瞬にしてOB・OG会となり、その後ほどなく単なる飲み会へと変貌……。時間も遅くなったため、その場はお開きとなった。

先生にとっての最大の関心事である会の名称は決まらないまま、先生を含め参加者の多くが〝良い（酔い？）気分〟で「打ち上げの場」のあったビルの四階フロアからエレベーターに乗り込むと、先生から会の名称をどうする……？　といった趣旨のコメントがあった。その直後、「打ち上げの場」が「茜どき」という居酒屋であったことから、とっさに「『茜会（あかねかい）』が良いのでは……？」との声が複数からあがったことで、研究会の名称は瞬時にして「茜会」に決まってしまった。先生としては、「ぜんまいの会」命名の時のように、その集まりに相応しい名称を当日の参加者たちとワイワイ言いながら決めたかったようである。しかしそれは叶わず、きわめて安易に、しかも集まりの主旨と全く関係のない名称となってしまったものの、〝良い（酔い？）気分〟も後押ししたこともあったのだろう、やむなしと観念されたようで、何とも複雑な表情を浮かべられていたことを思い出す。

後日、世間一般では、「茜会」とは別の集まり（中高年・シニア対象の結婚情報サービス）のことを指すことを私たちは知ることになるのであるが、時すでに遅し……。第二回の研究会以降、荒野先生の定年退職時を目標に刊行を目指す論文集準備に向けての研究会は「茜会」として定着し、第一〇回まで継続したのである。今となっては、会の命名にあたり先生の思いを汲むことができなかった我々不肖の弟子たちを許していただきたいと願うのみである。なお、駄目を押すようであるが、読者の方々には、先に掲げた「第一回から第一〇回までの研究会」を「茜会」と読み替えていただけるとありがたい。

さて、本書は、先生の専門分野と近年の問題関心のもと、「対外関係」、「共生」、「アイデンティティ」という三つのキーワードを設け、これらのいずれかに沿った内容でそれぞれが執筆を行い、提出された原稿を編集委員で確認し、テーマごとに分類、さらに先生の助けを借りながら大きく二部構成としたものである。とは言うものの、各論考のテーマは、この二部構成のなかにとても収まり切れないほど多岐にわたっている。このことは、立教大学在任中はもちろん現在に至るまで、荒野先生が学部生や大学院生・卒業生の個別研究に対して研究テーマの強制をせず、それぞれの自主性を重んじてくれたことに通ずるものであり、そのあらわれでもある。先生の教えを受けた者の多くが、このことに感謝の念を抱きつつ巣立って行ったと言っても過言ではなかろう。

なお、本書の発刊にあたっては、「茜会」を構成する多くの中堅・若手の研究者が執筆作業に執りかかったが、諸事情により叶わず、無念な思いをした仲間たちが相当数いる。本書の刊行を彼ら彼女らとともに喜ぶとともに、次期論文集発刊に向けての首途にしたいと思う。

末筆ながら、荒野先生の高校時代の先輩にあたる溪水社の木村逸司さんには、長きにわたり様々な面で支えていただいた。心より御礼を申し上げる次第である。

二〇一七年二月

編集委員を代表して　秋山伸一

執筆者一覧（掲載順）

荒野　泰典（あらの　やすのり）　一九四六年生まれ　立教大学名誉教授
東京大学大学院修士課程修了　著書：『近世日本と東アジア』（東京大学出版会、一九八八年）、共編著：『日本の対外関係』全七巻（吉川弘文館、二〇一〇年～二〇一三年）

申東珪（シン　ドンギュ）　一九六六年生まれ　東亜大学校・中国日本学部副教授
立教大学大学院文学研究科・博士（史学）　著書：『近世東アジアの中の日朝蘭国際関係史』（景仁文化社、二〇〇七年）、論文：「近代履行期日本の官纂地図から見た領土認識の変化に対する考察」『日本研究』一八、韓国日本研究センター、二〇一二年

Patrizia　Carioti（パトリツィア・カリオティ）　一九六〇年生まれ　ナポリ東洋大学教授
ナポリ東洋大学 Ph.D　著書：Patrizia Carioti, *Guardando al 'Celeste Impero'. L'avventura della VOC in Asia Orientale*, Trento: Centro Studi Martino Martini, 2012. Patrizia Carioti - Lucia Caterina, *La via della Porcellana. La VOC e la Cina* Genova, 2010.　論文：「長崎の唐人社会」松方冬子編『日蘭関係史をよみとく』上巻（臨川書店、二〇一五年）

渡辺真由美（わたなべ　まゆみ）　一九四二年生まれ
国際基督教大学卒

赤井　孝史（あかい　たかし）　一九六八年生まれ　園田学園女子大学短期大学部教授
立教大学大学院文学研究科修了　論文：「戴潮春の乱における大甲の神佑」『園田学園女子大学論文集』四七、二〇一三年、「近世の地域祭礼と信仰」『史園』六、園田学園女子大学、二〇〇五年

及川　将基（おいかわ　しょうき）　一九七一年生まれ　東京大学史料編纂所学術支援専門職員・豊島区立郷土資料館臨時職員
立教大学大学院文学研究科博士後期課程中途退学　論文：「蝦夷地漂着者とアイヌ・松前藩―一七世紀～一八世紀を中心に」『史苑』七三巻一号、立教大学史学会、二〇一三年、「鯨組組織と対馬鯨場をめぐる諸関係」塚田孝編『近世身分社会の比較史（国際円座報告書）』大阪市立大学大学院文学研究科都市文化研究センター、二〇一〇年

西垣　昌欣（にしがき　まさよし）　一九六五年生まれ　筑波大学附属桐が丘特別支援学校副校長
立教大学大学院文学研究科博士課程後期課程満期退学　論文：「江戸長崎屋の機能―文化期における「人参座用意金」の運用を中心に―」『歴史学研究』七六七、二〇〇二年

島田　竜登（しまだ　りゅうと）　一九七二年生まれ　東京大学大学院人文社会系研究科准教授
ライデン大学 PhD　著書：The Intra-Asian Trade in Japanese Copper by the Dutch East India Company during the Eighteenth Century, Brill Academic Publishers, 2006、共編著：『アジア経済史研究入門』（名古屋大学出版会、二〇一五年）

吉村　雅美（よしむら　まさみ）　一九八二年生まれ　日本女子大学文学部史学科講師
筑波大学大学院博士課程人文社会科学研究科歴史・人類学専攻修了・博士（文学）　著書：『近世日本の対外関係と地域

意識』（清文堂出版、二〇一二年）、論文：「一八世紀の対外関係と「藩屏」認識—対馬藩における「藩屏」の「役」論をめぐって—」『日本歴史』七八九号、二〇一四年

大島　明秀（おおしま　あきひで）　一九七五年生まれ　熊本県立大学文学部准教授
九州大学大学院比較社会文化学府修了・博士（比較社会文化）　著書：『熊本洋学校（1871-1876）旧蔵書の書誌と伝来』（花書院、二〇一二年）、『「鎖国」という言説—ケンペル著・志筑忠雄訳『鎖国論』の受容史—』（ミネルヴァ書房、二〇〇九年）

橋本　佐保（はしもと　さほ）　一九八四年生まれ　学習院大学史料館EF共同研究員
立教大学大学院文学研究科史学専攻単位取得退学　論文：「「よしの冊子」における寛政改革の考察」『史苑』七〇巻二号、二〇一〇年

矢森　小映子（やもり　さえこ）　一九七八年生まれ　東京大学史料編纂所学術支援専門職員
一橋大学大学院社会学研究科博士後期課程修了　論文：「天保期田原藩における「藩」意識の諸相—家老渡辺崋山の凶荒対策を中心に—」『日本歴史』七八二号、二〇一三年、「天保期殖産政策をめぐる思想—渡辺崋山と大蔵永常を事例に—」川口浩編『日本の経済思想—時間と空間の中で—』（ぺりかん社、二〇一六年）

田中　葉子（たなか　ようこ）　一九七二年生まれ　東京都北区教育委員会文化財専門員
立教大学大学院博士後期課程満期退学　共編著：『浦賀大変！かわら版にみる黒船来航』（浦賀歴史研究所、二〇一四年）、論文：「黒船・地震・コレラ」荒野泰典ほか編『近代化する日本』日本の対外関係　七巻（吉川弘文館、二〇一二年）

濱口　裕介（はまぐち　ゆうすけ）　一九八〇年生まれ　札幌大学女子短期大学部助教
立教大学大学院文学研究科史学専攻博士課程前期課程修了　共著：『城下町と日本人の心性』（岩田書院、二〇一六年）、『藩物語　松前藩』（現代書館、二〇一六年）

福田　舞子（ふくだ　まいこ）　一九八三年生まれ　大阪大学適塾記念センター特任研究員
鶴見大学大学院文学研究科博士前期課程修了　論文：「幕府による硝石の統制―軍制改革と座・会所の設立―」『科学史研究』第Ⅱ期　五〇巻（№258）二〇一一年、「幕府歩兵の創設とその展開―西洋式軍制導入の一過程―」『一滴』第二〇号、二〇一二年

上白石　実（かみしらいし　みのる）　一九六四年生まれ　盛岡大学文学部准教授
立教大学大学院文学研究科中途退学・博士（文学）　著書：『幕末の海防戦略』（吉川弘文館、二〇一一年）、『幕末期対外関係の研究』（吉川弘文館、二〇一一年）

安田　千恵美（やすだ　ちえみ）　一九八四年生まれ　立教大学大学院文学研究科博士課程後期課程在学中
立教大学大学院文学研究科博士課程前期課程修了　論文：「『女今川』成立考」『史苑』七三巻一号、二〇一三年、「女子用往来にみる近世女性の「源氏物語」受容」『立教大学日本学研究所年報』九、二〇一二年

秋山　伸一（あきやま　しんいち）　一九六一年生まれ　豊島区立郷土資料館学芸員
立教大学大学院文学研究科史学専攻博士課程前期課程修了　論文：「江戸北郊における植木屋の庭空間―伊藤伊兵衛家『武江染井翻紅軒霧島之図』の検証」菊池勇夫編著『地方史・民衆史の継承』（芙蓉書房出版、二〇一三年）、「『武江染井翻紅軒霧島之図』の成立年代について―朝鮮人参の試作と普及をめぐって―」『豊島区立郷土資料館研究紀要　生活と文化』第二三号、豊島区、二〇一四年

近世日本の国際関係と言説

平成29年4月1日　発　行

編　者　荒野泰典

発行所　株式会社　溪水社
広島市中区小町1－4（〒730-0041）
電　話（082）246－7909
ＦＡＸ（082）246－7876
e-mail : info@keisui. co. jp
URL : www. keisui. co. jp

印刷・製本　シナノパブリッシングプレス

落丁・乱丁はお取替えいたします。
定価はカバーに表示してあります。

ISBN978-4-86327-384-9　C3021